权威·前沿·原创

皮书系列为

“十二五”“十三五”国家重点图书出版规划项目

中国社会科学院创新工程学术出版项目

2016年
北京社会建设分析报告

ANNUAL REPORT ON ANALYSIS OF BEIJING SOCIETY-BUILDING (2016)

主　　编／宋贵伦　冯　虹
执行主编／唐　军　岳金柱
副 主 编／胡建国　李君甫

社会科学文献出版社
SOCIAL SCIENCES ACADEMIC PRESS (CHINA)

图书在版编目(CIP)数据

2016年北京社会建设分析报告／宋贵伦，冯虹主编. --北京：社会科学文献出版社，2016.11
（社会建设蓝皮书）
ISBN 978-7-5097-9707-5

Ⅰ.①2… Ⅱ.①宋… ②冯… Ⅲ.①社会发展-研究报告-北京-2016 Ⅳ.①D671

中国版本图书馆CIP数据核字（2016）第223128号

社会建设蓝皮书
2016年北京社会建设分析报告

主　　编／宋贵伦　冯　虹
执行主编／唐　军　岳金柱
副 主 编／胡建国　李君甫

出 版 人／谢寿光
项目统筹／邓泳红
责任编辑／郑庆寰　张　媛

出　　版／社会科学文献出版社·皮书出版分社（010）59367127
地址：北京市北三环中路甲29号院华龙大厦　邮编：100029
网址：www.ssap.com.cn
发　　行／市场营销中心（010）59367081　59367018
印　　装／北京季蜂印刷有限公司

规　　格／开　本：787mm×1092mm　1/16
印　张：22　字　数：367千字
版　　次／2016年11月第1版　2016年11月第1次印刷
书　　号／ISBN 978-7-5097-9707-5
定　　价／89.00元

皮书序列号／B-2010-149

《2016 年北京社会建设分析报告》
编撰人员名单

编 委 会 主 任	宋贵伦　冯　虹
编委会副主任	张　坚　唐　军　杨　茹　岳金柱
编辑委员会成员	蔡扬眉　曹飞廉　陈　锋　胡建国　鞠春彦 韩秀记　李　升　李君甫　李晓婷　宋贵伦 宋国恺　唐　军　杨桂宏　杨　荣　杨　茹 岳金柱　张　坚　赵丽琴　赵卫华　朱　涛
主　　　　编	宋贵伦　冯　虹
执 行 主 编	唐　军　岳金柱
副　主　编	胡建国　李君甫
撰　稿　人	蔡扬眉　曹飞廉　陈　锋　方　舒　郭锡山 韩秀记　何雪梅　鞠春彦　康晓曦　李歌诗 李君甫　李　然　李　升　李晓婷　李晓壮 廖扬莉　刘贤旺　潘　杰　秦广强　宋贵伦 宋国恺　王雪梅　王修晓　吴镝鸣　谢思琦 杨　帆　杨桂宏　袁良硕　岳金柱　张晓锐 赵卫华　周　芮　朱　涛

主要编撰者简介

宋贵伦　中共党员，研究员；中共北京市委社会工作委员会书记、北京市社会建设工作办公室主任；北京师范大学本科毕业，北京市委党校在职研究生毕业；历任中央文献研究室秘书处秘书，理论研究组助理研究员，中央宣传部办公厅副处级秘书，北京市西城区委宣传部副部长（挂职），常务副部长（正处组）、部长，北京市委宣传部副巡视员，北京市委宣传部副部长，北京市社会科学界联合会党组书记、常务副主席（2002 年破格晋升为研究员）。第十一届全国人大代表，2012 年 7 月 3 日当选中国共产党北京市第十一届委员会委员。

冯　虹　经济学博士，教授，博士研究生导师；北京工业大学纪委书记，首都社会建设与社会管理协同创新中心（北京市）主任兼首席科学家；中国劳动科学教学研究会副会长，中国社会学会劳动社会学专业委员会副会长，中国人力资源开发研究会常务理事，国家教育行政管理学术委员会委员，教育部高等学校本科教学工作水平评估专家，北京市高级职称评审委员，北京市哲学社会科学规划项目评审专家，首都经济贸易大学经济学博士生导师；曾任首都经济贸易大学副校长、校学术委员会常务副主任，北京联合大学副校长、校学术委员会常务副主任；先后被评为北京市优秀青年知识分子、北京市中青年学科带头人；主持国家社会科学基金重点项目等国家级、省部级科研项目多项。

唐　军　博士，教授，硕士研究生导师；北京工业大学人文社会科学学院院长，社会学学科部主任，社会学研究所所长，首都社会建设与社会管理协同创新中心首席教授；中国社会学会理事，中国社会思想史分会理事，北京市社会科学院北京社会管理研究中心专家组成员；主要研究方向为社会学理论、发展社会、劳工研究、家庭研究；主持有教育部人文社会科学研究项目、法国国家科学研究中心“国际合作计划”项目、北京市教委人文社会科学重点项目等课题。成果有《蛰伏与绵延——当代华北飘荡家庭生长的历程》、《历史上最具影响力的社会学名著20种》、《仪式性的消减与事件性的加强——当代华北村落家庭生长的理性化》（《中国社会学科学》)、《对村民自治制度下家族问题的理论反思》（《社会学研究》)、《生存资源剥夺与传统体制依赖》（《江苏社会科学》）等。

岳金柱 社会学博士，中共北京社会工作委员会研究室主任，北京师范大学中国社会管理研究院兼职教授，研究方向为社会管理，发表《建设世界城市背景下推进北京社会组织培育发展和服务管理的思考》《加快推进社会创新发展的若干思考》《试论社会组织在社会转型中的角色与作用》《完善社会管理格局，健全社会建设体系——对北京社会建设与管理创新的若干思考》等重要论文。

胡建国 博士，教授，硕士研究生导师；北京工业大学人文社会科学学院副院长，社会学系主任，首都社会建设与社会管理协同创新中心秘书长；中国社会学会劳动社会学专业委员会副秘书长，中国社会学会理事；主要研究领域为社会分层与社会流动、劳动社会学；主持有国家社会科学基金、北京市自然科学基金、北京市社会科学基金、北京教育科学规划项目等国家级和省部级科研项目。入选北京市社会科学理论中青年优秀人才“百人工程”、北京市属高校人才强教“拔尖人才”、北京工业大学“京华人才”；2010年中国博士后制度设立25周年之际，被评选为北京市博士后“杰出英才”。

李君甫 博士，北京工业大学人文社会科学学院社会学系副教授，硕士研究生导师；中国社会学会劳动社会学专业委员会常务理事；主要研究领域为城乡社会学、劳动社会学、住房问题与住房政策；主要研究成果有《北京的住房变迁与住房政策》、《农民的非农就业与职业教育》、《当代中国社会建设》（合著)、《北京社会建设60年》（合著)、《北京地下空间居民的社会阶层分析》、《农村人口过疏化对社会建设的挑战》、《走向终结的村落——山区人口流失、社会衰微与扶贫政策思考》等。

摘要

本报告是北京工业大学“北京社会建设分析报告”课题组 2015 ~ 2016 年的研究成果，全书分为六个部分：总报告、社会结构篇、公共服务篇、社会治理篇、地方社会建设篇和调查报告篇。本报告利用北京市政府和相关部门发布的数据和资料，结合课题组成员的调研和观察，全面分析了“十二五”时期和 2015 年北京社会建设所取得的主要成就，也分析了北京社会建设面临的挑战，并对未来的社会建设提出了相关建议。

“十二五”时期，北京社会建设的体制机制进一步完善，形成了具有中国时代特色的首都社会建设模式，在社会结构、基本公共服务和社会治理等方面取得了显著的成就。人口增长趋于缓和、分布趋于分散，居民收入差距逐步缩小，城乡一体化进一步推进，就业结构不断优化；基本公共服务不断得到改善，教育、医疗、住房等基本公共服务趋于均等化，公共交通建设的步伐加快。当然，北京市社会建设还存在一些问题，如社会结构还需要进一步优化，基本公共服务的均等化还需要进一步加强，社会治理体制机制还需要进一步完善，社会建设的投入还需要大幅增加等。

“十三五”时期，北京市社会建设还需要从以下几个方面着力：第一，深刻认识首都“城市病”的根源和首都社会建设面临的挑战；第二，加大社会建设的投入力度，提升基本公共服务；第三，调整基层社会管理幅度，提高社会治理的质量；第四，培育社会组织，发展社会建设主体；第五，加强社会建设的专业人才队伍建设，提高社会工作者的待遇。

关键词： 社会建设　社会治理　公共服务　社会结构

摘 要

目　录

Ⅰ　总报告

Ⅱ　社会结构篇

Ⅲ　公共服务篇

Ⅳ 社会治理篇

Ⅴ 地方社会建设篇

Ⅵ 调查报告篇

皮书数据库阅读**使用指南**

总 报 告

General Reports

B.1

“十二五”时期北京社会建设的成就与思考

北京工业大学“北京社会建设分析报告”课题组

执笔人：李君甫　许　多

摘　要：北京社会建设是在首都经济社会率先发展的情况下进行的。“十二五”时期，北京的社会建设领导体制和机制进一步完善，形成了具有中国时代特色的社会建设模式。社会建设包括社会结构的优化、基本公共服务的提升和社会治理体制改革和完善等方面，北京的社会建设取得了显著成效。未来的五年，北京还需要进一步优化社会结构，提升基本公共服务，培育社会组织，建设社会工作者队伍，提高社会治理水平。

关键词：北京　社会建设　社会结构　公共服务

一 北京社会建设的时空背景

随着2008年北京奥运会落下帷幕，经过60余年的社会主义建设和30余年的改革开放，北京已经由一个战乱中幸存的落寞古都发展为一个崛起中的全球城市。在这样的背景下，北京成立了市委社会工作委员会和市社会建设领导小组办公室，从此，北京的社会建设揭开了新的篇章，开启了新的征程。

北京市从“十二五”时期起开始进入推动经济社会协调发展的新阶段，五年内在经济社会建设上取得了重大进展。“十二五”期间，北京市的经济总量由2010年的1.3万亿元增加到2015年的2.3万亿元，增加了76.9%，年平均增速为7.5%；人均GDP由1.08万美元增加到1.7万美元，增长57.4%。全市三大产业结构由2010年的0.9∶24.1∶75调整为2015年的0.6∶19.6∶79.8，第一产业比例降低0.3个百分点，第二产业比例减少4.5个百分点，第三产业增加4.8个百分点，第一、第二产业所占比重进一步降低，产业结构进一步优化。①

二 “十二五”期间北京社会建设的主要成就

在“十二五”的开局之年，北京市通过了《中共北京市委关于加强和创新社会管理全面推进社会建设的意见》和《北京市“十二五”时期社会建设规划纲要》，标志着北京的社会建设模式日益成形。

（一）社会建设模式逐渐确立

社会建设“是指按照社会发展规律，通过有目的、有规划、有组织的行动，构建公平合理的利益关系，增进社会成员的共同福祉，优化社会结构，促进社会和谐，实现现代化的过程”，② 这就要求以改革社会体制为突破口。

早在2007年底，北京就率先成立了市委社会工作委员会（以下简称“社工委”）、北京市社会建设工作领导小组及办公室。到目前为止，北京市社工

① 2010～2015年北京市国民经济和社会发展统计公报。

② 陆学艺等：《当代中国社会建设》，社会科学文献出版社，2013，第5页。

委已经成立9年了，逐步形成了独特的工作体制机制，为北京市的社会发展和治理做出了巨大的贡献。

北京市社工委和社会办有八项职能，其中有两项综合职能，一是作为市委市政府关于社会建设的政策研究和规划制定的部门；二是作为市委市政府社会建设工作的综合协调部门。北京市社会建设领导小组办公室设在社工委社会办，市社工委书记兼任社会建设领导小组办公室主任，市委书记兼任市社会建设领导小组组长，市长是第一副组长，副书记、常务副市长、秘书长、人大和政协的主管领导是副组长，组成一个综合的领导小组，政府的36个部门为领导小组的成员。此外，北京市社工委和社会办有六项具体职能，具体负责社会服务、社区建设、社会组织建设、社工队伍建设、志愿者工作、非公经济社会组织党建等。

2008~2009年，北京所有区县设立党委社会工作委员会和社会建设工作领导小组办公室，专门研究和落实区县的社会建设工作。2009年，开始在街道和乡镇建立社会工作党委。先后在市、区县认定了一大批“枢纽型”社会组织，构建“枢纽型”社会组织工作体系，建立了社会组织党建的“3+1”工作机制；在规模以上非公经济组织基本实现党建工作全覆盖，在1297个商务楼宇实现社会工作站、党建工作站、工会工作站、共青团工作站、妇联工作站“五站合一”全覆盖。在社区全部建立社区党组织、社区居委会、社区服务站，形成社区党建、社区自治、社区服务“三位一体”的工作格局，实现了社会服务管理“两新”组织和所有社区全覆盖的社会工作网络，初步形成了党委领导、政府负责、社会协同、公众参与、法制保障的社会治理新格局。

“十二五”时期，北京市认真贯彻落实党中央、国务院的决策部署，按照市委十届九次全会和市政府“十二五”社会建设规划纲要提出的“五个更加、一个广泛覆盖”的目标任务，一手抓顶层设计、一手抓夯实基础，加快推进社会建设体制机制、政策体系、方式方法、运行模式创新，不断完善社会治理体系，提高社会治理能力，初步探索出一条具有时代特征、中国特色、首都特点的社会治理新路子，全市社会建设取得了显著成效，站在新的历史起点上。北京社会建设的工作体制、工作体系、运行机制、实践模式逐步完善，工作力度加大，工作成效进一步显现，显示出北京社会建设模式的独特优势。

（二）社会结构趋于合理

1. 人口增长趋缓，空间分布趋于疏散

随着2011年末北京常住人口突破2000万大关，北京市政府在“十二五”期间着力通过户籍指标调控人口规模，实施居住证制度控制流动人口，并建立了“全员人口信息系统”，推进新区发展，分流中心城区人口，取得了一定的效果，全市人口从快速增长阶段进入缓慢增长阶段。2011～2015年，北京常住人口增长量由57.4万人降至18.9万人，增速由2.9%降至0.9%，实现了全市人口增量和增速的“双下降”。在对数量飞速增长的流动人口实施一系列管理措施后，2015年北京市常住外来人口增量比2011年减少33.8万人，在全市每增加的100名常住人口中，常住外来人口增加量从66人下降到21人，人口增长逐步正常化。①

除了人口增长速度放缓外，人口分布也进一步向分散化和郊区化发展。随着城市新功能区的建设和新城区的发展，北京人口增长的地理范围外扩，人口分布也趋于平衡。由于人口数量增长和中心城区承载能力有限以及轨道交通的大力发展，北京五六环的人口承载优势凸显出来。从城市功能区划来看，“十二五”期末，北京城六区常住人口占全市比重为59.1%，较2011年的59.5%下降了0.4个百分点；生态涵养发展区占比下降0.5个百分点；城市发展新区则上升了0.9个百分点，常住人口逐渐向发展新区聚集。② 从环路来看，环路人口分布呈圈层状由内向外拓展，由二、三环向四环外聚集。从2014年北京统计局数据可以看出，二环内常住人口最少，有148.1万人；三环到四环的常住人口为287.5万人；而五环外的常住人口占全市常住人口的51%，达到1097.9万之多，其中五环到六环常住人口最多，达到580.2万人。③

2. 收入差距呈缩小趋势

“十二五”期间，北京的经济建设取得了很大的成就，同时带动了城乡居民收入的增加。城镇居民收入年均增速为7.16%，而农村居民收入增速

① 2010～2015年北京市国民经济和社会发展统计公报。

② 北京市统计局：《2015年全市人口发展变化情况》，http://www.bjstats.gov.cn/zt/rkjd/sdjd/201603/t20160322_340773.html。

③ 《北京首次披露人口分布情况　超过一半人口住五环外》，《京华时报》2015年5月22日。

更快，年均增速达到7.84%，城乡居民收入增速持续跑赢GDP增速。更应该注意的是，在全民增收的同时，城乡居民收入差距也在缩小，收入结构趋于平衡。

从居民收入等级分布来看收入结构，不论是高收入群体和低收入群体平均收入的差异，还是每个收入群体在“十二五”期间收入增量的差异，都显示出北京的居民收入结构趋于平衡，收入差距呈缩小的趋势。从北京市统计局2010～2014年的城乡居民收入调查中可以很清楚地看到，北京城乡居民从低收入户到高收入户五个群体的平均收入均在增加（见表1、表2）；同时从城镇和农村各群体2014年和2010年平均收入的对比来看，低收入群体的收入增加速度高于高收入群体，且农村居民平均收入增速更快（见图1、图2）；从五年间高收入群体与低收入群体平均收入差距来看，这个差距也是不断缩小的（见图3、图4）。①

表1　2010～2014年北京市城镇分等级户平均收入

单位：元

年份	低收入户20%	中低收入户20%	中等收入户20%	中高收入户20%	高收入户20%
2010	13692	20842	25990	32595	53739
2011	15034	23551	28949	36621	63293
2012	16386	25506	32196	40846	65966
2013	18514	28312	35479	44631	71914
2014	21180	31512	38637	48246	77667

表2　2010～2014年北京市农村分等级户平均收入

单位：元

年份	低收入户20%	中低收入户20%	中等收入户20%	中高收入户20%	高收入户20%
2010	5358	9033	11903	15789	26335
2011	6143	10987	14210	18034	26797
2012	7019	12094	15754	20063	29873
2013	8052	13824	17901	22489	32036
2014	9068	15349	19730	24594	34796

① 北京市统计局：《北京市统计年鉴》（2011～2015年）。

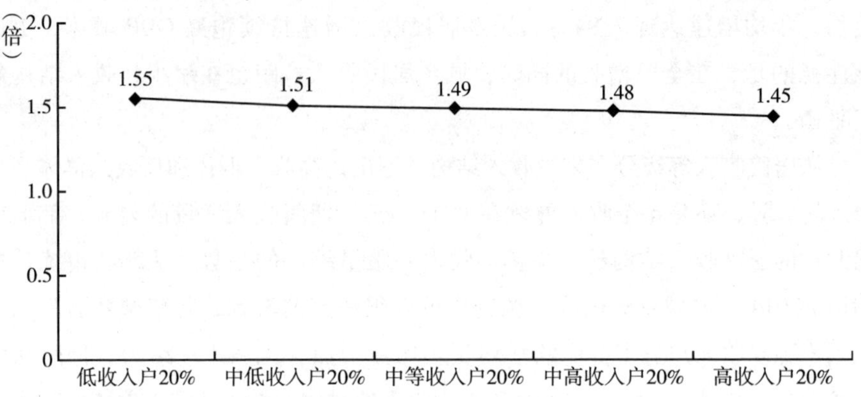

图 1　2014 年北京市城镇各等级收入户平均收入为 2010 年倍数

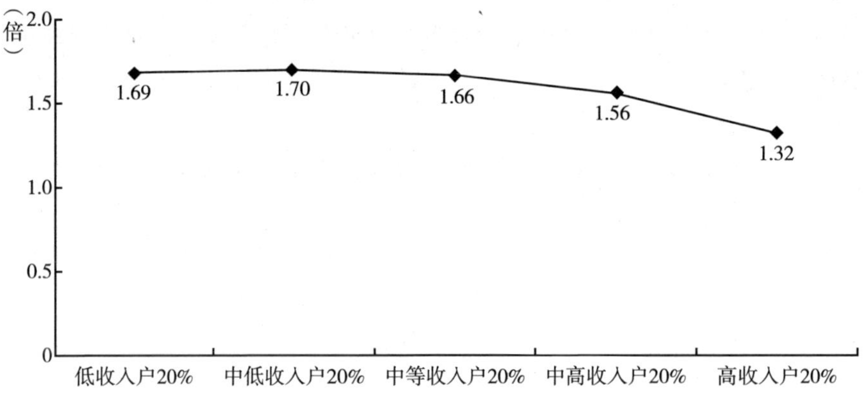

图 2　2014 年北京市农村各等级收入户平均收入为 2010 年倍数

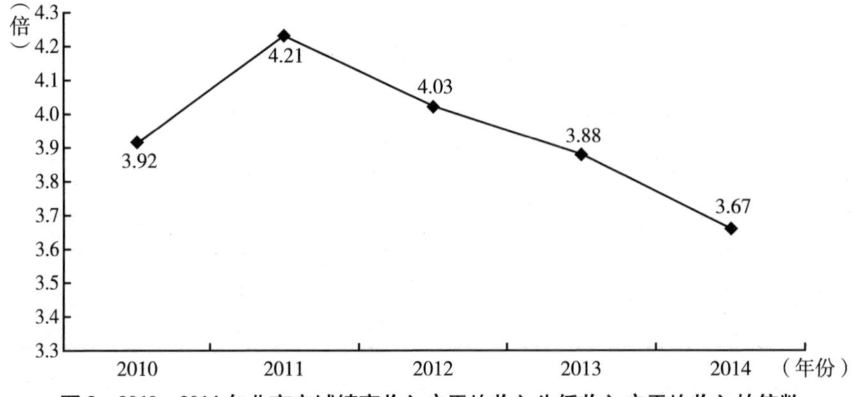

图 3　2010 ~ 2014 年北京市城镇高收入户平均收入为低收入户平均收入的倍数

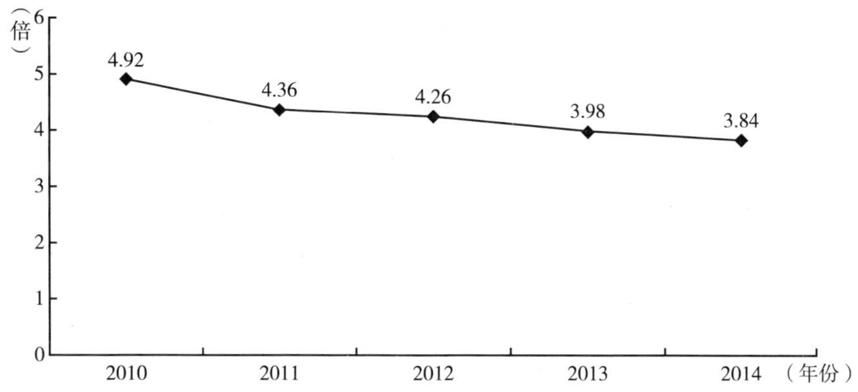

图4　2010～2014 年北京市农村高收入户平均收入为低收入户平均收入的倍数

北京经济发达，高收入群体规模较大，是一个贫富差距很大的城市。通过“十二五”期间社会建设的加强，在增加所有居民收入的同时也推进了低收入群体收入更快地增长，这一方面改善了北京的收入结构不平衡状态，促进了社会公平；另一方面也有利于激发低收入者的消费活力和投资能力，刺激社会经济发展，进一步提高人民生活水平。

3. 城乡一体化建设成效明显

“十二五”期间，北京市围绕世界城市的战略定位和建设国际一流和谐宜居城市的目标，进一步调整城乡社会经济结构，统筹城乡发展，优化空间布局，城乡一体化格局逐渐形成。2015 年，全市居民人均可支配收入达到 48458 元，其中农村居民人均可支配收入 20569 元，五年间平均增幅是 11.2%，连续七年增幅高于城市居民；2015 年，农村低收入户人均可支配收入是 8494 元，过去 5 年年均增长 14%。① 五年来，北京市级一般公共财政预算中，农林水行业的支出比“十一五”期间增加了 1.2 倍，市政府固定资产投资中超过 50% 的比例投向郊区，城乡发展一体化的体制机制初步建立。②

“十二五”期间，北京市现代农业发展水平进一步提高。设施农业的面积达到 35 万亩，收入比 2010 年增加 4.8 亿元，农村现代化水平和生产安全质量

① 2010～2015 年北京市国民经济和社会发展统计公报。

② 王安顺：《2016 年政府工作报告》，《北京日报》2016 年 2 月 3 日。

继续走在全国前列。乡村民俗生态旅游业发展势头良好，截至2015年底，全市农业生态观光园总数为1328个，比“十一五”末期增加15个，创收26.3亿元，增加了47.8%；民俗旅游经营户8941户，民俗旅游收入达到12.9亿元，比“十一五”末分别上涨12.1%和76.7%。①

“十二五”期间，北京市加速推进基础设施城乡一体化建设。2011年7月，市政府发布《北京市人民政府关于加强农村基础设施维护和管理的意见》，逐步将农村的基础设施建设纳入政府部门的管理体系。到“十二五”末期，郊区的公交运营线路达到367条；建成乡镇污水处理厂40座、污水处理站1045处，郊区的污水处理率达到66.2%，基本实现农村安全饮水；生活垃圾分类收集和运输处理不断加强，无害化处理率达到97%。②

“十二五”期间，北京市积极推进郊区新城建设，加快布局核心功能区和产业项目。划分并推动建设42个重点小城镇，建成一批新型农村社区。大力推进实施城南行动计划，明显改善城南、西部地区基础设施和生态环境。城乡接合部的改造在“十二五”期间取得了重大成果，截至2012年，2010年设立的城乡接合部50个重点村建设任务基本完成，拆迁还绿14.2平方公里。从2014年起，开展“一绿”（第一道绿化隔离带）地区城市化建设试点工作，统筹绿化和城市发展，提升集体经济发展水平，进一步推进城乡一体化。③

4. 就业结构不断优化

劳动就业与社会保障是民生之本。“十二五”时期，北京市就业工作的核心目标转向统筹和实现城乡劳动者充分就业，就业优先和灵活就业成为政策导向。农村劳动力转移就业、预防失业、就业困难人员安置、扶持大众创业等就业创业体制机制和政策得到健全和完善；将农村劳动力纳入就业失业管理范围，城乡统一的就业格局基本形成；针对不同群体实施更加精准和精细的帮扶措施，有效缓解高校毕业生等重点群体和重点困难地区的就业压力；建立了流动人员就业档案统一管理机制，劳动力市场更加规范化；加强落实职业培训工

① 2010～2015年北京市国民经济和社会发展统计公报。

② 《“回顾十二五——北京‘三农’发展成就”新闻发布会》，首都之窗，http://shipin.beijing.gov.cn/index.php?option=com_content&id=7794。

③ 张宝秀、黄序主编《中国城乡一体化发展报告·北京卷（2014～2015）》，社会科学文献出版社，2015，第6页。

作，建立起劳动者终身职业培训制度，提高了劳动者就业能力和职业素质；加快职业介绍和人才市场的机构整合，提升服务标准化、信息化、精细化水平，公共就业服务效能显著提升。①

“十二五”时期，全市就业规模不断扩大，城镇新增就业人员216.7万人，城镇登记失业率降至1.4%以下。三次产业从业人员比例结构达到4.6∶18.2∶77.2，就业结构持续优化。在高校毕业生持续增多的情况下，2015年北京高校毕业生就业率达到96.8%，比“十一五”期间高出3个百分点，就业局势基本稳定。②

（三）基本公共服务不断加强

1. 社会保障事业

“十二五”时期，北京市建立了“职工＋居民”社会保障体系，实现机关事业单位与企业职工养老保险“并轨”，医疗救助、医保报销和定点医疗机构管理等医保政策得到完善，扩大了工伤、失业和生育保险覆盖范围，基本建立起覆盖城乡全体居民的社会保障体系。③

“十二五”期间，北京五项社会保险参保人数保持增长，到2015年末，北京市参加基本养老、基本医疗、失业、工伤和生育保险的人数分别为1424.3万、1475.7万、1082.3万、1020.1万和941.7万人，与2010年末相比分别增加45%、38.7%、39.8%、23.8%和153%；各项社会保障待遇水平不断提高，年均增长10%左右；参加城乡居民养老保险的农村人口达174万人，比2010年增加9.2%；新农合参保率为99.3%，比2010年上升2.4个百分点。“十二五”末，全市享受城市居民最低生活保障的人数为8.5万人，享受农村居民最低生活保障的人数为4.9万人，比“十一五”期末分别减少5.2万人和3.3万人。城市低保标准由2010年的每月430元上升到710元，农村低保标准由每月210元上升到670元，分别上涨65.1%和219%，城乡低保标准基本“并轨”。此外，“十二五”期间北京市失业保险金最低标准由2010年的632元/月上升到1122元/月，上涨77.5%；职工最低工资标准由2010年的每月

---

① 王安顺：《2016年政府工作报告》，《北京日报》2016年2月3日。

② 2010～2015年北京市国民经济和社会发展统计公报。

③ 《2015年北京市政府重点工作情况汇编之社会保障篇》，首都之窗，http：//www.beijing.gov.cn/sy/2016lh/2015zdgzqkhb/t1421946.htm。

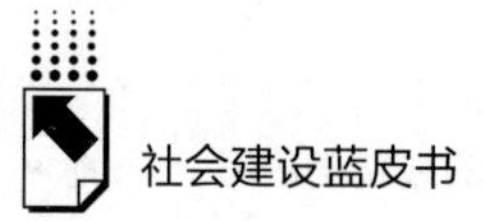

960 元上升到 1720 元，上涨 79.2%。与“十一五”末期相比，“十二五”末期全市各类收养性单位 625 家，比“十一五”末期多 207 家；床位 13.7 万张，增加 6.9 万张；收养各类人员 7.7 万人，增加 4.7 万人；建立各种社区服务机构 11581 个，增加 7892 个，其中社区服务中心 199 个，增加 24 个。① 总体而言，“十二五”期间北京市按照“全覆盖、保基本、多层次、可持续”的方针，建设起更加公平、可持续的社会保障制度，保障了更多居民的基本生活。

2. 教育事业

“十二五”期间，北京市教育领域的综合改革得到了全面深化，大力推进素质教育。2011 年、2012 年逐步公布实施了学前教育、中小学建设、市属高校建设三个“三年行动计划”，新建和改扩建幼儿园 843 所、中小学校 200 所，分别增加学位 10 万个和 19 万个。② 学区制、九年一贯制、教育集团等模式得到推广，扩大了优质教育资源覆盖范围，提升了教育普及水平和人力资源素质水平。

五年间，义务教育阶段毛入学率始终保持在 100%，高中教育阶段的毛入学率则升至 99%。全市就业人员受教育程度有 50% 以上为大专及以上，领先全国。2012 年，出台《进城务工随迁子女接受义务教育后在京参加升学考试工作方案》，进一步保障了随迁子女平等就学的权利。大力帮扶特殊教育学校、特教班，推进随班就读、送教上门和社区服务等措施，进一步健全了残障儿童少年入学保障机制，有效促进教育公平程度的大大提升。③

北京教育的开放化和信息化在“十二五”期间得到了重大突破，以《留学北京行动计划》为中心，推进“引进来”，发展和优化留学人员的教育体系和社会环境，2014 年在北京市高校留学的学生达 7.7 万人次，高校学历生比例达到 43.5%，北京来华留学人员教育在国内的领先地位得以巩固；以数字学校和开放大学为代表的新型教育教学与信息技术的融合模式，突破了教育资源的传统界限，也成为创新首都教育公共服务方式的新举措。④

---

① 2010～2015 年北京市国民经济和社会发展统计公报。

② 王安顺：《2016 年政府工作报告》，《北京日报》2016 年 2 月 3 日。

③ 《2015 年北京市政府重点工作情况汇编之深化教育改革篇》，首都之窗，http://www.beijing.gov.cn/sy/2016lh/2015zdgzqkhb/t1421874.htm。

④ 《2015 年北京市政府重点工作情况汇编之深化教育改革篇》，首都之窗，http://www.beijing.gov.cn/sy/2016lh/2015zdgzqkhb/t1421874.htm。

3. 卫生事业

“十二五”时期，北京市卫生资源总量持续增长。2015 年，全市医疗机构数量为 10305 家，比“十一五”末期增长 59.2%；2015 年底，医院实有床位数量为 111653 张，比“十一五”末期增长 21.7%；执业（助理）医师 53292 人，增长 23.2%；注册护士 71362 人，增长 31.8%。医疗服务供给量快速增加，2014 年，全市医疗机构诊疗 21451.5 万人次，比“十一五”末期增长 46.9%。[①] 五年间，北京市深化医药卫生体制改革，试点开展公立医院管办分开、医药分开，城乡居民大病医疗保险制度建立，基本完成公费医疗制度改革。

社区卫生服务模式也有很大变化，推进了社区卫生服务机构标准化，建成 10 个区域医疗中心、43 个区域医疗联合体，医疗卫生服务体系初步实现城乡全覆盖。[②] 基层医疗卫生服务投入加大，能力增强，2014 年全市基层医疗机构诊疗 4857 万人次，比“十一五”末期增长 59.5%，占医疗机构总诊疗人次的 22.6%，比“十一五”末期提高 1.8 个百分点。在疾病防控方面，共建京津冀“疾病防控一体化”合作平台，实现疾病防控信息、技术、人员、物资等资源的共享。突发事件信息通报、协调联动、资源共享、联合培训演练和互相学习交流等制度的建立也使突发卫生事件应急系统得以完善。

“十二五”时期，居民健康状况稳步改善，人口平均期望寿命持续增长，2015 年全市户籍居民平均期望寿命已经达到 81.95 岁。婴儿死亡率由 2011 年的 2.84‰下降至 2015 年的 2.42‰，孕产妇死亡率控制在 8.69/10 万以内。[③]

4. 住房保障

建立“以租为主”的基本住房保障体系是北京“十二五”时期实施保障性安居工程的首要方式，五年间累计建设筹集各类保障房 100.9 万套，超额完成“十二五”规划的目标。同时，北京市共完成老旧小区综合整治约 6220 万平方米，老旧小区综合整治工作总体进展顺利。“十二五”期间，北京保障性住房开发完成投资 3685 亿元，是“十一五”期间的 3.6 倍。在保障房建设中，

---

① 《2015 年北京市政府重点工作情况汇编之人民健康水平篇》，首都之窗，http：//www.beijing.gov.cn/sy/2016lh/2015zdgzqkhb/t1421860.htm。

② 王安顺：《2016 年政府工作报告》，《北京日报》2016 年 2 月 3 日。

③ 2010～2015 年北京市国民经济和社会发展统计公报。

北京在全国率先推行保障房全装修成品交房。[①] 2015 年，北京出台了《关于完善公共租赁住房租金补贴政策的通知》，同时还出台了《关于市场租房补贴申请条件及市场租房补贴标准有关问题的通知》，在全国范围内率先明确对以租房为主要方式的住房困难家庭给予相应比例的租金补贴。“十二五”期间，全市累计完成棚户区改造 8.3 万户，并累计完成抗震节能改造 52 万户。从 2010 年到 2015 年，北京城市人均住房面积从 21.61 平方米增加到 31.69 平方米，居民居住条件得到进一步改善。[②]

5. 交通事业

“交通病”一直是阻碍北京城市良好有序发展的一大障碍。“十二五”期间，北京针对城市交通拥堵开展了大规模的交通基础设施建设，着力提供多样化、信息化公交服务，完善人行步道、自行车道系统，打造出现代化综合交通体系，逐步缓解交通拥堵，治理城市“交通病”取得了明显成效。2015 年北京交通指数为 5.7，城市道路交通网状态由中度拥堵转为轻度拥堵。五年间，北京轨道交通运营里程由 336 公里增至 554 公里，基本形成了网络化运营格局；高速公路总里程从 499 公里增至 982 公里，覆盖全市的高速公路网络基本建成；普通国省干线公路里程达到 3617 公里，较“十一五”末期增长 4.2%。公路网密度达到每百平方公里 133 公里，增长 3.5%；城市道路总里程达到 6435 公里，增长 1.03%；实施了 408 项疏堵工程项目，疏堵工程和微循环建设卓有成效；完成朝阳路和紫竹院路潮汐车道设置工作，提高了区域路网通行能力。[③]

在绿色交通建设方面，“十二五”期间，北京新建郊区客运场站 52 个，新开、调整公交线路 1331 条，583 条公交线路实现车辆到站信息实时查询；建成公共自行车网点 1730 个，公共自行车辆规模达 5 万辆，市民办卡总量达 40 万余张；2014 年我国进入新能源汽车元年，北京成为第一批新能源汽车试点城市，在实行小汽车限购政策的背景下，新能源汽车指标增至 3 万个，购买

① 《2015 年北京市政府重点工作情况汇编之改善居住条件篇》，首都之窗，http://www.beijing.gov.cn/sy/2016lh/2015zdgzqkhb/t1421960.htm。

② 2010～2015 年北京市国民经济和社会发展统计公报。

③ 《2015 年北京市政府重点工作情况汇编之治理交通拥堵篇》，首都之窗，http://www.beijing.gov.cn/sy/2016lh/2015zdgzqkhb/t1421940.htm。

新能源汽车在北京汽车行业市场已经形成气候。① 在交通工程行政管理方面，北京强化了出租汽车行业管理，调整租价，建立电话叫车系统，建成604处出租车扬招站，布设1990个专用停车位，直接缓解了“打车难”问题，同时行业基本稳定得以保证。

（四）社会治理成效显著

2010年，中共十七届五中全会提出“加强和创新社会管理”，并提出将“社会管理制度趋于完善”设立为“‘十二五’时期经济社会发展主要目标”之一。2012年，党的十八大报告将社会管理和民生建设并列为社会建设的重要内容，社会管理在“十二五”初期受到了关注重视，并得到长足发展。2013年，中共中央召开十八届三中全会，会上通过《中共中央关于全面深化改革若干重大问题的决定》，第一次在党的正式文件中提出“社会治理”概念，并专门部署创新社会治理体制，对如何创新社会治理体制进行了阐述，标志着党的执政理念的重要转变。北京的社会建设紧跟党的步伐，在“十二五”期间开始从社会管理转向社会治理。

1. 社会治理体制逐渐完善

北京市社工委充分利用与高校和科研院所的合作，不断加强社会建设和社会治理理论创新，完善政策法规体系，《中共北京市委关于加强和创新社会管理全面推进社会建设的意见》《北京市“十二五”时期社会建设规划纲要》的出台，标志着北京以社会服务、社会管理、社会动员、社会环境、社会关系和社会领域党建“六大体系”为框架的社会建设与社会治理体系基本形成。②

2015年，北京市发布了《关于深化北京市社会治理体制改革的意见》，明确深化全市社会治理体制改革的总体思路和目标，部署深化社会服务体制改革、社会组织体制改革、街道体制改革、社区治理机制创新、社会治理方式创新、加强和改进党对社会治理体制改革的领导六大方面20项重点改革任务。

---

① 宋贵伦、冯虹主编《2015年北京社会建设分析报告》，社会科学文献出版社，2015，第109页。

② 宋贵伦、冯虹主编《2015年北京社会建设分析报告》，社会科学文献出版社，2015，第11页。

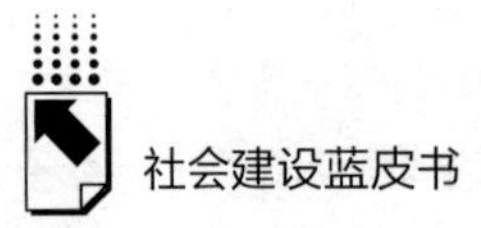

北京市还印发《〈关于深化北京市社会治理体制改革的意见〉重点任务分工方案》，制定了北京市“十三五”时期社会治理规划草案。

推进社会事业与社会治理体制专项改革，制定发布了《社会事业与社会治理体制改革专项小组改革实施规划（2014－2020年）》，提出了社会体制改革举措28项、具体工作185项。下达了社会治理专项小组2015年工作要点、主要任务及分工方案，明确责任分工，扎实推进年度改革任务44项、重点改革任务20项。统筹协调和积极推进北京医疗、养老、网格化体系建设以及街道社区、社会组织等重点领域改革。

2. 社会治理取得重要突破

北京市社会治理重点是推进政社分开，将社会组织作为社会治理的重要主体纳入社会组织体系，着力推进社会组织管理体制改革，其中，大力培育和发展“枢纽型”社会组织成为主要手段。从2009年起，北京市先后分四批认定了36家市级“枢纽型”社会组织、233家区县级“枢纽型”社会组织、445家街道级“枢纽型”社会组织，构建起“枢纽型”社会组织三级网格体系框架。[①] 超过4万家各级各类社会组织接受36家市级“枢纽型”社会组织的管理，比认定前增长近十倍。政社分开、权责明确、依法自治的现代化社会组织体系初步形成。

北京市在“十二五”期间为了促进社会发展升级、促进社会治理进一步末端化与深化，将社会工作者和志愿者队伍建设同社会组织体系建设结合起来，形成了独具首都特色的社会工作者与志愿者互动、社区与社会组织互联、政府与社会和市场互补的协同机制。北京市社会工作者和志愿者队伍得到了前所未有的重视和建设，广泛开展社会工作者底层培训，并加大了对高校社会工作和社会管理服务人才培养的投入，发展专业化社工队伍；志愿服务体系建设也进入常态化、规范化、科学化和专业化发展轨道，在“枢纽型”社会组织、非公企业、社工事务所和商务楼宇建立起志愿服务组织。[②] “十二五”期间，北京市累计投入市级社会建设专项资金3.8亿元，购买2432个社会组织服务

---

① 《北京市“十二五”期间购买两千余项市级社会服务项目》，《北京日报》2016年2月18日。

② 宋贵伦、冯虹主编《2015年北京社会建设分析报告》，社会科学文献出版社，2015，第146～147页。

项目，开展35万场次活动。①

社区治理是社会治理创新的重要根基和载体。“十二五”期间，北京社会建设的一个重要方面是社区建设，广泛开展对社区的建设、治理与服务工作，创新社区治理机制。在探索社区多元自治和开放服务的过程中，逐步建立起社区党组织、自治组织、服务站、社会组织、驻区单位和居民相互配合、协调与合作的现代社区治理结构。不断加强社区便民服务设施和服务网络建设，“十二五”期间累计建成“一刻钟社区服务圈”示范点1236个，覆盖本市2341个城市社区，惠及1454万人，覆盖率达80%，超额完成“十二五”规划确定的60%的目标。②

三　北京社会建设面临的问题与挑战

北京市在“十二五”期间加速推进社会建设，实现了许多重大突破，圆满完成“十二五”社会建设规划的目标。然而，在日益下行的经济状况、不断扩大的人口规模和城市迅速扩张三个背景的影响和控制下，北京的社会建设依旧存在许多突出的问题需要解决。

（一）社会结构需要进一步优化

1. 人口疏解取得一定成效，但是“城市病”仍然严重

尽管“十二五”期间北京人口规模控制措施发挥了一定的成效，常住人口增速、增量逐年递减，人口增加规模得到了有效控制，但是总体来说北京人口规模依旧在扩大。“十二五”期间，北京常住人口增长209.3万人，增加了10.7%。根本的原因是北京独特的资源优势，由于集中了大量央企、外企等经济资源，集中了优质的教育、医疗、文化、科技资源，其不仅需要大量高素质的白领来支撑高端产业的发展，也需要巨量的中低端商业服务业人员来支持产业的发展。尽管北京一直采取多种有力的措施疏散人口，但人口依然不断增长，频频突破人口规划局限。世界大城市人口疏解的经验和北京自身人口控制

---

① 《北京市“十二五”期间购买两千余项市级社会服务项目》，《北京日报》2016年2月18日。

② 《2016年北京建设100个“一刻钟社区服务圈”》，《北京日报》2016年2月18日。

和疏解的历史表明，违背市场规律和城市发展规律的人口疏解，都难以达到预期的目标，反而可能会加剧“城市病”。随着产业布局的调整和功能分区的建设，常住人口分布呈外扩趋势，但主要还是集中在五环以内，要疏散到五环外是比较困难的，要疏散到周边省份则更为困难。北京最近五年的人口发展趋势是向四环和六环之间聚集。对任何一个城市而言，本地资源都是有限的，没有任何一个城市是自给自足的。绝大多数城市消耗的棉花、粮食、蔬菜、汽油、燃气甚至水资源等都是通过市场引入的。单靠本地资源（包括人力资源），大城市根本就发展不起来，更不用说一个超大城市。在市场经济条件下，北京应该优化资源配置、增加资源供给、公平分配社会资源，来解决城市交通、住房、教育、医疗、公共安全以及其他社会问题，进而解决“城市病”问题。

2. 劳动年龄人口萎缩，老龄化加重

“十二五”期间，北京市人口年龄结构持续由“纺锤形”向“直筒形”转变。2015 年末，北京常住人口中 0～14 岁人口为 219.1 万人，占北京常住人口比例为 10.1%；15～64 岁人口为 1728.6 万人，比例为 79.6%；65 岁及以上人口为 222.8 万人，比例为 10.3%。和 2011 年相比，少儿人口和老年人口比例分别上升了 1 个和 1.3 个百分点，而 15～64 岁劳动年龄人口比例下降了 2.3 个百分点；15～59 岁人口数量在 2013 年达到峰值，随后两年持续减少。北京市少儿人口和老年人口所占比例持续扩大，劳动年龄人口不仅在比例上而且在实际数量上呈现萎缩趋势，人口红利逐年减少。由于户籍人口老龄化严重，多年以来，北京的劳动力是靠来自全国的青壮年人口支撑的，然而由于户籍制度的刚性制约，随着时间的推移，北京人口结构将进一步恶化。

医疗卫生事业的发展和都市人生活方式的变化使得北京市人口的平均预期寿命在“十二五”期间增长了 1.15 岁，其中首都功能核心区平均预期寿命超过 84 岁。然而，随着寿命的增加，北京市人口老龄化日渐严重，给北京的社会建设与社会发展带来了很大压力。从人口年龄结构变化来看，“纺锤形”结构的两端有所扩大，65 岁及以上的老年人数量在五年间增加 56.9 万人，到 2015 年，全北京市每 5 个人中就有一个 60 岁以上的老人。[①] 老年人的增加速度，远远高于外来人口、青壮年人口的增加速度。从空间

① 2010～2015 年北京市国民经济和社会发展统计公报。

分布来看，北京市老年人口总体空间特征呈现明显的圈层结构：中心两城区老龄化程度较高；城市功能拓展区大量年轻流动人口流入和北京人口外扩导致老年人口比重相对较低；远郊区则随着医疗卫生水平和社会服务水平的提高，青壮年向城市集中就业，导致远郊区老年人口占比有所升高。人口老龄化的加深，同时也加大了北京社会建设与发展的负担：养老保障的投入必然增加，也会占用更多医疗资源；会增加以家庭养老为主要养老方式的家庭的负担，也会导致退休制度的调整，退休年龄延迟则会挤压年轻人的发展空间。

3. 社会分化和不平等现象依然突出

北京大力推进和发展的城乡一体化在制度层面和基础设施建设方面已经日趋完善，然而城乡居民之间在收入、消费、教育、医疗、社会保障以及文化意识方面还存在着一些差距。虽然北京农村居民的收入增速连续7年高于城镇居民，但其收入水平依然只有城镇居民的一半之多，农村居民收入追赶城市居民收入还有很长的路要走，农村户口的居民能得到的养老金也远低于城镇户口的居民。除此之外，从其他地方来到北京工作就业的城乡移民还无法享受与北京户籍居民平等的社会权利，尤其是在义务教育、保障性医疗、保障性住房等方面。

（二）公共服务需要进一步加强

1. 基本公共服务供给不足，分布不均

所谓基本公共服务，“指建立在一定社会共识基础上，由政府主导提供的，与经济社会发展水平和阶段相适应，旨在保障全体公民生存和发展基本需求的公共服务。享有基本公共服务属于公民的权利，提供基本公共服务是政府的职责”。① 其包括保障人类基本生存权的公共服务，需要政府及社会为每个人都提供基本就业保障、基本养老保障、医疗保障、基本住房保障等；满足发展权所需要的公共服务，需要政府及社会为每个人都提供基本的教育和文化服务。基本公共服务广义上还包括与人民生活环境紧密关联的交通、通信、公用

① 《国务院关于印发国家基本公共服务体系“十二五”规划的通知》，http：//www. gov. cn/zwgk/2012 -07/20/content_ 2187242. htm，2016 年6 月10 日。

设施、环境保护等领域的公共服务，以及保障安全需要的公共安全、消费安全和国防安全等领域的公共服务。

“十二五”时期，北京的公共服务得到了长足的发展，然而基本公共服务还不能适应日益增长的社会需求，基本公共服务的覆盖面还不够广泛，基本公共服务设施的分布和供给还不均衡。优质基础教育资源的分布失衡比较严重，幼儿教育资源不能满足不断增长的需要；公共卫生资源和医院的分布也过于集中在中心城区和城市发展新区；随着老龄化程度的提高，养老需求也进一步增加，养老服务资源供不应求；30 多万申请保障房的住房困难群体的基本住房保障问题还未解决；城市垃圾处理、环境保护等方面的服务还需要进一步加强。

2. 交通建设依旧滞后，拥堵现象依旧严重

作为一个国际化的超大城市，北京尽管在“十二五”期间大力发展轨道交通，地铁线路已达到 554 公里，但路线、站点分布不合理，线路转换耗时长无法满足居民通勤需要，阻碍了轨道交通吸收路面交通能力的增强。街区过大导致道路密度不够，随着北京城市扩张和新城区的发展，基于城市功能拓展区发展需要、产业转移和集聚以及北京房价地价同心圆向外递减等原因，超过一半人口分布在四环到六环间的近郊区，而城市的核心功能区集聚在城中心，形成单中心格局，它还承担着政治、经济等许多中心职能，这就导致了比较严重的职住分离现象。首都功能核心区法人单位从业人口占全市法人单位从业人口的 18.2%，但常住人口只占 10.29%；城市功能拓展区法人单位从业人口占 53.6%，常住人口只有 49.03%；城市发展新区常住人口为 31.83%，而法人单位从业人口只有 22.2%；生态涵养发展区的常住人口占 8.85%，而法人单位从业人口只有 6.0%（见表 3、表 4）。跨功能区的法人单位就业比例就有 24.68%，这还不包括非法人单位的跨功能区就业。跨区就业的比例很高，导致数百万人上下班时要长距离通勤，导致通勤量巨大，城市交通必须承载大量长距离通勤，形成路面交通严重拥堵、通勤时间超长的局面。小区和大院推倒围墙有利于缓解交通压力，但这一政策如何落实，何时能落实还看不到希望。停车位不足导致占道停车十分普遍，直接导致很多地方的交通阻滞。

表 3　北京常住人口居住区域分布（2014 年）

单位：万人，%

分　类	常住人口	比重	城镇人口	比重	乡村人口	比重
全市	2151.6	—	1859.0	—	292.6	—
首都功能核心区	221.3	10.29	221.3	11.90	0.0	0.00
城市功能拓展区	1055.0	49.03	1043.1	56.11	11.9	4.07
城市发展新区	684.9	31.83	477.5	25.69	207.4	70.88
生态涵养发展区	190.4	8.85	117.1	6.30	73.3	25.05

表 4　北京法人单位从业人员区域分布（2014 年）

单位：万人，%

分　类	法人单位从业人员数	比重
全市	—	—
首都功能核心区	202.6	18.2
城市功能拓展区	595.6	53.6
城市发展新区	246.9	22.2
生态涵养发展区	66.6	6.0

（三）社会治理主体的力量有待加强

尽管党的十八届三中全会后北京做了很多努力开展社会治理工作，推进社会管理向社会治理转型，也取得了一些成就，建立起社会治理的"六大体系"，认定了一大批"枢纽型"社会组织，建立了基层社区服务管理体系。但是社会管理向社会治理的转变从基本的理念到实际的操作方式，都还需要进一步的改进和完善。社会治理体系的发展与完善离不开社会力量的发育和参与，当前北京社会治理主体表面上已经多元化，但实际上政府管理的力量较强，社会力量参与不够，社会发展活力不足。根本的原因还是社会组织的力量薄弱，对社会组织的培育和支持力度还不够。在社会管理向社会治理转变的过程中，政社关系依旧无法理清，长久以来保持的习惯与传统限制着体制机制的变革。在社会公共服务体系建设方面，还存在着资源错置现象，对流动人口、远郊地区的公共服务供给远远落后于实际需求。基层社会治理与服务主体之间还做不到责权清晰，社区服务管理依旧保持行政化倾向，不论是从热情、力度、深度还是从途径来说，社会组织、社会单位、专业人才和公众的参与都存在着明显的不足。尽管“十二五”时期政府购买社会服务的力度前所未有，但是和实际需求相比，和广州、深圳等城市相比，北京在政府购买社会服务的投入方面还有一定的差距，对购买服务的监测评估还需要进一步加强。同时，社会工作者的待遇过低，需要大幅度提高，否则难以吸引高素质的专业人才从事社会工作。

四 “十三五”时期北京社会建设的建议

“十三五”时期是我国全面建成小康社会的收官之年，北京社会经济发展也将进入建设国际一流和谐宜居之都的关键阶段。在这一时期，社会建设作为实现首都城市战略定位、有效保障北京经济社会平稳发展和人民生活幸福的重要工作，也必将取得重大进步。

（一）调整行政区划，适应城市社会巨变

由于历史原因和行政区划调整滞后，北京的行政区划很不均衡，这也成为经济社会发展和社会管理的瓶颈。2010 年，北京朝阳区人口达到 355 万人，海淀区为 328 万人，而门头沟区只有 29 万人，延庆区只有 31 万人。尽管这几个区之间人口规模差异巨大，前者是后者的 10 多倍，但是相应的经济社会治理机构却比较接近，都有六套班子以及相应的行政管理体系。朝阳和海淀拥有一个大城市的人口规模，管理的机构却仅仅是一般区级建制。根据第六次人口普查，昌平区的北七家镇有近 26 万人，最近几年人口应该还有增加，总人口接近门头沟区和延庆区的人口规模，但地方经济社会管理体制仅仅是一个街乡建制。根据第六次人口普查，在北京 300 多个街乡中，30 万人以上的街乡有 2 个、20 万人以上的街乡有 6 个、10 万人以上的街乡有 67 个，这些超级街乡人口总数有 976 万人，接近北京总人口的一半。这些超级街乡也基本上是北京常住外来人口比较集中的地方，社会结构以中下层为主。它们基本上处在北京四环到六环之间，这里的幼儿园、学校、医院及其他公共服务设施并未随着人口规模的扩大而相应增加。由一个街乡的建制来服务和管理一个小城市的人口，小马拉大车，显然不堪重负。

理想的社区是居民联系紧密的生活共同体，社区规模过大，居民之间的关系就难以建立，共同体的认同和内部联系就比较困难，社区归属感和共识就难以形成。对社区的研究表明，500 人以内的社区，社区关联容易形成，500 人以上的社区就比较困难。北京社区人口规模普遍较大，所以基本上是人际关系淡漠的陌生人社区，社区归属感弱。根据第六次人口普查，北京有 2670 个城市社区，其中 500 人以下的城市社区只有约 60 个，1000 人以上的社区 2509 个，2000 人以上的社区 2232 个，3000 人以上的社区 1816 个，5000 人以上的社区 1005 个，10000 人以上的社区 198 个，而 20000 人以上的城市社区就有 23 个。社区规模差异巨大，配备的社区工作人员和公共服务设施标准却是统一的。所以，北京应该及时调整街乡的行政区划，并配备相应的管理机构和服务设施，以适应地方基层社会的实际需要。在行政区划调整以前，应该根据社区规模配备足够的工作人员和社会治理资源。

（二）进一步优化社会结构，建设共享城市

应该进一步加快城乡一体化的步伐，发展郊区服务业，促进郊区农民就业，提高农民收入，缩小城乡差距。“十三五”期间，北京人口管理与服务必须坚持结构均衡的原则，提升人口质量，优化人口结构。制定合适的与经济社会发展阶段相适应的人口与城市发展战略，合理定位城市分区功能，提高城市公共服务供给能力，特别是要处理好人口控制和管理服务的关系。为了控制“十三五”时期内北京人口规模增量，一方面通过政策出台合理引导居住与落户分布，减缓与日俱增的人口压力；另一方面通过产业结构调整和城市职能分散的方式，加强配套设施建设，利用市场机制将人口分散开来，再推进基本公共服务全覆盖，通过更科学和高水平的服务将人口稳固在产业或职能聚集区域内。“十三五”期间，北京人口政策应该由严格调控转变为灵活多样的调控，善于利用市场机制，改善人口空间结构。

（三）加快交通建设和管理，缓解交通压力

2016 年，北京同时建设 15 条轨道交通线，地铁运营里程将爆炸式增长。到“十三五”末期，北京市民在中心城区走 700 ~ 1000 米就可以乘上地铁。同时在建的地铁有 3 号线一期、16 号线、17 号线、新机场线、8 号线 3 期、西郊

线、S1磁悬浮线、燕房线、12号线、房山线北延、19号线1期、7号线东延、机场线西延、6号线西延、平谷线。轨道交通的高速建设将大大缓解北京的长途通勤给路面造成的拥堵压力。

2015年互联网约车风靡世界，其改变了很多居民的出行方式，对缓解交通压力、方便居民出行做出了巨大贡献。未来的几年里，监管部门应该因势利导，充分发挥互联网约车的优势。在互联网约车出现之前，出租车无法满足高峰时期、高峰路段的出行需求，而滴滴和Uber的翻倍补贴在时间和空间上都以给予司机补贴和奖励的方式鼓励司机在高峰时段、高峰路段多多接单（目前Uber在空间上有翻倍机制，而滴滴只设置时段翻倍），在高峰时段、高峰路段接单的司机能赚更多的钱。滴滴和Uber通过自身的方式，合理地完善了北京市的资源调控。这些方式弥补了北京出租车运力的不足。互联网约车的运营模式一定程度上缓解了高峰时段、高峰路段北京打车难的问题。

从2015年开始正式实施的行政副中心建设无疑为“十三五”期间北京社会建设的发展提供了一个很好的基础和调整空间。行政副中心的建设将把中央和北京行政职能重叠的格局打破，将核心功能区的一部分职能转移出去，形成的不仅是行政副中心，而且还是另一个副核心功能区。由此带动人口和功能分区空间布局的变化将对中心城区起到压力释缓的作用，同时也优化了人口的空间结构和功能布局。然而，随着通州副中心的建设和人口开始东移，“十三五”期间朝阳区和通州区的通勤量会急剧增加，交通拥堵的压力会进一步加大，交通管理部门应该对这一局面的出现制订相关预案。

（四）发展社会组织，完善基层社会治理

“十三五”期间，社会治理依旧是社会建设的核心组成部分。从社会治理主体来看，基层社会治理必须推进政社分开，厘清政社关系，转变基层社会管理服务行政化倾向，广泛吸收和鼓励社会力量参与社会治理，激发社会组织、社会单位、专业工作者和公众的参与热情，不断拓展社会力量参与社会治理的深度。对社会组织要完善登记管理、指导和评估工作，依托“枢纽型”社会组织体系，加强其主动性和能动性，增添它们的活力，使它们积极参与到社会治理中；应进一步在基层扩大专业社会工作者和志愿者队伍，加强培训，提高他们的素质，在基层社区形成“一街一社工”和“专业社工社区服务指导”

的基层社会治理与服务机制，广泛开展常态化志愿服务活动；通过协商议事会和具体的项目，强化公众的权利意识和民主意识，提高公众参与社会治理的意愿和能力，依托基层社会自治，发挥治理主体自身的能力来开展基层社会治理。

社会治理的重点还需要放在基层社区，不论是城市社区还是农村社区，都需要组织起不同方面的社会力量参与自我管理和自我服务。基层社区治理的一个突破点是流动人口的管理与服务，由于流动人口比起户籍人口拥有更少的社会权利，社会生活与就业具备更大的灵活性和不稳定性，针对他们的治理就更为重要。只有流动人口通过社团、社会组织或者个人等方式参与到自我管理和自我服务中，基层社会管理与服务体系才能够得以完善。

（五）加强社会工作者队伍建设

社会建设需要一支专业的人才队伍，社会工作者就是社会建设的专门人才，只有不断提高社会工作者工资和福利待遇，让他们的待遇提升跟上经济社会发展的步伐，才能保证社会工作者的专业水平和质量，激发他们献身社会工作和社会建设的积极性。尽管社会工作者包括社区工作者的待遇已有所提高，但是一直赶不上社会平均工资的增长速度，也达不到社会平均工资水平。高等学校多年来培养的大批社会工作专业人才，放弃专业技术，改做其他行业，社会工作者待遇过低是根本原因。如果他们的待遇还不提高，就会损害社会建设事业的根基，和谐社会建设的目标实现也会受到影响。

根据国家统计局的数据，2015 年全国城镇私营单位就业人员年平均工资为 39589 元，全国城镇非私营单位就业人员年平均工资为 62029 元。从全国来看，智联招聘的数据显示，2015 年应届毕业生总体的实际签约月薪平均值为 4793 元，较往年有明显增加；2016 年应届高校毕业生期望月薪的平均值为 4985 元。随着经济社会发展，北京城镇职工和居民工资与收入是持续递增的。2015 年北京市职工平均工资（又称社会平均工资）为 85038 元，月平均工资为 7086 元。

北京的社区工作者工资依据中办发〔2010〕27 号文件精神和《关于进一步规范社区工作者待遇有关事项的补充通知》的规定，原则上按照不低于上一年度北京市职工平均工资的 70% 标准确定，而具体的标准由北京各区县确定。根据规定，北京社区工作者的工资最低可以达到每月 2600 元，资历最长、职业技术水平为高级社会工作师的社区工作者正职工资每月只有 5100 元，一般社区工作人员工资只有 1800 元左右，而 2016 年北京的最低工资标准是 1720 元。工资待遇对于稳定社区工作者和社会工作者队伍、提高他们的工作积极性和工作质量、吸引高素质的专业人才从事社会工作具有极为重要的意义，不提高他们的工资待遇，社会服务的质量也就无法提高，社会服务的效率也难以提高。让他们的工资待遇不低于社会平均工资水平，是社会建设的根本保障。

B.2

北京市社会治理“十三五”规划与社会建设的新任务

宋贵伦*

摘　要：　本文对2015年北京市社会建设的基本情况进行了总结，对“十三五”时期社会治理规划编制过程、总体思路、主要内容进行了说明，明确了2016年全市社会建设工作六个方面的主要任务。北京市的社会建设在“十二五”收官之年站在更高的历史起点上，全面实现《北京市“十二五”时期社会建设规划纲要》确定的“五个更加、一个广泛覆盖”的目标。在此基础上，北京社会建设将进一步深化。

关键词：　北京　社会治理　社会建设　“十二五”　“十三五”

一　关于2015年北京市社会建设工作

2015年是“十二五”收官之年，在市委市政府领导下，北京市社会领域围绕中心、服务大局，抓改革、促发展、转作风、求实效，圆满完成了全年各项任务，较好地实现了《北京市“十二五”时期社会建设规划纲要》确定的工作目标，并在许多方面取得了突破性进展，为“十二五”收官画上圆满句号，使北京社会建设工作站在新的更高的历史起点上。

（一）坚持创新驱动，社会体制改革全面深化

一是社会治理体制改革全面深化。市委市政府印发《关于深化北京市社

---

* 宋贵伦，北京市委社会工作委员会书记，北京市社会建设办公室主任。

会治理体制改革的意见》等系列文件，明确了当前和今后一个时期全市社会治理体制改革的总体思路、基本要求和主要任务。以此为标志，北京市社会治理体制改革站在新的历史起点上。二是社会事业与社会治理专项改革推出新举措。按照市委市政府要求，牵头协调推进社会事业与社会治理体制改革专项小组工作，研究制定五年工作实施规划，积极推进公立医院综合改革、社会服务保障体制改革、社会治理体制改革等重点工作并取得新成效。三是学习调研与合作交流取得新成果。举办一系列培训班、研讨班、座谈会，深入学习党的十八大以来党中央重要论述，特别是习近平总书记系列重要讲话精神，深入研究探讨社会建设、改革、治理的重大理论和现实问题。成功举办第六届全国部分省市社会建设（北京）年会、中国社会治理创新调研成果交流会、第五届中国社会治理论坛。新建两个北京社会建设研究基地，总数达到 17 个，各研究基地课题研究取得一系列重要成果。

（二）坚持以人为本，社会服务更加完善

一是社会公共服务明显加强。坚持以保障和改善民生为重点办实事，着力解决教育、医疗、养老、住房、出行等一批直接关系百姓生活的现实问题。经过五年持续努力，“十二五”社会建设规划确定的社会服务 12 项主要指标全部完成。二是社区服务体系更加完善。新建 207 个“一刻钟社区服务圈”示范点，累计建成 1236 个，覆盖 2341 个城市社区，覆盖率达 80%，超额完成“十二五”规划确定的 60% 的目标。新建 102 个老旧小区自我服务管理试点，累计达到 332 个。新建 105 个农村社会服务试点，累计达到 452 个。三是政府购买社会服务力度加大。2015 年，市级社会建设专项资金全年投入 6808.9 万元，购买 476 个社会组织服务项目。各区和许多市级“枢纽型”社会组织都有配套资金和措施。“十二五”期间，市级社会建设专项资金累计投入 3.8 亿元，购买社会组织服务项目 2432 个，撬动配套资金 3.08 亿元，开展活动 35 万场次。四是社会公益服务持续广泛开展。持续开展“北京社会组织公益行”系列活动，市级“枢纽型”社会组织和各个区动员 1.2 万多个社会组织参加，开展养老助残、环境保护、应急救助等公益活动 2936 场，服务群众 200 多万人次。组织开展“社会组织公益服务品牌创建”活动，评出 100 个优秀公益服务品牌。成功举办首届“北京社会公益汇”，产生了良好的社会效果。

（三）坚持问题导向，社会管理更加科学

一是社区建设基本实现规范化。完成第二批、启动第三批社区服务管理用房建设项目。截至2015年底，全市仅有45个社区用房未达标。经过多年特别是“十二五”时期的共同努力，全市社区“三位一体”治理体系日趋完善，“三有一化”目标基本实现。二是“枢纽型”社会组织工作体系基本形成。截至2015年底，全市累计认定“枢纽型”社会组织市级36家、区级218家、街道级461家，三级“枢纽型”社会组织工作格局初步形成，联系各级各类社会组织由“十二五”初期的4700多家增加到3万多家，覆盖率由15%扩大到87%。市级社会组织孵化中心共孵化公益组织150余家，5家市级“枢纽型”社会组织、14个区、56个街道、47个社区建立多种形式的社会组织服务（孵化）基地，全市初步形成“一中心、多基地”社会组织服务网络。三是网格化体系建设基本实现全覆盖。制定印发《关于全面加强北京市城市服务管理网格化体系建设的意见》等“1+3”文件，基本实现网格化体系全面覆盖的目标。全年各区网格化信息系统共立案410万件，结案率92%。新建智慧社区640个，累计达到1672个，覆盖率达到58%，惠民利民政策取得良好成效。四是社会建设评价体系框架初步建立。《中国社会建设报告（2015）》（蓝皮书）显示，北京市社会建设水平继续保持国内各省区市之首，已连续三年是唯一总分超过90分的省区市。

（四）坚持共建共享，社会动员更加广泛

一是积极发挥社会工作者的骨干作用。圆满完成全市社区“两委”换届选举工作，94.4%的社区配备了党组织专职副书记，社区工作者年龄结构、知识结构进一步优化。出台政策，从2016年开始，社区工作者待遇水平原则上按照不低于上一年度本市职工平均工资70%的标准确定，每年进行动态调整。新成立社工事务所18家，全市社工机构总数达到155家。大力开展社会工作者系列培训，累计培训约4400人次。到目前为止，全市社会工作专业人才总量已达到5.2万人，获得国家社会工作职业水平证书者20722人，占全国总数的10%。“十二五”时期，北京市社会工作者队伍专业化、职业化水平实现质的飞跃，在社会治理中已经成为重要的骨干力量。二是积极推动志愿者组织发

挥生力军作用。在10家市级“枢纽型”社会组织中成立志愿服务联盟，城市社区全部完成志愿服务站建设，建成商务楼宇志愿服务站273个，75家专业社工机构成立了志愿服务组织。全市实名注册志愿者突破327万人，志愿服务组织5万多家，注册应急志愿服务队伍518支，市民劝导队2393支、队员10万人。深入开展保护蓝天、保护碧水、保护文物、服务社区、服务社会五大志愿服务行动，活动贯穿全年，全市居民广泛参与，产生良好的社会效果。三是积极动员社会公众服务中心工作。在全市31个街道开展社会动员试点，试点街道累计80个、覆盖1280个社区。积极动员全社会服务纪念抗战胜利70周年等重大活动，广泛参与治理“大城市病”、疏解非首都功能、推动京津冀协同发展等重点工作，积极参加应对特殊天气等应急性志愿服务行动。认真组织开展“北京社会文明行”之文明行车、文明停车宣传教育活动。四是积极推进基层自治与协商民主。积极推动社区、社会组织等依照法律法规和各自章程开展民主协商活动。人大代表、政协委员提案议案办理获得市人大肯定、市政协表彰。全面推广“参与式协商”社区治理模式。以老旧小区为切入点，切实加强社区自治建设，有效缓解了老旧小区治安差、管理乱、停车难等问题。

（五）坚持重在建设，社会环境更加文明

一是大力加强社会文明建设。坚持有计划、有步骤地举办一系列培训班，不断增强中国特色社会主义道路自信、理论自信、制度自信，教育广大干部群众牢固树立社会主义核心价值观。深入开展学雷锋志愿服务活动和文明城区（村镇）、文明社区、文明家庭创建活动，引导全社会积极参与创建社会文明。二是大力宣传树立社会领域先进典型。深入开展“身边好人、社会好事”宣传教育活动，评选出“北京社会好人榜”上榜个人107名、上榜群体105个。举办第四届“寻找首都最美社工”活动，产生10名“首都最美社工”和40名“首都优秀社工”，四年累计产生43名最美社工和157名优秀社工。组建首都最美社工宣讲团，深入社区、院校、机关进行宣讲。举办第九届“十大感动社区人物”评选活动，宣传报道先进人物（团队）32人（个）。三是大力推进社会责任和社会诚信体系建设。举办“十三五”经济发展与企业社会责任高峰论坛，组织研究制定“北京市企业社会责任评价指导标准”，积极推动企业履行社会责任。

（六）坚持维护稳定，社会关系更加和谐

一是完善社会安全立体网络。配合推进以“七张网”为框架的社会治安防控体系建设，更加注重一体化运行、精细化操作、法治化治理和社会化运作。坚持专群结合，“朝阳群众”“西城大妈”“丰台劝导队”“海淀网友”等群防群治力量发挥越来越大的作用，形成越来越广泛的共识。二是完善社会矛盾预防化解机制。扎实推进社会稳定风险评估工作，深入推进社会矛盾多元调解创新发展，大力推进社会调解，有效预防和化解社会矛盾。加强外籍居民服务管理，累计建成18个国际化社区试点。积极推进非紧急救助综合服务平台建设。三是完善社会心理服务体系。编发《北京社会心态分析报告（2014～2015）》。组织开展“润心工程”“暖心行动”“爱心陪伴”等系列公益活动，调动专业机构力量，在16个区进行社工心理工作骨干培训和专业指导，在8个区开展标准化心理服务站（室）试点工作。

（七）坚持党建引领，社会领域党建工作体系基本实现全覆盖

一是社会组织党建工作体系基本实现全覆盖。以贯彻落实中央和市委党的群团工作会议精神为契机，深入广泛开展学习宣传活动，产生良好的效果。加快推进“枢纽型”社会组织党建工作体系建设，全市36家市级“枢纽型”社会组织基本实现党建“3+1”工作体系全覆盖。二是社区区域化党建工作体系基本实现全覆盖，印发《关于进一步加强区域化党建工作的意见》。在6个城区39个社区开展“区域化党建、多元性自治、开放式服务”试点工作。三是非公有制企业党建工作覆盖面不断扩大。全市1297座商务楼宇基本实现党建工作站等“五站合一”建设全覆盖。在商务楼宇新成立党组织524个，累计达到2370个，覆盖4.9万余名党员、7.7万余家“两新”组织、93万余名从业人员。在全市25个社区开展“门店党建、社区联建”试点，积极推动规模以下非公有制企业党建工作。成立北京新经济组织党建研究会、北京新经济组织发展研究院。到目前为止，全市非公有制企业建立党组织9512个，覆盖企业84506家，覆盖率达到79.9%。

（八）坚持边整边改，“三严三实”专题教育成效显著

一是扎实开展学习教育。社会领域各级党组织以“三严三实”为主题，

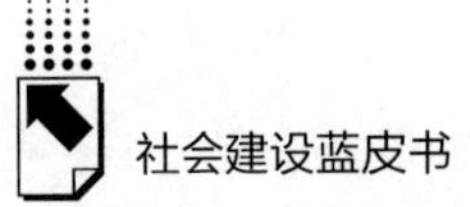

深入扎实开展专题学习教育活动，深化思想认识，增强行动自觉。二是扎实推动问题整改。通过自己找、集体议、基层提等形式，市委社会工委、市社会办共梳理出领导班子16个、班子成员86个“不严不实”问题，阶段性整改任务基本完成。三是扎实推进成果转化。围绕解决与深化社会体制改革不相适应的思想观念、体制机制等问题，引导干部党员看大局、明大势，把具体要求转化为促进工作的自觉行动，转化为推动工作上水平、上台阶的强大动力。

总之，2015年全市社会建设工作取得了很大成效，使“十二五”时期的工作在高潮中圆满收官，全面实现了《北京市“十二五”时期社会建设规划纲要》确定的“五个更加、一个广泛覆盖”的目标，并在许多方面取得了突破性进展。经过多年特别是“十二五”时期全市共同努力，具有时代特征、中国特色、首都特点的社会治理体系基本形成，基础工作基本到位，全市社会建设跨上了一个新的大台阶。

实践证明，多年来市委市政府在社会建设、改革、治理方面所采取的一系列重大决策是完全正确的，是完全符合中央精神、北京实际、群众需求和发展方向的，全市上下共同努力、坚持不懈地抓顶层设计、抓综合协调、抓基层基础，措施是有力的，成效是显著的。习近平总书记在视察北京工作时的重要讲话中，对北京市大力加强社会建设给予充分肯定。这些成绩的取得，是市委市政府认真贯彻中央精神、正确领导的结果，是全市上下大力支持、共同努力的结果。

在充分肯定成绩的同时，我们也要清醒地看到，距离“建首善、创一流”的目标，全市社会建设、改革、治理工作还有不少差距、不少短板、不少难啃的“硬骨头”、不少严峻的挑战。纵向发展不整齐、横向发展不平衡的问题依然存在，改革虽有整体设计但重点突破还不够快，社会服务虽然明显提高但还不够精准，社会管理虽然日趋完善但还不够精细，社会动员虽然更加广泛但还有很多盲点，社会文明程度虽然不断提高但不文明现象还不少，社会关系虽然总体和谐但潜在社会矛盾还很多，社会领域党建虽然大大加强但还有不少薄弱环节，等等。这些问题的存在，固然有一些客观因素和实际困难，有许多是发展过程中的问题，但也有主观上努力不够和工作不严、作风不实的问题。特别是市委社会工委、市社会办作为市社会建设工作领导小组办公室和社会事业与社会治理体制改革专项小组牵头部门，在抓大事、抓协调、抓落实工作中还有许多不到位的地方。说到底，在落实“三严三实”方面还有明显差距。今后，我们要在工作中大力加强和改进。

二　关于“十三五”时期社会治理规划

（一）编制过程

2014 年 9 月，市委社会工委、市社会办专门成立“十三五”社会治理规划编制工作领导小组及其办公室，具体负责规划编制日常组织协调工作。领导小组及其办公室先后多次召开专题会议，确定前期调研课题，研讨规划提纲，认真组织起草。在前期工作的基础上，数易其稿，形成征求意见稿。

（二）总体思路

社会治理规划编制没有现成模式可以借鉴，综合性、复杂性、创新性、务实性都很强，编制难度较大。在编制过程中，力求在以下几个方面下功夫：一是坚持上下贯通，力求充分体现党中央新要求；力求充分体现十八大以来党中央重大战略部署和习近平总书记系列重要讲话精神，特别是习近平总书记视察北京工作时重要讲话、十八届五中全会、中央城市工作会议和《京津冀协同发展规划纲要》等新要求。二是坚持前后对接，力求与市委市政府相关要求一致。力求与五年前的《北京市“十二五”时期社会建设规划纲要》思路相衔接，与市委市政府 2015 年印发的《关于深化北京市社会治理体制改革的意见》精神相一致，与市人代会刚刚审议通过的《北京市国民经济和社会发展第十三个五年规划纲要》内容相配套。三是坚持在实践基础上创新，力求更好更快发展。力求站在北京社会建设新的历史起点上，紧紧围绕加快推进社会治理体系和治理能力现代化建设，认真总结经验、努力探索创新、加强统筹规划、加快实践发展。

（三）　指导思想

在市委市政府领导下，以党的十八大和十八届三中、四中、五中全会及习近平总书记系列重要讲话精神为指导，树立创新、协调、绿色、开放、共享的发展理念，适应经济发展新常态和疏解北京非首都功能，推动京津冀协同发展，围绕率先全面建成小康社会和建设国际一流的和谐宜居之都大目标，坚持以问题和需求为导向，坚持抓改革、补短板，努力推动社会治理六大体系建设、四大能力提高，即努力推动党组织、政府组织、基层组织、自治组织、社会组织、经济组织的改革创新、互联互动、多元治理，力求在加强和改进党的领导、实现政府工作重心下移、加强基层治理创新、动员公众有序参与、激发社会创造活力、引入市场机制上下功夫、求实效；努力提高系统治理、依法治理、源头治理、综合治理能力，力求在完善体制机制、建设法治社会、化解社会矛盾、破解难点问题方面下功夫、求实效。从而进一步形成多元共治、共建共享的社会治理格局，使具有时代特征、中国特色、首都特点的社会治理体制机制更加成熟定型，方式方法更加科学有效。

（四）主要内容

规划草案包括序言和 12 个部分。这 12 个部分基本上以上述六大体系建设、四大能力提高为框架，再加上前面的“总论”、最后的“基本保障”2 个部分内容。规划草案在回顾过去五年工作的基础上，分析当前面临的形势，提出今后五年总体思路、发展目标、任务举措和保障措施。

总体思路：坚持党委领导、政府主导，坚持以人为本、服务为先，坚持问题导向、改革创新，坚持依法治理、公平正义，坚持多元共治、共建共享。

发展目标：社会服务更加完善，保障改善民生、社会公共服务水平明显提高；社会管理更加科学，城市服务管理信息化、精细化水平明显提高；社会动员更加广泛，社会协同、公众参与水平明显提高；社会环境更加文明，社会诚信建设、社会责任履行水平明显提高；社会关系更加和谐，化解社会矛盾、维护社会公平正义水平明显提高。保持“十二五”社会建设“五个更加、一个广泛覆盖”的目标不变，只是任务更多更新、标准更严更高。

任务举措：加快推进政府职能转变，促进社会治理体制创新；加快推进社会服务方式转变，引入市场机制；加快推进社会组织改革，激发社会发展活力；加快推进街道、社区管理体制改革，实现党和政府社会服务与城市管理工作重心下移；加快推进社会协同，广泛动员社会公众有序参与；加快推进社会工作者队伍建设，实现社会工作者队伍专业化、职业化和志愿服务常态化、规范化。

保障措施：坚持不懈补短板，夯实基层基础；坚定不移抓改革，推动创新实践。

任务举措包括十个方面：第一，转变政府职能，创新社会治理体系。主要是建设法治型政府和服务型政府，向社会转移职能，健全高效运行机制，特别是建立健全政府责任清单和转移职能清单，不断为社会发展和社会组织发挥作用让渡空间。第二，引入市场机制，创新公共服务供给。主要是完善服务体系、创新服务方式、扩大购买服务、发展社会企业，特别是不断扩大政府购买社会力量服务，推动社会服务供给侧改革，推进社会事业改革创新，大力发展社会企业。第三，激发社会活力，推动社会组织发展。主要是完善“枢纽型”社会组织工作体系、改革社会组织登记制度、培育发展社会组织、创新社会组织治理，特别是着力完善“枢纽型”社会组织工作体系，加快推进政社分开、管办分离。第四，深化街道改革，实现工作重心下移。进一步完善街道“加强区域党建、开展公共服务、统筹辖区治理、组织综合执法、指导社区建设”职能，进一步把社会服务和城市管理职能下沉到街道，理顺街道与区政府职能部门关系，健全街道管理委员会机制，加强协管员队伍建设管理。第五，完善社区治理，夯实基层工作基础。主要是按照加快推进区域化党建、多元性自治、开放式服务的思路，完善社区治理体系，健全社区服务体系，深化社区居民自治，推进城乡社区一体化发展。第六，推动多元共治，动员社会协同参与。按照构建共建共享社会治理格局的要求，在党的领导下，发挥政府主导作用、社会组织骨干作用，推动企业履行社会责任，扩大公众有序参与，引导驻区单位参与。第七，加强系统治理，着力完善体制机制。主要是完善领导体制、深化多元共治、理顺街居关系、推进基层协商。第八，加强依法治理，推进法治社会建设。主要围绕完善政策法规保障，加快重点领域立法，加强法治宣传教育，发挥社会规范作用，维护社会公共安全。第九，加强源头治理，努力构建和谐社会。着力维护群众合法权益，预防化解矛盾纠纷，完善社会舆论监督，培育健康社会心态，重点是完善社会风险评估机制、社会责任评价体系和社会心理服务机制。第十，加强综合治理，有效破解难点问题。重点是动员社会力量，参与治理“大城市病”、推动京津冀协同发展，加强社会文明建设，创新网络媒体治理，完善网格化体系，实现“三网”融合、一体化运行。

同时，规划草案还提出五条保障措施：一是加强党的建设；二是加强队伍建设；三是加强经费保障；四是加强规划实施；五是加强督导评价。为增强形象性、可操作性，加强规范化建设、量化管理，规划草案还设置了36个图表专栏。

三　关于2016年北京市社会建设重点任务

2016年，是“十三五”开局之年，站在新的历史起点上，进一步扎实推进北京市社会建设，深化改革，创新发展，开好局、起好步，意义重大而深远。

2016年，全市社会建设工作的总体思路是：高举中国特色社会主义伟大旗帜，认真贯彻党的十八大和十八届三中、四中、五中全会及习近平总书记系列重要讲话精神，站在“五位一体”和“四个全面”新高度，立足“十三五”和全面贯彻“五大发展理念”新起点，围绕中心、服务大局，坚持问题导向、需求导向、目标导向，坚持抓改革、补短板、上台阶，进一步在完善顶层设计、加强综合协调、夯实基层基础上下功夫、求实效，在巩固发展已有成果基础上，努力做足社会领域文章，努力在治理“大城市病”、疏解非首都功能、推动京津冀协同发展等方面有更多更大作为，为北京率先全面建成小康社会、建设国际一流的和谐宜居之都做出新的更大贡献。

2016年全市社会建设工作的主要任务有以下六个方面。

（一）以制定和实施“十三五”规划为契机，全面深化社会治理体制改革，进一步完善社会治理体系

一是进一步加强统筹规划。进一步贯彻市委市政府《关于深化北京市社会治理体制改革的意见》，落实各项任务，2016年上半年，对全市各区贯彻落实情况进行专项督查。按照市委市政府要求，印发和实施《北京市“十三五”时期社会治理规划》，进一步完善顶层设计，健全统筹协调机制，全面深化社会治理体制改革，抓好重点工作落实，加快推进社会治理体系和治理能力现代化建设。

二是加快推进改革重点突破。进一步完善市社会建设工作领导小组及其办

公室和社会事业与社会治理体制改革专项小组工作机制，调整成员名单，充分发挥综合协调作用，加快推进社会事业与社会治理专项改革，着力深化医疗卫生、养老服务等民生领域供给侧改革，社会治理体制改革进一步取得新突破。

三是着力创新基层治理机制。深化街道体制改革，紧紧围绕街道“加强区域党建、开展公共服务、统筹辖区治理、组织综合执法、指导社区建设”的新职能，开展综合试点和专项试点，加快推进社会服务与城市管理重心下移、职能下沉、资源下放，使街道在社会服务与城市管理中充分发挥主体作用和统筹协调作用。

四是扎实推进法治社会建设。完善北京社会建设“1＋4＋x”系列文件，深入开展社会领域法治建设调研，研究制订“十三五”时期加快推进重点领域立法计划，适时将具备条件的政策上升为地方性法规和政府规章。加强法治宣传教育，通过“以案释法”等形式，深入开展普法进社区、进社会组织、进新经济组织、进商务楼宇活动。选择典型案例，推广先进经验，鼓励基层创新实践，倡导发挥市民公约、乡规民约、行业规章、团体章程等社会规范在社会治理中的积极作用。

（二）以“一刻钟社区服务圈”建设为载体，全面加强社区建设，进一步完善社会服务体系

一是完善社区服务体系。制定发布社区服务与管理工作规范，建立社区服务管理标准。新建100个“一刻钟社区服务圈”，进一步健全集社区基本公共服务、便民利民服务和志愿服务于一体的社区服务体系。研究制定量化指标体系，以“一刻钟社区服务圈”为载体，逐步搭载和丰富服务项目，完善服务设施，实施社区就业、社会保障、养老助残、卫生计生、文化教育体育、流动人口、安全、环境美化、便民利民和志愿互助等社区服务“十大覆盖工程”。在有条件的街道及社区探索建设社区邻里中心，为居民提供商业、文化、体育、卫生、教育等一站式服务。完善社区服务站功能，加快推进开放式社区服务站体系建设，逐步实现社区公共服务事项网点式区域通办。将心理服务纳入社区基本公共服务体系，扩大社区心理服务试点，支持专业心理社会工作机构进入社区服务。

二是创新公共服务提供方式。充分发挥多元主体在公共服务中的作用，加

大政府向社会力量购买服务力度，加大社会建设专项资金支持社区服务管理的力度。拓展社会力量发挥作用的空间，在试点工作基础上，逐步将街道（乡镇）面向社区的事务性、服务性工作，通过政府购买服务的方式委托有专业能力的社会组织、社会企业及社区组织承接。

三是提升社区服务管理水平。研究制定全市社区治理综合评价指标体系，进一步完善社区党建、社区自治、社区服务“三位一体”治理结构。继续扩大社区“区域化党建、多元性自治、开放式服务”试点，推进社区民主协商、多方共议，进一步健全社区党组织领导下的居委会、业委会、物业服务企业、驻区单位共建共享的多元共治机制。继续推进社区公共服务设施达标、社区服务管理用房项目建设，新建100个社区规范化示范点、150个老旧小区自我服务管理试点，进一步提升社区规范化建设水平，切实解决社区服务管理“最后一公里”问题。组织开展第七届“北京魅力社区”评选表彰活动，继续实施京台社区合作交流项目。

四是推进城乡社区服务管理一体化。新建100个农村社会服务试点，继续推进城市社区服务体系向城乡接合部和农村社区扩展延伸，促进城乡社区基本公共服务一体化和服务管理创新。开展城乡接合部社会治理试点，探索“1+3”治理模式，即在一个大党组织统一领导下，村民组织、社区组织、经济组织共商共建共治，切实提升城乡接合部社会治理水平。

（三）以完善“枢纽型”社会组织工作体系为基础，全面加强社会组织建设，进一步激发社会创造活力

一是完善“枢纽型”社会组织工作体系。再认定10家左右的市级“枢纽型”社会组织，基本实现市级“枢纽型”社会组织全覆盖。加快推进区、街“枢纽型”社会组织能力建设，努力将80%以上的区级社会组织、90%以上的社区社会组织纳入工作体系。研究制定市、区、街三级“枢纽型”社会组织工作规范，进一步推进规范化建设。加强对“枢纽型”社会组织的分类指导、常态化联系，探索建立综合评价机制，进一步激发创造活力。细化工作方案，分期分批推进行业协会商会及相关类型社会组织与行政主管部门“脱钩”。

二是加大社会组织培育发展力度。进一步完善全市社会组织服务“一中心、多基地”立体化工作网络，进一步完善市社会组织孵化中心服务功能，

努力实现区级社会组织服务（孵化）基地建设全覆盖；在10家市级“枢纽型”社会组织、60个街道（乡镇）和50个社区开展社会组织服务（孵化）基地建设试点工作。进一步完善社会组织培育机制，大力培育发展服务民生类、社会矛盾纠纷调解类、参与基层治理的城乡社区类社会组织以及高精尖产业联盟组织、促进产学研相结合的科技类社会组织等。创新社会组织服务方式和载体，探索建立社会组织人才交流服务平台。继续与高校合作举办社会组织研修班，探索社会化资质认证方式。协同朝阳区建设“社会众创空间”，为社会领域“大众创业、万众创新”提供新平台。

三是完善社会组织治理体系。研究制定社会组织综合评价指标体系，深入开展社会组织标准化建设试点工作。以法人地位明确、治理结构完善、筹资渠道稳定、监督机制健全、管理运行规范、信息公开透明为目标，不断推进现代社会组织体制建设。建立健全多方联动的综合服务监管机制，充分发挥党建政治引领、政府依法监管、“枢纽型”社会组织日常服务管理的作用。逐步实施全市社会组织统一社会信用代码。引导社会组织诚信自律，建立服务承诺制度。加强社会组织信息公开，推动社会组织信息部门联网和社会公开查询，探索建立社会组织黑名单制度，制定信息公开及管理办法。

四是充分发挥社会组织作用。加强“枢纽型”社会组织建设，更好地发挥其政治上的桥梁纽带、业务上的引领聚合、日常服务管理上的平台窗口作用。积极搭建平台、创新载体，充分发挥各级各类社会组织在提供公共服务、增强社会自治、参与城市管理、推进法治建设、服务京津冀协同发展等方面的积极作用。继续开展“社会组织公益行”系列活动，举办第二届“北京社会公益汇”，搭建社会组织公益服务宣传、展示、合作、交流、推介平台。持续开展社会组织公益服务品牌创建活动，培育打造一批优秀特色公益服务品牌。

（四）以实施“网格化＋”行动计划为突破口，全面加强城市服务管理，进一步提高精细化水平

一是加快推进“三网”融合。贯彻落实市委市政府网格化体系建设“1＋3”文件，在基本实现区、街道（乡镇）、社区（村）三级网格化体系全覆盖的基础上，2016年底前，基本实现各区社会服务网、城市管理网、社会治安网“三网”融合，在全市建设50个街道（乡镇）“三网”融合示范点，在信

息系统、网格划分、基础数据、热线系统、指挥体系、网格员队伍、办理事项、办理流程、考评机制的融合发展、一体化运行方面实现突破性进展。

二是实施“网格化+”行动计划。将“互联网+城市服务管理”落到实处，制订实施“网格化+”行动计划，有计划、有步骤地将社会服务、城市管理、治安维稳等各项经常性工作纳入网格化体系，将养老服务、流动人口服务管理、拆违打非、治理“大城市病”、疏解非首都功能、推进京津冀协同发展等重点难点工作及时纳入网格化体系。

三是提高智慧社区建设覆盖率。继续贯彻落实《关于在全市推进智慧社区建设的实施意见》和《北京市智慧社区建设指导标准》，与网格化体系建设有机结合，再新建532个智慧社区，推进412个星级智慧社区升级工作，全面提高智慧社区覆盖率和工作效能。统筹建设便民服务终端网络，加强社区服务信息资源的集成利用，支持建立便捷高效的生活服务智能配送体系，促进社会服务管理数据一次采集、资源多方共享、问题联动解决，让智慧社区建设更多更好地惠及民生、服务社区。

（五）以推动“三社”联动为着力点，全面动员社会协同参与，进一步形成社会治理共建共享格局

一是着力推动“三维”体制互动。健全市社会建设工作领导小组办公室协调机制、例会制度、督查制度以及与相关机构联席会议制度，进一步健全“党委领导、政府主导、社会协同、公众参与、法治保障”的社会治理体制，在党的领导下，着力推动政府、市场、社会“三维”互动，不断提升系统治理能力；健全重大决策社会稳定风险评估机制和诉求表达、心理干预、矛盾调处、权益保护机制，创新预防和化解社会矛盾体制，不断提升源头治理能力；加大法治保障力度，推动运用法治思维和法治方式创新社会治理，不断提升依法治理能力；推动综合运用法律法规、经济调节、行政管理、公共服务、居民自治、道德约束、舆论引导、协商民主等方法手段，不断提升综合治理能力。

二是着力推动“三社”组织联动。在巩固发展社区建设、社会组织建设成果基础上，深入开展专项调研，研究制定相关扶持政策，宣传推广先进典型经验，加快推进社会企业发展，着力推进社区、社会组织、社会企业“三社”

组织联动。推动成立全市社会企业联盟，引导以民生服务类为重点的社会企业健康快速发展。结合事业单位改革，试点推动政府直接主办的公益类、经营性事业单位转变为社会企业，引导具有公益性质的养老、助残、教育等机构转变为社会企业。加大政府购买社会企业服务力度，鼓励慈善、教育、福彩、体彩等公益资源进入社会企业。研究社会企业绩效评估体系，发挥市场激励与社会监督作用，提升社会企业公益服务质量，促进社会企业可持续发展。

三是着力加强“三支队伍”建设。加强干部队伍建设，通过组织系统培训、专题研讨、专项调研、考察交流等形式，进一步提高各级领导干部的专业思维能力、专业素养，使更多的领导干部成为社会治理的行家里手。加强社会工作者队伍建设，坚持开展系列专业培训，继续实施社区工作者硕士研究生培养计划，抓好社区工作者工资待遇规范调整，完善社区工作者培养、使用、管理、激励机制。再培育扶持 15 家社会工作事务所，推进专业社工机构规范化建设，制定社会工作督导规范文件。继续举办寻找“首都最美社工”及“最美社工宣讲团”巡回宣讲活动。加强志愿者队伍建设，扩大社区、社会组织、非公经济组织、商务楼宇、专业社工机构等社会领域志愿服务组织覆盖面。继续扶持一批社会领域志愿服务示范项目，建立社会领域志愿者激励回馈机制，推进社会领域志愿服务长效化、制度化。

四是着力创建社会文明。结合社会领域实际，深入贯彻落实《培育和践行社会主义核心价值观行动方案》，广泛开展“中国梦·我的梦”主题实践活动。围绕社会热点、难点问题深入开展基层思想工作，做好群众工作。继续开展社会动员试点工作，不断完善社会动员机制。深入开展“北京社会公益行”系列活动，广泛动员社区、社会组织、社会企业和社会工作者、志愿者，积极参加社会公益行动，积极开展保护蓝天、保护碧水、保护文物及服务社区、服务社会行动，积极参与“大城市病”治理、疏解非首都功能、推进京津冀协同发展行动。继续开展“首都社会文明行”活动，营造良好的社会文明环境。继续开展“身边好人、社会好事”宣传教育活动，大力宣传表彰社会领域好人好事。

五是着力推动社会责任体系建设。成立企业社会责任联盟，出台“企业社会责任评价指导标准”，开展履行社会责任百优企业评选表彰活动，培育打造一批履行社会责任的“北京企业榜样”。开展社会治理共建共享先进单位创建活动，宣传树立一批先进典型。加强舆论引导，健全激励机制，鼓励支持驻区单位和企业向社区居民开放内部服务设施和文体活动场地。注重发挥行业协会商会等在推进企业履行社会责任方面的引领作用，不断加强行业自律。

（六）实施“点、线、面系统推进工程”，全面加强社会领域党的建设，进一步引领社会治理创新发展

一是“点”上推进，努力扩大非公企业党建工作覆盖面。坚持精准发力，逐一推进规模以上非公有制企业党建工作，力争年内使党组织和党的工作覆盖率达到100%。逐一推进科技园区、外商投资企业、互联网行业企业和高新技术企业党建工作，创新联合党组织设置，提升非公有制企业党组织单独组建率，力争年内使党组织和党的工作覆盖率达到90%以上。逐一推进商务楼宇党建工作，在基本实现党建工作站全覆盖基础上，力争年内使楼宇联合党组织及群团组织覆盖率达到60%以上。完善非公有制企业党建工作联席会议制度，建立健全新经济组织党建研究会工作机制。探索非公有制企业党组织负责人党建述职工作机制，提升非公企业党组织负责人素质能力。

二是“线”上推进，努力扩大社会组织党建工作覆盖面。坚持分类管理，以市、区、街三级“枢纽型”社会组织体系为依托，加快推进社会组织党组织和党的工作建设，年内基本实现市、区、街“枢纽型”社会组织党建工作全覆盖。加大民办学校、医院、科研机构和基金会、中介组织等社会组织党组织的组建力度，有效扩大社会组织党组织和工作覆盖面。探索在较大规模社会组织中派驻党建工作指导员，研究制定较大规模社会组织党建工作指导员派驻管理办法。加强行业组织党建工作，研究解决行业协会商会与行政主管部门脱钩后党组织隶属关系归属问题。

三是“面”上推进，基本实现社区区域化党建工作全覆盖。坚持以块为主，不断加强社区区域化党建工作，深入开展“区域化党建、多元性自治、开放式服务”试点，加快推进区域化“街道大工委”“社区大党委”机制建设，强化街道（乡镇）党（工）委在区域化党建工作中的统筹协调作用、社区党组织的基础作用。坚持以区域化党建带动群团组织建设。深化在职党员进社区活动，开展党代表工作室试点，探索建立区域化党建服务基层、联系群众新机制。继续举办全市社会领域党建工作系列培训班，全面提升基层党组织凝

聚力、创新力和党务干部专业化、职业化水平。

四是认真开展“两学一做”活动，发挥引领和服务保障作用。按照中央部署和市委安排，认真开展“学党章党规、学系列讲话、做合格党员”专题教育活动，以社会领域党建工作创新发展引领社会治理创新发展，以共产党员先锋模范作用引领社会文明程度提高和社会风气好转。认真落实“三严三实”教育整改任务。认真开展纪念建党95周年活动、纪念红军长征胜利80周年活动。树立和表彰一批社会领域先进党组织和优秀党员典型，推动社会领域党组织和党员在履职尽责、服务群众、基层治理中发挥引领和表率作用。进一步增强政治意识、大局意识、核心意识、看齐意识、首善意识，讲规矩、守纪律、转作风、求实效，勤政廉政，改革创新，继续保持全市社会建设工作者的良好精神状态和工作状态，继续保持全市社会建设工作的良好局面和发展态势。

社会结构篇

Social Structure

B.3

"北漂"的就业与生活

——对北京外来人口的调查分析

胡建国　刘贤旺*

摘　要：　本报告利用对北京外来人口的调查，分析"北漂"的工作与生活状况。从调查结果来看，"北漂"以80后、90后为主，男性比例较高，学历层次也高于上海、广州和深圳等超大城市。"北漂"在京工作与生活时间平均达到5.3年，呈现较强的稳定性，其中有14.2%的"北漂"在京购房。有近7成的"北漂"有长期在北京工作与生活的意愿，尤其是已经在京购房的"北漂"，意愿更为强烈。在此背景下，城市管理中针对外来人员的相关政策需要面对这一现实，完善相关政策设计，提升城市管理水平。

关键词：　外来人口　"北漂"　城市化　城市融入

* 胡建国，博士，北京工业大学社会学系教授；刘贤旺，北京工业大学社会学专业硕士研究生。

一直以来，北京作为超大城市以其优势吸引着大量外来人口流入，由此形成的“北漂”群体成为近些年社会关注的对象。2015 年全国 1% 人口抽样调查结果显示，2015 年底北京市常住人口为 2170.5 万人，其中，常住外来人口为 822.6 万人，占常住人口的 37.9%。本文中，“北漂”指的是在北京地区居住一个月及以上，年龄为 15～59 周岁，本人、配偶及子女均不是北京户口，且不是军人和学生的流动人口。规模庞大的“北漂”群体已经成为北京经济社会生活和城市管理中无法回避的现实问题。对此，北京不断出台和完善城市管理相关政策以便更好地管理来京的外来人口。为了更好地了解和掌握“北漂”群体的工作与生活状况，本文利用国家卫生和计划生育委员会“2014 年全国流动人口卫生计生动态监测调查”数据，对北京地区外来人口中的“北漂”群体的就业与生活状况展开分析。①

一 “北漂”群体的基本特征

（一）低龄化明显

从调查结果来看，被调查“北漂”平均年龄为 33 岁，低于全国流动人口平均年龄（34.1 岁）。其中，90 后占 14.8%，80 后占 47.9%，接近一半，是“北漂”群体的主力军；50 后～60 后占 11.3%（见图 1）。整体来看，“北漂”的年龄分布呈现以青壮年为主的特征。一般来说，趁年轻在经济发达和机会丰富的超大城市奋斗是人们流动的重要原因。

（二）男性为主

进一步分析“北漂”的性别结构。从调查结果来看，“北漂”以男性为主，男性占 57.6%，女性占 42.4%。但是从不同年龄段来看，女性所占比重呈现上升的趋势。在 50 后～60 后年龄段的外来人员中，女性占 38.9%，在 70 后年龄段，女性比重上升到 40.7%；而在 80 后年龄段，女性比重进一步上升

① “2014 年全国流动人口卫生计生动态监测调查”在全国共调查流动人口 20.1 万人，在北京地区共调查了 7998 位外来人员。

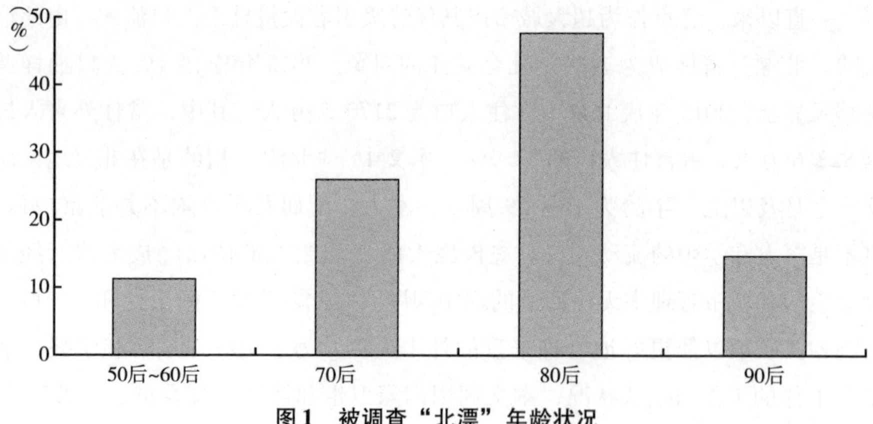

图1　被调查“北漂”年龄状况

到44.2%；虽然在90后年龄段，女性比重略有下降，但是仅次于80后年龄段而高于其他年龄段（见图2）。

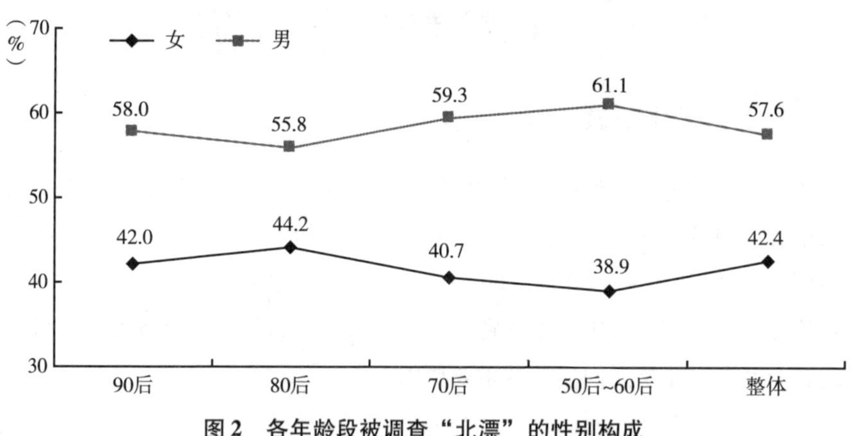

图2　各年龄段被调查“北漂”的性别构成

（三）学历较高

比较来看，被调查的“北漂”受教育程度较高，接受过大学教育的比例达到32.6%，其中专科学历为15.4%，本科学历为14.9%，研究生及以上学历为2.3%（见图3）。和上海、广州、深圳三个超大城市相比，北京外来人口的学历水平是最高的，无论是大专学历还是本科学历和研究生及以上学历，都高于上海、广州、深圳三个超大城市。这也表明北京作为文化中心、教育中心与科技中心，其产业结构影响着职业结构与岗位的供给，往往面向较高学历层次的求职者，从而导致外来人口学历较高。

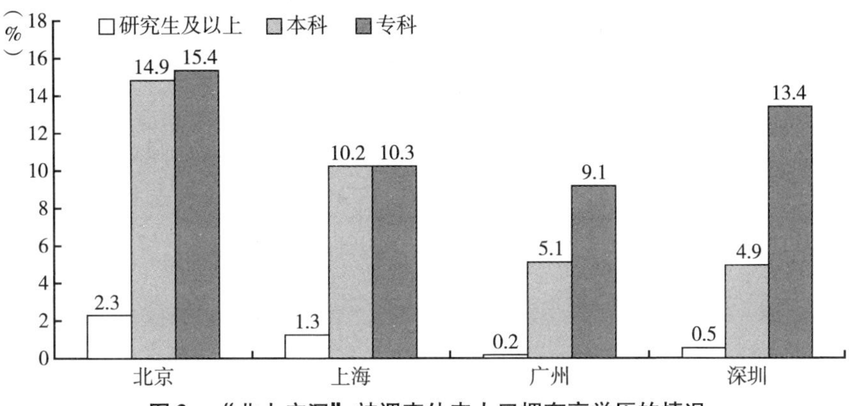

图 3　“北上广深”被调查外来人口拥有高学历的情况

（四）“北漂”仍以农民工为主

据北京市政府部门统计，在北京市 800 多万名外来人口中，农民工占一半左右。在本次调查中，被调查的“北漂”群体中农业户籍人数最多，占到 69.6%（见图 4）。事实上，虽然北京经济社会发展水平领先于全国，但是从外来人口的构成来看，农民工依然占据了主导地位，而非媒体报道的以白领为主。

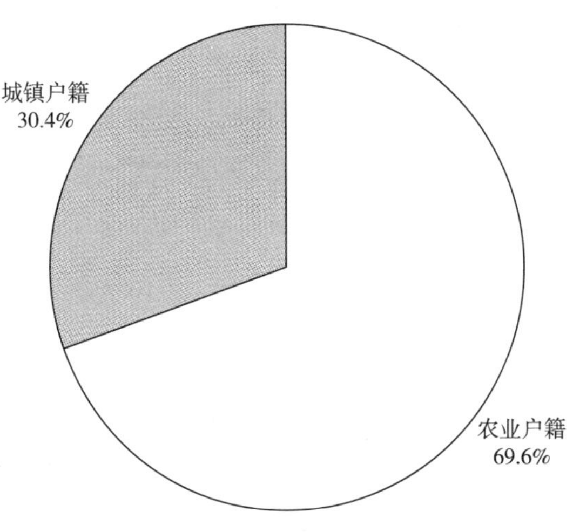

图 4　被调查“北漂”户籍情况

二　“北漂”就业状况

（一）就业是“北漂”首要原因

进一步分析“北漂”来京的原因。从调查结果来看，被调查“北漂”来京的各种原因中，就业居于首位，有高达93.4%的被调查者选择了“务工经商”（见图5）。这也表明北京经济发达，能够提供众多的就业与发展机会。此外，“随同流动”与“投亲”分别占“北漂”来京原因的第二位和第三位。

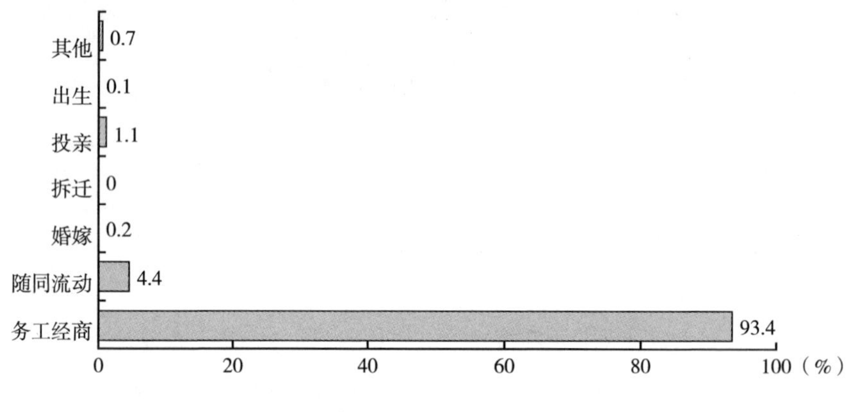

图5　被调查“北漂”来京原因

（二）一技傍身的“北漂”

进一步分析“北漂”主要职业分布特点，从调查结果来看，其他商业、服务业人员的比重最高，占27.8%；其次是专业技术人员，占15.5%；再次是经商人员，占15.1%；其后是餐饮业人员，占10.3%（见图6）。从主要职业分布来看，“北漂”的职业特征一是主要集中在服务业，二是专业技术人员比重较高。这些特征都是其他城市所不可比拟的。

（三）“北漂”在京参保率低

外来人口缴纳社会保险的积极性不高，一直都是一个比较突出的问题。从

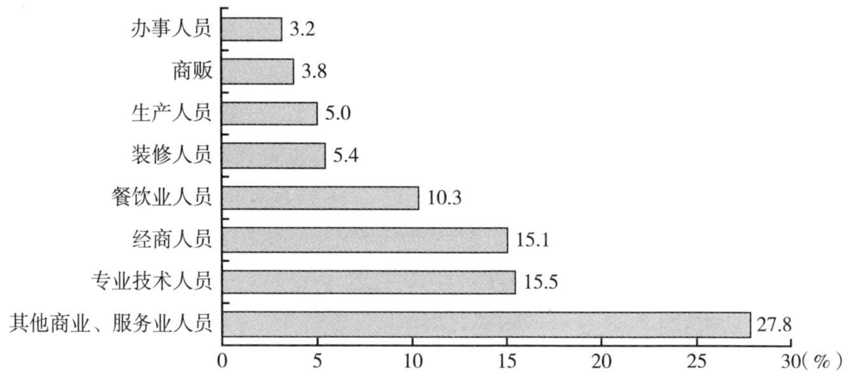

图6　被调查“北漂”主要职业分布

本次调查结果来看，“北漂”参加城镇职工养老保险的占37.8%、城镇职工医疗保险占36.9%、失业保险占35.1%、住房公积金占20.3%、生育保险占28.5%、工伤保险占34.1%。参保率不高的原因主要是“北漂”中占主体的是农民工。以养老保险为例，北京外来农民工中有24%缴纳了养老保险，而城镇户籍外来人口在北京缴纳养老保险的占比达到72.2%。

另外，就业单位性质不同，“北漂”参保率也有差异。其中，以医疗保障为例，在三资企业中工作的“北漂”在北京缴纳医疗保险的比例最高为82.8%；在国有及国有控股企业就业的“北漂”缴纳比例次之，占比达到76.9%；但是“北漂”就业人数最多的个体工商户和私营企业缴纳比例则分别仅有10.2%和50.9%。

三　“北漂”生活状况

（一）“北漂”时间久

本次调查涉及的一个重要内容是“北漂”在北京生活与工作的时间。从调查结果来看，“北漂”在京生活与工作时间平均为5.3年，这一结果高于全国平均值（4.6年），而且对比“上广深”三个超大城市，仅比上海（5.7年）略低，而高于广州（3.6年）和深圳（4.1年）。其中，留京超过五年的占

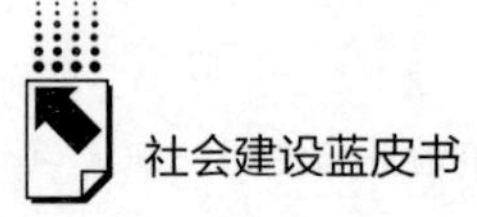

36.2%（见图7）。从这一结果来看，“北漂”具有较强的稳定性，“来了就不想走”的想法在“北漂”中间占有相当的比例。

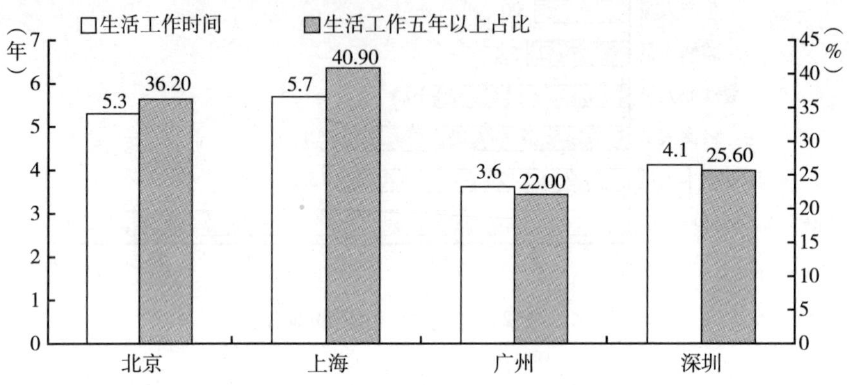

图7　“北漂”在京生活工作时间及与其他超大城市比较

（二）租住的“北漂”

由于北京房价高涨，要在北京安家置业极不容易。从调查结果来看，有14.2%的“北漂”在京购房，但是对于大多数“北漂”而言，只能自己租房或由单位提供住房。其中，61.8%的“北漂”租住私房，占比最高。另外，占比较高的是单位/雇主提供免费住房，比例为10.7%。值得注意的是，获得政府政策性“保障房”“廉租房”“公租房”的占比仅为0.4%（见表1）。

表1　被调查人员主要住房状况

单位：人，%

住房状况	样本	百分比
租住单位/雇主房	658	8.2
租住私房	4940	61.8
已购政策性保障房/政府提供廉租房/公租房	40	0.4
单位/雇主提供免费住房（不包括就业场所）	857	10.7
已购商品房	1139	14.2
自建房	25	0.3
其他非正规居所	48	0.6

注：调查样本中有一定缺失值，故总比例不等于100%。

（三）渴望融入的“北漂”

本次调查还调查了“北漂”打算在北京长期居住的意愿情况。从结果来看，有60.9%的“北漂”表明愿意长期在北京生活与工作，尤其是那些已经在北京购房的“北漂”，这个比例更高，达到98.8%（见图8）。而明确表示不打算在北京长期居住的只占11.8%，另外27.3%的“北漂”则处于“没想好”的状况。可以看出，明确不打算在北京长期生活与工作的“北漂”仅为少数。这也从一个侧面反映北京的吸引力，而近年来所谓的“逃离北上广”对于外来人口而言是个伪命题。

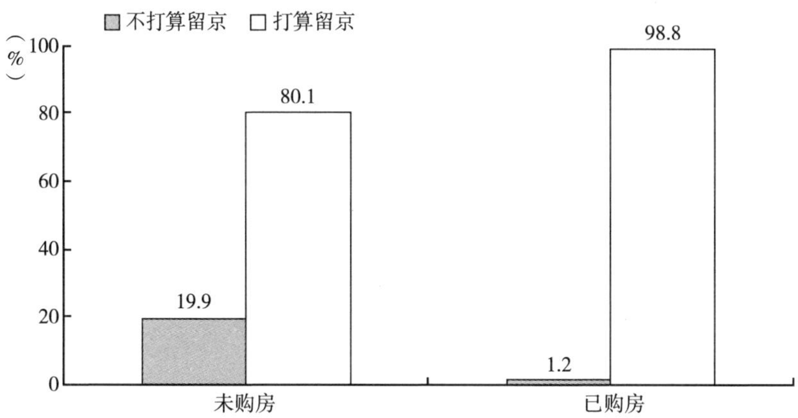

图8　购房“北漂”留京工作生活意愿

四　小结

从调查结果来看，我们发现“北漂”的生活与工作呈现如下特征。

第一，“北漂”在京生活工作具有稳定性。虽然北京就业竞争激烈，但是就业机会多；虽然房价高昂，民生压力巨大，但是作为经济社会发展水平最高的城市，北京拥有丰富的医疗、教育等资源；虽然北京生活与工作不易，但是有着相对公平与包容的环境。所有这些，对于“北漂”有着强烈的吸引力。所以从本次调查来看，“北漂”在京生活工作的平均时间与上海相差无几，而

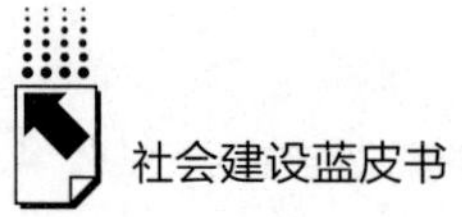

明显高于广州与深圳。对外来人口的持久吸引力，也反映出北京所拥有的活力与竞争力。

第二，“北漂”城市融入难。虽然“北漂”在京生活与工作呈现稳定的特征，但是要融入北京城市生活并不容易。从现实来看，“北漂”与北京本地居民还是存在着明显的边界差异。例如，本调查所反映出来的参加社会保险的差异、居住情况的差异表明，“北漂”还是处于劣势的地位。不可回避的现实是，“北漂”对于北京经济社会发展做出了自己的贡献，对此，城市管理应如何表现出更大的包容力，保障其应有的利益，是需要认真思考的问题。

第三，“北漂”在京工作生活意愿高。从调查结果来看，大多数“北漂”具有继续在北京工作生活的意愿。尤其是那些已经在北京购房安家置业的“北漂”，这种意愿更加强烈。在此背景下，虽然北京为了严格控制城市人口规模，对外来人口采取了严格进入的政策，但是这并不影响“北漂”的去留。也就是说，政策的影响远远弱于就业市场所提供的就业机会的吸引力。那么如何避免政策的“一厢情愿”则是政策出台时需要考虑的问题。

B.4

2015年北京流动人口的在京长期居留意愿分析*

李　升**

摘　要：根据国家卫计委2015年北京流动人口动态监测调查数据，本文对北京流动人口在京长期居留意愿进行了分析。数据结果表明：在个体因素方面，流动人口的长期居留意愿在年龄及受教育程度方面表现出差异；在家庭因素方面，配偶及子女在京的流动人口倾向于在京长期居住，但老人是否在北京并无明显影响；在经济因素方面，获得较高收入的流动人口更倾向于在京长期居住，职业为商业服务业人员和工人的长期居留意愿相对较弱，在生产性服务业就业的流动人口倾向于在京长期居住；在制度因素方面，非农业户口的流动人口长期居留意愿要高于农业户口流动人口，在京参加城镇保险的流动人口倾向于在京长期居住。

关键词：北京　流动人口　长期居留意愿

一　背景：北京常住外来人口增速放缓

从2013年党的十八届三中全会的《中共中央关于全面深化改革若干

---

* 本文为国家社科基金项目（14CSH012）与北京社科基金项目（13JDSHC011）的阶段性成果。

** 李升，博士，北京工业大学首都社会建设与社会管理协同创新中心、人文社会科学学院社会学系副教授。

重大问题的决定》，到 2014 年国务院的《关于进一步推进户籍制度改革的意见》，都明确提出要“严格控制特大城市人口规模”，这为北京的人口发展明确了方向。根据北京市统计局、国家统计局北京调查总队联合发布的“2015 年全市人口发展变化情况”，2015 年末北京常住人口为 2170. 5 万人，其中常住外来人口为 822. 6 万人，占常住人口的 37. 9%。“十二五”时期，北京市常住人口和常住外来人口呈现由较快增长向缓慢增长过渡的趋势，常住人口增量从 2011 年的 57. 4 万人，降至 2015 年的 18. 9 万人，增速从 2. 9% 降至 0. 9%；常住外来人口增量从 2011 年的 37. 7 万人，降至 2015 年的 3. 9 万人，增速从 5. 4% 降至 0. 5%。从发布的调查数据可以看出，随着非首都功能疏解各项措施的推进，北京常住外来人口的增速已经放缓。

常住外来人口的增速放缓与北京严控人口的政策措施密不可分。北京为适应经济社会发展的新常态，加快疏解非首都功能，积极构建高精尖经济结构，发挥产业升级的带动作用，引导人随业走，综合运用经济、行政、法律等多种手段，实现了常住人口的缓慢增长。然而，除政策措施影响外，流动人口在京长期居留意愿也会影响北京人口的发展。前者是政策性因素，后者则是主体性因素。根据卫计委的北京市流动人口动态监测调查数据，在“十二五”初期，北京流动人口超过 70% 表示了在京长期居留意愿，在 2015 年的数据中，“打算”在北京长期居住（5 年以上）的比例虽有所下降，但也达到 65%，明确表示“不打算”的比例为 9. 2%，“没想好”的比例为 25. 8%。从调查数据可以看出，当前在京流动人口中有近 2/3 的比例打算在北京长期居住。

那么，究竟是什么样的流动人口愿意在北京长期居住？本报告将根据国家卫计委 2015 年流动人口动态监测调查数据，对在京流动人口长期居留意愿的影响因素进行分析，主要探讨长期居留意愿在流动人口个体因素、家庭因素、经济因素以及制度因素方面的表现。国家卫计委的 2015 年流动人口动态监测调查采取了分层、多阶段、与规模成比例的 PPS 抽样方法，其中在北京的 15 个区县调查了 8000 名流动人口，调查对象为在京居住 1 个月以上、非北京户口、15 ~ 59 周岁的流动人口。

二　个体因素对长期居留意愿的影响

1. 年龄因素："90后"年轻一代流动人口长期居留意愿相对弱化

在2015年北京流动人口动态监测数据中，年龄代在"60后及之前"的流动人口愿意居留的比例为15.6%，"70后"比例为26.5%，"80后"比例为42.4%，"90后"比例为15.6%。整体上看，愿意居留者以"80后"与"70后"为主。从图1的数据结果可以看出，"60后及之前"、"70后"及"80后"的流动人口打算在北京长期居留的比例都在2/3以上，而"90后"一代打算在北京长期居留的比例不足一半（45.7%），超半数人不打算在北京长期居留和没有明确想法，表现出这一年龄层的年轻一代长期居留意愿相对弱化。

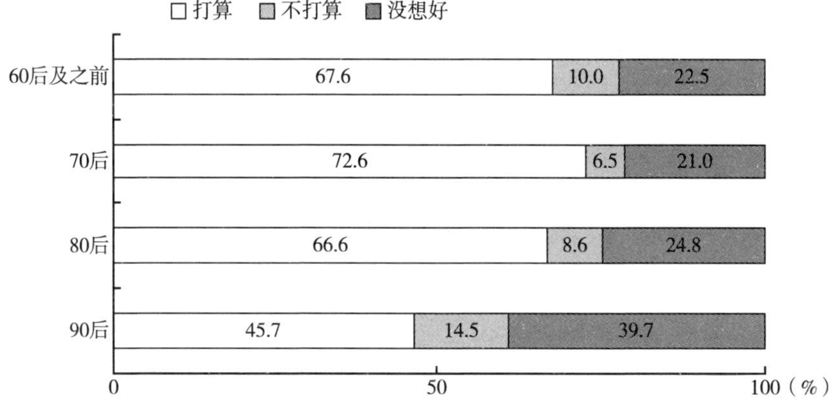

图1　不同年龄代的流动人口在京长期居留意愿分布

2. 流入时间因素：流入时间越早的流动人口长期居留意愿越强

"90后"年轻一代流动人口在京居留意愿相对弱化与其流入时间存在一定关联。从图2可以看出，流入时间越早的流动人口越倾向于"打算"在北京长期居住，流入时间越晚的流动人口在京长期居留意愿则在减弱。尤其是流入时间为2014年与2015年的流动人口，明确"打算"在京长期居留的比例已降至50%以下。

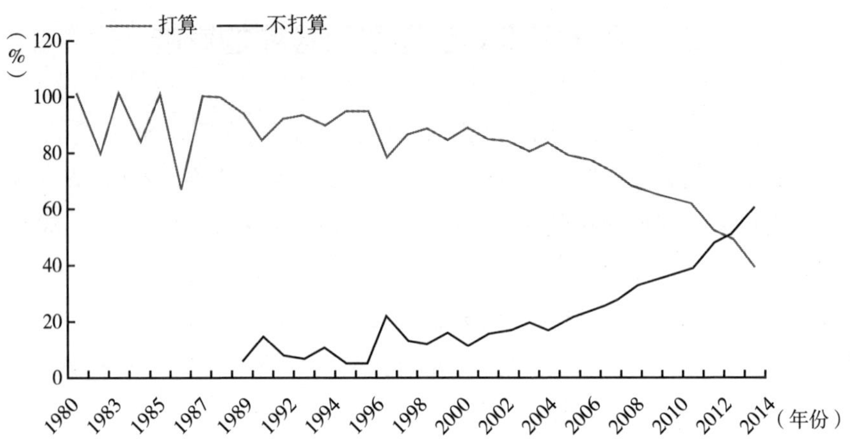

图2　不同流入时间的流动人口在京长期居留意愿分布

3. 受教育程度因素：受教育程度越高的流动人口长期居留意愿越强

从2015年北京市流动人口动态监测调查数据分析可以看出，北京流动人口的受教育程度依然处于相对低学历化。调查结果显示，流动人口中受教育程度为“初中”的比例最高，达到38.3%；其次是“高中/中专”，比例为22.5%；“小学及以下”比例为7.8%，这三者比例总计超过2/3；而“大学专科”和“大学本科及以上”比例分别为14.0%和17.4%，相对较低。

从图3的数据结果可以看出，受教育程度越高的流动人口长期居留意愿越强。“大学专科”“大学本科及以上”学历的流动人口中，均有超过70%的比例打算在北京长期居住；而初中及以下学历的流动人口中，虽然多数打算在北京长期居住，但并没有超过60%。从受教育程度与年龄代的交互结果来看，大专及以上学历的流动人口主要集中在“80后”群体，比例约占60%，其次是“70后”群体，约占20%，“90后”比例约占10%。这样的分析结果与前文年龄因素的分析较为一致，未获得较高学历的“90后”年轻一代流动人口目前并没有明确的在京长期居留意愿，而以“80后”为主体的高学历流动人口，则更愿意留在北京长期生活。

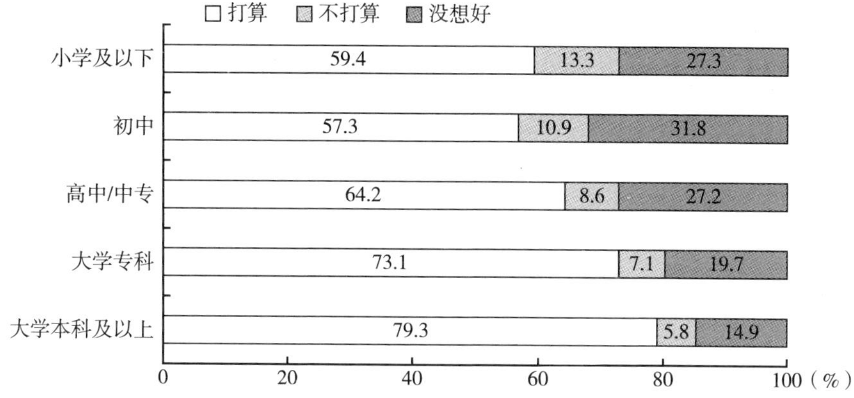

图3　不同受教育程度的流动人口在京长期居留意愿分布

三　家庭因素对长期居留意愿的影响

1. 婚姻因素：已婚且配偶在京的流动人口长期居留意愿较强

在2015年北京流动人口动态监测数据中，婚姻状况为“已婚”的流动人口比例达到83.1%，且在“已婚”的流动人口中，“配偶在北京居住”的比例达到94.2%，这体现了当前流动人口“家庭式流动”的特征。从图4的数据结果可以看出，“已婚，配偶在本地居住”的流动人口中，有超过70%的比例打算在京长期居住；“未婚”和配偶不在北京的流动人口中，明确打算在京长期居留生活的比例不足50%，表现出婚姻因素对长期居留意愿的影响。

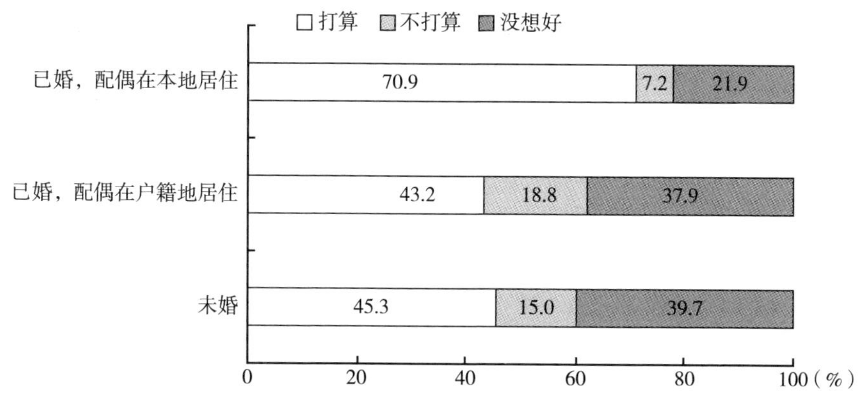

图4　不同婚姻状况的流动人口在京长期居留意愿分布

2. 子女因素：子女在京生活的流动人口长期居留意愿较强

在2015年北京流动人口动态监测数据中，有子女的流动人口比例达68.1%。其中，子女“出生地在北京”的比例为30.4%，“出生地在外地（户籍地）”的比例为69.6%（见图5）；而子女“现居住地在北京”的比例达63.2%，“现居住地在外地（户籍地）”的比例为36.8%（见图6）。进一步区

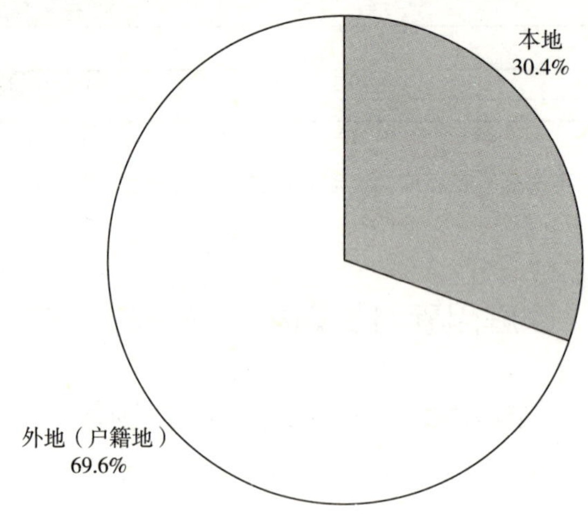

图5　子女出生地分布

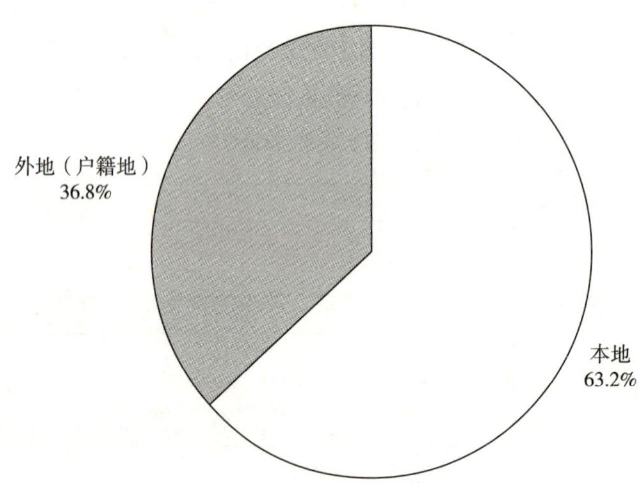

图6　子女现居住地分布

分可以看出，子女出生在户籍地的流动人口中，子女约各有1/3分别生活在户籍地和北京；而子女出生在北京的流动人口中，子女大部分生活在北京（见图7）。

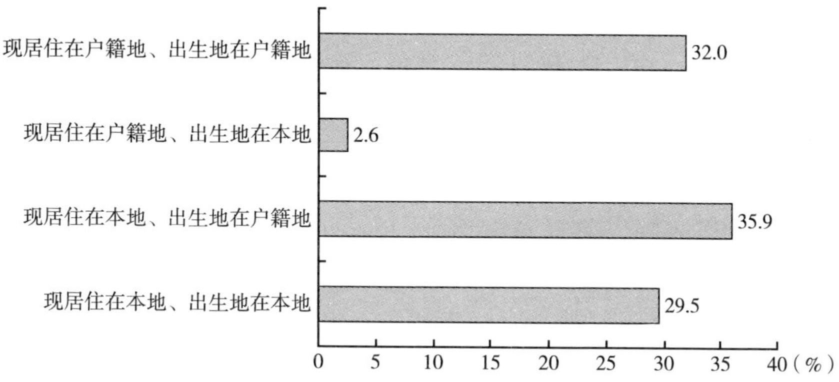

图7　子女出生地与居住地情况分布

从图8的数据结果可以看出，子女出生地和居住地都在北京的流动人口长期居留意愿最强，“打算”在京长期居住的比例达到了83.5%；而子女出生地和居住地都在户籍地的流动人口居留意愿相对较弱，“打算”在京长期居住的比例为56.0%，这一定程度上体现了子女因素对流动人口在京长期居留意愿的影响。

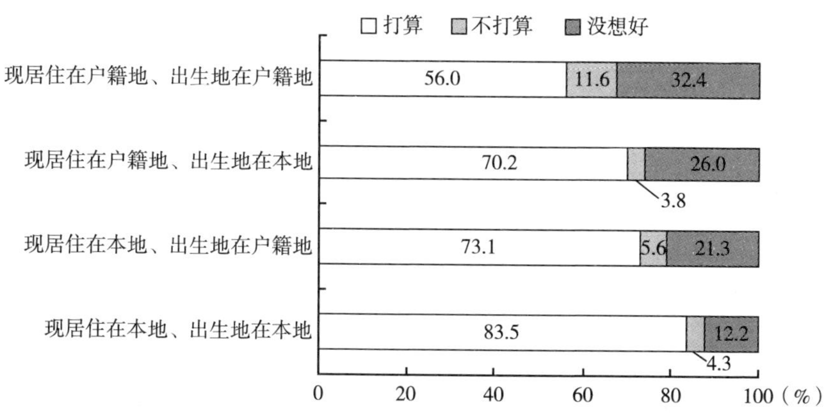

图8　不同子女状况的流动人口在京长期居留意愿分布

3. 老人因素："老家是否有老人"对流动人口在京长期居留意愿影响不明显

在 2015 年北京流动人口动态监测数据中，"有老人在老家居住"的流动人口比例为 50.6%，"老家没有老人居住"的比例为 49.4%，大约各占半数。从图 9 这两类流动人口在京长期居留意愿来看，"有老人在老家居住"的流动人口中，有 67.3% 的比例"打算"在京长期居住，"老家没有老人居住"的这一比例为 62.8%，均达到 60% 以上。整体上看，这两类流动人口在长期居留意愿方面并没有显著差异，表现出老人因素对流动人口的长期居留意愿影响并不明显。

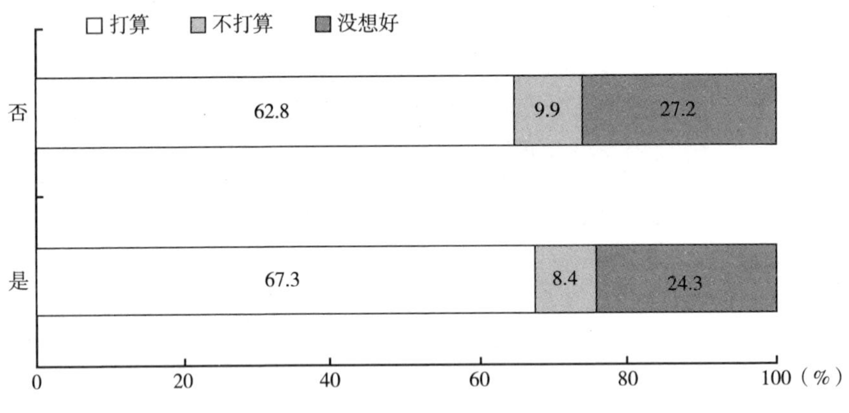

图 9　不同老人状况的流动人口在京长期居留意愿分布

四　经济因素对长期居留意愿的影响

1. 收入因素：收入越高的流动人口长期居留意愿越强

在 2015 年北京流动人口动态监测数据中，流动人口的家庭月收入（统计以百元计）在"4000 元以下"的比例为 15.4%，"4000 ~ 6900 元"的比例为 32.0%，"7000 ~ 9900 元"的比例为 19.0%，"10000 ~ 12900 元"的比例为 13.5%，"13000 元及以上"的比例为 20.2%。根据北京市人社局和市统计局公布的数据，2014 年北京职工月平均工资为 6463 元，如果一个家庭的夫妇两人均以这个平均水平来计算，则调查数据中有约 1/5 的比例达到这个水平。从图 10 的数据结果可以看出，家庭月收入越高的流动人口，越倾向于在京长期居住。其中，超过2014年职工平均工资水平的流动人口家庭，打算在京长期居住的比例达到80%以上。

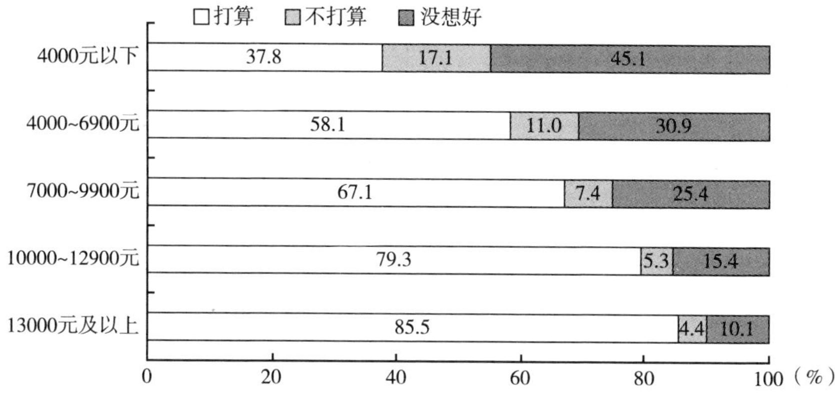

图10　不同收入水平的流动人口在京长期居留意愿分布

2. 住房支出因素：住房支出越高的流动人口长期居留意愿越强

在2015年北京流动人口动态监测数据中，流动人口的家庭月住房支出在“500元及以下”的比例为42.9%，“501~1500元”的比例为26.7%，“1501~2500元”的比例为10.8%，“2501~3500元”的比例为9.1%，“3500元以上”的比例为10.4%。可以看出，住房支出费用较低的流动人口比例较高。从图11可以看出，住房支出费用较低的流动人口在京长期居留意愿也相对较弱，而住房支出费用较高的流动人口在京长期居留意愿也较强。

3. 职业因素：“商业服务业人员”和“工人”长期居留意愿相对较弱

在2015年北京流动人口动态监测数据中，按职业划分类型后可以得出，单位负责人（包括国家机关、党群组织、企事业单位负责人等）比例为1.3%；专业技术人员比例为15.6%；办事人员（包括公务员、办事人员和有关人员等）比例为3.9%；个体经商人员比例为14.1%；商业服务业人员（包括餐饮、家政、保洁、保安、装修以及其他商业服务业人员等）比例为49.8%；工人（包括生产、运输、建筑以及其他生产运输设备操作人员及有关人员等）比例为10.9%；其他职业人员比例为4.4%。从图12的数据结果可以看出，单位负责

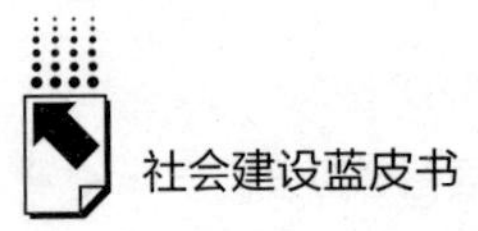

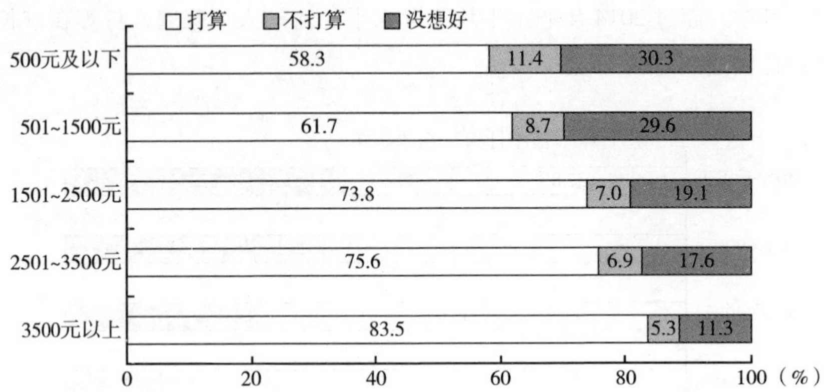

图 11　不同住房支出水平的流动人口在京长期居留意愿分布

人、专业技术人员、办事人员以及个体经商人员等职业的流动人口在京长期居留意愿较强烈，“打算”在京长期居住的比例为80%左右；商业服务业人员和工人等职业的流动人口在京长期居留意愿相对较弱，“打算”在京长期居住的比例不足60%。

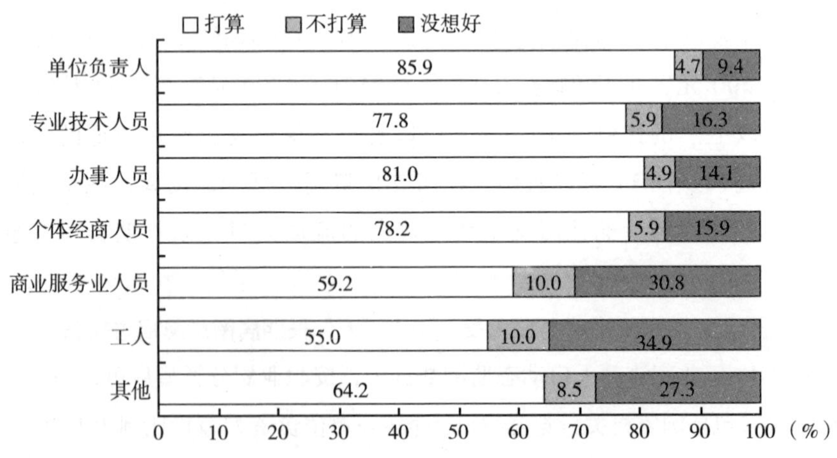

图 12　不同职业类型的流动人口在京长期居留意愿分布

4. 行业类型：从事生产性服务业的流动人口长期居留意愿相对较强

在2015年北京流动人口动态监测数据中，按行业划分类型后可以得出，流动人口主要是在第二产业和第三产业从事工作，其中，从事第二产业的比例为 15.7%，从事交通运输、金融服务、信息服务、商务服务等生产性服务业的比例为 20.1%，从事房地产、居民服务、科教文卫等消费性服务业的比例为 64.2%。从图 13 的数据结果可以进一步看出，尽管从事生产性服务业的流动人口比例不高，但其在京长期居留意愿最强，“打算”在京长期居住的比例为 76.5%，从事“第二产业”和“消费性服务业”的这一比例分别为 60.0% 和 63.8%。

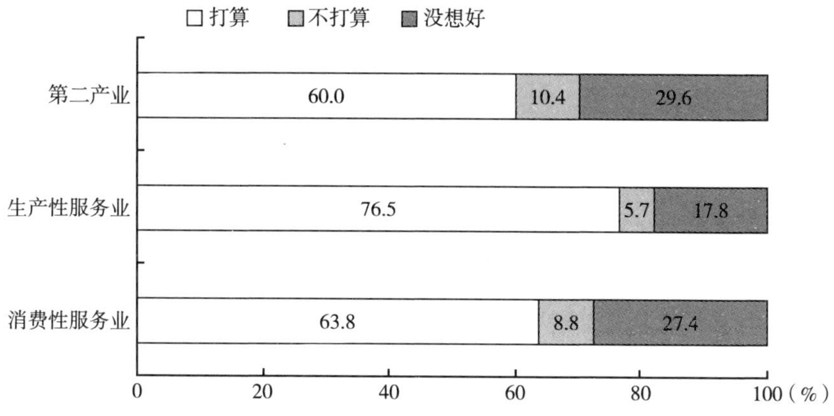

图 13　不同行业类型的流动人口在京长期居留意愿分布

五　制度因素对长期居留意愿的影响

1. 户口因素：“非农业户口”的流动人口长期居留意愿较强

在 2015 年北京流动人口动态监测数据中，在户口类型方面，“非农业户口”的流动人口比例为 34.9%，“农业户口”的流动人口比例为 65.1%，表现出流动人口的构成以农民为主的特征。从图 14 的数据结果可以看出，与“农业户口”相比，“非农业户口”的流动人口在京长期居留意愿相对较强，“打算”在京长期居住的比例为 75.9%。

2. 医疗保险因素：在京参保的流动人口长期居留意愿较强

在 2015 年北京流动人口动态监测数据中，在“新农村合作医疗保险”方面，“参保”的流动人口比例为 51%，“未参保”的比例为 49%，“参保”人

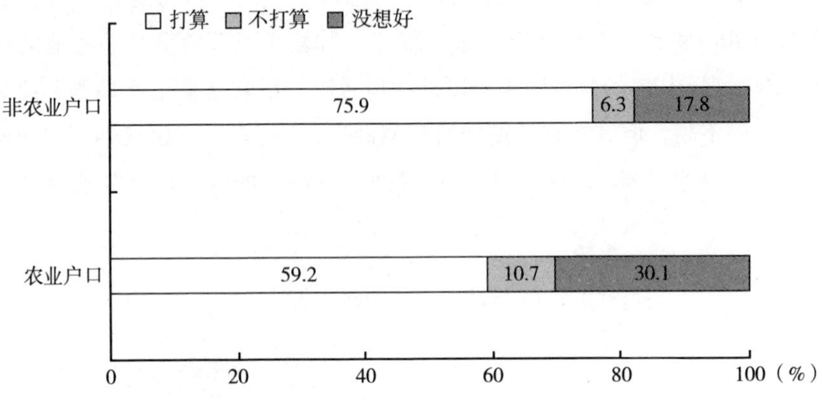

图 14　不同户口类型的流动人口在京长期居留意愿分布

员的参保地基本上是在户籍地。从图 15 的数据结果可以看出，“参保”新农合的流动人口在京长期居留意愿相对较弱，“未参保”的流动人口中有 73.8% 的比例“打算”在京长期居住。

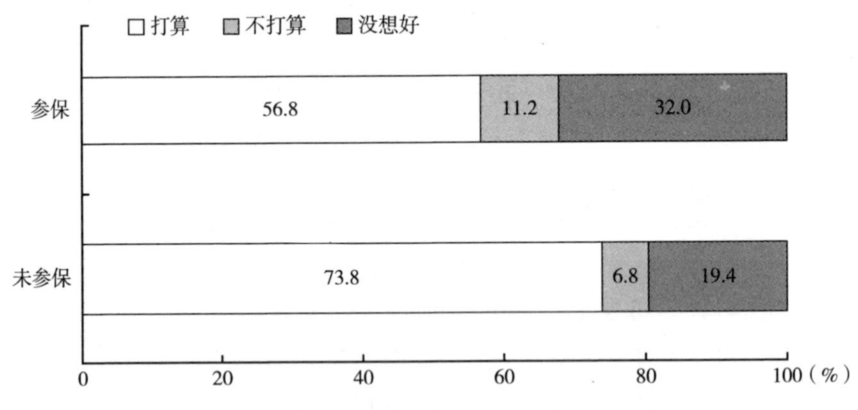

图 15　是否参加新农合的流动人口在京长期居留意愿分布

调查数据还显示，在“城乡居民合作医疗保险”“城镇居民医疗保险”方面，在京的流动人口绝大多数“不参保”，其比例达 95% 以上。不过，在“城镇职工医疗保险”方面，“参保”的流动人口比例为 40.8%，“未参保”的比例为 59.2%，表现出“城镇职工医疗保险”对流动人口的覆盖程度高，且参保人员的参保地基本上是在北京。从图 16 的数据结果可以看出，参加“城镇职工医疗保险”的流动人口在京长期居留意愿相对较强，“打算”在京长期居住的比例为74.3%，“未参保”的这一比例不足60%。

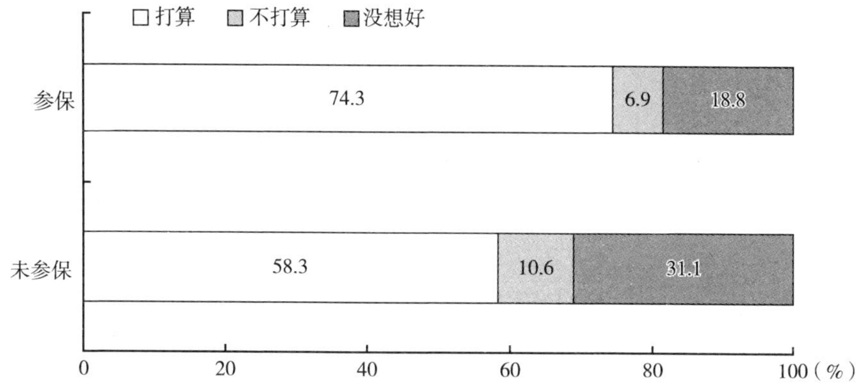

图16　是否参加“城镇职工医疗保险”的流动人口在京长期居留意愿分布

六　小结

流动人口在京长期居留意愿对于北京调控人口规模以及城市化发展具有重要影响，了解当前北京流动人口的长期居留意愿，对于北京有效制定人口政策、规划人口调控措施具有重要的现实意义。基于上述对2015年北京流动人口动态监测调查数据的分析，本文可以得出如下结论。

第一，生存资本的强弱会影响流动人口的长期居留意愿。这符合人口迁移的动力学机制，在上述的分析中，主要体现在年龄、流入时间以及受教育程度等方面。年龄因素影响与流入时间影响具有一定的关联性，流入时间较早的流动人口，随着时间的推移，在北京的城市体验经历不断积累，对北京的生活适应也越来越好。这类城市外来人口作为流动人口构成的“存量”，生存资本得到了一定的积累，也更愿意在北京长期居住。受教育程度同样是生存资本的主要体现，具有较高学历的流动人口会认可自身的人力资本，会认同在北京这样的特大城市中生活机会的存在，也会以更多方式在北京寻找“打拼”的空间。

第二，“家庭式流动”会影响流动人口的长期居留意愿。结合婚姻因素、

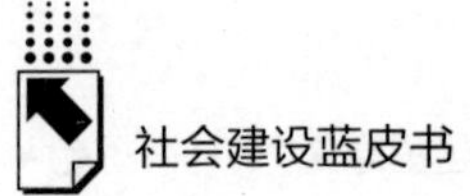

子女因素和老人因素可以理解，流动人口的家庭因素会对其在京长期居留意愿产生作用。从人口流动的发展来看，北京的外来人口流动形态经历了从“个人式流动”向“家庭式流动”的转变，这样的转变是流动人口在京长期居住的策略选择，既能充分发挥婚姻家庭的功能，又能够为在北京更好的发展提供支撑。因此，“家庭式流动”的外来人口更会倾向于在北京长期居住。不过，从前文的数据分析可以看出，影响长期居留意愿的家庭因素主要是配偶和子女，而上一代的老人因素影响并不明显。

第三，相对稳定且较高收入的就业是影响流动人口长期居留意愿的根本因素。以就业为基础的经济收益获得是人口迁移“推－拉”理论中的核心拉力因素，这也成为大量外来人口愿意在北京长期生活的主要作用力。从前文分析可以看出，在生产性服务业就业，职业为单位负责人、专业技术人员和办事人员的流动人口更倾向于在北京长期生活，这类人也是一般意义上的“白领”。此外，还有一定比例的个体经商人员，由于能够获得较高的收入，也愿意在北京长期生活，这从收入因素的分析中也能够看出。对于影响在京长期居住意愿的住房因素，尽管显示出住房支出费用越高的流动人口更倾向于在京长期居住，但这也表明这类人具备一定的收入条件，且一般而言，住房支出费用较高的居住条件也会不错，这类流动人口也倾向于在北京生活。

第四，制度保障仍是影响流动人口长期居留意愿的重要因素。制度保障因素中，户籍仍是“阻碍”流动人口融入北京的刚性因素，由于户籍附加的诸多社会福利保障，其对流动人口在京长期居留意愿产生重要影响。不过，从前述分析可以看出，相对于“农业户口”，“非农业户口”的流动人口更倾向于在京长期居住。在当前北京流动人口的构成中，“流动的农民”即农民工依然是主要的组成部分，他们依托的保障主要还是户籍地的土地及农村保障，他们主要加入农村的保险而非城市。对于“非农业户口”的流动人口而言，尽管获得北京户口也相对较难，但出台的居住证等政策还是给了他们在京获得保障的希望与机会，他们多数会在北京本地参保，以期获得在北京的社会保障，而这也使得他们更倾向于在北京长期生活。

B.5

“十二五”期间北京城镇居民消费结构变化分析

赵卫华　袁良硕　周　芮*

摘　要：“十二五”以来，北京市经济运行平稳、发展结构优化，已进入世界中高收入发展阶段。宏观经济结构和社会结构的变化为城镇居民消费发展奠定了基础。在消费方面，城镇居民的生活质量随着收入的增长不断提高，消费需求层次也随之不断提高，居民消费结构继续优化。在居民消费结构中，吃穿等生存型消费比重下降，居民更加重视消费质量。在服务消费中更加重视享受型和发展型消费，其比重不断上升。同时居住问题成为居民消费的最大压力之一，无房群体的生活压力加大。

关键词：北京　城镇居民收入　城镇居民消费　消费结构　恩格尔系数

“十二五”以来，北京市经济运行平稳、发展结构得到优化，人均地区生产总值由2010年的10910美元提升到2015年的17064美元，已进入世界中高收入发展阶段，城镇居民的生活质量随着收入的增长不断提高，消费需求层次不断提高，居民消费结构也继续优化。北京大力发展城市轨道交通，就业规模

* 赵卫华，北京工业大学人文社会科学学院社会学系，首都社会建设与社会管理协同创新中心，社会学博士，教授；袁良硕，北京工业大学人文社会科学学院社会学系研究生；周芮，北京工业大学人文社会科学学院社会学系本科生。

不断扩大，社会保障制度更加完善，社会保险覆盖面扩大，社会保障水平提高，为居民消费增长奠定了基础。

一　北京城镇居民收入水平

（一）居民收入保持较快增长

2010～2015年，城镇居民人均可支配收入从2010年的29073元提高至2015年的52859元，年均增长7.2%，接近GDP的增长速度（7.5%）。1978～2014年北京城镇居民收入增长趋势如图1所示。

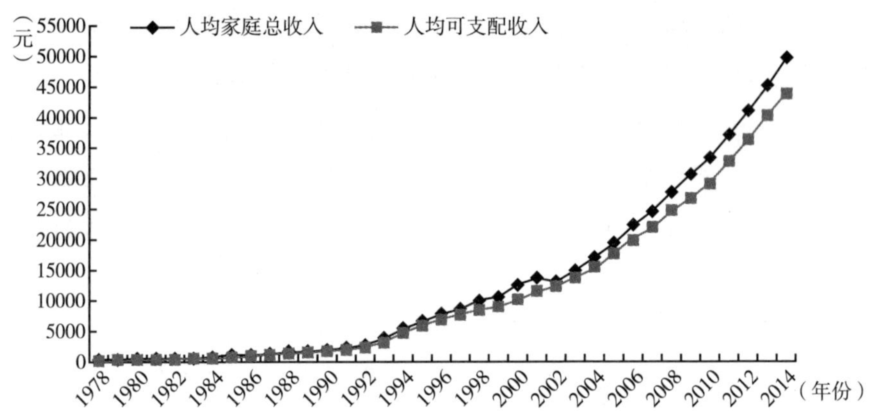

图1　1978～2014年北京城镇居民收入增长趋势

资料来源：1978～2014年数据均来自北京统计年鉴。

（二）收入差距逐步缩小

北京市在“十二五”期间实行了一系列缩小居民收入差距的措施。加强创业带动就业，形成了包括创业扶持、创业服务、创业培训等一整套政策；由过去主要针对下岗失业人员再就业转变为突出以高校毕业生为主的青年就业；更加强调减轻企业负担、稳定就业岗位，更加注重发挥失业保险预防失业的功能。“十二五”时期，北京市从业人员年均增长3%左右。职工工资水平进一步提高，全市城镇单位在岗职工年平均工资超过10万元。北京市社会保障制度建设取得突破，覆盖城乡的社会保障体系基本建立；社会保险覆盖范围不断扩大，越来越多的群众享有基本保障；社会保障水平稳步提高。[①] 与“十一五”期间相比，“十二五”时期北京居民收入差距明显缩小。“十一五”期间，北京市城镇居民收入差距逐步扩大，2009年最高收入组与最低收入组的收入差距是39087元，最高收入组与最低收入组的收入之比为4.33∶1。“十二五”期间，北京市城镇居民收入差距扩大的趋势有所缓和，最高收入组与最低收入组之比有所下降，2011年为4.14∶1，2014年为3.65∶1，呈下降趋势。

但是，居民收入的绝对差距还在不断扩大。2011年北京市城镇居民最高收入组与最低收入组收入差距为54178元，2014年最高收入组与最低收入组收入差距为64986元，收入差距不断增大（见表1）。

表1　2010～2014年北京城镇居民收入差距

单位：元

年份	平均	低收入户	中低收入户	中等收入户	中高收入户	高收入户	最高最低收入差距	最高最低收入比
2010	33360	16088	24436	29762	37204	60961	44873	3.79∶1
2011	37124	17252	26538	32712	41253	71430	54178	4.14∶1
2012	41103	18824	28982	36153	45855	74096	55272	3.94∶1
2013	45274	21161	31329	38752	49264	82493	61332	3.90∶1
2014	49730	24553	35144	43058	54117	89539	64986	3.65∶1

资料来源：2010～2014年数据均来自北京统计年鉴。

（三）居民收入增速接近GDP增速

“十二五”期间，北京地区生产总值（GDP）年均增长7.5%，达到预期目标。[②] 与此同时，城镇居民人均可支配收入实际年平均增长7.2%，增长速度平稳并接近GDP增速。“十一五”期间，北京城镇居民人均可支配收入年均

① 新华网，http://news.xinhuanet.com/fortune/2015－10/15/c_128319830.htm。

② 《“十二五”时期北京GDP年均增速达7.5%》，http://beijing.qianlong.com/2016/0120/292843.shtml。

增长率为7.2%，而在此期间，GDP年均增速大于11.2%，远高于前者。这种分配结构不合理的状况在“十二五”期间有了显著改善。特别是2014年、2015年，居民收入增速都跑赢了GDP增速。2015年北京市城镇居民人均可支配收入达到52859元，比上年增长8.9%；扣除价格因素后，实际增长7.0%，居民人均可支配收入增速超过GDP增速（6.9%）（见表2）。城镇居民收入较快增长，特别是劳动报酬增长提速，工资增长幅度超过了GDP的增长幅度，[①]促进了居民消费，提高了居民生活水平。

表2　2011～2015年北京城镇居民人均可支配收入名义增长率与实际增长率

单位：元，%

年份	人均可支配收入	名义增长率	实际增长率
2011	32903	13.2	7.2
2012	36469	10.8	7.3
2013	40321	10.6	7.1
2014	43910	8.9	7.2
2015	52859	8.9	7.0

资料来源：2011～2014年数据均来自北京统计年鉴，2015年数据来自北京市2015年暨“十二五”时期国民经济和社会发展统计公报。

二　城镇居民消费支出状况

（一）居民消费水平不断提高

“十二五”期间，北京居民消费支出较快增长。2010年北京市人均消费支出比2006年提高了5109元。2011年，北京人均消费支出是21984元，2015年增长到36642元，2015年比2011年提高了14658元，增长了67%（见图2）。

（二）不同收入群体之间消费差距趋于平稳

从不同收入群体来看，高收入组消费水平提高的速度稍高于低收入组消费

① 《北京居民人均可支配收入48458元跑赢GDP》，《法制晚报》2016年1月21日。

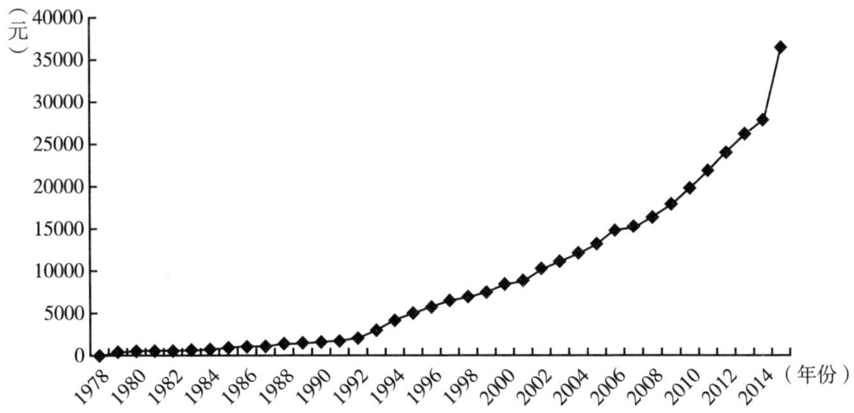

图 2　1978～2014 年北京市城镇居民人均消费支出趋势

资料来源：1978～2014 年数据均来自北京统计年鉴。

水平提高的速度。如表 3 所示，最高最低收入组人均消费支出的差距从 2010 年的 19607 元提高到 2014 年的 28645 元，两年之比均为 2. 71∶1，虽中间三年最高最低收入组的消费支出之比有所波动，但消费比趋于稳定，消费水平的差距还在扩大（见表 3）。

表 3　2010～2014 年城镇居民消费差距

单位：元

年份	人均消费支出	低收入户	中低收入户	中等收入户	中高收入户	高收入户	最高最低收入组消费差距	最高最低收入组消费之比
2010	19934	11478	16611	18683	22433	31085	19607	2. 71∶1
2011	21984	11308	16573	19885	25213	36264	24956	3. 21∶1
2012	24046	14245	19688	21842	25824	37935	23690	2. 67∶1
2013	26275	15236	19112	24349	28335	42779	27543	2. 81∶1
2014	28009	16744	21061	25640	29922	45389	28645	2. 71∶1

资料来源：2010～2014 年数据均来自北京统计年鉴。

（三）各类支出保持稳定增长

“十二五”期间，城镇居民的各项支出结构保持基本稳定。在衣着、食品和家庭设备用品及服务支出方面缓慢增长，变化较小，如 2015 年城镇居民人均食品支出比2014年下降了541元，下降了6.3%，比2013年也有所下降，但是比2011年还是增长了1186元。衣着、家庭设备用品及服务、教育文化娱乐服务、杂项商品与服务等也是如此，如表4所示。

表4 “十一五”和“十二五”期间北京城镇居民消费水平变化情况

单位：元

年份	消费合计支出	食品	衣着	居住	家庭设备用品及服务	医疗保健	交通和通信	教育文化娱乐服务	杂项商品与服务
2006	14825	4561	1442	1213	977	1322	2173	2515	622
2007	15330	4934	1513	1246	981	1294	2328	2384	650
2008	16460	5562	1572	1286	1097	1563	2293	2383	704
2009	17893	5936	1796	1290	1226	1389	2768	2655	833
2010	19934	6393	2088	1577	1378	1327	3421	2902	848
2011	21984	6905	2266	1924	1563	1523	3521	3307	975
2012	24046	7535	2639	1971	1611	1658	3782	3696	1154
2013	26275	8170	2795	2126	1974	1718	4106	3985	1401
2014	28009	8632	2903	2202	2143	1862	4407	4170	1690
2015	36642	8091	2651	11252	2273	2370	4860	4028	1117

资料来源：2006~2014年数据均来自北京统计年鉴，2015年数据来自北京统计信息网。

“十二五”期间，北京城镇居民人均居住支出稳定增长，从2011年的人均1924元增长到2014年的2202元，但是到了2015年，人均居住支出大幅度提高，达到11252元，增长了411%（见图3）。居住支出占消费支出的比重也从7.9%提高到了30.7%，这个变化很令人费解。北京房价自21世纪以来一直高速上涨且居高不下。然而，由于北京市户籍居民的自有住房拥有率非常高，近年来保障性住房建设力度也很大，对解决城镇中低收入家庭的住房问题有很大帮助，所以总体来看，北京户籍居民的居住支出压力并不大。只是由于房价连年上涨，房租水涨船高，对于近几年市场购房者以及租住房屋的常住居民来说，居住的支出压力是很大的。但这仍然难以解释2015年北京市城镇居民居住支出的突然上涨。

从“十二五”期间的总体状况看，北京城镇居民的支出水平是稳步提高的，而且已经达到富裕水平。

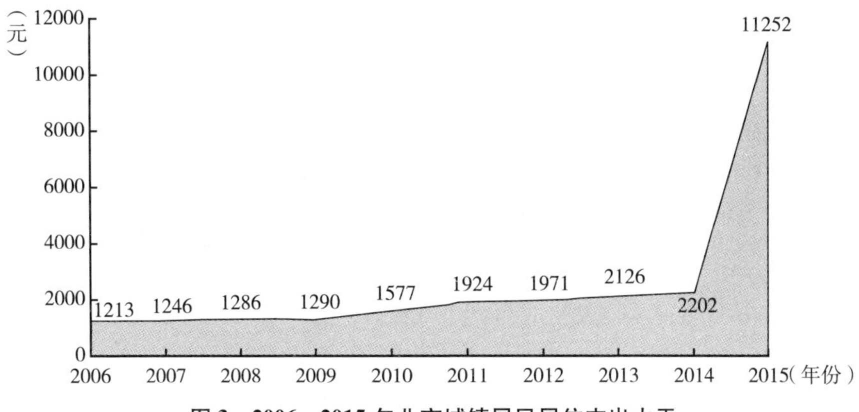

图 3　2006～2015 年北京城镇居民居住支出水平

资料来源：2006～2015 年数据均来自北京统计年鉴。

三　居民消费结构状况

（一）居住支出结构保持基本稳定，但2015年有较大变动

从消费结构看，北京城镇居民消费从“十一五”起就已经达到富裕水平，“十二五”期间仍保持稳定。2011～2014 年，恩格尔系数一直在 31% 左右，衣着支出比重在 10%～11%，居住支出比重为 8% 左右，家庭设备用品及服务在 7% 左右，医疗保健在 6%～7%，交通和通信在 15%～16%，教育文化娱乐服务在 15% 左右，变化很小（见表 5）。2015 年，由于居住支出比重的大幅度上升，由 7.9% 上升到了 30.7%，导致其他各项支出比重都相应下降，如恩格尔系数直接从 30.8% 下降到 22.1%。

表 5　“十一五”和“十二五”期间北京城镇居民消费结构变化情况

单位：%

年份	消费合计支出	食品	衣着	居住	家庭设备用品及服务	医疗保健	交通和通信	教育文化娱乐服务	杂项商品与服务
2006	100	30.8	9.7	8.2	6.6	8.9	14.7	17.0	4.2
2007	100	32.2	9.9	8.1	6.4	8.4	15.2	15.6	4.2
2008	100	33.8	9.5	7.8	6.7	9.5	13.9	14.5	4.3

续表

年份	消费合计支出	食品	衣着	居住	家庭设备用品及服务	医疗保健	交通和通信	教育文化娱乐服务	杂项商品与服务
2009	100	33.2	10.0	7.2	6.8	7.8	15.5	14.8	4.7
2010	100	32.1	10.4	7.9	6.9	6.7	17.2	14.6	4.2
2011	100	31.4	10.3	8.8	7.1	6.9	16.0	15.0	4.5
2012	100	31.3	11.0	8.2	6.7	6.9	15.7	15.4	4.8
2013	100	31.1	10.6	8.1	7.5	6.6	15.6	15.2	5.3
2014	100	30.8	10.4	7.9	7.7	6.6	15.7	14.9	6.0
2015	100	22.1	7.2	30.7	6.2	6.5	13.3	11.0	3.0

资料来源：2006～2014 年数据均来自北京统计年鉴，2015 年数据来自北京统计信息网。

（二）北京城镇居民恩格尔系数变化分析

食品支出占总消费支出的比重被称为恩格尔系数。它是消费结构的重要部分，也是判定一个国家或地区人们生活发展阶段的重要指标。联合国粮农组织将恩格尔系数作为衡量一个国家或地区居民生活水平的重要标志，大体上将居民生活水平划分为贫困（60% 以上）、温饱（50%～60%）、小康（40%～50%）、富裕（30%～40%）、最富裕（30% 以下）。

但是，恩格尔系数也会由于不同的福利体系而表现出不同的内涵。长期以来，我国城镇居民的恩格尔系数都高于农村居民的恩格尔系数，但并不能由此说明城镇居民的生活水平和生活质量低于农村居民，这是因为长期以来我国城乡二元结构导致城乡福利差距巨大，城镇居民在医疗、教育特别是住房等公共服务和社会保障方面支出长期较低，导致城镇居民恩格尔系数在 20 世纪 80～90 年代长期偏高，而农村居民很多公共服务开支和建房支出都比较高，从而拉低了恩格尔系数。

可以说，在 1997 年以前，用恩格尔系数衡量中国城镇居民的消费水平有很大的局限性，甚至可以说是不可取的。因为这一时期，我国城镇居民的住房是实物福利，住房消费在居民消费结构中的比重非常小，城镇居民的医疗也都是公费；教育费用也比较低，居民收入主要用于日常生活消费，相对于农民来说，大宗开支较少。北京城镇居民的各种社会福利相对比较完整，特别是住房消费还没有市场化，改革开放以后一直到 1997 年，住房支出在居民消费支出中的比例非常小。虽然城镇居民的收入水平高于农村居民，但是直到1997年，城镇居民的住房支出额都低于农村居民的住房支出额。自城镇住房市场化改革以后，城镇居民的住房支出有了较快增长，城镇居民的恩格尔系数才开始快速下降。

就北京而言，也不能完全从恩格尔系数来判定城镇居民生活水平。北京城镇居民恩格尔系数在20世纪80年代到90年代中期长期保持较高水平，之后开始快速下降，这一时期的下降与福利市场化有关，当时住房、教育支出的比重也比较大，除了职工医疗保险，其他群体的医疗支出基本上没有保障，所以福利市场化加大了居民家庭的支出压力，导致恩格尔系数快速下降，当然，这一时期居民消费水平总体上也在快速提高。

2003年以后，北京城镇居民的恩格尔系数又较长时期保持稳定，与这一时期的社会建设加强有关。2003年“非典”以后，北京加快推进社会服务和社会福利保障，义务教育免费、“一老一小”等一系列社会保障水平和标准提高，在居民消费水平和生活质量快速提高的同时，恩格尔系数反而保持了稳定。自2003年北京市城镇居民恩格尔系数降至31.7%之后，便一直保持稳定，甚至略有回升。在“十一五”期末，从恩格尔系数来看，北京居民消费水平继续保持稳定，2010年城镇居民人均食品支出是6393元，恩格尔系数是32.1%。

“十二五”以来，北京城镇居民的恩格尔系数基本保持不变，在31%上下浮动。但是2015年，城镇居民的恩格尔系数突然下降到22.1%。这一变化非常突然，在没有重大事件发生的情况下，恩格尔系数不应该出现如此剧烈的波动。这种波动令人困惑。仔细分析2015年各项支出水平及其比重可以发现，导致这种剧变的只有居住支出。2014年城镇居民人均居住支出是2202元，与往年相比基本稳定，但是2015年人均居住支出突然增长到11252元，导致居住支出比重飙升，恩格尔系数急剧下降。对此，笔者有两种猜测，一是调查样本的异常变化，可能由调查样本中无房而租住人群的比重异常增加导致居住支出大幅度上升；二是调查口径的变化，可能把住房还贷纳入居住支出的统计中，使得居住支出变化较大；但是不管哪种情况，都表明这个数据是需要说明的。北京城镇居民恩格尔系数变化趋势如图4所示。

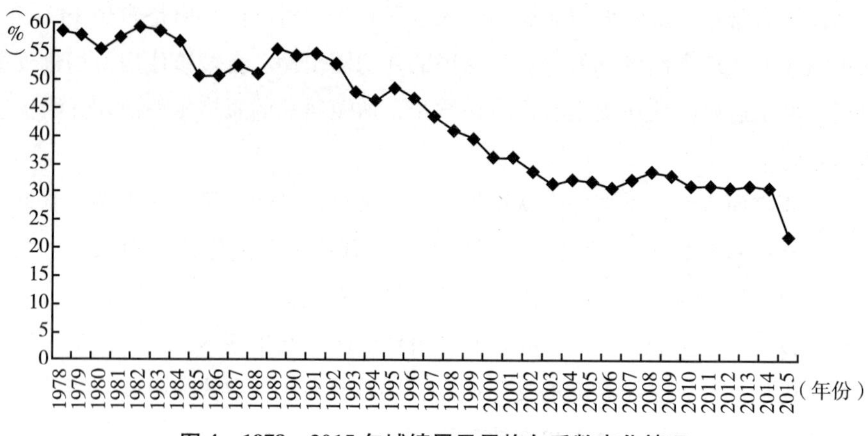

图4　1978～2015年城镇居民恩格尔系数变化情况

资料来源：1978～2015年数据均来自北京统计年鉴。

四　服务消费领域的新变化

北京居民消费中食品、衣着、家庭设备用品及服务这类物质消费已经得到很好的满足，服务消费是近年来消费支出的持续热点，特别是在交通和通信、教育文化娱乐服务等领域，服务消费的增长潜力很大。

（一）绿色科技带动交通通信不断增长

“十二五”时期，随着信息科技时代的到来，居民交通通信方式发生巨大变化。

首先，汽车成为家庭普遍使用的交通工具。2015年末，北京市机动车保有量达561.9万辆，比2010年末增加81万辆。民用汽车535万辆，分别比上年末和2010年末增加2.6万辆和82.1万辆。其中，私人汽车440.3万辆，比2010年末增加65.9万辆。① 新能源汽车增长很快，截至2015年12月，北京新能源汽车已经达到3.59万辆。② 除家用小汽车外，乘坐飞机、高铁、轨道交通出行已经普及，居民交通费增长较快。

① 数据来自北京市2015年暨“十二五”时期国民经济和社会发展统计公报。

② 数据来自中国电动车网，http：//news.ddc.net.cn/newsview_ 66724.html。

其次，随着智能手机和4G网络的普及，人们的上网方式、交流方式、生活方式都发生了很大变化。微信交流深刻改变了人们的生活，人与人之间的网络互动更加频繁，朋友圈拉近了大家的交往距离，人们越来越依赖于网络交流。移动支付则改变了人们的购买方式，微信支付、支付宝等使购买更加便捷，也催生了大量互联网服务公司，诞生了大量"互联网+产业"，如"网约车""网上订餐"。人们的生活越来越依靠移动支付，所以在网络资费不断下调的情况下，居民信息消费支出还在提高。"十二五"期间，北京城镇居民人均通信费用从2011年的1038元上升到2014年的1214元。其中，城镇居民的通信工具费从2011年的人均261元上升到2014年的359元，年均增长30元。城镇居民的通信服务费从2011年的777元上升到2014年的855元，总体呈上升趋势（见表6）。

表6 "十二五"期间北京居民人均交通和通信费用增长情况

单位：元

年份	交通和通信	通信	通信工具费	通信服务费
2011	3521	1038	261	777
2012	3782	1056	287	769
2013	4106	1040	352	688
2014	4407	1214	359	855
2015	4860	—	—	—

注：2015年数据还未被统计出。

资料来源：2011～2015年数据均来自北京统计年鉴。

（二）文化娱乐消费上升很快

"十二五"期间，公共场所的娱乐消费上升很快，表现特别突出的是电影消费。北京电影放映场次以年均21.8%的速度增长，观影人次以年均20.1%的速度增长，票房收入以每年22%的速度增长。①

① 根据2014年北京统计年鉴和北京市2015年暨"十二五"时期国民经济和社会发展统计公报数据计算。

（三）旅游消费增长快速、出境游人数持续攀升

2015 年北京居民经旅行社组织的出境旅游人数达到 533.1 万人次，同比增长 30%，是“十二五”开局之年（2011 年）的 2.9 倍。与“十一五”期间国内居民出境游人数增长不平稳，2008 年增长幅度大幅下降，到 2009 年呈现负增长的情况相比，“十二五”期间居民出境游人数的增长速度均在 20% 以上。表 7 中数据仅为经旅行社组织的出境游人数，但随着科技信息技术的发达，出境旅游形式更加多元，居民自助型出境游人数也有所提高。

表 7　2006 ~ 2015 年国内居民出境旅游人数增长情况

单位：万人次，%

年份	出境人数	同比增长	年份	出境人数	同比增长
2006	79.2	—	2011	184.3	23.2
2007	100.2	26.5	2012	272.5	47.9
2008	102.0	1.8	2013	331.0	21.5
2009	84.9	-16.8	2014	410.2	23.9
2010	149.6	76.2	2015	533.1	30.0

资料来源：2006 ~ 2014 年数据均来自北京统计年鉴，2015 年数据来自北京统计信息网。

“十二五”期间，经济中高速增长、国民收入格局改善，居民收入水平大幅提高，为出境游提供了经济保障。出境游人数的攀升，体现了居民生活质量的提高，同时也说明中等收入群体在快速成长。

五　结论

北京经济发展已经达到中高等发达国家水平。在产业结构方面，第三产业的产值和就业均已经达到后工业社会的水平。宏观经济结构和社会结构的变化为城镇居民消费发展奠定了基础。“十一五”期末，北京城镇居民消费水平已经达到富裕国家水平。“十二五”时期，北京城镇居民的消费已经从量的增长阶段进入质的全面提升阶段，消费结构进一步优化，是一个重要的消费转折期。

在居民消费结构中，吃穿等生存型消费比重下降，更加重视消费质量。生活用品向高档化方向发展，私家车、先进通信工具、豪华住所、医疗保健、旅游、娱乐等消费已成为新的消费增长点。服务消费更加重视享受型和发展型消费，其比重不断上升。

但也要看到，在房价、房租高企的情况下，无房群体的生活压力加大，居住问题成为居民消费的最大压力之一。完善住房保障体系，加大廉租房的供给，特别是把外来人口中符合条件的人口纳入住房保障体系，是未来改善居民生活、消除居民消费后顾之忧的迫切需要。

公共服务篇

Public Service

B.6 北京市转居农民就业状况分析报告*

宋国恺　李歌诗**

摘　要：随着城市化进程不断加快，征地情况越来越普遍，征地转居农民的生活保障成为一个重要的社会问题。近年来，政府对转居农民越来越重视，2015 年北京市出台关于完善征地超转人员生活和医疗保障工作的办法，进一步强调了解决转居农民保障问题是政府一项重要的工作任务。就业是保障的基础，目前转居农民呈现多态就业、低端就业、结构性失业严重、创业受限的状况，要保障转居农民生计的可持续性需要继续呼吁土地征收制度改革、加大安置就业比例，建立转居农民社会保障体系，使其真正拥有与城市居民同等待遇。

* 本报告为北京市哲学社会科学规划项目“新世纪以来北京市转居农民就业状况调查”（项目编号：13SHB003）阶段性成果。

** 宋国恺，首都社会建设与社会管理协同创新中心、北京工业大学人文社会科学学院副教授，社会学博士，硕士研究生导师；李歌诗，北京工业大学社会学系硕士研究生。

关键词： 城市化 征地 转居农民 转居农民就业

一 北京市征地与“农转居”状况

随着我国城市化和工业化进程的加速推进，全国各地城乡接合部成为城市化和城乡一体化最为激烈和最为前沿的地带，在这一剧烈变化进程中，大量农用土地被征用。2010 年初，北京市启动改造的 50 个重点村涉及 9 个区县，包括 61 个行政村、20 多万户籍人口和 100 余万流动人口。国家统计局的相关统计信息显示，近 10 年北京市城市建设用地面积呈现持续上升趋势，2014 年达到 1586 平方公里，征用土地面积十年间总计 226 平方公里。①

在征地过程中，原来从事农业生产的农民失去了赖以生存的土地，被迫完成了从农民到市民的户籍性质转变。2011 年北京市农委相关负责人透露，2011 年包括城乡接合部等实施拆迁的 10 多万农民将正式变成市民。据初步测算，北京市未来列入中心城、中心城外围以及 11 个远郊新城规划范围的 900 多个行政村，约 85 万农民将转化成市民。此外，在小城镇化进程中还会有 115 万农民面临转居，在不远的未来，北京市现有的近 270 万农民中，将有上百万农民变成正式的城里人。② 统计数据显示，北京市农业户籍人口由 2000 年的 346.8 万人，到 2014 年减少为 243.6 万人，净减少 103.2 万人（见图 1），北京市村委会数量从 2001 年的 4010 个，到 2014 年减少至 3937 个，净减少 73 个（见图 2）。农村人口占总人口比重不断下降以及村庄的不断消失也从侧面说明了征地“农转居”力度不断增大。

关于转居农民的规模，虽然目前没有一个准确的数据，但很多学者均对此进行了推测。有研究显示，截至 2005 年，我国失地或部分失地农民规模在 4000 万 ~5000 万人，且正在以每年 200 万 ~300 万人的速度递增。③ 中国社会

① 国家统计局分省年度数据，国家统计局网站，http：//data.stats.gov.cn/easyquery.htm? cn = E0103。

② 《北京计划消减农民数量，百万农民将转市民》，http：//www.shengyidi.com/news/d－381165/。

③ 温铁军：《中国失地农民将超 1 亿》，http：//opinion.hexun.com/2012－12－05/148701100.html。

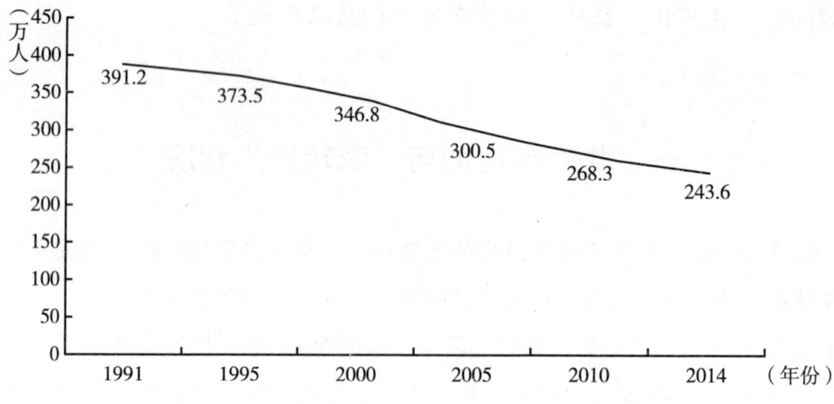

图1　北京市农村户籍人口变化（1991～2014年）

资料来源：《北京市统计年鉴》，北京统计信息网，http：//www. bjstats. gov. cn。

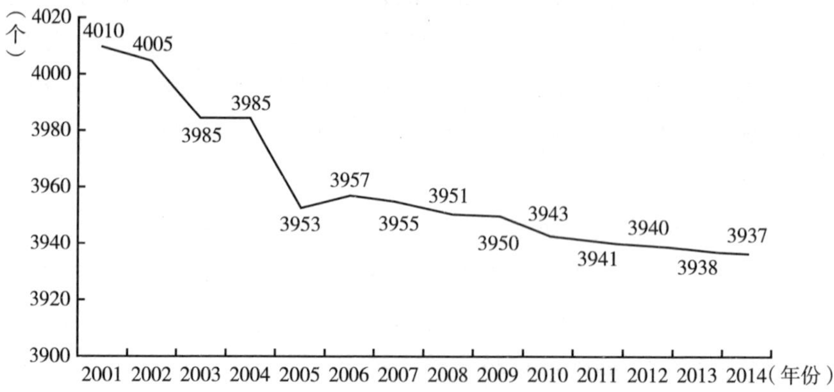

图2　北京市村民委员会数量变化（2001～2014年）

科学院《2011年中国城市发展报告》也通过相关研究证明了这一观点，并预计按照这一增长速度到2030年转居农民数量将会增加至1.1亿人左右。[①] 另外一项较为权威的材料估算，按照《全国土地利用总体规划纲要》的规定，2000～2030年的30年间我国占用耕地将超过5450万亩，其中将有一半以上的农民面临既失地又失业的境况。[②]

① 《中国城市发展报告》编委会编《中国城市发展报告（2011）》，中国城市出版社，2011。

② 陈纵：《城乡结合部失地农民就业问题研究》，《山东社会科学》2008年第10期。

以上相关材料和统计数据表明，北京市目前已有转居农民约百万人，并且随着城镇化和城乡一体化进程中征地力度的加大，转居农民的数量还将继续加速增长。

土地是农民生活的保障，如此巨大规模的转居农民失去了稳定的工作以及土地带来的保障和一系列隐性利益，面临着就业与生存的问题，并成为一个社会隐患和新型贫困群体。根据有关数据，近年来农民上访中有60%与土地有关，其中30%又跟征地有关。尽管政府通过货币补偿的方式解决转居农民所面临的问题，然而却无法保障其生计的可持续性，加上现行的征地、保障制度不完善造成了转居农民“失业、失利、失居”的三失局面，被迫沦为“务农无地、就业无岗、社保无份”的三无人员。

就业是民生之本，城市化进程不应以牺牲农民利益为代价来换取，而是应当以提高农民福祉为目标，通过城乡一体化建设，使转居农民真正享受与城市居民相同的可持续发展权利。解决转居农民就业问题也是保障其可持续生活的根本，了解转居农民就业状况究竟如何，不仅对推动北京城乡一体化进程具有重要的现实意义，同时也对建设首善之区、维护首都社会和谐稳定乃至全国社会稳定具有重要的理论和实践意义。

本研究选取了北京市顺义区仁和镇复兴村、延庆县石河营村、昌平区朱辛庄村、密云县檀营社区进行转居农民就业状况的抽样调查。研究组总计发放问卷1147份，回收有效问卷969份，有效率达到84.48%。另外，为了解北京市部分区的农民转居历程，课题组赴朝阳区十八里店乡前祁庄、后祁庄和弘善家园社区，昌平区朱辛庄村，延庆县石河营村，密云县檀营社区，与经历过转居工作的资深干部、转居农民代表进行焦点访谈（见表1）。

表1　调查情况汇总

类别	调查地点	调查方式及结果
定性研究	顺义区仁和镇复兴村	问卷调查，共计调查188份，其中调查转居农民144人
	延庆县石河营村	问卷调查，共计调查603份，其中调查转居农民568人
	昌平区朱辛庄村	问卷调查，共计调查150份，其中调查转居农民71人
	密云县檀营社区	问卷调查，共计调查206份，其中调查转居农民186人

续表

类别	调查地点	调查方式及结果
质性研究	朝阳区十八里店乡前祁庄、后祁庄	焦点访谈，访谈对象既为前祁庄、后祁庄村委会主任又为转居亲历者，共计2人
	昌平区朱辛庄村	焦点访谈，共访谈亲历转居的社区干部5人
	朝阳区弘善家园社区	焦点访谈，共访谈第一社区居委会工作人员3人，转居农民代表2人
	密云县檀营社区	焦点访谈，共访谈第一、第二社区转居农民代表3人，居委会工作人员2人，街道社工1人
	延庆县石河营村	焦点访谈，共访谈街道办事处工作人员2人，转居农民代表11人

二　北京市转居农民就业状况

（一）就业方式

1. 货币安置

现行的土地法实施条例对转居农民的安置方法主要包含货币安置、招工安置和开发性安置三种，其中货币安置是最常见的一种。从全国来看，在近些年各地审批的建设用地项目中，采用货币补偿办法的占90%以上，北京市转居农民安置方式也以货币安置为主，安置方式较为单一。无论是一次性货币安置，还是由村级组织代理阶段性的发放生活补贴，虽然都暂时解决了转居农民的生计问题，但并非就业指向性安置。由于缺乏与城市社会保障的同步衔接，货币安置给转居农民在就业、养老、医疗方面留下了后续隐患，“一次性买断”不利于其可持续发展，使得依靠补偿款生活的转居农民在未来极易陷入贫困境地。

2. 安置就业

随着经济改革的深入，传统安置方式的弊端逐渐显现，转居之初待业比例高，长时间转居后生活贫困人数多，人们逐渐意识到实行多种安置方式的重要性。尽管目前多数征地项目都会依据征地数量有比例地安排转居农民就业，然而能够获得就业安置的转居农民比例却很小。国家统计局一项对全国2942户失地农户、共7187名劳动力的调查研究也显示，在征地时安置就业的有197人，仅占全体转居劳动力的2.7%。到2001年，北京市近郊地区因土地被征占而转居的农民约有20.5万人，其中11.4万名劳动力中获得就业安置的只有5.3万人，仅占全部转居劳动力的46.5%。以昌平区某村为例，转居后新成立的社区居委会和物业公司积极吸纳60～70名村民就业，为新小区提供安保、保洁、基础设施维护等服务，但远远不能满足600余名处于劳动年龄阶段的转居农民的就业需求。针对这一问题，《北京市建设征地补偿安置办法》明确规定“征地单位招用人员时，应当优先招用转非劳动力”，并且招用失业转非劳动力的单位可以享受北京市促进就业的各项优惠政策，通过这种鼓励措施增加转居农民就业机会。

3. 开发性安置与食利为业

为了进一步增加转居农民收入，一些地区积极探索“开发性安置”的新模式，将农民置换土地使用权获得的安置费用通过开发性项目的投资转化为生产性物质资本，既可以通过生产性投资组织生产经营，也可以将生产性物质资本入股或转租，获得分红或租金收入，兼顾了转居农民的就业和长远的生活保障。① 2009年试点推进城乡一体化的大望京村就采取了此种安置方式。在规划建设用地范围内给予转居农民5万平方米商业建筑作为实物补偿，同时按照产权变股权、农民变股东的办法进行产权制度改革，发展股份制经济。转居农民可以从中划分股权并领取红利，他们尽管失去了土地，但股份保障了其长久的经济收入来源，成为另一种形式的就业。

在转居后，许多转居农民获得了多套房屋，由于北京租房市场需求量大，房屋代替了土地成为转居农民生活的最重要保障，仅2011年北京市各区县定向安置房开工面积就达到1430.79平方米。依靠宅基地拆迁过程中获得的较为可观的收入及空余房屋出租维持生计远比从事工资待遇不高的工作划算，这导致一部分转居农民的就业意愿很低，出现了大批“食利为业”闲置在家的失业转居农民，即使是年轻人大多也如此。

（二）就业规模

1. 多数转居农民能够就业，但仍存在就业不充分现象

相关研究显示，失地农民与其他群体比较而言具有较高的失业比例，一般

① 武玲娟：《城市化进程中“政府主导型”的失地农民就业安置模式》，《山东省农业管理干部学院学报》2006年第2期。

有15%~30%的失地农民是无法就业的。对北京市转居农民就业率的调查显示，997名转居农民中，目前有工作的占78.1%，可见尽管转居农民在就业上存在一些困难，但其也积极寻找各种出路，并且大部分人能够找到收入来源，生活可以得到保障。从转居农民的年龄结构来分析，年龄越大的转居农民失业比例越高，尤其是40后、50后转居人员，由于非农业劳动技能的学习能力相对较弱，他们多数选择转居后待业在家或依靠补偿金和空置房屋的出租款生活。作为社会最核心的劳动力，19~40岁的青年中也还有11.6%处于失业状态，存在着就业不充分问题。

2. 安置就业稳定性高，自主择业困难多

从就业方式来分析，由于政府安置就业的工作大多是在政府部门、村集体经济组织、新成立的社区或物业中，工作与转居农民的就业特征较为符合且保障水平较高，因此获得安置就业的转居农民再失业比例相对较低。以密云县檀营社区第一、第二社区为例，转居后成立的首政置业有限公司心连心物业以及冶仙塔旅游风景区收归、安置转居农民就业3800余人，占两个社区转居农民的99.5%，在所调查的全部转居社区中，该街道转居人员对安置工作的满意度最高。相对于稳定性高的安置就业，转居农民在自主择业中将面临激烈的竞争，国有企业下岗职工、大学扩招后的毕业生以及进城打工的农村劳动力挤占了大量就业机会。劳动力大增而就业岗位有限的严峻形势使得转居农民自主谋业存在很大困难，其失业率要远远高于获得就业安置的转居农民，更换工作也更加频繁。

（三）就业质量与就业特征

1. 就业种类繁多，低端行业就业比例大

转居农民所从事的职业种类繁多，在转居后新成立的社区、物业及征地后建设的集体经济企业中工作的转居农民居多。从其从事工作的产业结构来看，转居后依然从事农业生产的人员较少，多数转居农民选择转向第二、第三产业，电子加工业、建筑业、餐饮业、服务业、零售商业、运输业这些与我们日常生活息息相关的行业都是转居农民普遍倾向选择的工作行业。转居农民就业的单位性质也呈现多种多样的特征，既有政府组织也有各类企业与社会组织。然而由于转居农民普遍受教育程度有限且缺乏从事非农产业工作的就业经验，多数转居农民只能在这些行业中从事专业技术要求不高的工作，如保洁、保安、服务员、收银员等。

2. 转居农民生活水平随转居时间增加而下降

当前，转居农民生活水平呈现随转居时间增加而下降的趋势。在转居前，农民有土地可以依靠，因而农民外出打工顾虑少，这是建立在其基本生活有所保障基础上的。转居后，货币补偿及出租房屋获得的租金成为转居农民最大的生活来源，短时间内其生活水平得到了暂时的提升。然而随着时间的增长，货币贬值，物价上涨，越来越高昂的城市生活成本加上缺乏可持续的收入，使得只依靠补偿款的转居农民的生活水平较刚转居时有较大下降，难以达到小康水平。根据国家统计局对 2942 户转居农民的调查，耕地被占用前其年人均纯收入为 2765 元，耕地被占用后年人均纯收入约下降了 1%。其中，年人均纯收入增加的有 1265 户，约占调查总户数的 43%；持平或下降的共有 1677 户，约占 57%。[①]

3. 保障水平有所提高，保障体系仍待完善

土地对农民来说不仅有经济价值，提供了生活来源，解决了就业问题，而且还具有保障功能。转居农民虽然拥有城市居民的户口身份，但仍然无法完全享有与城市居民同等的社会保障权利。近年来，政府不断出台多项政策促进转居农民保障体系完善，2004 年《北京市建设征地补偿安置办法》正式提出要将转居农民纳入城镇职工社会保障体系中，按规定缴纳社会保险满 15 年的转居农民可以享受与城镇居民同等的养老与医疗保障待遇；自谋职业的转非劳动力可以获得一次性就业补助费，失业的转非劳动力可以申领失业保险金，享受免费职业指导、职业介绍和培训服务。2010 年《关于建设征地农转工人员、整建制农转居人员基本养老金计发有关问题处理办法的通知》提出，转居农民征地补助不得少于城市基础养老金，并随经济发展状况进行养老金额调整。密云区民政局资料显示，2015 年密云区一般超转人员享受最低为 1675.5 元/人·月、最高为 1835.5 元/人·月的基础养老金及生活补助费。[②] 近年来，政府将解决转居农民生活问题的关注点集中在医疗、养老保障需求最强烈的超转人

① 韩俊：《失地农民的就业和社会保障》，《科学咨询》2005 年第 7 期。

② 《密云县征地超转人员生活补助标准再提高》，密云民政局网站，http：//www.bjmy.gov.cn/dynamic/worknews/8a317b3b4cc17652014cc4cc6b220004.html。

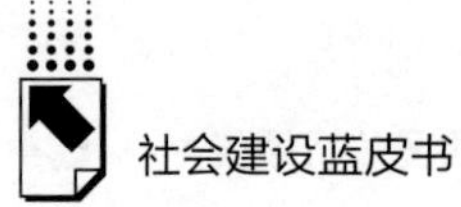

员群体。2012 年《关于完善征地超转人员医疗待遇和管理有关问题的意见》、2014 年《北京市征地超转人员服务管理办法》、2015 年《关于完善征地超转人员生活和医疗保障工作的办法》均促进了超转人员保障与城市居民保障的接轨。

政府出台的各项政策不断促进转居农民医疗、养老待遇与城镇职工并轨，对改善贫困转居农民生活状况确实起到了很大作用，尤其是超转人员的保障水平得到较大提升。然而，当前的转居农民社会保障体系仍不完善，绝大多数转居农民的社会保障水平无法与城镇职工相比，甚至不同类型的转居劳动力保障水平也存在差异。就业是获得保障的重要途径，转居农民享受保障福利必须建立在缴纳费用的基础上才能按月领取相应保险金，而工作单位很大程度上成为缴纳的主体，因而有固定工作的转居劳动力保障水平相对较高。非就业安置意味着直接将转居农民推向了劳动力就业市场，但并非所有转居劳动力都具有很好的应对市场的能力。面对自主缴纳社会保险这样一笔不小的费用，部分自身技能较弱的转居农民的工作单位为其完全缴纳五险的比例不高，加之工资水平难以支撑累计缴纳满 15 年的要求，这部分转居农民往往选择放弃保障，甚至仍然存在一定比例的转居农民无法从工作中获得任何保障的零参保率现象，而这也造成了其未来医疗、养老的隐患。以朝阳区某转居社区为例，在村里没有集体经济的情况下，转居农民自谋职业存在困难。一部分人依靠亲朋好友介绍找到了工作，如看管库房、当厨师等，一部分人则选择个体经营，如开出租车等，他们能从工作中获得最基本的生活保障。然而这些找到工作的转居农民仍然属于少数，社区中绝大部分转居农民为寻找生存空间不得不借钱在宅基地上搭建违规建筑，再出租给外来流动人口以缓解子女住房紧张的问题，并提高自身收入水平，他们的生活并不像获得工作或个体经营的转居农民那样有所保障。另外，延庆某转居社区的居民也面临着同样的问题，30～40 岁的转居劳动力由于学历较低且能够提供就业岗位的企业少，就业难也使得他们参保率较低，生活更为贫困的转居农民则只能依靠政府提供的最低生活保障来维持生存。

4. 结构性失业严重

尽管政府积极推进转居农民就业工作，形成多态就业的局面，而当前转居农民仍属于失业率较高的群体。无论是开发性安置还是食利为业的安置方式均属于通过货币补偿的方式补贴转居农民的生活，较为稳定、持续的资金来源保障了其基本生存，却也导致人们对于房租、红利等保障的依赖性增强，就业积极性下降的负面效果。在失业转居农民中，自主失业人群所占比例较高，其中又以青年劳动力居多。除了转居后就不再继续工作的人群外，已就业的转居农民中也有很多出于个人原因而选择辞职，没有工作也并不能影响其生活质量。

除了自主失业情况多外，转居农民被动失业情况也十分常见。部分转居农民在征地后因找不到工作而被迫处于失业状态，选择就业的转居农民也面临着潜在的失业危机。就业单位倒闭、工伤都是转居农民被迫失业的主要原因，另外当单位面临裁员情况时，转居农民往往首当其冲，且被辞退后很难再找到保障性很好的工作。在转居农民安置就业中还存在着大量隐性失业情况。政府为解决转居农民的生计问题，提供的工作岗位数量远超过实际需求，表面上转居农民获得了就业安置，实际上却处于无事可做的失业状态。

总体来说，无论是自主失业还是被动失业，均是由转居农民就业期望与用工单位需求之间存在差距所导致的“结构性失业”。在宅基地拆迁过程中转居农民获得了一定数量的补偿款，这使得其对再就业的工作期望值很高，对工作条件要求较为挑剔，并且转居后取暖费、电费、水费、物业费、食品支出等生活花销的增多也使得其更倾向于寻找一份薪水较高的职业。而受到人力资本束缚，面对企业提供的职位转居农民却无法胜任，因而其往往会产生“高不成低不就”的失地综合征。随着经济发展，企业对技能型、知识型人才的需求不断增加，与转居农民就业竞争力不足之间产生了矛盾，使得企业存在招工需求却招不到人，转居农民有就业需求却找不到合适工作的“结构性失业”情况时常出现，导致了由于择业困难而引发的大量自主失业以及转居农民容易被辞退的被动失业现象。根本来说，“结构性失业”的产生原因还是企业用工需求和劳动者就业能力与求职目标之间的矛盾。

5. 自主创业障碍多

目前，转居农民创业仍然面临重重困境，创业支持体系亟须建立。解决转居农民未来生计的方式除了企业雇用外，还有一条路径便是自主创业。自主创业虽然是个人行为，但促进了产业活动，同时也吸引了其他转居农民就业，减轻了政府安置的负担。① 2015 年李克强总理在政府工作报告中也发出了“大众

① 张晖、温作民、李丰：《失地农民雇佣就业、自主创业的影响因素分析——基于苏州市高新区东渚镇的调查》，《南京农业大学学报》（社会科学版）2012 年第 1 期。

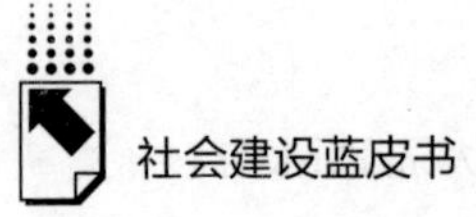

创业、万众创新”的号召，不少有利政策也使得自主创业成为破解转居农民就业困境的新思路。

根据《成都日报》关于当地失地农民自主创业的调研，在66.6万余名失地农民中自主创业者仅有4.8万余人，占失地农民总数的7.2%。另外一项对洛阳市某社区的调研显示，转居农民自主创业项目广泛分布于第二、第三产业，其中有88%的转居农民是从事包括商店、旅馆、餐饮、网吧、维修、建筑等在内的第三产业，并且这些自主经营的企业都带有传统性、微利性的特征。[①] 根据研究调查，所调研的转居社区中自主创业比例最高的密云县檀营社区，有个体经营者20余人，仅占整个社区转居农民的0.52%左右。在自主创业的经营状况方面，多数转居农民创业还是能够平稳发展、稳中有升的，能够为其生活提供保障。

尽管政府也从创业辅导、创业服务、创业机会、资金支持等方面为转居农民创业提供扶持，降低其创业风险、增强创业信心，然而其在创业过程中仍然面临诸多困难。第一，转居农民缺乏创业资金。尽管政府对转居农民降低了公司注册资金的准入门槛，然而补偿款数量不足与土地、劳动力、技术等创业成本不断上升以及越来越严格的环保和安全要求，使得转居农民对创业资金的需求不断增加[②]，大部分转居农民希望在创业时能得到政府的优惠政策及银行的无息小额贷款等金融支持[③]。然而由于转居农民创业都是小本经营，对地方GDP拉动作用小，政府扶持政策主要倾向于大型企业，国有、独资和商业银行在农村的分支机构少，针对农民的小额贷款数量有限[④]，并且贷款的发放条件苛刻，操作程序繁复，转居农民能用来抵押担保的资产十分有限，用住房来筹措创业资金的做法也大大增加了创业风险，其未来的生活也缺乏保障。第二，创业培训缺乏实践指导。当前，各地政府均大力开展培训服务以提升转居农民经营管理能力，而这些培训更多的只限于理论层面，缺乏创业实践的指

① 邓国取：《城市新城区建设进程中失地农民自我创业分析与评价——基于洛阳市洛南新区的调研与思考》，《城市发展研究》2009年第12期。

② 郭金云、江伟娜：《促进失地农民自主创业的对策研究——基于创业过程的一般模型分析》，《农村经济》2010年第2期。

③ 黄建伟：《失地农民就业问题的入户调查及其政策建议》，《调研世界》2010年第7期。

④ 郑风田、孙谨：《从生存到发展——论我国失地农民创业支持体系的构建》，《经济学家》2006年第1期。

导。同时也并非只有创业前需要培训，后续的培训服务缺失，无法对转居农民继续加以引导和帮助，也不利于其创业的持续性。第三，市场信息闭塞，创业机会缩减。转居农民在创业中对市场的潜在投资导向及前景预期都极易受到影响，转居农民在创业项目的选定上评估能力不足，会产生项目跟风的现象，不利于创业的成功。另外，一些转居社区通过将市场商铺和社区底商租赁给转居农民经营的方式为其提供创业谋生的机会。然而，由于与开发商、物业的矛盾，相关的配套设施无法建设或不能运转而废置一旁的情况十分常见，一定程度上缩减了其创业机会。

三　解决转居农民就业问题的对策与思考

通过以上分析，我们可以看到想要解决转居农民就业中面临的问题，不仅要改善安置方式，从根本上做好转居农民未来生计的规划，而且要促进村集体经济发展，为转居农民搭建就业平台，创造就业机会，拓宽就业渠道并扩大就业空间，通过合理完善的就业服务提高其就业能力，建立相应的保障制度，使转居农民真正达到可持续性发展。

（一）完善征地政策，提高就业安置比例

从政策角度来看，解决转居农民就业问题首先要建立一套以农民利益为核心的征地政策，给予农民公平的补偿，建立土地利益分享机制，避免土地被“买断式”征占；同时不断完善征地程序，确保征地公开和透明，保障农民参与、监察及申诉的权利，保证农民权益不受损害。另外，政府还应提高就业安置比例，使转居农民在就业和生活中能够获得充足的保障和选择能力。

（二）促进村集体经济发展，保障充分就业机会

在促进就业的外部因素上，还亟待通过多种渠道为转居农民提供工作机会。企业需要积极承担社会责任，吸纳转居农民就业，政府应完善留地安置制度以及发展村集体自主开发与经营的集体经济，为转居农民提供更多符合其特征的岗位。另外，也应发展社区服务业，在实现就地解决、自我管理、自我服务效果的同时，也有利于新社区的良性发展。

（三）积极开展有效的就业服务，提升就业能力

在促进就业的内部因素上，主要还在于提高转居农民素质并转变其观念，这需要依据就业市场需求以及转居农民就业特点开展多层次、有针对性的职业教育和公民教育。在宏观方面则要促进城乡一体化的劳动力就业服务体系的完善，在城乡居民平等享受就业服务的基础上，建立就业信息网络，保障就业信息的通畅。

（四）完善社会保障制度，为就业提供保障

依据“以土地换保障，以保障促就业，以就业促发展”的发展思路，促进城乡社会保障制度接轨将是未来转居农民社会保障体系建设的工作重点。针对失地农民的最低生活保障制度和社会救助系统的建立也将对提高转居农民生活质量起到重要的作用。

B.7
互联网约车对北京交通管理的影响研究

朱 涛 杨 帆 张少瞳*

摘 要： 互联网约车行业近年发展迅猛。约车企业在北京的城市交通市场投入大量资源进行竞争。本文从互联网约车的发展背景出发，分析了当前互联网约车行业的基本情况，包括融资、监管、合作伙伴以及与传统出租车的比较等，并进一步分析快车的补贴奖励机制及其后果，从配置交通资源、改变出行方式、亟须妥善监管、倒逼出租车行业改革、回归适度盈利等方面提出思考与建议。

关键词： 互联网约车 城市交通 补贴奖励

2015 年，以滴滴、优步（Uber）、神州专车等为代表的互联网约车服务在国内兴起。在北京，大量私家车借助手机 APP 平台上线服务，“注册十几万辆车，每天活跃的有 6 万辆，一天六七十万单在路上跑”①，一时间，北京交通出行市场引人注目。一方面，面对民众的巨大出行需求，作为分享经济代表的互联网约车很大程度上方便了民众的出行，解决了“打车难”等顽疾问题，倒逼出租车行业进行改革；另一方面，互联网约车在很多方面存在监管空白，2015 年 10 月交通部的《网络预约出租汽车经营服务管理暂行办法》（征求意见稿）正是在此背景下推出的。那么，互联网约车的发展背景是什么？现状是什么？未来怎么办？本文拟从上述方面进行相关研究。

---

* 朱涛，博士，中国社会科学院社会发展战略研究院副研究员，首都社会建设与社会管理协同创新中心副教授；杨帆，北京工业大学社会学系学生；张少瞳，北京工业大学社会学系学生。

① 《网络约车是北京交通拥堵主要原因》，http://news.qq.com/a/20160125/042999.htm。

一　互联网约车的发展背景

（一）移动互联网的技术支持

互联网约车得益于移动互联网时代的到来。从狭义角度来看，移动互联网是指用户能够通过手机的通信网络接入互联网；从广义角度来看，移动互联网是指用户能够通过手机、无线上网本、平板电脑或其他手持终端以无线的方式通过各种网络（如 WLAN、GPRS、CDMA 等）接入互联网。随着无线通信技术的发展和城市人民生活水平的提高，在北京这样的特大城市，智能手机已经得到普及，移动互联网就这样通过智能手机的普及而融入大众生活。

"互联网 +"渗透到汽车和交通领域，带来了网络租约车、定制公交、拼车、顺风车等新应用，形成了用户出行的新市场，创新了交通运输的业态。同时，滴滴等网络平台企业也随之迅速发展起来，2015 年全国的注册滴滴司机突破 1000 万名。[①] Uber 自 2014 年 7 月 14 日进入北京以来，已经很好地完成在北京的本土化融入，每次的公关营销都特别符合北京的本土特征。

（二）大城市客观的交通出行需求

根据北京市统计局统计，2015 年，全市常住人口为 2170.5 万人，其中，常住外来人口为 822.6 万人。[②] 北京存在巨大的交通出行需求。随着人们收入水平的提高，打车的人越来越多，而出租车增加的数量并不多。目前，北京一共有 6.6 万辆出租车，僧多粥少，一车难求的现象屡屡发生。与此同时，出租车的服务质量、服务意识（如在高峰时期的出车情况）被多方批评，行业改革停滞不前，"打车难"在近几年屡受诟病。在公共交通之外，相对便捷、私密的小客车出行既然无法通过出租车市场来解决，那么，互联网约车的兴起也成为必然结果。

（三）分享经济在交通出行方面的集中体现

一般来说，分享经济（Sharing Economy），也被称为点对点经济（Peer-to-

---

① 滴滴官网，http：//www. xiaojukeji. com/index. html。

② 北京市统计局，http：//www. bjstats. gov. cn/tjsj/yjdsj/rk/2015/201603/t20160317_ 339143. html。

peer Economy)、协作经济、协同消费，是一个建立在人与物质资料分享基础上的社会经济生态系统。分享经济离不开“互联网+”的时代背景，在城市交通出行领域，大量私家车通过网络平台上线服务，与民众的出行需求形成“供需”联动，闲置的车辆资源得以利用，极大地提高了交通资源的利用率。

二 互联网约车行业基本现状

本文的研究对象是互联网约车行业的两个主要企业“滴滴出行”和“Uber”，“易观智库”数据显示，这两家公司在2015年第三季度的市场份额中分别以83.2%和16.2%占据前两名。①

“滴滴出行”前身是国内两家互联网公司“腾讯”和“阿里巴巴”分别投资的“滴滴打车”和“快的打车”。2014年，双方在国内有过激烈的烧钱行为（行业补贴）以抢占市场，最终2015年2月14日两大巨头宣布战略合并，并于2015年9月正式更名为“滴滴出行”，成为国内目前综合实力最强、规模最大的互联网约车企业。

UBER TECHNOLOGIES，INC（以下简称Uber）是一家创建于美国的交通网络公司，号称世界打车软件的“鼻祖”，致力于用智能手机上的移动应用程序，将乘客和司机联结起来，从而使乘客可获得“一键叫车”和实时“拼车”共乘的服务。Uber于2010年正式开始推出服务，自2012年开始向全球进军以来，目前已进入全球56个国家和地区，在全球超过270个城市提供服务。Uber于2013年进入中国，不断探索中国用户习惯和适应市场环境，逐渐实现本地化并开拓了一定的市场。②

（一）快车行业的融资

2015年5月底，滴滴获得第一笔融资——新浪微博以1.42亿美元入股滴滴快的。2015年7~9月，滴滴分别完成了两次高达20亿美元和30亿美元的

① 《易观智库：滴滴专车市场份额达83.2%》，http://news.xinhuanet.com/local/2015-11/25/c_128464158.htm。

② 王长胜：《中国企业家》，腾讯新闻，2015年7月。

融资。2016 年 2 月 25 日，业界传出滴滴公司完成了新一轮融资，融资金额约 10 亿美元，滴滴估值或已超过 200 亿美元。与此同时，Uber CEO 卡兰尼克表示在中国市场投入 70 亿美元的资本来与滴滴抢占市场。2016 年 1 月，中国优步战略负责人柳甄公开表示，截至目前，Uber 全球和中国优步的融资中来自中国投资人的资金已经接近 20 亿美元。①

与滴滴不同的是，作为一家外来企业，Uber 的融资过程要比滴滴困难许多，首先是其客观上的市场份额无法撼动滴滴的主导地位，其次是中国的投资人都在担心 Uber 在高额补贴亏损的情况下会放弃中国市场而导致投资失败。这也逼迫 Uber 不得不拿出更好的融资条件。对于大的投资人来说，Uber 给出了年回报率 12% 的保底条件，这几乎意味着，对大机构来说这是稳赚不赔的好事情，“赚钱归你，亏损我来”，如果最后 Uber 亏损了，Uber 全球要为投资中国优步的机构投资人买单，按年补足其 12% 的回报。②

（二）快车与政府监管

“互联网 +” 交通的融合逐渐改变了人们的日常出行方式，深刻影响着传统交通运输服务业态，并且与传统的运输管理政策和管理体系产生了剧烈冲突。虽然快车的出现存在着客观合理性，可全国各地对于专车合法性的判断还各有不同。

滴滴方面，2015 年 11 月上海市交通委正式宣布向滴滴快的专车平台颁发网络约租车平台经营资格许可证。③ 这是国内首张网络约租车平台资质许可证，滴滴快的成为第一家获得网络约租车平台资质的公司。而 Uber 则没有那么幸运了，不仅没能在主要城市获得一份合法的营运执照，而且其总部还在广州和深圳遭受工商局及交通部门的查处。

2014 年 4 月 30 日晚，广州市工商、交委、公安联合行动，对 Uber 广州分公司进行检查，现场查扣上千台 iPhone 手机。市交委称，对扰乱运输市场的

---

① 夏芳：《滴滴快的烧钱伤不起　微博兄弟火线送银两》，《证券日报》2015 年 5 月 28 日；《Uber 今年拟投 70 亿在中国市场拓展》，凤凰财经。

② Uber 部分资料来自庄金鑫、刘柳《从 Uber 被查看“互联网 +” 实施之困》，《软件和集成电路》2015 年第 6 期。

③ 《滴滴快的获得国内首张专车牌照》，http：//auto. qq. com/a/20151008/041605. htm。

非法营运，广州交通执法部门绝不手软。[1] 2014 年 5 月 6 日下午，成都市交通运输委员会、市公安局、市工商局等部门对 Uber（优步）公司成都总部进行了工作调查。这是继 Uber 公司广州总部被调查以来，该公司第二次遭遇中国监管部门联合执法。私家车变身专车，已经不是个别现象。各地态度并不一样，有的城市封杀，有的城市调查，有的城市未置可否。目前，北京对于快车的态度是小范围地查处快车司机。

（三）烧钱战抢占市场份额

国内的 O2O 行业基本采取了依靠大量资本投入来给客户补贴从而达到抢占市场份额的目的。而互联网约车行业在这方面的投入更是整个 O2O 市场上的“大户”。

互联网约车行业“补贴大战”是 2014 年初由滴滴打车和快的打车首先打响的。两家公司分别接受了腾讯、阿里巴巴的投资，开启了以烧钱来抢占市场份额的模式。与其他 O2O 行业不同，互联网约车行业的补贴都是双向的，即公司在补贴乘客的同时也要为司机提供补贴以此来稳固扩大自己的运营车主数量。然而这样的高额补贴注定不能持续太久，2014 年 5 月滴滴打车和快的打车同时结束了高额的补贴活动，并在 2015 年 2 月 14 日（西方情人节）正式合并成一家公司，便是今天的“滴滴出行”。

然而，滴滴打车和快的打车合并所带来的平静并没有持续很久。Uber 决定扩大在中国的市场份额，最开始先找到滴滴出行进行谈判，希望能够入股 40%，否则就会通过 10 亿美元的注入来抢占中国市场。当时，拥有腾讯和阿里巴巴两大靠山的滴滴出行并没有同意，从此开始了滴滴出行与 Uber 之间的“烧钱价格战”。自 2015 年 3 月开始，Uber 降价 30%，这一价格已经比市场上普通的出租车价格低了很多，与此同时还要向司机支付高额的接单补贴，最高时达到每周 60 单奖励 8000 元的高额福利。在高额补贴下，Uber 的市场份额很快提升，特别是集中发展了高校、白领群体的市场。

---

① 《Uber 广州分公司涉无照经营部分司机暂停接单》，21CN 新闻网，http：//news.21cn.com/hot/gd/a/2015/0502/07/29490252.shtml。

（四）寻求合作伙伴

在寻找合作伙伴上，滴滴出行凭借大股东腾讯拥有共享微信客户群而具有竞争优势。对没有下载滴滴出行 APP 的乘客而言，只需要在微信上关注“滴滴出行”的服务号就可呼叫快车或者出租车前来服务，并且能够享受首单免 15 元的优惠。这个优惠据观察还是非常诱人的，首先无须下载 APP 即可享受，其次是滴滴直接免 15 元的车费而不是其他返现形式，更容易吸引到潜在客户。

面对滴滴出行的攻势，Uber 也有动作。此时，腾讯和阿里巴巴的老对手“百度”就成为“Uber”的理想合作伙伴。因为对于出行的整个流程而言，用户可能会通过“地图→打车 APP→支付软件”三步或者“打车 APP→支付软件”两步来完成，而百度旗下的百度地图和百度钱包就成为百度入手 O2O 行业的两大切入点，比如微信支付就通过滴滴出行扩大了不少的用户群体。Uber 更早选择支付宝作为支付方面的合作伙伴，而对于百度来说肯定也想早日把自己的“百度钱包”植入 Uber 中。Uber 选择百度作为合作伙伴事出有因。首先，百度地图已经无可争议地成为大部分智能手机用户的必备选择，而出行的第一步往往也会是打开地图来查看目的地再决定是否进行互联网约车服务，这时候百度地图提供的优步（Uber）用车就可以“近水楼台先得月”地方便客户的叫车行为。其次，根据年轻用户的手机使用习惯，大多不会在手机里储存一个不是常用的软件来占用储存空间，特别是对于储存空间较小的智能手机用户。而安装百度地图之后，无须安装 Uber 软件就可以进行 Uber 的叫车服务，这是第二大优势。

（五）适应本土市场

滴滴作为在本土孵育出的互联网约车企业，无论是与固有的出租车行业的共处，还是在政策监管方面的公关，都要比 Uber 温和得多。同时，滴滴在司机的福利待遇上也要比 Uber 更加本土化。第一，在客户服务上，Uber 的很多沟通需要通过电子邮件进行，虽然节省了运营成本，但在客户沟通上不及滴滴的电话沟通方便。特别是很多司机与乘客并没有邮件沟通的习惯，导致 Uber 司机与乘客对其沟通效率的满意度一般。

第二，滴滴软件增加了不少附加功能，例如 9 折加油与找厕所功能。在经济层面上，大多数司机的手机同时存在 Uber 和滴滴两个客户端，这样可以根据两边补贴的变化而选择做谁的司机。但是滴滴的9折加油给了司机们一个即使不接滴滴的单子也要保留滴滴司机端APP的理由。毕竟出来跑单子烧油永远是关键的成本要素。而这个找厕所的功能非常“接地气”——滴滴的程序员应该在之前就了解了国内“的哥”如厕难问题。

第三，在与传统的出租车共处方面，滴滴优于Uber，究其原因还是应该归功于滴滴最初的业务是利用移动互联网呼叫出租车。日渐壮大的滴滴在开展“快车”“专车”“顺风车”“代驾”甚至“大巴”业务之后，并没有遗弃出租车这个群体，时至今日我们依旧可以通过滴滴来呼叫出租车，并且通过与租车司机的交流发现，现在的出租车很多单子都来自滴滴出行。

（六）制造话题

Uber在话题的制造上一直是业界领导者。就国内市场而言，Uber就制造过上海Uber呼叫直升机、佟大为做Uber司机等话题。在北京，其营销案例有2015年4月24～25日Uber在北京推出了一键呼叫CEO活动。16位企业高管乘坐轿车围绕清华大学转，学生通过Uber软件叫车，和高管在车上进行15分钟面试。

此外，在各种节假日，Uber都相应地推出了活动，包括慈善、音乐、美食等，以吸引客户，特别是年轻客户。乘客手机时不时地收到来自Uber的广告，而这些广告的文案确实也十分贴近“帝都”北京的生活。

> 【Uber优步】冬日北京银装素裹，周末搭乘兑换下周多达5次5折出行！——本周六和周日期间（11/28～11/29）搭乘Uber您就能兑换：周末搭乘3程，下周可享受3次5折优惠；周末搭乘5程，下周可享受5次5折优惠！您的折扣优惠将于下周二自动存入您的账户。每程最高减免10元，适用于所有车型，您能在下周日前（12/6）使用。此活动仅限北京地区。
>
> 【Uber优步】别忘了今天你可以通过Uber在北京地区叫到#UberCUPCAKES#！——今天（12.3）下午1～4点，前往三里屯国贸/金融街西单/望京地区，打开Uber选择Cupcake，Uber × Berko杯子蛋糕一份，每份68元包含两个！这个冬天，让Uber携手法国顶级甜点品牌

Berko，为您带来一“杯”子的蜜与爱。

【Uber 优步】#周一来「电」蓝#12 月 7 日（周一），优步启动全国首个“电动车日”，全城绿色动力出行，向雾霾宣战！12 月 7 日至 13 日，选择“Uber 电动车”选项叫车，即可立享 6 折优惠，低至 6 元乘车，Uber 邀您一起向雾霾宣战，共创北京蓝天！

【Uber 优步北京】今天你依然能通过 UberGIVING 一键轻松捐赠！——上午 11 点～下午 4 点期间，打开 Uber 选择“Giving”呼叫捐物车前来收集闲置捐赠物，你还将获得 UberGIVING 限定版小熊和手绘定制明信片作为感谢！捐赠物将由本地慈善机构传递给有需要的人。岁末迎新断舍离，足不出户捐赠满满爱心。

【Uber 优步北京】12 月 22 日冬至日，Uber 携手壹基金联合发起首个“寒冷公益日”，邀请你一起温暖守护每一个为灾害影响的孩子！——12 月 22 日起，在北京地区您每搭乘 1 程，Uber 北京将捐助 1 元，我们目标筹集共 2016 个价格 365 元的壹基金温暖包即总共 735840 元，希望这其中有您的参与！同时，您还可以通过多种方式参与活动或直接捐助，并获得 Uber 送出的搭乘优惠作为感谢！

【Uber 优步北京】想知道 2015 你与优步之间发生了哪些有趣的事吗？——即刻输入优惠代码 VIPPEK 加入优步北京乘客尊享计划，并点击链接了解您的行程数、花费总额和尊享卡级别。通过乘客尊享计划，您将享受优步为您量身打造的增值服务，从出行体验开始全方位提升生活品质。

通过 Uber 发的广告短信就能发现 Uber 的广告营销很符合北京实时环境的变化，天气降温时打车优惠，雾霾严重时推广电动车，无时无刻不散发出 Uber 年轻、时尚的品牌特质。这可能也是其吸引高校师生客户群、科技产业白领客户群的重要原因。

（七）新兴快车与传统出租车的比较

1. 乘客和司机的经济因素

出租车、滴滴快车、优步（Uber）的计价规则如表 1 所示。

表1 计价规则

类别	出租车	滴滴快车	优步
起步价（最低消费）	14 元	8 元	8 元
公里费	2.3 元/公里	1.5 元/公里	1.95 元/公里
计时费	0	0.35 元/分钟	0.33 元/分钟
低速行驶费	0.92 元/分钟	0	0

资料来源：打车软件滴滴出行及 Uber 官网。

一直以来，出租车公司凭借着垄断的营运特许权，向司机收取“份子钱”，出租车费也出于各种原因一涨再涨。根据笔者本人的经验以及对一定量乘客的访谈发现，绝大部分乘客在需要约车出行时所考虑的首要因素仍然是经济因素。在滴滴和 Uber 的高额补贴下，大量乘客会选择通过手机来约快车。即使不算滴滴和 Uber 给乘客的补贴，呼叫快车仍要比乘出租车的价格低 30%左右。

司机收入方面，根据笔者的亲身体验以及对大量司机的访问发现，虽然滴滴出行与 Uber 的补贴最近有所减少，但是就其收入水平而言，目前成为一名快车司机仍要比出租车主赚钱更多。据调查，在补贴最高峰时期，Uber 司机甚至可以达到每周 8000 元的收入，而在目前相对平稳的补贴市场中，滴滴出行和 Uber 的车主也能轻松达到月收入 4000 元（每天工作 8 小时，限号日及周末休息），而选择努力加班的司机月收入甚至能超过 10000 元。反过来看，当前出租车司机的收入则不理想。北京市内的出租车每月流水能够在 8000 ~ 10000 元，但每月需要交 5100 ~ 5700 元不等的“份子钱”，到手的收入也就在 3000 ~ 4000 元，而且没有周末休息，没有休病假。关于出租车“的哥”病假的报道不在少数，虽然出租车公司没有要求出租车司机每天都出车，但是每天 200 元左右的份子钱得交。

2. 出租车与快车的服务差别

快车的另一大优势是乘车感受，车辆配置情况总体上大幅度领先出租车。北京市现有的出租车型主要是低配的伊兰特和捷达，且出租车的车辆大多老旧，即使是新出租车配置也较低端。比较而言，即使是降低车辆准入要求后的 Uber 和滴滴出行，大部分车辆的标准都要比出租车好，甚至有奥迪 TT 等豪车加入快车行列。

同时，乘客乘坐出租车的评价反馈机制较为“迟缓”，不举不究，导致不少出租车缺乏保养，不少司机还存在挑活和拒载行为。比较之下，滴滴出行和Uber的补贴机制都要求司机的评分在4.8分（满分5分）以上才能获得平台提供的补贴，使快车司机非常看重乘客的感受，从空调到音乐、从态度到服务，快车对于乘客的服务都比出租车要好。

不过，出租车的服务质量并非一无是处，由于出租车司机多是全职老司机，熟悉路况。比较之下，在司机驾龄方面，滴滴出行要求司机驾龄满一年，Uber则没有驾龄要求，而互联网约车行业的特殊性使得行业内的从业者多是年轻人，这就使那些车技不够完美、对路况不够熟悉的司机成为快车车主。调查中，大多数乘客认为快车车主的驾驶技术和路况熟悉度远不如出租车司机。笔者2015年10月在Uber约车的“朝霞师傅”就是一名对北京路况不太熟悉的外地司机，由于不太熟悉路况在掉头的时候多绕出去将近2公里。经询问得知车主是河北保定人，来北京不久，车子是亲戚的牌照。

3. 快车的安全隐患

安全是交通出行的首要考虑因素。根据笔者对众多女性乘客的调查，她们都表示如果是晚上一个人，或者去偏远一点的地区，都不太敢选择快车，而宁愿选择价格较高的出租车。这缘自出租车公司对于出租车司机更严格的审查和监管机制。这也决定了目前快车服务尚不能完全取代出租车的事实。在媒体上，时不时出现的有关快车乘坐安全问题的报道，令民众对私家车承接的快车服务始终存在隐忧。例如，在美国，Uber司机杰森·道尔顿（Jason Dalton）涉嫌2016年2月20日晚在密歇根州卡拉马祖县随意射杀6人、射伤2人的事件，将Uber公司推至风口浪尖。①

互联网约车时，乘客在上车之前只能获得很有限的车辆信息，而对司机的驾驶技术、车辆的保养情况、司机的犯罪倾向等都无从得知。这就需要企业制定严格的审查制度与监管制度，并进行经常性、面对面的司机评估与车辆检测来替乘客把关。然而，观察目前的互联网约车企业显然还没有做到这些。根据

---

① 《美国密歇根州枪击：6死2伤　嫌犯是“优步”司机》，中国新闻网，http://www.chinanews.com/gj/2016/02－22/7767569.shtml。

笔者的亲身测试，无论是滴滴出行还是 Uber 都无法对注册司机及车辆进行有效的审查。若有犯罪分子想注册成为快车司机也并非难事，因为目前的互联网约车企业根本无法确认平时出车接单的司机及车辆和该账号注册时的司机及车辆是否为同一个人同一辆车。笔者和受访乘客都遇见过实际车辆牌照与司机账户车辆牌照不一致的情况。对车辆的审查也只停留在车辆型号和出厂日期两个标准上，无法排除一些出过大车祸而车况不佳的车辆。这些是目前出行市场上互联网约车行业的极大隐患。

三　崛起之道：快车的补贴奖励机制

根据笔者的访谈调查，滴滴和 Uber 的大多数司机会在手机上同时安装这两款软件，并根据能获得的补贴状况而决定接谁的单子。安装双软件的车主对于这两款软件的看法基本能达成以下几点共识。

第一，Uber 的单子因为区域溢价和高峰翻倍的同时存在，使得收入会比滴滴的单子更高一些。第二，Uber 的单子虽然收入更多，但订单数量却相对少于滴滴。第三，Uber 的用户位置定位更加准确，滴滴经常会有定位偏离的情况存在。第四，Uber 接单时并不知道客户目的地，而滴滴则可以设定目的地，以至于许多司机每天最后一单选择用滴滴，以顺路回家。

笔者 2016 年 2 月访谈的 Uber 车主小王就坦言，自己以前是拉滴滴用户的，后来因为不仅乘客的定位经常不准，而且乘客还普遍愿意给司机低星评分（星级直接决定司机能否获得约车平台的补贴），小王就是之前在滴滴的星级低到不能拿补贴时接触到 Uber 的。为了加油的优惠以及偶尔的滴滴福利，小王没有卸载滴滴，两个软件同时保留，偶尔滴滴补贴合适的时候会去接一接滴滴单子。问及两个平台的收入时，小王表示如果真想专职做专车司机的话还是 Uber 的收入能多一些。另外，访谈的滴滴司机朱师傅表示，他每天都是两个软件同时接单，因为自己比较勤奋每天所接的单子能上 30 个，而两个平台最高的接单奖都是 22 单。也就是说，如果只在一个平台接单，22 单之后的单子奖励会变少，而他利用两个平台同时接单就可以在拿到滴滴的 22 单奖励之后再拿到 Uber 的 12 单奖励，从而提高出车的收入。

在互联网约车市场，滴滴与 Uber 针对司机的奖励政策处于不断的变化中。为争夺市场，两家企业的补贴奖励政策时常相互借鉴也相互竞争。

（一）滴滴司机方面（工作日）

1. 抢单奖（见表2）

表 2　抢单奖

活动时间	2016 年 2 月 22 日
活动内容	当日完成指派快车单 6 单及以上，奖励 50 元；完成 14 单及以上，奖励 120 元；完成 22 单及以上，奖励 200 元；奖励取最高值，不重复发放
活动限制	需当日指派订单成交率≥65%，限司机累计星级 4.8 以上（含 4.8）参加
到账时间	活动完成后两个工作日内发放到余额中
奖励说明	①指派成交率 = 指派订单完成数/指派订单数；注意：顾客或司机取消订单都会影响指派成交率 ②凡有作弊行为，即取消该订单应收车费及全天全部奖励，并处以 3 倍同等奖励金额处罚 ③实时单按订单结束时间计算 ④预约单为抢单模式，不参加此活动 ⑤跨城接单（不在注册地接单）将不享受任何一地的奖励 ⑥奖励只对指派快车单有效，抢单无奖励 ⑦活动只限北京牌照的车辆参与

2. 实时翻倍奖（见表3）

表 3　实时翻倍奖

活动时间	2016 年 2 月 22 日
活动内容	①早高峰期（7:00 ~ 10:00）单单 1.7 倍收入奖励；午高峰期（10:00 ~ 1:30）单单 1.1 倍收入奖励；晚高峰期（16:30 ~ 22:00）单单 1.6 倍收入奖励；夜高峰期（22:00 ~ 23:59）单单 1.1 倍收入奖励；每单奖励 50 元封顶。前提：前一日指派成交率≥65%；且前一日需完成指派订单≥10 单 ②早高峰期（7:00 ~ 10:00）单单 1.5 倍收入奖励；晚高峰期（16:30 ~ 22:00）单单 1.4 倍收入奖励；每单奖励 50 元封顶。前提：前一日指派成交率≥65%；且前一日完成指派订单 <10 单（需至少完成 1 单）
活动限制	限加盟司机累计星级 4.8 以上（含 4.8）参加。到账时间：乘客支付成功后，奖励立即以订单奖励名义到账（纯余额支付不享受该奖励）
到账时间	实时发放

续表

奖励说明	①完成对应活动限制条件方可享受对应奖励,活动①与活动②不叠加,奖励取最高值,不重复发放。因限号等客观原因造成前一日无法出车且前一日无任何完成订单记录,则指派数据会在前一日基础上再往前推一天计算,以此为限不再往前推演 ②满足条件可享受相应倍数,例如,单单 1.7 倍含义为:订单金额 × 分账比例 + 订单金额 ×(1.7 - 1),其中订单金额 ×(1.7 - 1)为奖励部分,如果奖励部分超过 50 元则按 50 元封顶计算 ③指派成交率 = 指派订单完成数/指派订单数;注意:乘客或司机取消订单都会影响指派成交率 ④限加盟车,累计星级 4.8 以上(含 4.8)参加。凡有作弊行为,即取消该订单应收车费及全天全部奖励,并处以 3 倍同等奖励金额处罚 ⑤实时单按乘客发单时间计算 ⑥预约单为抢单模式,不参加此活动 ⑦翻倍奖励仅针对指派快车单有效,抢单无奖励 ⑧乘客支付订单加价奖励与滴滴支付的翻倍奖励两者取最高值。实时奖励以订单奖励名义到账 ⑨如不满足滴滴限制条件则仅能取得乘客加价奖励 ⑩若订单无加价奖励且没有满足滴滴奖励要求则仅能获得基础车费 ⑪跨城接单(不在注册地接单)将不享受任何一地的奖励

3. 晚夜高峰快车连击奖(见表4)

表 4　晚夜高峰快车连击奖

活动时间	2016 年 2 月 22 日
活动内容	从 18:30 开始至 24:00,完成 4 单,从第 4 单开始奖励,第 4 单奖励 4 元,第 5 单奖励 5 元,第 6 单奖励 6 元,以此类推,连击到 15 单封顶,总共最高可获 114 元,从本单完成时间起计算,在一个小时内完成下一单,则下一单奖励增加 1 元,否则,下一单奖励不增加,与本单相同
活动限制	活动无限制:不限星级、指派完成率和前一日订单
到账时间	奖励实时发放
奖励说明	①凡有作弊行为,即取消该订单应收车费及全天全部奖励,并处以 3 倍同等奖励金额处罚 ②奖励只对指派快车单有效,抢单无奖励 ③跨城接单(不在注册地接单)将不享受任何一地的奖励

这些奖励都设计得非常巧妙。第一个抢单奖和第二个实时翻倍奖配合，使得滴滴快车、专车的运营模式是：如果天天连着工作则收益较高；如果前一天

拉够10单以上，则第二天最低的倍数奖励也能保证比司机在扣除滴滴抽水的佣金之后所收的实际金额要多；而如果之前一天没有接任何一单则第二天不仅全天没有任何倍数奖励，而且要收取20%的平台服务费。笔者曾经亲身体验过滴滴快车司机，发现如果没有任何倍数奖励，加上平台收取的20%佣金，那么一天8小时工作下来能赚到的钱刨去油钱等成本就变得很少了。可见，"滴滴出行" App是希望其司机能够每天全职地为滴滴工作，而不是三天打渔、两天晒网的兼职工作。

笔者曾于2015年11月访谈过一名滴滴兼Uber车主"萌索师傅"。司机24岁，本市一所普通大学毕业，毕业之后一直没有正式的工作，2015年夏季开始从事滴滴和Uber司机工作，作为一个本科毕业的年轻司机，"萌索师傅"很快就掌握了滴滴和Uber的赚钱方式——他的工作状态就是如果接单就持续接一周，如果哪天有事无法接单就顺势歇两三天。这种工作时间安排就是受互联网约车行业的这个"翻倍奖"影响。以笔者的亲测经历为例，第一天10小时工作因为得到了当时的抢单奖12单100元而最后的总收入在120元左右。这个收入对于私家车车主来说是很少的。因为私家车出来接滴滴单所要付出的成本不仅仅是油钱，更包括对自己车辆的损耗和违章等成本。第二天因为之前达到了10单以上，仅仅工作了4小时收入就达到160元左右。如果第二天也是8小时工作制的话则预估收入可以达到300元以上。四个收入相比没有倍数的第一天着实提升了不少。因而能够收留住一定量的私家车车主成为专职的滴滴司机。

（二）Uber司机方面（工作日）

用户组：人民优步（Uber），北京地区适用于2月22日。

奖励政策：优步北京奖励政策。

获得任何奖励的前提条件：人民优步及电动车，当周评分的平均分高于4.8分，当周成单率高于65%且当周完成至少10个行程（含10个行程）。如果您满足以上条件，会获得以下奖励。

1. 高峰翻倍奖励 & 每日成单奖励

限制条件：①高峰翻倍每单奖励（不包括基础车费）的上限，各个车型均为50元。②时间节点以系统派单时间为准。③高峰翻倍奖励每周同一名乘客只限 1 次，选首次出现的金额；重复刷单没有意义。④一周搭乘同一乘客 3 次以上（含 3 次），当周只能获得一半奖励。具体如表 5 所示。

表 5　周一高峰翻倍奖与成单奖励政策

时间	翻倍奖	成单奖
04:00～07:00	1.1 倍	12 个行程 60 元 22 个行程 150 元
07:00～10:00	2.0 倍	
10:00～16:00	1.3 倍	
16:00～22:00	1.9 倍	
22:00～24:00	1.3 倍	
24:00～04:00	1.1 倍	

根据笔者调查，需要特别说明的是，Uber 的倍数奖励需要前一日完成最低的 12 单成单奖励，与滴滴不同的是，Uber 不考虑限号等客观因素而延续倍数奖励。

2. 区域闪电溢价奖

与滴滴不同的是，Uber 在后台如果发现某个约车密集区域车辆无法满足乘客数量需求时，便会对此区域进行乘客付费、司机收费双提价，并会在 Uber 的地图上告知每位司机，根据约车密度的不同溢价的倍数也不同。这样在高峰路段，乘客可以选择支付更多的车费来进行约车服务。如果是深夜，在东长安街、北京站、东北二环、东三环部分区域出现了车辆与约车乘客缺口较大的情况，于是在这个区域乘客约车需要付出 1.3 倍的路费，司机收到的车费也会相应增加。

滴滴和 Uber 的奖励政策都是每天变化的，并根据前几日的客流量和司机数量而做出调整，工作日的奖励高于周末奖励。根据观察两款软件的补贴奖励变化趋势发现，滴滴和 Uber 显然都已意识到很大数目的司机都同时下载两款软件而随时决定做谁家的司机，故二者每日的奖励虽然都在变化但差距都是很小的，滴滴补贴高的时候，Uber 补贴也高，同样滴滴补贴低的时候，Uber 补贴也低。获得奖励的额度也都是 12 单和 22 单（滴滴于 2016 年 2 月开始将最低奖励标准降低至 6 单）。

（三）补贴奖励的后果

1. 优势

在互联网约车出现之前，出租车无法满足高峰时段、高峰路段的出行市场，而滴滴和 Uber 的翻倍补贴在时间和空间上都以对司机补贴和奖励的方式鼓励司机在高峰时段、高峰路段多多接单（目前 Uber 在空间上有翻倍机制，而滴滴目前只设置时段翻倍）。在高峰时段、高峰路段接单子，司机能赚更多的钱。笔者曾于 2015 年 11 月采访过 Uber 车主孙师傅。孙师傅家住二环内幸福大街，由于他家附近路段在早晚高峰时间都会成为闪电溢价的区域（一般在 2～3 倍），于是孙师傅就在每天的高峰时段、自家附近的闪电溢价区域进行接单，而且偏向于接短单。早高峰溢价降低了就收车回家，晚高峰溢价上升后便再度出车接单。而像孙师傅这种偏爱高峰时段、溢价区域接单的快车并不在少数。滴滴和 Uber 也通过他们自己的方式，合理地完善了北京市的资源调控。这些方式对北京出行市场的满足是出租车公司目前的运营模式所不能达到的。可以说，互联网约车行业的运营模式一定程度上缓解了高峰时段、高峰路段北京打车难的问题。

2. 弊端

在高额的补贴奖励下，不少司机产生了投机取巧的想法。例如，通过自己打自己车，或者雇人打自己车而不实际出车的行为来赚取专车平台所提供的福利，即“刷单”。其实，这种行为已经成为 O2O 行业的通病，之前在外卖等行业也有过餐厅通过自己刷单赚取补贴的行为。但是这种方法搬到滴滴和 Uber 这种高补贴的行业里，对平台造成的亏损是巨大的，同时也会降低对乘客的服务质量，从而影响平台声誉。

所谓“刷单”可分两种：一种是不出车的“刷单”，即自己控制多台智能手机，自己或雇人打自己的车而不进行实际的出车行为；另一种叫作“拆单”，即一个司机在送乘客抵达目的地的路上委托乘客结束订单，并重新约一单再由自己来送。这样就能达到一单行程算两单的数量来获得上文提到过的“成单奖”。无论哪种方式都是不利于平台长期发展的。

2015 年 7 月以前是 Uber 公司对司机奖励最高、补贴最高的时段，这也是刷单最严重的时期。就刷单本身而言，一方面刷单带来的单数可以繁荣数据，也可方便其融资进程等；另一方面这些单数都是靠真金白银的补贴换来的。所以笔者认为，在刷单还不是很严重的时候，Uber 和滴滴都是选择睁一只眼闭一只眼的态度。因为如果管得太过严厉，自己的数据会不好看，也容易使既有的市场份额缩减。[①] Uber 表示，2015 年上半年刷单率将近 10%。[②] 也就是说，每 10 个订单中就有一个订单是造假的。随着亏损额日益加大，Uber 不得不采取行动来阻止这种行为。自 2015 年 7 月开始，乘客可能会发现在 APP 上明明自己周边就有好几辆等待接单的车辆，可系统指派的却是从 2 公里外来的车辆。另外在系统的后台监管上，同一乘客只要乘坐同一辆车 3 次，Uber 就会对账户进行查封，而且账户内的余额是无法再提取出来的（滴滴做法也类似）。

但这样的做法并不能获得乘客和司机的认同。因为在反刷单机制启用后，乘客发现，自己打车需要等更多的时间才能等到车辆。而司机方面的抱怨则更多。笔者于 2015 年 10 月采访的车主韩师傅（使用滴滴和 Uber 双软件）就表示实行反刷单之后很懊恼，因为经常是一个很短的单子却要跑上 2 公里去接，而且如果路上车多一点、路绕一点的话，经常会遇见乘客半路取消订单的情况。不仅白跑了几公里路，而且还会降低车主滴滴本日、Uber 本周的成单率从而影响司机获得平台的奖励。韩师傅认为现在的快车是越来越难开了，挣得也越来越少了。

四　互联网约车的思考

（一）合理配置交通资源

出行市场与网络结合，满足了很多人们之前无法想象的出行要求。除了本文着重讨论的主流快车以外，还有高端定制的专车服务、经济实惠的顺风车、众筹路线的大巴，甚至连试驾与代驾都可以在滴滴 APP 上寻找到合适的资源。这都极大程度地方便了人们的出行，使人们有了更多的出行选择。大量“闲置”私家车被利用起来，盘活了整个交通市场。此外，互联网约车设立补贴

① 《Uber 刷单风云：抢占中国市场并非用钱可解决》，http：//world. huanqiu. com/hot/2015 - 07/6859197. html。

② 《Uber“刷单风云”》，《国际金融报》，http：//paper. people. com. cn/gjjrb/html/2015 - 07/06/content_ 1584046. htm。

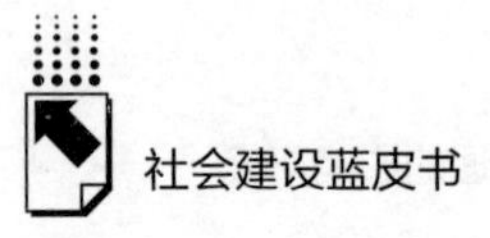

奖励机制鼓励车主在高峰时段多接单、多去高峰路段接单，让急需出行的人们在时间和空间上获得更多的资源。

（二）互联网改变出行

1. 打车出行

互联网约车对乘客的大幅度补贴也改变了民众日常的出行方式，大量民众开始尝试互联网约车，并享受到互联网约车带来的实惠与便利。一些原本没有打车出行习惯的民众，经历“补贴价格战”惠泽，逐渐形成了打车出行的消费习惯。当然，大量私家车行驶在路上也带来不少问题，例如道路资源更加紧张，尾气排放的环境问题等。但从根本上说，“行”是民众的基本需求之一，出行问题的解决有赖于规划、工作、住房等各种因素，绝不是简单地引导公共交通就能够解决的。

2. 众筹出行

作为分享经济的组成部分，众筹也成为互联网约车的突破点。例如，众筹大巴的路线需要提前在滴滴 APP 上招募乘客，乘客数量足够多即可分担车费来筹集一辆在早高峰上班路上的直达巴士。每人只需要 5 ~ 10 元的票钱，众筹成功后以电子票形式发送到乘客手中。之前在某路线上没有直达中关村的公交车，而又有很多需要去中关村附近上班的乘客，于是这个线路的众筹大巴基本天天能筹集成功，这就有赖于互联网约车平台。

3. 顺风出行

在调查中接触到的崔女士，家住在南四环外大兴区旧宫镇。由于工作单位的变化，之前每天 3 公里的上班路程变成 25 公里。于是为了解决多出来的路途所消耗的油费，崔女士每天上下班都会接一单顺风车。每天往返都能收到 50 元以上的顺风车钱，虽然不靠这个赚钱，但是崔女士很愿意接上下班的顺风车，因为这样就相当于每天上下班的油费都由乘客来替她支付。同时，在工作单位和家附近两个固定的地点接顺风车，崔女士结识很多同行和邻居，是顺风车这个桥梁让她认识了更多的朋友。

（三）亟须妥善监管

互联网约车若想长期健康发展，必须克服它在安全监管上的软肋。在近两年专车恶性案件频发的背景下，任何人都不会忽略产品的安全因素。调查中发现，一些司机与乘客发生争执后，会打电话回来吵架。如果没有完善的信息保密机制，很容易发生不可控的事件。

就监管能力而言，交通部门无法监管每一辆专车，因此建议交通部门监管互联网约车平台，由平台作为“社会力量”加强对司机、车辆、乘客的监管，包括司机准入、车辆准入、乘客行为约束等。

（四）出租车行业改革势在必行

互联网约车由于其便利、实惠等特点，极大地冲击了传统的出租车行业，并迅速占据城市交通出行市场，“倒逼”出租车行业改革。出租车行业需要进行改革已是社会各界共识，但究竟如何改革，绝不是围堵专车司机、攻击约车平台等。

一方面，以滴滴、Uber 为首的互联网约车行业竞争激烈，迫切需要抢占市场份额，这就与固有的出租车群体产生了冲突；另一方面，出租车运营模式落后的责任并不在于实际劳动的出租车司机，可来势汹汹的互联网约车已经影响出租车司机的收入，使出租车司机群体更为弱势。在这样的情况下如果出租车管理体制再不做出适当改革的话，势必会导致大量出租车司机入不敷出，从而引发进一步的社会问题。

（五）适度盈利模式的回归

烧钱是 O2O 行业的特点，但一定不会是 O2O 行业的生存之道。滴滴和 Uber 的大额补贴客观上优惠了乘客，但这毕竟不是一家企业良性发展的道路，Uber 内部预测：2015～2017 年在中国要烧 30 亿美元，2015 年亏损 11 亿美元，2016 年和 2017 年，每年亏损 9 亿美元左右。Uber 在如此高的亏损压力下只能通过不断融资来保证资金链的稳定。一旦资金链断裂所带来的影响对约车企业而言是毁灭性的。因此，低价竞争不是互联网约车的本质，笔者认为，适度盈利、便民出行、分享社交、承担更多的社会责任等将是互联网约车行业的长远发展目标。

参考文献

王媛：《“打车难，开车赔”——北京出租车的难解之结》，《今日中国》（中文版）

2013 年第 4 期。

熊宗鹏：《北京出租车市场法律体制改革刍议》，《法制与社会》2013 年第 2 期。

王若林：《Uber 还是滴滴快的，谁更能体现共享经济的未来?》，《互联网周刊》2015 年第 10 期。

何菲：《百度 + Uber = 出行市场撼动者?》，《IT 经理世界》2015 年第 1 期。

夏芳：《滴滴否认收份子钱，称未来也不会，专车司机月入近万元羡煞出租车司机》，《证券日报》2015 年 1 月 22 日。

夏芳：《滴滴快的烧钱伤不起　微博兄弟火线送银两》，《证券日报》2015 年 5 月 28 日。

王伟健、朱少军、张文：《专车监管之困怎么解》，《人民日报》2015 年 5 月 7 日。

B.8
问题 - 需求 - 资源分析：朝阳区弘善家园居民需求分析及对策建议

韩秀记　崔 莹*

摘　要：　社区共治是当下北京社区建设的新趋势，以社区服务满足社区居民需求是社区治理的新途径。对社区服务状况的分析，可以从社区面临的客观问题、社区居民的服务需求以及社区内外的潜在资源供给三个角度展开。在此，本报告以朝阳区弘善家园社区为例，运用社区问题 - 居民需求 - 资源供给三维分析框架，对社区居民需求及服务问题展开分析，并据此链接内外资源，有针对性地解决这类问题。

关键词：　社区问题　居民需求　资源供给　社区服务

党的十八大以来，倡导协商治理成为社区治理的重要方向，推动社区服务改善与提升成为民生建设的重要内容，也是深化基层社会治理改革、推动社会建设的重要举措。未来，北京市将秉承以人为本、服务为先、问题导向、多元共治的社区治理理念，发展社区工作，基本形成政府主导、社会参与、多元供给的社会服务模式。本研究关注北京市某小区的社区居民需求问题，重点分析该社区面临的一些服务需求和资源供给问题，通过梳理社区内部资源和外部资源，提出资源链接方案，深化对社区多元共治①思想的认识。

* 韩秀记，社会学博士，北京工业大学人文社会科学学院社会工作系讲师，研究方向为社区治理；崔莹，北京工业大学人文社会科学学院社会工作硕士研究生，研究方向为社区服务。

① 关于社区多元共治的介绍，可以参见张文《“多元共治”的社区治理模式》，《学习时报》，http：//www. qstheory. cn/society/2014 -09/17/c_ 1112522648. htm。

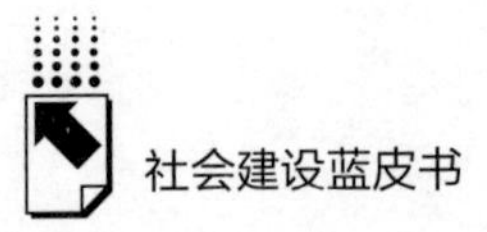

一 社区基本情况介绍

1. 发展简史

弘善家园社区位于朝阳区十八里店乡，它是北京市比较早的城市拆迁居民安置区，因所在位置过去有一座弘善寺而得名。从 2006 年 3 月始，华威路南侧的弘善市场上陆续建起了一批经济适用房和部分商品房，这就是弘善家园。弘善家园作为原崇文区城市建设开发公司的定向安置房，其居民主要来源于原崇文区的前门历史文化保护区外迁的棚户区居民和原弘善市场地区因拆迁而回迁安置的十八里店乡村民。弘善家园住宅楼大多是板楼结构，只有少部分是板式住宅加底层商业建筑。弘善家园的建筑设计力争遵循老北京的生活体验和生活习惯，讲求方正、平稳，几条贯穿其中的马路基本上是正南正北方向，把整个弘善家园切割成几个正方形的区域。

目前，弘善家园共分 3 个社区，即弘善家园第一社区、第二社区和第三社区。其中，第二社区设立最早，成立于 2012 年；而第一社区成立于 2013 年；第三社区成立于 2014 年。

2. 区位优势

弘善家园地处北京东二环外，东三环内，北靠华威南路，南接左安路，地理位置十分便利。

3. 居民构成

目前，弘善家园三个社区的居民大致分为三类：回迁安置原居民、原崇文区搬迁安置居民以及非户籍的外来人口。其中，数量最多的是原崇文区搬迁安置居民。搬迁安置居民多为前门拆迁的老北京人，对于生活质量要求较高，现有的一些社区活动对于这一群体的吸引力有限。反过来，外来人口的构成比较复杂，主要群体有在肿瘤医院看病的外地短租房群体和潘家园古玩城从业常住户群体，后者以青年人口为主。外来人口对社区缺乏归属感和融入感，常会出现破坏社区公共设施等情况。从年龄来看，弘善家园居民以老年人为主，比如三个社区老年人的比重达到约 1/3，而老年人对社区养老和照顾服务有较高的需求。弘善家园社区人口数量如表 1 所示。

表 1　弘善家园社区人口数量

单位：户，人

社区	现住户	实住人口	含流动人口
第一社区	2134	4000	1500
第二社区	3356	12396	3000
第三社区	3052	7297	2300

4. 社区组织

弘善家园三个社区都组织开展了一些居民活动，成立了居民自组织，涉及领域主要集中在居民休闲娱乐和文化组织方面。各社区基本建立了舞蹈队、合唱队、乒乓球队、象棋队等居民文化组织。此外，社区还动员社区工作者和社区积极分子成立“爱心互助志愿服务队”，关爱社区空巢老人和困难家庭。但是，社区缺乏服务类和管理类居民自组织。

5. 社区工作人员

社区工作者队伍是社区治理和服务的核心力量。目前，弘善家园三个社区均已成立社区居委会，建立社区服务站，成立社区党支部。因此，包括社区党支部、居委会和服务站在内的“三驾马车”组织体系已基本建立起来，岗位职责和管理制度也基本完善。各社区工作者配备 10 人左右，总体年龄分布偏向年轻化。

二　社区问题、需求和资源情况分析

社区的问题和需求是社区工作的重要导向，而社区资源则为问题解决与需求满足提供了很好的支撑条件。社区问题包括社区建设存在的一些固有不足和管理缺陷，而社区需求可以划分为基本需求（如衣食住行）和心理需求（如归属感、安全感、自我实现等）。当社区中大部分人的某些需求得不到满足时，就会逐渐累积成为社区问题。通过多方面的调研，笔者发现弘善家园三个社区面临着较多的管理问题和需求难题，并细致梳理了可挖掘的社区资源。

（一）社区问题分析

1. 社区的公共空间不多

社区硬件环境和设施虽然近年来逐步完善，但仍存在以下问题：①休闲活动场所缺乏。最初的社区规划并没有充分考虑到社区公共空间的建设问题，这使得社区居民密度比较大，各个社区的居民缺少休闲活动的公共场所，比如广场、绿地、公园等。目前，仅有的公园是在楼宇之间狭小的空地建起来的。②社区地下空间利用不合理，使得社区停车问题突出，室内活动场所十分缺乏。保有量巨大的机动车沿小区内的马路密密麻麻地停放，反映出社区居民对停车场所的强烈需求。③社区办公用房规范化建设仍有不足。目前，三个社区的办公用房问题已经基本得到解决，但是房屋的设置和空间分割并不合理，普遍存在办公空间压缩有限、居民活动空间无处拓展的困难。室内公共活动空间的不足是制约弘善家园社区居民休闲文化活动的重要硬件障碍。④社区居民的房屋设计、楼宇设计不合理，这也是造成居民不满的重要原因。

2. 社区的规范建设不够

弘善家园三个社区在社区治安和安全秩序方面存在一定的问题：①社区空间的开放性潜在地造成了社区治安案件多发。弘善家园辖区内存在多条非小区内道路，而这些道路目前尚未由建设方移交给市政道路部门。这使得整个社区并未实现整体封闭性管理。尽管目前在十八里店乡政府的支持下，小区部分楼座之间实现了小范围的封闭管理——楼座封闭后仅保留一个进出口供居民日常使用——但部分居民不认同此举，采取不合作方式，破坏其他出口，最后使封闭管理流于形式。因此，辖区的治安和犯罪案件多发，入室偷窃、偷车等违法犯罪行为得不到有效打击，辖区居民对此意见比较大。②对外来人口缺乏有效管理，缺乏社区认同更容易引发破坏社区门禁系统、公共用电、电梯等公用设施的行为，这也给社区造成安全隐患。③社区管理乏力，社区乱停车问题突出，因停车难引发的占用道路、故意毁坏车辆的事件频发。社区停车空间明显不足。实际上，前几年有一家正规的停车管理公司在弘善家园采取收费方式管理辖区停车问题，因大部分车主不缴费而被迫撤离。目前，尚无相关部门和主体涉及此处停车管理问题——社区物业认为居民在马路上停车不归他们管理；而路政部门则指出辖区道路并不属于市政产权，他们无权管理；反过来，社区居委会等也没有能力去管理。

3. 居民的社区归属感不强

作为地域性的社会共同体，居民的社区归属感是构建社区秩序、完善社区服务、推进社区治理的条件和保障，它会极大地影响居民的公共参与和邻里关系。而就目前的情况看：①居民对社区缺乏归属感。弘善家园社区是拆迁居民异地安置社区，社区京籍居民绝大多数为原崇文区拆迁安置居民，多老年人，安置新社区后，这些居民受多种因素影响而对社区缺乏认同感，自认为从城市中心搬到了落后乡村，心理落差比较明显，很难融入现在的社区活动与生活中。②社区毗邻潘家园古玩市场，流动人口非常多。很多原城区拆迁居民并不居住于此，而出租房子，这为流动人口“侵入”社区提供了空间。部分外来流动人口素质低下、流动性大，对社区缺乏归属感，对社区公共设施并不爱惜，甚至破坏电梯、门禁等设施，破坏邻里关系的事件也时有发生。同时，大部分流动人口不能积极参与社区活动。这也使社区户籍居民对外来流动人口多有不满，双方抵触情绪明显。社区对外来人口缺乏有效的管理手段和工作机制，并不能掌握外来人口的详细数量和流动情况，无法准确把握他们的需求信息，进而通过服务来管理和规范外来人口。总之，上述两类群体对社区缺乏归属感，使得社区居民对社区公共事务的参与程度不高，进而影响社区社会资本的完善和提高，进一步加剧了社区冷漠和疏远了邻里关系。

4. 社区的管理服务能力不足

①社区工作者现代治理理念较为薄弱。作为政府雇员，当地社区工作者全部由十八里店乡政府按照相关标准招募或配置。他们很多人原本是十八里店乡的村民或者乡镇工作人员。尽管他们参加了全市的社区工作者录用考试，但是在现代城市管理理念和方式方面能力较为薄弱。②社区工作者专业能力尚显不足。三个社区的社区工作者均无人获得社工师资格，在专业社会工作能力和素质方面比较欠缺。很多工作经验仍停留在过去城乡接合部的村落管理思想上，对于复杂的陌生人社区缺乏系统的掌控能力。③社区工作者城市社区实践经验缺乏。大部分社区工作者年龄偏低，从事社区工作的年限非常短，相关工作经验仍非常缺乏。弘善家园三个社区的社区工作者总体年龄偏低，很多人甚至刚刚参加工作，第一个工作岗位便是弘善家园的社区工作者，这使得他们对组织和策划社区活动、把握社区居民诉求规律、密切社区关系等工作环节缺乏相关经验和能力。

（二）社区需求分析

人们在社区生活中需要各种服务或物品，这就需要相关服务和商品的供应

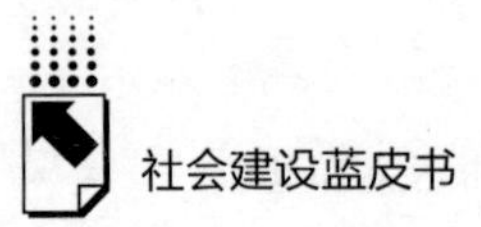

方参与社区服务供给。社区服务具有社会福利性和一定的商业性，居民所需的社区服务可划分为三类：一般商品性服务、一般公共服务以及专业性公共服务。单言社区服务提供的主体，就有政府部门、居民委员会、公益机构、物业管理方、企业，还有小商小贩等，可谓五花八门、难以尽述。因此，社区服务的提供必须走合作之路。

1. 对于一般商品性服务需求，比如日常生活性服务，水果蔬菜、交通出行、停车等，可通过市场化途径解决，部分需要政府参与协调

北京市社工委在全市推进“一刻钟服务圈”建设计划，力争在全市社区实现满足便利店、早餐、美容美发、代收代缴等大部分生活需求。针对那些缺乏条件的老旧小区，北京市在核心区培育5家社区商业便民服务综合体，以解决这些小区的社区服务问题。

作为社区商业的主体，便利店也将变身为搭载洗衣、缴费、餐饮、快递等多种业务的综合平台。随着一大批零售、餐饮、生活服务品牌连锁企业积极向社区延伸发展，社区服务网点将从小规模、分散型经营逐步向规范化、连锁化经营转变，社区商业服务的便利度和安全度不断提高。在社区商业充分竞争的前提下，政府的监管和支持、个人和第三方组织的参与依然必不可少。健身设施及场地的提供、为老人提供的便利服务、为和谐社区而设的调解工作等环节，在市场看来是微利甚至无利可图的，但对于和谐社区的构建却意义重大，这些领域必须依赖政府和社会机构的作为。

2. 对于一般公共服务需求，各级政府必须承担起相应的供给主体责任

市场主体通常因一般公共服务利润低而不愿涉及。因此，提供公共服务是政府自身定位的体现，一般公共服务常涉及计生、社保、就业、救助等。随着社区规范化建设的推进，弘善家园三个社区的社区服务站基本能够满足居民的一般公共服务需求。

但是这些服务供给却不能被很多居民享受。社区内居民结构冗杂，95%的居民户口不在辖区内，人户分离现象比较严重，导致管理工作非常难开展。比如，对搬迁安置的户籍人口而言，他们大部分人的户口归属地仍是原崇文区的前门等地区。而当前的公共服务配置和行政管理是按照户口归属地展开的。人户分离使得居民获取日常公共服务和相关行政服务存在困难，比如弘善家园社区的户籍儿童因户口仍留在原崇文区，不得不返回户籍所在地就学；又如老年

人办理相关老年优惠证明、享受公共养老服务等，也面临着居住地无法办理而无法享受的问题。这种人户分离带来的影响便是：中青年人口为了孩子的受教育问题而不得不搬离弘善家园，反过来又加剧了弘善家园常住人口中老年人比重高的人口结构特征。

3. 对于专业性公共服务需求，比如社区医疗、社区康复、心理干预、青少年社区矫正等，则需要政府购买社会组织的专业服务来解决

专业性公共服务供给是弘善家园目前最为短缺的部分，基本上处于空白状态。总体来看，弘善家园的社区服务发展水平相对较低。调查发现，目前除一般公共服务相对能够制度化供给外，像日常生活性服务、专业性公共服务则相对不足。数万人口构成的三个社区，尚没有一个有一定规模的社区超市或便利店，且社区范围内的商业形态也并不发达，缺乏生活性商业服务门店。至于专业性公共服务则更为缺乏，社区缺少社区卫生服务站，也没有围绕老年人的专业服务供给。这对于一个以老年人为主的大型住宅社区而言是非常不足的。

4. 不同类型社区居民的服务需求存在差异，需要有差别性的对待措施

从年龄来看，社区老年人空闲时间比较多，需要社区活动场地和文化活动场所，对社区业余文化生活需求比较强烈，如舞蹈、合唱、乒乓球、象棋、书法绘画等文化生活方面，居民有需求，但社区缺乏这方面的老师和硬件配备。因社区老年人居多，在服务需求上更偏向于老年人餐桌、家政服务、钟点服务、家庭陪护、保洁等服务项目。同时，老年人也需要社区的基本公共医疗服务，以解决他们日常看病难的问题。因此，需要建设一所社区卫生服务站。从性别来看，男女在社区需求上是有差异的，比如男性更需要篮球场等体育设施，女性则更需要舞蹈培训、花艺培训等符合女性特点的服务。

（三）社区资源分析

社区可利用的现有或潜在资源是解决社区问题、满足居民需要的重要保障。社区资源包括社区内部资源和外部可挖掘资源两部分，根据来源可以划分为市场资源、政府资源和社区内部居民资源等。对于弘善家园而言，挖掘社区内在资源，重点在于协调和利用好社区物业资源、居民志愿网络资源以及外部社会单位资源。

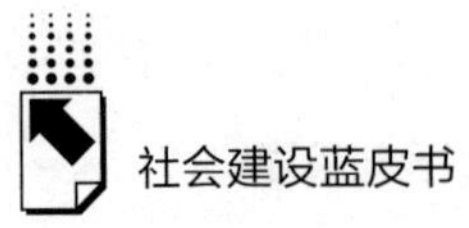

1. 社区物业资源

目前，弘善家园社区的物业服务采取市场化公司方式，由建设方崇文开发公司直属的两家物业公司承担。两个物业公司分布在弘善家园的三个社区中，对社区楼座和公共区域的物业服务和管理进行分工。

尽管两家物业公司都做了不少工作，但还存在一些问题。①物业公司的服务能力有限，过去一些已建成的公共资源现已损坏，但是维修比较滞后，很多问题解决不够及时。同时，物业公司掌握了大量自主产权的闲置场所，希望对其进行商业开发，将这些场所出售或出租，但目前仍处于空闲浪费状态。实际上，目前社区物业公司掌握的大量楼座地下空间很少被用作停车场。这进一步加剧了社区停车难、活动场所不足等问题。②居民对物业服务不够满意，希望能够成立业主委员会，居委会对此的态度是不支持也不反对。③社区居民委员会也与物业公司有接触，但多是作为居民与物业之间的中间人角色，并没有建立深度合作关系，存在较大的可挖掘空间。

2. 居民志愿网络资源

弘善家园三个社区的居民自组织也有一定水平，业已开展相关活动。比如，弘善家园第一社区发动辖区内社区党员、积极分子，建立了巾帼志愿服务队、红袖标巡逻队、专业讲师团、法律援助服务队等志愿服务队伍。第二社区则建立爱心互助社，成立由社区工作者和积极分子组成的“爱心互助志愿者队伍”，以社区空巢老人、困难家庭为服务对象，开展邻里关爱服务，同时社区推动老年人文体组织发展，先后组建了老年交谊舞队、炫彩舞蹈队、夕阳红合唱队、老来俏鼓乐队、乒乓球队、象棋队等文体队伍，发挥文体骨干在队伍中的推广和调动作用。第三社区则发动社区党员居民资源优势，组建党员服务先锋队，开展居民调解、清洁社区环境卫生、党员楼门志愿巡逻等系列活动。

但总体来看，弘善家园三个社区的居民志愿组织和活动情况仍存在参与度不高、技术指导缺乏、资金支持不足、总体水平偏低的现实情况。

3. 外部社会单位资源

弘善家园地处二三环之间，地理区位优势明显。但是，辖区内商业发展不成熟，大量沿街门店闲置。辖区内相关社会单位仅有新华书店、古玩城、中小学校以及少量小型商业门店。因此，辖区内社会单位资源并不充足。但弘善家园可以利用优良的区域优势，积极引介和挖掘周边社会单位资源，比如北京肿瘤医院、潘家园古玩市场以及相关社会组织和高校资源。

三　开展社区链接行动，培育社区建设品牌

针对弘善家园存在的问题，需要重新梳理政府与社区的管理问题，建立起政府公共服务投入和社区多元共治的平等关系。这两股力量可以相互融合，共同发挥作用。

1. 开展社区党建推进行动

包括“弘善屋”在内的社区建设和组织活动，要以社区党建为核心，巩固党在基层的领导力量。因此，社区工作的全部内容要体现党的核心领导作用，以满足社区居民需求和发展为目标，提升社区治理能力和服务水平。要以议事协商平台为中心，发挥街道和社区党委在议事协商中的核心领导作用。要充分动员和发挥社区党员的模范带头作用，以基层党建为核心，引导社区党员积极参与社区活动和议事协商。

2. 开展社区工作者能力提升行动

科学的社区治理也离不开能力突出的社区工作者。针对弘善家园社区的基本情况，需要以社区党建为抓手，以社区工作者能力培训和提升为目标，增强社区治理能力。

建议对社区工作者展开系统的培训，提高其工作能力。当前，弘善家园社区工作者的工作理念相对过时，工作能力相对薄弱，工作经验相对匮乏，这需要对社区工作者展开相关能力培训。一是进行城市社区治理理念和经验培训，以区别于过去的农村社区工作理念和方式；二是针对社区工作者开展工作方法和技巧培训，增强他们的实际工作能力；三是开展专业社工能力培训，以社工资格考试培训为途径展开。

3. 开展社区公共服务设施建设行动

当前，弘善家园社区面临的首要问题是社区硬件设施和服务的缺乏和不足。这是推进社区建设首先要解决的问题。因此，要充分了解和分析社区可利用的潜在资源，链接需求和资源，通过资源的重新组合和配置来满足广大社区居民的多样化需求，推进社区治理和服务工作，实现和谐社区建设的重要目

标。链接社区资源，就是要挖掘政府供给资源、社区物业资源、辖区社会单位可共享资源、居民志愿资源、外部社会力量资源等一切可利用资源，来解决社区面临的主要问题，提升社区居民的满意度，增强其对社区的归属感。

（1）资源链接一：协调社区物业公司，通过多种方式解决社区公共服务空间不足问题。目前，弘善家园三个社区的社区办公用房规范化建设虽基本达标，但社区居民缺少活动组织、公共休闲、集体学习、老年人照顾、青少年看管的公共场所和空间。因此，需要政府有关部门促进与社区物业公司的关系，以无偿或低价方式获得社区物业资产，用作“弘善屋”的活动场所。此外，以市场化方式，与社区物业公司协商开放楼座地下空间，鼓励设立地下停车场，以解决社区地面停车难的问题。

（2）资源链接二：“弘善屋”的日常运营和维持资金由乡镇政府负责投入。“弘善屋”是三个社区共用的社区活动空间，其装修和运营维持均是一笔比较大的投入。而目前作为基层的社区，缺乏独立的资金来源来维持其运作。这就需要政府部门以公共服务项目的名义给予资金投入。

（3）资源链接三：引进社工专业机构和高校社工资源，参与“弘善屋”的服务供给。社工专业机构和高校师生可以专业方法动员社区居民，组织社区活动，服务居民需求，促进社区和谐与融入。这需要政府以购买社会工作服务的方式引入专业型社区机构，在前期开展相关服务工作。同时，在逐步发展完善的基础上，当地政府和社区要考虑逐步建立面向本社区的社会工作机构，实现其自助发展。

4. 开展社区服务改善行动

社区服务提升是解决当前民生问题的重要方式，这对弘善家园社区具有重要意义。针对弘善家园的人口结构特征，应以“弘善屋”为契机，开展针对社区老年人和外来青年人口的相关社区服务活动，提高他们对社区的认可度，增强其社区的存在感。

（1）服务行动一：围绕社区老年人的需求，开展活动。首先，针对老年人空闲时间多的特点，开展丰富多彩的为老助老活动，鼓励老年人自我组织、自我活动，设立社区舞蹈队、书法队、棋牌室，开展手工艺编制等活动。让老年人参与到集体活动中。对此，社区要给予必要的活动资金支持，充分利用“弘善屋”的活动场所和机构优势。其次，有必要通过政府公共服务资助，借鉴市场化的方式，以巩固“一刻钟社区服务圈”建设为契机，开办社区老年人小饭桌、社区便民超市和网络商店，引进政府“菜篮子”项目（新发地蔬菜直供），将社区购物、购电、购气、快递收发等生活需求整合到社区便民超市中，满足老年人的切实需求。再次，由政府部门协调解决最后“一公里”的出行问题，开行社区摆渡车。最后，引进大学生志愿者，与老人结对帮扶，开展助老为老活动。

（2）服务行动二：针对社区青年人口，尤其是外来人口，借助“社区青年汇”组织和开展相关活动。社区青年汇是团市委推动的一项专门针对社区青年人口的活动。团委等部门对此提供资金和人员支持。因此，要充分利用“弘善屋”的场地优势，根据青年人群的需求，开展交友、相亲、联谊等互动活动，增强社区对青年人群的带动性，促进外来人口的社区融入。

5. 开展社区融合和公共沟通促进行动

安置居民和外来人口对社区缺乏归属感，这是造成目前社区隔阂的根源所在。应以“弘善屋”为平台和依托，发动多方力量参与相关活动和组织，促进社区和谐与融入，实现幸福社区的发展目标。

（1）融合行动一：在街道党委带领下，建立包括社区党委、社区居民委员会、社区服务站、社区物业公司、居民代表（涵盖户籍人口和非户籍人口）、辖区社会单位、专业社工机构、乡镇政府职能科室等在内的社区议事协商平台。社区议事协商平台要借鉴其他地方的成熟经验和做法，制定议事规则，明确议事内容，遵照议事程序，围绕社区居民需求和社区发展需求，开展公共议题的讨论并决策。最终做到问政于民、与民共治。社区议事应以三个社区为一体，以年度为计划，以“弘善屋”为场所，按照先易后难、逐步解决的策略，实现现有社区问题的解决。

（2）融合行动二：依托“弘善屋”活动平台，开展社区居民融入教育，开展丰富多彩、形式多样的社区活动。社区居民对社区的陌生感和疏离感，使他们对社区缺乏兴趣和参与途径。三个社区可开展节目汇演、花样运动会、文艺竞赛等活动，促进社区融合教育，使他们认识邻里、沟通信息，展开文明社区大讨论等，提升社区居民的自我认同感。

（3）融合行动三：依托派出所、乡镇有关职能部门、社区居委会等，强化对社区租房市场的管理和外来人口的服务。要规范业主的租房行为，掌握常住外来人口的相关信息，加强对社区外来人口的管理。同时，社区居委会要及时调研了解常住外来人口的需求信息，依托“弘善屋”，设立外来人口之家，开展社区青年汇等相关活动和服务，促进外来人口的融入。

参考文献

俞可平:《治理与善治》，社会科学文献出版社，2000。

徐中振、徐珂:《走向社区治理》,《上海行政学院学报》2004 年第 5 期。

张文:《“多元共治”的社区治理模式》，《学习时报》，http：//www. qstheory. cn/society/2014 －09/17/c_ 1112522648. htm。

北京工业大学课题组:“北京市麦子店街道问政研究”课题报告，2014 年 3 月。

B.9

居民需求、社会组织服务能力与政府购买服务模式探索

——以北京市海淀区为例*

郭锡山　王修晓　方 舒　秦广强**

摘　要：　在党和政府大力倡导加快转变政府职能、创新社会治理体制的新形势下，海淀区政府积极探索向社会组织购买服务的试点工作。在此背景下，本文致力于摸清居民对社区服务的需求，评估社区社会组织的服务能力，再分析居民需求和社会组织服务能力之间的匹配情况，进而发现问题、找出不足，在借鉴国内外政府购买服务经验的基础上，为海淀区“社区服务社会化”提供方向和实施建议。最后，本文提出要在“三社联动”框架下，搭建海淀区政府购买服务的采购平台，理顺机制、明确方向，为进一步提升海淀区社区服务水平助力。

关键词：　政府购买服务　社区服务社会化　三社联动

党的十八大对加快转变政府职能、创新社会治理体制做出了重大部署。加快转变政府职能的关键任务是改进政府提供公共服务的方式，更多地利用社会

* 本文是北京市海淀区民政局委托项目“社区服务社会化”居民需求调研的成果之一，特此鸣谢。

** 郭锡山，北京市海淀区民政局副局长；王修晓，中央财经大学社会发展学院副教授；方舒，中央财经大学社会发展学院副教授；秦广强，中央民族大学民族学与社会学学院副教授。

力量，加大政府购买服务力度，推进事业单位分类改革，激发社会组织活力。

近年来，北京市政府一直在开展向社会组织购买服务的试点探索工作。北京市海淀区人民政府于2006年11月22日出台了《关于政府购买公共服务的指导意见（试行）》（海政发〔2006〕103号），对政府购买公共服务的基本内涵、指导原则、购买价格、总体流程、部门职责和监督考核等做出了明确规定。

2014年1月28日，北京市民政局和海淀区人民政府签署了《共建社区服务社会化示范区合作框架协议》，海淀区结合高智力人群集中、高科技产业发达、高质量需求多样等区位优势，提出了建设"社区服务社会化示范区"，以积极探索政府出资购买服务、激发社会组织活力为出发点，构建"多元需求、多元参与、多元投入、多元共享"的完善的社会化社区服务体系。作为这一框架协议的具体实施部门，北京市海淀区民政局正在积极筹划各项工作。

根据国务院及北京市海淀区政府关于政府购买公共服务的指导意见，政府向社会组织购买服务需要把握"谁来买""向谁买""买什么""怎么买""买得值"等关键问题，需要建立一整套规范化的制度体系和项目管理体系。海淀区民政局依据部门权责主要向社会组织购买社区服务。按照政府购买公共服务的总体流程，其中一个重要环节是"提出购买项目"，明确"买什么"的问题，这就需要通过系统的调查分析全面掌握购买主体的购买需求、承接主体的服务能力和社区服务对象的服务需求。

基于以上背景，北京市海淀区民政局委托本课题组开展海淀区社区居民需求基线调研。调研主要采取两种方式进行：一是抽样问卷调查，二是深度访谈。其中问卷又分两类，一类针对社区社会组织，采取普查的方式，共发放社区社会组织问卷2450份，回收有效问卷2060份；另一类是居民需求问卷，采用分层抽样（Stratified Sampling）的方式获取调查样本。①街道层面，29个街镇全部普查；②社区层面，每个街镇抽取2~3个社区；③居民层面，每个社区抽取40位居民，共计发放居民问卷3400多份，回收有效问卷3072份。深度访谈方面，针对购买主体，笔者访谈了各街道办事处和各街道办社区服务中心的负责人，共计40人；针对社区社会组织，笔者访谈了三大类社会组织（社会团体、民办非企业及基金会）负责人40人；针对社区居民，每个类型访谈1~2个社会组织，合计40人。三类人群，共计访谈120人。

整个调研从2014年3月开始立项和论证，实地调查集中安排在4月和5

月实施。此次调研在设计、抽样、访谈与问卷调查、数据录入与整理等方面均进行了严格的质量把控，遵循了社会调查研究的基本规范，获取的调查样本具有较高的代表性，能够充分反映海淀区居民的社区服务需求和社会组织的发展现状、专业服务能力等。调查问卷的样本信息如表 1 所示。

表 1　各街道样本信息

序号	街道名称	居民问卷		社会组织问卷	
		样本数(人)	百分比(%)	样本数(个)	百分比(%)
1	青龙桥	68	2.2	43	2.1
2	甘家口	67	2.2	50	2.4
3	东升镇	126	4.1	33	1.6
4	田　村	149	4.9	50	2.4
5	上庄镇	142	4.6	91	4.4
6	马连洼	31	1.0	42	2.0
7	温泉镇	150	4.9	32	1.6
8	四季青	50	1.6	0	0.0
9	八里庄	93	3.0	81	3.9
10	上　地	149	4.9	95	4.6
11	海　淀	149	4.9	93	4.5
12	学院路	148	4.8	94	4.6
13	曙　光	93	3.0	80	3.9
14	万寿路	103	3.4	90	4.4
15	万　柳	59	1.9	62	3.0
16	北太平庄	134	4.4	100	4.9
17	香　山	147	4.8	96	4.7
18	燕　园	86	2.8	84	4.1
19	永定路	149	4.9	96	4.7
20	中关村	145	4.7	82	4.0
21	北下关	112	3.6	91	4.4
22	花园路	134	4.4	99	4.8
23	西北旺	112	3.6	83	4.0
24	紫竹院	149	4.9	90	4.4
25	羊坊店	97	3.2	118	5.7
26	西三旗	100	3.3	100	4.9
27	清　河	130	4.2	85	4.1
合　计		3072	100.0	2060	100.0

海淀区实施政府购买服务具有良好的现实基础和条件。一方面，从人口特征看，该区社区服务需求日益增加。海淀区作为中关村国家自主创新示范区核心区所在地，是北京市的核心功能区之一。截至2010年11月，全区常住人口有320多万人,① 平均每个家庭户的人口为2.39人，65岁及以上的人口为27.5万人，占比为8.6%，每10万人中具有大学文化程度的为47081人。这些数据反映出海淀区的区位优势、人才优势、技术优势，为发展社区服务、实施政府购买服务创造了一个优良的环境。同时，人口老龄化、家庭规模逐步缩小等现实也对社区服务提出了更高的要求。

另一方面，现代型产业结构为社区服务产业发展奠定良好的基础。2013年底，本区第三产业占比已达86.76%，同时居民服务等行业也快速发展，20世纪90年代以来成立的居民服务企业占该行业企业总数的97.0%，2000年以来该比例为65.3%。同时，2013年，本区制定加快养老服务业发展意见，鼓励引导社会力量提供社区居家养老专业服务，当年新增、建成30个养老服务管理中心和200个社区老年互助社，新增养老床位1332张。服务产业的规模化、规范化和优质化、社会化，社区服务设施的进一步发展以及社区社会组织的蓬勃发展等条件，都为新型社区服务体系建设打下了良好的物质基础。

所以，从区域的现实情况来看，海淀区实施政府购买服务具有优越的区域条件。另外，该区还在政策先行、资金支持、已有社会组织条件等方面优势明显。

一　社区居民的需求现状

（1）在社区服务和个体生活状况整体评价方面，均有半数左右的受访居民表示非常满意和比较满意，而社区服务距离居民需求的满足尚有一些差距（见图1）。

图1数据结果显示，在社区服务和个体生活的满意度上，均有半数左右的

① 常住人口，是普查登记的2010年11月1日零时的常住人口。常住人口包括：居住在本乡镇街道，户口在本乡镇街道或户口待定的人；居住在本乡镇街道，离开户口所在的乡镇街道半年以上的人；户口在本乡镇街道，外出不满半年或在境外工作学习的人。

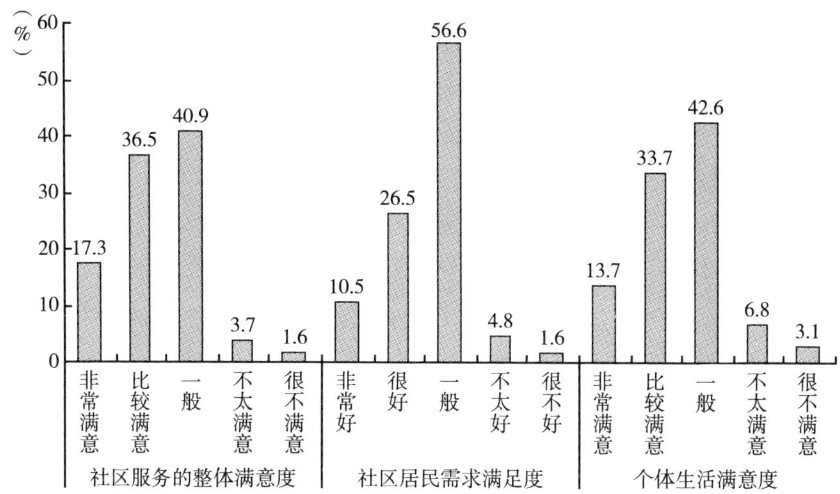

图1　社区服务、个体生活满意度及居民需求满足情况

受访居民表示非常满意和比较满意，有四成受访者表示一般，而明确表示对当前生活状况和社区服务不满意的比例均较低；需求满足方面，仅有不到四成的受访者表示需求得到了满足，近六成的受访者给予了一般和不好的评价。

（2）各有四成左右的社区居民表示频繁享受和经常享受公共服务、便民服务和公益服务；且均有半数左右的受访者对这些服务项目表示满意，明确表示不满意的比例非常低（见表2）。

（3）为老服务、文体艺娱、教育培训、医疗卫生、大病救治、生活便民等事项是当前居民急需的社区服务类型，也是居民认为最适合政府向社会组织购买的社区服务项目（见表3）。

表2　公共服务、便民服务与公益服务的使用状况和满意度

单位：%

服务项目	使用频率	百分比	满意度评价	百分比
街道、居委会提供的公共服务	频繁使用	13.8	非常满意	20.2
	经常使用	27.8	比较满意	32.6
	一般	31.2	一般	29.4
	不太使用	6.3	不太满意	2.6
	偶尔使用	5.5	很不满意	1.7
	从未用过	15.4	不清楚	13.5

续表

服务项目	使用频率	百分比	满意度评价	百分比
商业组织提供的便民服务	频繁使用	11.4	非常满意	15.5
	经常使用	27.4	比较满意	28.0
	一般	31.8	一般	37.3
	不太使用	6.2	不太满意	3.7
	偶尔使用	8.7	很不满意	2.1
	从未用过	14.4	不清楚	13.4
社会组织提供的公益服务	频繁使用	14.1	非常满意	19.6
	经常使用	30.0	比较满意	31.9
	一般	28.5	一般	30.4
	不太使用	6.4	不太满意	2.1
	偶尔使用	6.2	很不满意	1.6
	从未用过	14.9	不清楚	14.4

表 3　最急需和最适合政府向社会组织购买的社区服务

单位：%

最急需的社区服务排序	百分比	最适合政府向社会组织购买的社区服务排序	百分比
为老服务	25.6	为老服务	28.5
文体艺娱	16.8	教育培训	17.7
教育培训	16.2	文体艺娱	14.3
医疗卫生	14.6	医疗卫生	11.8
大病救治	5.3	贫困帮扶	6.3
生活便民	4.8	大病救治	5.5
贫困帮扶	4.6	生活便民	3.7
生态环保	3.8	公共安全	2.9
公共安全	2.4	生态环保	2.7
就业招聘	1.3	宗教事务	1.2
救灾减灾	0.9	就业招聘	1.2
宗教事务	0.9	救灾减灾	0.6
纠纷调解	0.7	法律援助	0.6
助残康复	0.5	科学研究	0.5
拥军优抚	0.4	助学支教	0.5
法律援助	0.3	助残康复	0.5
科学研究	0.2	纠纷调解	0.5
三农发展	0.2	拥军优抚	0.5
助学支教	0.2	三农发展	0.1

从调研中得到的详细信息显示，居民急需的为老服务主要包括老年餐桌、增设养老机构及减免医疗费用、健康体检、日间照料、上门护理、陪伴外出活动等；文体艺娱方面的服务主要包括开设更多兴趣小组、政府投入部分经费支持文体活动、增加活动场馆和场所设施等；教育培训主要有面向老年人的电脑培训、健康讲座，面向儿童增设幼儿园、儿童乐园、儿童寒暑假托管等机构设施，面向青少年设立暑期课程或兴趣培训班、添加读书阅读室等；医疗卫生方面居民反映较多的需求主要有增加医疗资源，解决看病难、看病贵的问题；生活便民方面反映突出的共性问题有搞好“菜篮子”工程，增加辖区内大型蔬菜市场，也有部分偏远小区居民反映银行等金融网点少、公交线路少且间隔时间长的问题。

（4）各社区现已推行的为老服务项目较多，涉及老年群体生活的方方面面。从需求上讲，老年餐桌、定期健康体检是最为迫切的为老服务项目，但从供给上看，老年餐桌服务较好，而定期体检服务尚有一些差距；小区内为老服务机构仍然偏少，供小于求；老人数量多、经费和场地少、专业护理人员缺乏等，是当前为老服务机构面临的主要难题。

数据结果显示，老年餐桌、节日慰问、养老助残、免费医疗咨询、邻里守望等是当前小区最为常见的为老服务项目，与之相比，社区居民最需要的为老服务项目分别是老年餐桌和定期健康体检，对这两项需求的迫切程度远高于其他项目（见表4）。

表4　已有的和居民需要的为老服务项目

单位：%

小区现有的为老服务	百分比	居民最需要的为老服务	百分比
老年餐桌	38.0	老年餐桌	34.8
节日慰问	30.0	定期健康体检	17.9
养老助残	27.5	免费医疗咨询	5.0
免费医疗咨询	26.3	家政生活服务	5.0
邻里守望	25.6	邻里守望	4.0
定期健康体检	25.3	养老助残	4.0
休闲娱乐	25.2	休闲娱乐	3.5
老年互助	23.0	应急呼救	3.3
专题公益讲座	21.5	老年大学	2.7

续表

小区现有的为老服务	百分比	居民最需要的为老服务	百分比
理发足疗	19.9	志愿陪护	2.5
家政生活服务	19.4	上门送餐	2.4
应急呼救	15.2	养老服务站	2.3
养老服务站	15.1	老年互助	2.3
心理咨询	14.4	敬老院	2.0
家电维修	14.1	大病医疗保险	1.5
志愿陪护	11.5	心理咨询	1.3
老年大学	11.3	居家康复护理	1.3
上门送餐	11.2	专业护工上门服务	1.0
敬老院	9.3	家电维修	1.0
大病医疗保险	8.9	专题公益讲座	0.8
居家康复护理	7.9	老年人定位跟踪	0.6
老年人定位跟踪	6.4	理发足疗	0.5
专业护工上门服务	4.3	节日慰问	0.3
其他	2.0	其他	0.1

小区内养老机构数量方面，总体来看，只有1/3的受访居民明确表示小区内有养老服务机构，约四成受访者表示小区内没有类似机构，另有1/4的受访者表示不太清楚。分社区类型来看，高级住宅、别墅区以及未经改造的老城区内，养老服务机构稍多，而经济适用房社区、工矿企业单位社区的养老服务机构偏少（见图2）。

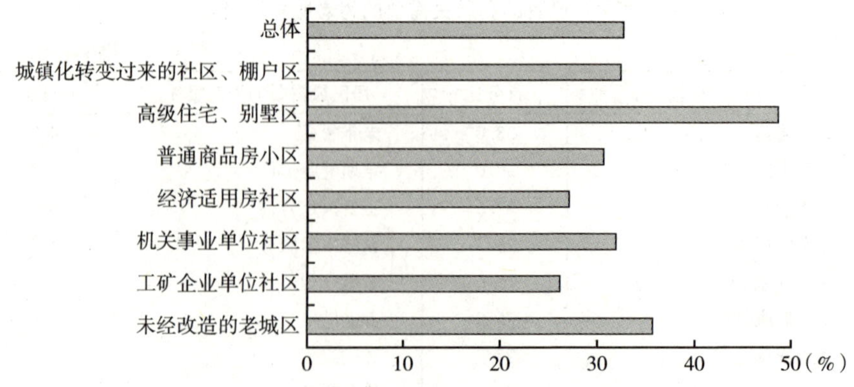

图2　不同类型社区拥有养老服务机构的比例

调研中发现，当前海淀区许多街道的老龄化比例达到近30%，总体来看，养老服务机构明显偏少，难以有效满足老年人的服务需求。另外，当前小区养老服务机构面临的困难还体现为资金投入少、场地少、缺乏专业的护理和照料人员、费用高等问题（见表5）。

表5 小区养老服务机构面临的困难

单位：%

项　目	百分比
需要照料的老人多，相应的服务少	51.5
缺乏专门、持续的资金投入	37.7
没有场地，租金又太高	36.5
缺乏专业的护理和照料人员	31.6
收费太高，老人支付不起	27.6
政府不够重视，缺乏政策支持	24.7
缺乏专业的管理人才	19.8
床位不够，排队时间太长	16.6
服务态度不好	6.3
其他	4.7

综合来看，当前包括政府在内的各界力量在老年工作方面建立了多层次的供应和服务体系：政府提供的公共服务，比如养老券、退休金等社会保障体系；基层政府自主筹措的公共服务，例如老年餐桌、养老床位；商业机构（例如青松、仁爱华、万福年华等）提供的营利性老年服务；家庭层面的居家养老；等等。

不同层次的服务项目构筑了一个较为完备的老年服务体系，但其中仍存在一些问题：第一，老年人数量比例日益增加，需求庞大且个性差异化明显，而资源有限供给不足，这是当前老年服务问题的症结所在；第二，街道社区及社会组织提供的更多的是基本生活便利服务，而对于专业性要求高且费用高昂的大病重病治疗、基本医疗卫生保健服务、失能半失能康复照料服务等则难以提供有效帮助，这些问题仍需要老人自己或家庭自行解决，而这些恰恰是空巢独居老人或经济困难家庭面临的最为现实、紧迫的难题。可见，供给与需求问题、基本服务与重难题解决问题、个体家庭应对与公共服务保障关系问题等，是当前城市老年工作需要着力解决的几大重点问题。

（5）绝大多数社区拥有志愿者组织及其队伍，过半受访者表示志愿者在人们的日常生活中发挥了很大作用（见表6），且大部分受访居民表示愿意参与社区志愿服务。

表6　社区内志愿者状况及评价

单位：%

所在社区中有志愿者吗	有	87.2
	没有	12.8
目前的社区志愿服务对于改善生活的作用	非常有用	19.6
	比较有用	33.6
	一般	32.1
	不太有用	8.3
	根本没用	1.7
	不清楚	4.6

（6）社区志愿服务队伍可以为老年服务贡献力量。从社区老年服务的需求和志愿服务的庞大组织力量来看，可以尝试将二者有机结合，即动员社区内志愿者及义工组织，为社区内老年人提供入户上门照料、陪护外出及就医、送餐买菜购物、情感交流与精神慰藉等方面的服务。有条件的社区，如果具备医疗卫生专家资源，还可以向老人提供定期健康体检、应急救治、医疗护理与咨询、机能康复等方面的专业服务。

在这方面，甘家口街道率先进行了尝试和探索，并取得一定实效。甘家口街道2011年就成立了社区层面的义工服务队，整合医疗志愿者，成立医疗卫生服务队。不同分队每周定时定点开展活动，并进行宣传，有需求的居民到时候就可以来参加活动。另外，义工服务队还提供24小时的应急服务、发放医疗保健箱等，并让志愿者携带备用的医疗保健箱，以便应急。这样既让志愿者发挥了作用，也让老百姓得到了好处。

二　社区社会组织的发育与承接能力

按照层级划分，社会组织大致可以分为两类，一种是在各级民政部门正式登记注册的社会组织，包括基金会、社会团体和民办非企业；另一种是基层社区层面自发组织、在街道备案的社区社会组织。本次调研主要针对第二类社区社会组织。下文如无特殊说明，均指社区社会组织。

（1）在社区社会组织负责人中，女性、群众占多数，在组织内的工作时间以1~6年居多，学历方面以高中及以下和大专为主，大多数负责人缺乏社会工作专业知识及职业资格证书，专业性基础薄弱（见表7）。

表7　社区社会组织负责人特征及其专业性

单位：%

性别	男性	31.9
	女性	68.1
政治面貌	中共党员	36.3
	共青团员	5.5
	民主党派	1.5
	群众	56.6
是否为专职的社会组织负责人	是	18.6
	否	81.4
在现在的社会组织里工作多长时间了	1年以内	8.0
	1~2年	19.6
	3~4年	26.6
	5~6年	18.9
	7~8年	8.2
	9~10年	5.2
	10年以上	13.5
文化程度	高中及以下	39.0
	大专	35.0
	本科	24.9
	研究生及以上	1.1
所学专业	社会工作专业	18.2
	其他社科类专业	16.9
	其他非社科类专业	64.9
目前所获得的国家承认的职业资格水平证书情况	没有	71.0
	社会工作师（中级）	6.7
	助理社会工作师	8.2
	其他	14.1

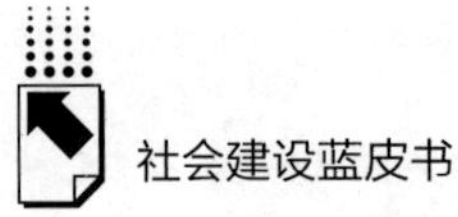

（2）社区社会组织大多由政府或社区部门发起，大部分进行了登记注册或备案，办公场所近半数由政府或业务主管部门提供，另有超过三成的无办公场所；每个社会组织平均有工作人员约13名，普遍缺乏工作经费，有经费的社区社会组织也大多通过政府购买服务或政府扶持获得，从企业、基金会、高校等其他途径获取的经费均非常少（见表8）。

表8　社区社会组织基本状况

单位：人，%

发起方式	企业发起	3.4
	政府或社区部门发起	63.7
	个人发起	26.2
	企业与政府共同发起	2.0
	企业和个人共同发起	1.4
	其他	3.3
是否登记注册	是	66.6
	否	33.4
目前的办公场所	无专门办公场所	35.4
	政府或业务主管部门提供	46.4
	长期租赁的场所	3.9
	企业赞助	2.6
	负责人或成员个人住宅	1.0
	服务对象提供	2.1
	自有产权的专用场所	3.0
	其他	5.6
工作人员状况（平均人数）	工作人员数	12.8
	其中：社会工作师	1.1
	助理社会工作师	1.5
经费来源	无外部经费	91.2
	有经费	8.8
	其中：政府购买/扶持	56.2
	企业捐赠	4.6
	国际基金会	0.2
	国内基金会	0.2
	高校支持	0.7
	其他	9.7

（3）社区社会组织的专业化水平与服务能力偏低，大部分社区社会组织缺乏项目设计与项目管理知识，对志愿者管理知识也掌握不多，写过项目申请书和自主管理过项目的社会组织比例偏低；仅有不到半数的社会组织明确表示能够提供专业的服务（见表9）。

表9 社区社会组织概况及其专业化水平

单位：%

对项目设计与项目管理方面的知识了解程度	没有学习过,不了解	31.4
	学习过,但不会应用	35.5
	掌握运用得很好	17.0
	不清楚	16.1
对志愿者管理的相关知识了解程度	非常了解	12.3
	了解一些	63.9
	不太了解	17.5
	不了解	6.3
是否写过项目申请书	写过	24.4
	没有	75.6
是否自主管理过项目	是	20.8
	否	79.2
在开展服务之前是否设计服务计划	每次设计	27.6
	经常设计	25.7
	偶尔设计	22.4
	从来不设计	10.1
	不知道	14.1
提供服务的专业性如何	非常专业	8.3
	比较专业	41.1
	一般	43.1
	不太专业	5.5
	非常不专业	2.0

（4）从社区社会组织服务对象来看，绝大部分面向所有社区居民，有近半数组织以老年人为服务对象，也有一些组织以妇女、残疾人、儿童等特定人群为服务对象（见图3）。

（5）六成以上社区社会组织的服务集中在文体艺娱方面，属于民间草根兴趣团体，另外生活便民、贫困帮扶、公共安全、教育培训方面的社区

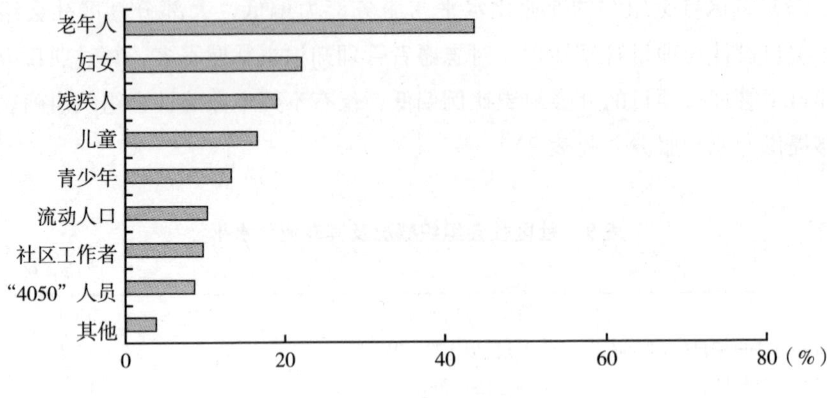

图3　服务对象占比

社会组织为数不少，而从事宗教事务、科学研究、助学支教、三农发展服务的社区社会组织较少（见表10）。

表10　社区社会组织的服务领域及占比

单位：%

服务领域	百分比	服务领域	百分比
文体艺娱	63.4	救灾减灾	15.3
生活便民	29.5	社会发展	14.9
贫困帮扶	29.0	就业招聘	13.6
公共安全	27.2	拥军优抚	13.0
教育培训	26.1	大病救治	12.5
养老照料	24.2	宗教事务	6.4
纠纷调解	23.8	科学研究	5.2
法律援助	20.0	助学支教	5.1
助残康复	18.8	三农发展	3.6
生态环保	18.1	其他	4.2
医疗卫生	16.8		

（6）大部分社区社会组织对老年服务了解程度不高，表示在此方面具备较高专业性的社区社会组织非常少（见图4）；大部分社区社会组织愿意参与到老年服务中，另外也有近三成表示要看具体情况（见图5）。

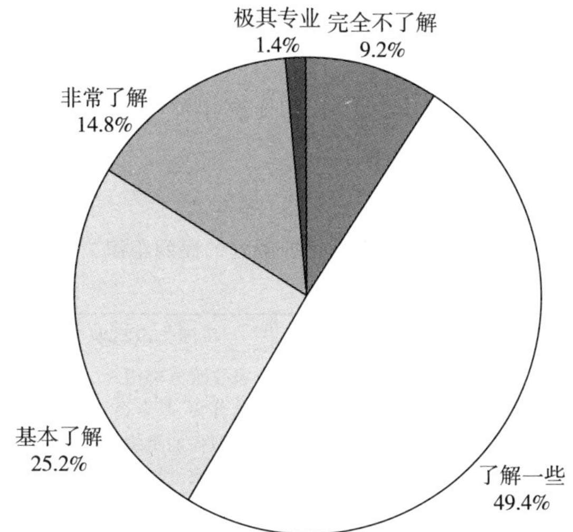

图 4　对老年服务了解程度

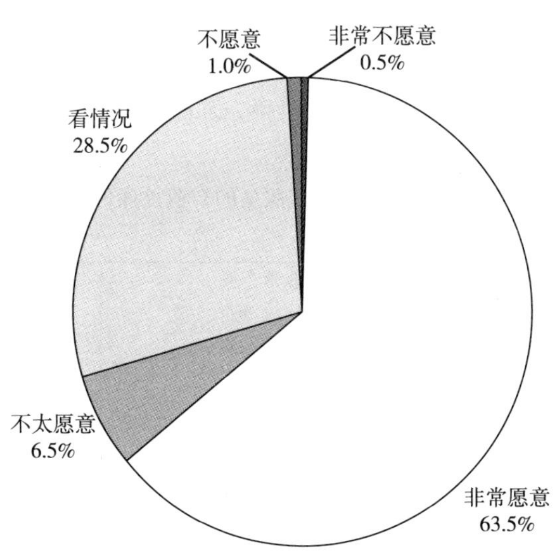

图 5　参与老年服务的意愿

三　社区社会组织服务需求与服务能力匹配度分析

（1）从数量上看，当前社区内专业型、有保障的社区社会组织非常少，难以满足居民的专业性服务需求。从社区居民在社区接触过的民间组织来看，绝大部分是文体艺娱、志愿服务、帮扶互助等基层自发草根组织（见表11），社区居民很难接触到专业社会组织，即使有相关社会服务需求，也很难获取专业社会组织的支持、帮助和服务。

表11　在社区接触过的民间组织

单位：%

民间组织类别	百分比	民间组织类别	百分比
群众性文体组织	62.3	家政服务类组织	22.2
志愿者组织	53.3	慈善会、基金会	14.2
卫生保健组织	30.4	心理咨询组织	14.0
帮扶互助组织	24.9	以上都没有	9.2

（2）社区社会组织及其负责人的专业基础与职业资质偏低，居民对社区社会组织提供服务的专业性评价不高，且对社区社会组织提供服务的信任程度也有待提升（见表12）。可见，在服务的专业化、正规化程度上，社会组织还应进一步提升，只有首先取得居民的信赖，才能展开后续的活动与服务。

表12　居民对社区社会组织服务的专业性评价及信任程度

单位：%

目前社会组织为社区居民提供的服务质量的评价	非常专业	14.1
	比较专业	41.8
	不太专业	23.6
	非常不专业	2.7
	不清楚	17.8
对社区社会组织提供服务的信任程度	非常放心	16.0
	比较放心	37.2
	一般	35.4
	不放心	6.1
	很不放心	1.0
	不清楚	4.4

（3）社区居民在生活中遇到困难时求助于社区社会组织和社区工作者的比例很小，对专业型社区社会组织的认知度偏低，求助率不高，这在很大程度上制约了居民向社区社会组织寻求帮助和服务的可能（见表13、表14）。

表 13　日常生活中对社区社会组织服务的了解和接受情况

单位：%

了解和接受情况	百分比	了解和接受情况	百分比
经常接受服务	28.5	接受过,但了解不多	24.7
听说过,但没接受过	36.9	没听说过,也没有接触过	10.0

表 14　生活遇到困难时的求助对象

单位：%

求助对象	百分比	求助对象	百分比
亲属亲戚	72.2	社区工作者	17.4
朋友同事	44.4	街道、居委会	38.4
社区社会组织	7.0	其他	3.6

（4）对于文体艺娱、志愿服务等非专业型民间草根组织而言，在自身运行及服务居民方面也存在缺乏资金、需求差异化和个性化明显、居民参与度低、专业性不足等问题，难以充分满足居民需求。具体如图 6 所示。

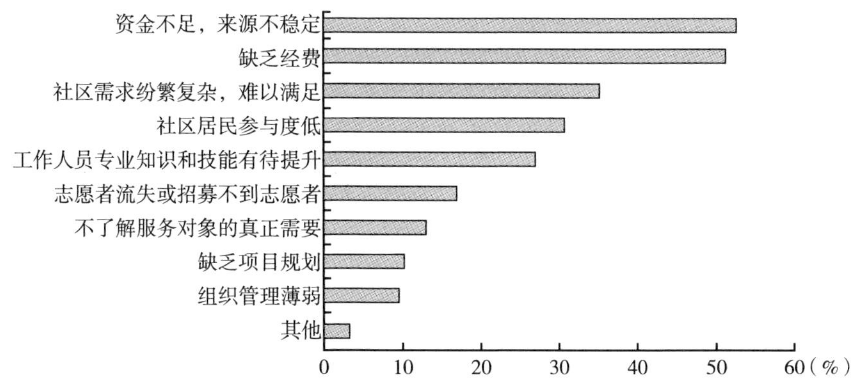

图 6　社区社会组织当前存在的困难

数据结果显示，有半数以上的社区社会组织存在资金不足、缺乏经费的问题，分别有三成左右的社区社会组织反映居民需求复杂而众口难调、居民参与度低以及自身专业性有限等问题，也有一部分社区社会组织存在志愿者流失、不了解服务对象的真正需求、缺乏项目规划、组织管理薄弱等问题。综合来看，非专业的社会工作组织或社会服务机构，这些民间自发的草根组织本身也存在一些问题，面临各式各样的困难，难以充分满足居民的基本需求。

（5）半数左右的受访居民对当前社区服务感到满意，另有四成受访居民对服务质量给予“一般”的中性评价；需求满足方面，仅三成多的受访居民表示社区居民的需求得到了满足（见表15）。

表15　社区服务满意度及需求满足状况

单位：%

对目前社区服务的整体评价	非常满意	17.3
	比较满意	36.5
	一般	40.9
	比较不满意	3.7
	非常不满意	1.6
所在社区居民的需求得到满足的程度	非常好	10.5
	很好	26.5
	一般	56.6
	不好	4.8
	非常不好	1.6

从居民需求和社区社会组织服务能力的匹配情况来看，首先，从数量上看，当前社区内专业型、有保障的社会组织非常少，难以满足居民的专业性服务需求。其次，社区社会组织及其负责人的专业基础偏弱且职业资质偏低，居民对社会组织提供服务的专业性评价不高，对社会组织提供服务的信任程度也有待提升。再次，社区居民在生活中遇到困难时求助于社区社会组织和社区工作者的比例很小。最后，仅有约半数的受访居民对当前社区服务感到满意。需求满足方面，仅有三成多的受访居民表示社区居民的需求得到了满足。总体来看，居民的社会服务需求较多，在很大程度上还没有得到满足，社区社会组织作用发挥的空间较为广阔。

四　社区服务能力的问题与不足

（一）老年服务

第一，老年餐桌作为需求迫切且在各社区广泛推行的老年服务项目，当前存在着社区差异大，缺乏场地和补贴资金，老年就餐不定期、人数不稳定，对饭菜质量与个性化要求高，服务商成本高、收益低、动力不足等问题。从调研中可以发现，老年餐桌计划的推行实施在不同街道、不同社区间存在较大差异，发展水平参差不齐。

第二，居家养老或机构养老都存在一定的现实问题，养老机构少、费用高，且很多老年人存在“日间照料”难题。居民普遍反映社区内公办养老机构少、费用高，供给远远小于需求，而私立机构大多在城市郊区，距离远不方便而且收费也较高。当前，政府在小区内建设更多养老院的设想不太现实，也没有场地和资金方面的条件保障，因此应该提供平台和机会，让社会组织在老年人护理照料、上门服务方面提供更多服务。

第三，老年人医疗服务需求较大，但面临社区医院少、医药费用高、失能半失能老人就医困难、专业医疗人员上门服务难等问题。很多受访居民表示周边医疗资源少，小的社区医院难以治疗老人的疾病，去远一点的医院则面临老人行动能力有限的问题，因此看病对他们而言较为困难；也有不少居民反映居家养老需要更多专业化医疗组织提供上门医疗、护理服务，辖区内基本没有类似资源。有些居民提出推行“以医养老”模式，建议政府逐步探索实行“医保+退休金+自费”的养老医疗支出混合模式。

第四，少部分居民对老年券“普惠性”发放方式持有一定意见，在老年券使用上也出现了一些挥霍浪费、倒卖变现等不良现象。很多受访者认为应该将更多的福利资源集中在那些经济困难、失能半失能、急需帮助的老年群体身上。

第五，老年服务项目推行中存在“一刀切”问题，对类型化和差异性问题重视不够。海淀区各街道、乡镇老龄化程度差异明显，老年服务应该根据具体情况分类展开，而不应搞“一刀切”。应该对不同街道社区、不同老年群体的需求做更为精细化的分类，有针对性地提供所需服务。

第六，部分居民反映了一些个性化、小众化的困难和服务需求。有些小区老人反映，老旧小区楼房无电梯上下楼很不方便，无法外出活动，只能待在家里，希望进行楼房改造，安装电梯；也有居民反映对于居家行动不便的老人，应提供政府购买的上门护理服务，老年人兴趣小组中缺少师资力量，提供志愿性、公益性和专业性服务的老师太少，缺乏为老年人提供精神慰藉、情感交流方面服务的机构等。

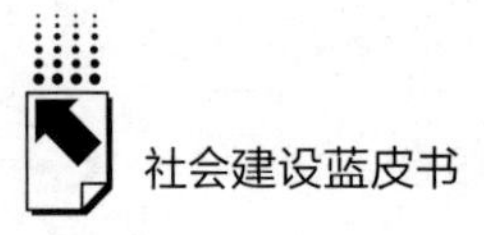

（二）志愿服务

第一，成立志愿者联合会的政策条件和资金门槛较高，影响民间志愿组织的发展。有不少街道受访人员表示，当前成立志愿者联合会的一个重要准入条件是要求组织具备5万元启动资金，很多组织难以具备这一硬性条件，该政策规定不利于民间志愿组织的发展及活动的开展，不少被访者呼吁取消这一条件限制。

第二，专业性志愿组织和服务活动较少，且存在一些打着公益慈善幌子的企业行为、商业行为。当前，社区内志愿服务活动大多为辖区内卫生清洁、老年人互帮互助、邻里帮扶等内容，而一些专业型志愿服务组织较少，如环境保护、公益慈善、法律咨询、心理情感咨询等组织；另外，专门面向青少年、妇女、流动人口的社会服务组织也比较少。

第三，在不少街道、社区存在大学生志愿服务过密化现象，且形式化问题突出。海淀区教育资源丰富，高校、中学众多，学生志愿者、义工较多，既有学校组织的，也有下属学院组织的；既有社团组织的，也有自发的，社区居委会经常应接不暇。很多居委会负责人反映，其实这些学生过来很多情况下仅仅是为了完成学校的社会实践任务，基层并没有特别适合他们的社区服务工作。

（三）社区居民服务

第一，96156服务热线是政府近年来花大力气推进的项目，但居民认知度、使用率不高，且很多居民需求并不能得到满足，一些迫切需要解决的问题也难以得到直接解决。某街道社区服务中心负责人对这一问题总结得较为全面："96156热线要求每个街道配备1～2名接线员，但并没有给编制……有的服务类型并不比市场上的便宜多少……导致民众认知度不高，热线效益不明显……服务热线在人员编制、经费拨付、宣传等方面都需要改进完善。"

第二，居民普遍反映社区内休闲娱乐场所太少，难以满足需求。一方面，绝对数量上活动用房和场地设施少；另一方面，街道内学校、机关事业单位的文体场馆设施不向社区居民开放，也不向社会开放，本位主义、地方保护主义倾向严重，相对地降低了资源使用效率。有不少受访居民建议，政府可以协调、购买服务、资助的形式增加室内外场馆，供民众休闲、健身、娱乐使用。

第三，儿童、流动人口、"4050人员"、残疾人、精神病人等人群有一定的特殊服务需求，有些尚未满足。有不少家长反映，幼儿园资源有限，儿童数量增加但没有相应地增加资源，造成教学质量下降；有部分家长呼吁在小区内设置儿童乐园、读书阅读室、儿童寒暑假托管室；也有受访者表示当前对残疾人、精神病人的关注不多，家庭经济压力大，国家在医疗方面应该给予更多帮扶。针对流动人口的社区服务较少，为65岁以上流动人口办理优待卡、为打工子弟子女当地就学就医提供支持和帮扶等工作和服务落实得不到位；"4050人员"面临较大的就业压力和家庭经济压力，应多搭建就业招聘平台，积极为中年无工作人员牵线搭桥，提供工作岗位，如各类协管员岗位等。

第四，有些社区反映缺乏一些基本的民生保障设施和服务项目。有些社区反映周边没有菜市场，买菜购物不方便；有些反映小区内绿化条件亟须改善；也有些社区反映新建小区周边很大范围内没有银行，平时存取款很不方便，影响日常生活；城乡接合部的街道和部分山后乡镇的居民反映，新建小区治安问题突出，小区内需多安装一些监控摄像头；有街道居民反映缺乏大型医院，周边只有社区卫生服务站，药品较少，局限性强，需要跑远路去大医院开药，非常不方便，同时也造成大医院的拥挤；有些边远小区居民反映交通出行不便利，公交线路很少且间隔时间太长，给居民出行造成不便。

（四）社区社会组织

第一，当前各街道的社区社会组织绝大多数为草根文体兴趣小组、志愿服务团队和便民利民服务组织，专业性社区社会组织和人才队伍极度匮乏，从而导致社区社会组织既难以充分满足社区居民日益增长的专业性服务需求，也难以有效承接政府转移职能和分解街道层面较为繁重的工作。

第二，当前能够承接政府服务职能的社区社会组织在可持续发展方面仍存在一定困难，从政府"输血"到实现组织自身"造血"还有一个较长的过程。调研显示，当前的社区服务社会化仍处于初步探索阶段，政府选择的承接组织大部分还是政府信得过、民众口碑好的，且多数为政府背景或与政府有密切关联的社会机构/组织，很少有多机构竞争的格局。

第三，社区草根组织普遍反映财力、物力不足，活动场地有限，难以充分组织会员活动和开展居民服务活动。调研发现，绝大部分社区社会组织负责人反映了缺资金、缺场地以及缺少设备和道具的问题。

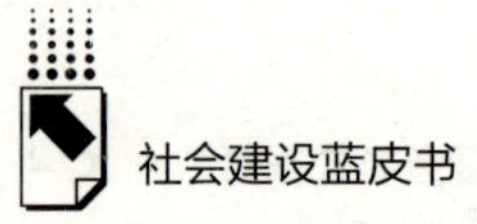

第四，各街道、社区间专业社会组织资源分配不均衡，缺乏高层级协调统筹平台。当前，专业型、有保障的社区社会组织或服务商太少，而且在不同街道社区的分布呈现不均衡态势；另有社区社会组织和社区服务中心负责人指出，社区工作者本身缺乏社区工作、社会服务方面的专业知识，不了解专业社会组织的服务状况、内容和服务质量。

第五，当前社区居民对社区社会组织及其服务存在信任问题，尤其是对上门服务存在不少戒备心理，同时对社区社会组织服务的专业性也持有一定的疑问。不少社区社会组织负责人表示，当前社会人与人之间的信任程度大不如从前，社区居民对陌生人有较高的防备心理，这就使得社区社会组织的服务存在入户难、上门难的问题，除非有居委会人员介绍或陪同，否则社区社会组织很难取得居民信任。

第六，不少草根文体艺娱组织反映师资少、师资资源信息不对称、资源配置不均衡等问题。不少草根组织负责人反映，当前能够免费提供专业指导的老师严重不足；另外，有些社区社会组织负责人反映小区缺少师资，而同时又有很多老人具有某一领域的专业知识和技能，但无处开展服务，社区内和街道社区间存在信息不对称和资源配置不合理的问题。

（五）社区服务中心及其工作推进

第一，街道社区服务中心定位不够清晰，与实际工作性质有一定差异。从工作性质上讲，社区服务中心并不是一个提供服务的组织和机构，而是在政策规定下，按照上级管理部门的要求，配合相关部门的工作，组织、管理服务队伍，充分满足居民的需求。另外，在日常工作中社区服务中心既要承接上级分派的任务，也要配合街道其他部门的工作，如民政、养老、社保、工会、共青团、妇联等，有时需要配合其他部门组织、参与活动，有时则需要提供各式各样的资料、信息、数据等。

第二，社区服务社会化工作推进中存在多头管理、职能交叉、缺乏有效整合的问题。一方面，社区服务中心没有专属的职能范围，需要应对许多部门的指导管理，要面对繁杂的居民需求；另一方面，社区服务社会化相关工作是多头管理，各个部门都在负责承担这一工作，资源整合度明显不够。综合来看，有多个部门与政府购买服务工作相关，但又没有一个主导性机构或部门负责统一的组织协调管理工作。

第三，街道和社区层面开展购买服务工作在权限、资金、专业性等方面均存在不足，社区层面没有权限也缺乏资金购买社会组织服务。另外，社区管理机构自身缺乏社区工作、社会服务的专业知识，不了解专业社会组织的服务状况、内容和服务质量，对专业社会组织的寻找、择优、监督、评估等工作缺乏了解。很多社区服务中心负责人表示，购买服务或社区服务的社会化至少需要区一级政府择优选择服务商、了解本区居民需求，向专业社会组织购买服务并进行专业质量监测及后续反馈。

第四，不少社区服务中心人员反映自身在身份编制、工资待遇等方面与街道其他部门存在较大差异，存在付出与回报不对等的失衡心理。有不少工作人员反映，社区服务中心与街道其他部门的工作要求、工作任务一致，甚至是做了更多、更细致的基层服务工作，但自身是事业编制而不是公务员编制，在待遇、晋升等方面均存在较大差异；也有工作人员反映海淀区各街道的社区服务中心人员都是事业编制，而有的地方如朝阳区则属于公务员序列；另有工作人员反映平时事情繁杂，工作付出多，但付出与回报严重不对等。

五　社区服务社会化的经验借鉴

（一）关于购买的对象与内容

1. 政府购买服务的源起

政府购买公共性社会服务的做法，在西方各国最先实行，其最早发端于美国，始于20世纪60年代末和70年代初。最早是美国联邦的“经济机会办公室”想利用国防部的采购程序来确保对低收入家庭学生的教育服务。[①] 紧随其后，英国、加拿大、日本、韩国、中国香港等也纷纷建立了政府购买服务的制度。

2. 政府购买服务的对象

从全球范围来看，凡是政府购买服务政策较为完善、制度较为完备的国家

① 朱眉华：《政府购买服务——一项社会福利制度的创新》，《社会工作》2004年第8期。

和地区，其购买服务的对象主体就相对比较发达。一方面，视社会组织（有的国家称之为志愿组织或非营利组织）为承接的主体力量。在社区层面的服务体系中，各国普遍的做法是加强社区组织的发展，以此来为社区居民输送服务。另一方面，并不仅限于社会组织（有的国家称之为志愿组织或非营利组织），实际上各国也愿意将与公共性社会服务联系紧密的商业服务及其商业组织纳入购买范围，即使在社区的层面，情况也是如此。

3. 政府购买服务的内容

如果仅就社区层面来看，政府购买服务的内容在各国也有共同之处。我们以有代表性的香港社区服务为例，其与其他国家和地区有着很高的一致性。从服务对象人群范围与服务方式来看，服务对象一般重点包括老人、儿童、孕妇、精神障碍者、身体残疾者、成年人、临终者以及出院未完全恢复者。服务方式有两种：一种是服务人员到服务对象家中进行单独服务，另一种是将服务对象集中到某一地点进行集中的服务。家庭服务经常进行，集体服务定期进行。韩国很注意社区服务项目建设与运营体制机制的协调，值得借鉴。

（二）关于购买的机制与流程

1. 地方政府大多采用竞标机制

比如，英国政府每年以 30 亿英镑的资金支持社区建设项目，社区可以根据自身的情况提出申请。申请书得到批准并付诸实施后，政府监控项目运作情况。这些资金支持的社区建设项目包括提供就业机会、减少青少年犯罪、提供教育机会、提高卫生和健康水平、提高住宅设施质量等。[①] 地方政府通过这种方式，将无法提供的服务职能外包给社会组织，通过竞标机制提升了服务质量。

2. 普遍形成政府与社会组织的合作伙伴关系

美国政府和非营利组织之间的关系根植于很深的伙伴战略关系。[②] 政府大约一半的卫生、教育、福利服务基金通过以社区为基础的慈善和志愿组织来发挥作用。政府对慈善和志愿组织的支持表现为直接为他们提供基金支持，直接

① 侯岩主编《中国城市社区服务体系建设研究报告》，中国经济出版社，2009，第 308 页。

② 侯岩主编《中国城市社区服务体系建设研究报告》，中国经济出版社，2009，第 334 页。

与慈善和志愿组织签署合同，直接为那些参与低收入阶层服务的慈善和志愿组织付费。

在加拿大，政府与志愿部门的关系是合作伙伴关系，[①] 加拿大政府专门制定有关法律加以界定，并对志愿部门进行资金等方面的支持。政府部门同时对志愿部门使用政府资金情况进行定期评估，也对整个志愿部门的绩效进行评估。

3. 成熟的资金与财务管理模式

香港地区于1995年通过福利制度改革法案，随后政府对非政府福利组织的资助逐渐减少，把政府与非政府组织的关系由过去的“伙伴关系”转向目前的“合约关系”。所以，香港也成为目前实施政府购买服务较为成功的地区之一，并已形成“三位一体”的资助、购买模式。

（三）经费来源与保障条件

1. 明确经费来源

从国外的情况看，各国、各地区政府购买服务的资金主要还是来自预算财政支出。美国非营利组织每年大约要花费3400亿美元的资金，而政府资助的比例超过60%，其中很大一部分是通过购买服务的方式来实现的。[②] 这种购买服务的方式在各个地方政府的社区服务项目招标中更为常见，例如1998年纽约市政府和社会服务的提供者在一年中签订4000多份契约，总金额超过20亿美元。

2. 创新政府的角色

从国外的经验来看，政府购买服务主要是政府改变了原来对非营利社会服务组织的经济支持方式，通过竞争性投标和达成契约的方式，鼓励不同的社会服务机构参与竞争，达到提升服务品质、提高社会服务组织效率的目的。所以，与传统的政府扮演直接的管理者与服务者相比，政府的角色发生了深刻的变化。

3. 广泛发动社会力量

各国的经验表明，政府购买服务作为一种社区服务的输送方式，涉及多方

① 侯岩主编《中国城市社区服务体系建设研究报告》，中国经济出版社，2009，第313页。

② 朱眉华：《政府购买服务——一项社会福利制度的创新》，《社会工作》2004年第8期。

面的主体，除政府、社会组织外，以社会工作者为代表的专业人员和以社区居民为代表的志愿人员，都是其整个框架中不可或缺的组成部分。社会化的参与力量在日本主要体现在社区居民身上。日本的社区居民通过社区组织贡献自己的时间、精力、知识以及其他资源来为社区发展服务，这是比较普遍的做法，此举能够使社区更加安全、更加健康、更加充满活力、更加温馨。加拿大政府也特别重视志愿力量对社区服务的参与。类似的志愿服务在美国、中国香港也相当发达。

4. 完善组织管理架构

实际上，发达国家和地区的各级政府部门，在实施政府购买服务方面已经从多个层面展开，比如美国的政策就分为联邦政府、州政府和郡县多个层面；韩国也很注意社区服务项目建设与运营体制机制的协调。韩国社会福利事务由保健福祉部主管，由内务部地方组织，各市、道－市、区、郡－邑、面、洞管理，经费由中央财政和地方财政共同解决。日本的社区服务从法律、制度的制定到各组织机构的建立以及具体的工作实施，已形成一套完整体系。①

六　海淀区推进社区服务社会化的实施建议

（一）推进本区社区服务社会化的总体路径与下一步工作方向

如前文所述，推进海淀区社区服务社会化的总体路径应是坚持走政府购买服务的社会治理创新之路，以“政府、单位－委托、购买－社区社会组织”的路径来展开。具体来说，满足公众需求是政府职责，但其却不具有专业服务能力，于是通过“委托－购买服务”的方式，以政府财政支持社会组织提供服务。

从掌握的数据和材料看，海淀区域内社区服务的主要问题可以归纳为“三缺”和“三弱”，“三缺”即缺设施、缺政策、缺资金，“三弱”即社区社会组织弱、社区（居民）参与弱、社区工作者队伍弱。②“三缺”所反映的问

① 侯岩主编《中国城市社区服务体系建设研究报告》，中国经济出版社，2009，第318~319页。

② 本报告第三、四两部分对相关情况已有详尽总结、分析，故具体数据在此不再赘述。

题更多地涉及硬件方面和宏观领域，而“三弱”所反映的问题更多地涉及社区服务的区域特征。与“三缺”这类体制性、宏观性、政策性问题地方政府和相关部门施展空间不大相比，“三弱”才是本区政府、民政部门接下来应重点攻克的问题。

（二）构建“三社联动”工作机制，推进本区社区服务社会化

我国基层治理的“碎片化”，即政府部门分割、效能低下，社会组织发育迟缓及社会工作制度建设滞后，制约了社区服务能力的提升。未来的社会治理将是一种“合作治理”，社区服务创新的突破点是社会协同。笔者认为，紧扣转型中国社会治理协同创新的现实要求，立足本区的基层社区现实，接下来应以行动化方式探索构建“三社联动”工作机制，此举才是未来一段时间内，发展本区社区服务、落实政府购买服务最为紧迫的工作。

这种“三社联动”工作机制坚持“社会事社会办、专业事专业办”的原则，主要通过政府购买服务等方式，逐步将街道和乡镇政府面向社区的事务性、服务性工作委托给有专业能力的社会组织承接，社会组织聘用社会工作专业人才，为社区居民提供专业性服务。

（三）推进本区社区服务社会化的具体措施

1. 坚持分类服务原则

构建“三社联动”工作机制，必须坚持分类服务的基本原则。根据海淀区城乡社区发展特点和社区居民的现实需求，应分类推进社区服务。首先是社区形态的分类。针对海淀区的区域特点，发展社区服务至少应以城市社区、农村社区这样的二分法为基本规范，而后才能进一步讨论城乡两种类型社区服务的发展问题。其次是服务对象的分类。城市社区应重点开展针对老年人、未成年人、残疾人和低收入家庭的服务。农村社区应以空心村落、空巢家庭、留守人群为服务重点。最后是服务内容的分类。特殊人群的社区照顾、社区矫正、社区康复、精神减压与心理疏导等服务应是城市社区服务的重点内容。为留守儿童提供生活、学习、心理和安全等方面服务，为留守老人提供生活照料、代际沟通、精神慰藉、文化娱乐等方面服务，为留守妇女提供安全教育、技能培训、能力提升、关系调适等方面服务，应是农村社区服务的重点内容。

2. 发挥地方民政部门主导力

资金方面，建议区政府特别是民政部门在财政预算内政府购买服务专项经费中，专门划拨一批经费用于支持“三社联动”工作机制构建的事项。政策方面，海淀区应从民政部门入手，制定构建“三社联动”工作机制的具体办法。另外，组织、宣传和培训方面可以联系起来实施。本区应建立相关专家队伍，对社区社会组织负责人、社区工作者进行专业能力培训，着重从组织能力、服务能力和执行能力方面进行专业熏陶。广泛发动和整合社区居民及志愿者积极宣传政府购买服务的政策、措施和优势等。引入相关专家团队或资深专业社工机构，与本区建立“三社联动”工作咨询联系。

3. 积极落实社会组织能力建设

积极规划社区社会组织能力建设项目，促使其从自娱性向公益性转变。目前笔者了解的情况是，社区社会组织只是“社区中介组织”，它是以社区居民为成员、以社区地域为活动范围、以满足社区居民的不同需要为目的、由居民自主成立或参加、介于社区主体组织（社区党组织和社区居委会）和居民个体之间的一种社会组织。具有明显的志愿性、群众性、非规范性、娱乐性、互助性和非法人性等特征，组织开展的大多是文娱活动，专业性、服务性特别是公益性不足。

4. 完善相关保障条件

第一，政府相关部门必须首先创新自身对政府购买服务的认知和理解。通过组织社区工作者、社区社会组织负责人继续学习和岗位培训等方式，加强其对政府购买服务、“三社联动”的认识。

第二，必须完善资金财务管理。应降低社区社会组织准入门槛，鼓励社区社会组织以街道层面社区社会组织联合会的名义，组团申报委托购买的项目。同时，创新项目资金的财务管理制度，灵活采用直接拨付、分期拨付及结项拨付等多元经费拨付管理方法。

第三，完善政府相关政策。通过政府购买服务的方式推进社区服务社会化，关键是要发挥政府的主导性作用。这种主导性作用，除了财政支出兜底外，主要就体现在政策完善上。所以，海淀区今后应在中央政府相关办法指导下，尽快制定政府购买服务工作手册、操作章程等。

第四，加大服务评估力度。应把社会效益作为衡量政府购买服务项目、社区社会组织服务及社区服务工作者工作绩效的最主要标准。组织、整合一批专家、一些专业社工机构，组建咨询和评估团队，鼓励量化评估，建立既科学合理又切合本区实际的综合测量指标体系。

第五，明确购买标准。本区民政部门会同各个街道、乡镇，进行广泛的政府购买服务标准的讨论，然后组织相关专家和专业力量，就如何确定购买标准、具体购买标准的界定进行专门性的研究，并推进相关工作的落实。此外，基于本次街道、乡镇社区居民社区服务需求的调研，对实际材料进行整理，尽快制定出台本区各个乡镇、街道内部的居民社区服务购买名录。

综上所述，在掌握并分析本区居民需求、社区社会组织服务能力以及政府购买服务的工作方向基础上，笔者提出了有针对性的意见和建议。相信在区委区政府的高度重视下，加上民政部门、社区服务中心以及各街镇的努力工作，海淀区的社区服务将会更上一层楼。

B.10

政府在优化创新创业环境中的作用研究

——以中关村创业大街为研究个案

廖扬丽*

摘　要： 自2014年6月以来，中关村创业大街全力打造创业服务集聚区、科技企业发源地、创业文化圣地和创业者精神家园，在国内外产生显著影响，备受关注。笔者通过调查问卷、走访座谈等形式，对中关村创业大街创业者的创新创业现状及需求进行深度分析，对中关村创业大街建设良好创新创业环境的主要探索进行较为系统的总结，并对当前中关村创业大街各入驻机构面临的主要问题进行梳理。本文还提出政府以问题为导向回应需求，是优化创新创业环境的主要对策。

关键词： 北京　创新创业　创业环境

2014年6月，中关村创业大街开业，成为吸引全球高端创新创业人才、集聚高端创新创业服务要素、孕育产生关键颠覆性创新的功能中心。2015年1月，科技部部长万钢到中关村创业大街调研，指出“在新一轮创新创业的大潮中，中关村走在前列，代表我国最高的创新水平”。2015年2月，《“创业中国”中关村引领工程（2015－2020年）》方案发布，目的是发挥中关村对全国创新发展的示范带动作用，构建面向“众创空间”、引领中国的创业格局。2015年5月，李克强总理考察调研中关村创业大街，先后到3W咖啡、联想之星，与创业者进行交流，并对创业会客厅为小微企业和创业者提供便捷优惠服

* 廖扬丽，中共北京市海淀区委党校副教授、博士，研究方向为公共管理、社会治理。

务表示高度赞许。中关村创业大街开业一年多来，在创新创业生态建设方面受到国内外各界的关注。因此，以中关村创业大街为个案，深入研究政府在优化创新创业环境中的作用具有重要意义。

一　中关村创业大街的创新创业基本情况分析

（一）中关村创业大街创业者的创新创业现状及需要分析

2015 年 11 月，课题组对在中关村创业的近 10 个入驻机构发放 200 份调查问卷，回收 186 份有效调查问卷，回收率达 93%，根据样本数据录入、汇总、分析、比对的结果，形成中关村创业大街创业者的创新创业现状及需求分析。

1. 受访创业者的创新创业现状

受访创业者中男性占多数，大部分年纪较轻，以 80 后、90 后为主力军（占比 80%），尤其是 85 后占比为 53%，本科及以上学历占比高达 80%，创业者的学历层次较高，从专业分布来看，以理学、工学、经济学为主，学科结构较为合理。

一是创业者有强烈的创业愿望，创业领域与自身兴趣、专业紧密相关。从创业者的创新创业方式来看，商业模式与技术创新占据主流，新一代信息技术产业最受创业者青睐。

二是创业活动多处于初创阶段，近半数受访创业者已注册企业。这与目前我国实行商事制度改革、不断降低创业门槛，海淀区实施工位“一址多照”“四证联办”等相关利好政策是紧密相关的。创新创业项目启动资金来源多样，以自筹与天使投资为主。

三是创业者的理想化预期与较小的创业成功概率形成较大反差。创业者希望“自主赢利独立生存”的占比 44%，“能够 IPO”的占比 34%；从受访创业者的历史创业项目存活时间看，“1 年内”的占比为 30%，“1～2 年”的占比为 36%；从受访者的历史创业状况看，“死亡”的占比 20%，“被收购”的占比 17%，说明创业项目面临很大的生存压力。

四是创业过程面临诸多内外障碍，压力较大，需对自身进行准确的评估。一方面，创业者年纪较轻，缺乏经验、人脉和经济资源，创新创业能力不足。另一方面，创业伙伴、创业指导、融资环境、市场前景等问题，也制约着受访者创新创业的成功。在受访创业者对自己创新创业的前景评估中，“自信”占比25%，“有压力”占比43%，“迷惘”占比24%。

2. 受访创业者对创新创业服务的评价及需求分析

一是创业者频繁参加各入驻机构的活动，认为入驻机构的差异化服务有待提升。创业大街每周举办20场以上与创新创业相关的活动，大部分受访创业者参加创业大街各入驻机构的活动较为频繁，但各入驻机构在提供差异化的创新创业服务方面还需要做更多的努力。

二是创业者对创业大街的创新创业服务总体满意度较高，融资和人才培训等服务有待提高。从对创业大街创新创业服务的满意度评价看，“非常好”和“比较好”占比57%。中关村具有基于互联网的创新创业多、高新技术企业和知名企业家密集以及各类金融机构众多等优势，受访创业者对中关村创业大街信息服务、创业指导、融资服务的满意度排名靠前。但从受访创业者对中关村创业大街各类入驻机构需要改善服务的期待来看，“融资服务”（40.86%）、“人才培训”（34.95%）、“信息服务”（32.26%）、“创业指导”（31.18%）排在前四位，创业大街提供的创新创业服务与受访者的期望值相比，还有较大的提升空间。

三是中关村创新创业优势显著，受访创业者对目前的创新创业社会环境满意度较高。受访创业者对中关村创新创业最大优势的看法中，排在前三位的分别是“创新创业氛围活跃”（55.91%）、“创新创业优惠政策多，政府服务优质”（45.16%）、“高科技大公司聚集”（36.56%）。从受访创业者对当前中关村创新创业社会环境的评价看，“非常满意”和“满意”占55%，“一般”占36%，“较差”仅占6%。说明受访创业者对中关村创新创业社会环境满意度较高。

四是受访创业者对中关村创新创业的优惠政策有一定认知，对完善加大资金支持力度等政策有更多的期待。从受访创业者对中关村创新创业优惠政策的了解程度来看，“很熟悉”仅占5%，“了解一些”占46%。不少创业者对于政府文件的表述和相关要求的准确理解还有一定差距，需要加大政策宣讲的力度，同时，在相关优惠政策的申报和执行方面希望能够更加便捷、高效。受访创业者认为中关村创新创业优惠政策需要改进的方面，“加大资金支持力度”（61.83%）、“完善税费支持政策”（41.94%）、“简化审批手续”（38.17%）分列前三名。

（二）创业大街入驻机构的基本情况

自2014年6月12日开业以来，课题组成员20多次到中关村创业大街进行现场教学、发放回收调查问卷，并对海置科创、3W咖啡、Binggo咖啡等创业大街运营方和入驻机构的负责人分别进行座谈调研，从不同主体、不同视角深入了解创业大街创新创业服务的基本情况。

1. 创业大街运营机构的基本情况

北京海置科创科技服务有限公司（以下简称“海置科创”）成立于2014年2月，由北京海淀置业集团有限公司与清控科创控股股份有限公司共同发起成立，主要从事科技推广、应用服务、科技中介服务、科技企业孵化等工作，负责中关村创业大街专业化管理和市场化运作等运营管理工作，致力于建设一流科技服务业品牌。基于优势互补、强强联合的原则，依托海淀置业的空间资源与硬环境建设经验，发挥清控科创在创新创业服务方面的优势，海置科创按照“政府引导、市场化运作”的方式，着力打造创业服务集聚区、科技企业发源地、创业文化圣地和创业者精神家园。

2. 创业大街入驻机构的基本情况

自2011年4月第一家创业机构车库咖啡入驻海淀图书城开始，3W咖啡、36氪等相继入驻，逐渐形成了创新创业孵化一条街。截至2015年底，中关村创业大街已入驻车库咖啡、3W咖啡等40家有影响力的国内外创业服务机构。根据投中研究院的报告，从业务模式和形态角度来看，中关村创业大街入驻机构有以下类型：活动聚合型、培训辅导型、媒体驱动型、投资驱动型、产业链服务型、综合创业生态体系型。

2015年5月，北京市科委授予车库咖啡、36氪、IC咖啡、Binggo咖啡、3W咖啡、北京大学创业训练营、亚杰汇、创业家、联想之星、天使汇、硬创邦等14家街区入驻机构“北京市众创空间”称号。2015年12月，科技部火炬中心公布了第一批国家级众创空间，创业大街的车库咖啡、亚杰商会、创业黑马、3W咖啡、联想之星、36氪、天使汇、IC咖啡等多家机构入选，占北京市入选众创空间的30%。

3. 中关村创业大街的定位

街区定位于“创业服务集聚区、科技企业发源地、创业文化圣地、创业者精神家园”，倾力打造“具有极强科技感、展示度、时尚性的创新创业特色景观大道”，全球知名的“InnoWay”。街区以创业企业的需求为导向，致力于构建完善的创业生态，打造集“2+5”功能于一体的全链条创业服务体系。“2”个核心功能分别是创业投融资和创业展示，“5”个重点功能分别是创业交流、创业会客厅、创业媒体、专业孵化和创业培训。

二 中关村创业大街建设良好创新创业环境的主要探索

中关村创业大街开业以来，在空间集聚、要素流动和服务集聚等方面开展积极探索，取得了重要经验，初步形成了创新创业的生态系统。

（一）整合空间资源，整体规划改造街区硬件环境

在运营模式上，中关村创业大街采用了“国有企业+社会资本”的混合所有制模式。针对原街区空间产权散、碎、小的现状，以海淀置业为主体，通过回购、回租、置换等市场化方式，将碎片化空间重新整理改造，2015年整合面积超过7200平方米，累计完成超过3.1万平方米的空间整理，为创新创业服务机构的入驻释放了空间资源。截至2015年12月，累计投入超过2亿元资金用于空间资源梳理、硬环境建设、平台建设，街区面貌焕然一新。

（二）引入优质服务机构，不断完善创新创业服务生态

创业大街通过引入多元的优质创业服务机构，完善创业服务功能，加速入驻机构背后的技术、人才、资本等各类要素汇聚，带动各类社会资源流向创新创业活动，打造新的全业态、全方位、全链条、全要素的创新创业服务。3W咖啡深耕其互联网圈子，衍生出专注互联网公司招聘的领军企业拉勾网；黑马会致力于社群经济，推出牛投网发力于股权众筹；36氪立体打造创业服务平台，携手蚂蚁金服进一步开拓互联网金融；天使汇深化专业服务，提供天使投资，把触角延伸至欧洲、北美；京东设立“JD+”，整合产业链资源，打造开发智能硬件生态体系；Intel联手创业大街的硬件孵化平台硬派空间成立中关村创业大街Intel联合众创空间；还有股权众筹平台因果树、工业设计平台洛

可可等一批新机构，共同带动大企业资源、金融资本、产业链资源注入创新创业活动中。截至2015年12月，中关村创业大街入孵创业团队700个，其中有超过100个海外团队；合作投资的机构超过了2500家，有375个团队获得融资，平均每家融资500万元，融资额达18.75亿元。

（三）开创性地打造创业会客厅，实现线上线下服务联动

创业会客厅是在海淀区政府的指导和支持下，由中关村创业大街打造的“动态移动式创业服务平台”。创业会客厅联合政务、专业服务第三方等相关机构，旨在为创业企业提供便捷高效的创业服务资源。创业会客厅首创“政府+专业服务”的方式，联合政府部门和100多家专业服务机构，为创业企业提供一站式、全方位的免费创业服务，内容涵盖公司设立、科技金融、政策服务、人力资源、法律咨询、财务管理六大类别数十项服务。从2015年3月开始运营至2015年底，创业会客厅共接待4255次创业咨询，深度服务1096家创业企业，其中有461家创业企业通过窗口办理企业设立业务。依托中关村创业大街的优势资源和创业会客厅的运营经验，创业大街致力于打造“创业会客厅线上平台”，即一站式创业服务集成平台和创业资源对接平台。线上平台以创业者的共性需求为核心，整合线上线下创业服务资源，提供公司设立、孵化服务、政策咨询等，作为创业会客厅线下业务的拓展和延伸，帮助更多创业企业便捷、高效、精准地享受各类创业服务资源。2015年5月7日，李克强总理到访创业会客厅了解情况，称赞创业会客厅在登记等政务服务之外，能够根据企业需求提供法律、知识产权、社保等免费服务，将监管与服务结合，特色明显，眼光超前。

（四）持续推进国际交流合作，初步实现国际化创新创业服务和资源对接

首先，中关村创业大街积极对接国外大企业、创业服务机构、行业协会等，开展全球化创业服务合作。与美国500Startup、法国商务投资署、韩国创业振兴院、澳大利亚Muru－D、中欧区域经济合作中心等10多家机构开展密切合作。其次，深入开展全球创业孵化活动。2015年7～9月，中关村创业大街与韩国创业振兴院联合孵化了5家韩国创业企业；8月，与韩国未来创造部

全球创业支持中心联合举办路演活动，10 家韩国创业企业进行同台路演；10 月，举办全球创新路演活动吸引来自全球 8 个国家的 15 个国际团队参加；12 月，与法国商务投资署联合举办中法创业企业同台路演活动。2015 年，盛景网联联合硅谷创业融资平台 F50、以色列创投 JVP、德国电信等世界顶尖机构举办“盛景全球创新大奖”活动，推出盛景全球创业者轻孵化计划，将全球优秀的创新技术项目带到中关村创业大街进行路演。最后，加强国际交流，实现国际资源对接。中关村创业大街全年共接待来自美国、韩国、新加坡等国家和地区的近 60 个代表团，多次参加国际交流会议、创新创业活动，在美国加利福尼亚的硅谷设立了工作站。中关村创业大街通过开展国际化的创新创业服务与交流、政策引导、资本投入、资源对接等多种方式，不断促进国际项目在中关村创业大街落地开花结果。

（五）开展各类创新创业活动，积极营造创新创业文化

2015 年，创业大街联合各家入驻机构共组织公开创业活动超过 1500 场，包括创业项目路演、创业沙龙、产品发布、创业交流、创业培训与创业展示等各类活动。街区协助海淀置业承办了“中关村创新创业季（2015）”的组织策划活动。活动分为开幕式、闭幕式及五大精彩板块，共举办了包括全球创业大会、创业马拉松、环球顶级赛事、创客嘉年华、全球风险投资峰会在内的 30 多场活动，共计 451 家企业和创业服务机构参与，共吸引 4 万人次参加，共计获得 80 多家媒体的 11866 篇报道。在全国“大众创业、万众创新”活动周期间，中关村创业大街作为分会场，举办了分会场启动仪式、创新集市、智能硬件节、极客挑战赛等活动近 20 场，共吸引 2.5 万人次参加，在社会上引起良好的反响。同时，持续开展创业进高校活动。2015 年，开展 2 批以“创未来　正青春”为主题的街区创业小伙伴联合校园宣讲活动，联合 15 家创业服务机构和 100 余家创业企业，在清华大学、北京大学、南开大学、河北经贸大学等 20 所京津冀高校开展 29 场校园创业宣讲。联合校招共收到现场及邮箱投递简历上万份，共提供 500 余个全职岗位和 300 余个实习岗位，最后成功录用全职与实习生 100 余人。结合校园创业宣讲活动，招募街区创业志愿者 46 名，加入街区运营、创业服务和创业团队的实习工作中，并引导志愿者在高校中宣传创业文化。

（六）建立运营管理机制，提升大街服务品质

在如何激发各入驻机构的积极性、共同提升创新创业服务品质的问题上，创业大街根据入驻机构的情况，建立内部协同创新机制和创业服务资源流动机制，不断探索中关村创业大街运营管理机制。内部协同创新机制是由街区运营公司联合各入驻机构共同组建“街坊会”这一类的自治性组织，以有利于街区发展和创新创业为调解导向，共同组织街区入驻机构和创业者活动，调解争议，推进街区机构的协同发展；创业服务资源流动机制是街区运营公司实时调整街区招商目录，为入驻机构提供专业化资讯和服务，建立入驻机构的准入标准体系，每年对入驻机构的服务成效进行考核，形成街区服务资源的流动机制。2015 年，中关村创业大街与街区入驻机构开展的区域间创新交流活动超过 200 次，联合举办的创新创业活动超过 50 次，围绕这些活动的创新型、活跃度、参与人数、报道量、活动成果等多个维度，评选出六大奖项，盛景国际创新孵化器以色列轻孵化专场路演活动获得“最国际范儿的路演活动”称号，36 氪的“WISE Talk”获得“最有互联网范儿的创业沙龙”称号，言几又读书会获得“最文艺范儿的分享会”称号，创业黑马集团黑马大赛获得“最具人气的赛事”评价，亚杰汇摇篮计划主题课程获得“最有情怀的公开课”称号，因果树获得“最精准资本对接活动”称号，通过评选，各入驻机构创造性地开展创新创业服务工作，共同提升服务品质。

三　创业大街各机构面临的主要问题

（一）入驻机构扩张较快，发展空间不足

中关村创业大街经过一年多的积累，无论是在创新创业服务的成效，还是在国内外的知名度等方面，都取得骄人的业绩，全国各地慕名而来的创业者以及 20 人以下的小微创业企业希望入驻各家机构、分享这些平台优质资源和服务的愿望非常迫切，一些入驻机构在创业者和小微企业入驻的门槛上做了相应的调整，但依然难以满足孵化空间的需求。

（二）房租补贴力度有待加大，赢利模式有待探索

各入驻机构作为众创空间，联合办公空间或创业咖啡馆不是一个纯粹的商

业场所，其自身缺乏持续赢利的能力。而这些机构地处一线城市的黄金地段，租金成本和运营成本高。多家入驻企业反映，虽然海淀区政府对租金已进行一定额度的补贴，但与重庆、成都等地出台的优惠政策相比，补贴力度还有一定差距。因此，众创空间要满足创业者对低成本、便利化的需求，难度较大。同时，从调查问卷反映的情况来看，创业者对创业大街的创新创业服务满意度还有一定的提升空间，高成本和高服务之间存在一定的落差，在很大程度上导致众创空间在现阶段难以摸索出成熟的赢利模式，赢利模式仍是困扰业内的“老大难”问题。

（三）入驻机构的差异化发展、专业化服务能力亟待提高

创业大街入驻机构从开业之初的10家迅速发展到2015年底的42家，增长速度较快。从街区运营方的角度来看，各家机构是根据构建完善创新创业生态的需要，经过慎重地评估和筛选后入驻的；从各家机构的定位来看，其希望自身能够拥有差异化发展的核心竞争力，但从调查问卷的结果看，仅有30%的受访创业者认为这些入驻机构有较大差异，大部分受访者认为各机构走的都是“互联网创业咖啡+创业培训+创业孵化+创业融资”这一路线，同质化、跟风现象较为严重，甚至一些机构之间出现以不正当竞争的方式抢夺优质创业项目、扰乱市场秩序的现象；以从业人员专业性和人才储备的视角来观察，大多数入驻机构自身是初创企业，还有诸多不足。从这些众创空间的创建者来看，虽不乏知名企业的投资总监、经理人，但鲜有创业经验丰富的企业家；从管理团队来看，虽不乏高学历，或从事过金融业务、管理咨询工作的人才，但具有丰富企业管理经历或经营过自己企业的人才却很少，较为缺乏创业实践经验足够丰富的管理者，专业化的创新创业服务能力还有较大提升空间。以上不足，导致一些众创空间对于企业运作和行业的理解不深，配套服务不到位，各类资源的整合有待完善，难以真正帮助创新创业的孵化。

（四）面对融资难与资本寒冬的多重压力，创新创业融资与信用体系建设应引起关注

根据天使汇的数据，2015年1～6月在平台上发布的创业团队有18868个，

7 月至 10 月末，创业团队有 24000 个。在资本遇冷的大背景下，创业大街创业项目数仍保持大幅增长。如此多的创业项目，如何获得融资，是很多创业者面临的最大障碍。根据本课题组对调查问卷的分析结果，受访创业者在创业中面临的制约因素中“资金不足”排在第一位，对融资的期望最为迫切，包括对政府加大资金支持力度和市场化融资渠道的期待。受到我国股市波动的影响，从 2015 年 9 月开始，中关村的很多投资机构开始控制风险，一些项目原本已经达成投资协议，却遭遇违约、撤资，很多创业项目面临巨大压力，如何构建多层次的创新创业融资体系尤为关键。同时，创业咖啡泡沫日渐退去，创业者的信用问题日益突出，搭建创业者与投资者的信用体系和平台，需要政府及相关方的高度重视。

（五）协同创新、技术创新有待强化，国内外资源整合力度还有待加大

就目前而言，中关村创业大街创新创业孵化项目与中关村地区高校科研院所的科研成果转化之间的关联度有待提高，协同创新还有待加强，许多创业项目较为关注商业模式创新，对技术创新尤其是原始技术创新还需要给予更多的关注。政府、市场、社会资源的整合力度还有待加大，如北京市、海淀区政府很多资源单项进入大街，能否在政府内部进行整合后再进入；大企业对于创新创业的参与不够，如何去寻找颠覆自己的技术创新路径；社会动员不够，如何培育和传承中关村创新创业文化，形成更为浓厚的“鼓励创新、宽容失败”氛围，鼓励创业企业家精神，动员志愿者；国际化的创新创业资源较为稀缺，能否从全球进行战略布局，既要“走出去”，也要“请进来”，对接国际资源，服务更多的创新创业者，保持领先地位。

（六）优惠政策难以全覆盖，政策的公平性、便利性有待增强

2014 年 7 月，海淀区出台“1 + 4 + 1”政策，做好创业服务的顶层设计，重点突出创新创业环境营造、科技创业活力激发等。2015 年，国务院及北京市政府相继出台扶持众创空间的优惠政策，然而，多数优惠政策如房租补贴、税收优惠、资金支持、风险补偿等都是针对特定类型的孵化器，沿用“选拔式”支持模式，优惠政策难以有效落实。另外，有的孵化器由

于未取得“中关村创新型孵化器”或“集中办公室”的资质，使得入孵企业不能用孵化器的工位进行公司注册，形成在孵化器外注册、孵化器内办公的异地办公现象。同时，对于创业者这个群体在创业前期、中期、后期的不同需求，应该给予一定的关注，如一定的创业期房租补贴，健全社会保障体系，使创业者在无收入或低收入的窘境下能够维持生存。比如课题组根据对多家众创空间调研反映的情况，认为海淀区的政策是好的，希望能够统一政策的信息发布平台，在相关项目申报过程中，需要专人负责该项事务，从准确理解政策到完成烦琐的项目申报，政府对申报项目的评估有待细化。个别机构编造虚假数据骗取政府补贴，影响政府补贴的公平性，不利于营造公平的竞争环境等，这些问题都不同程度地存在。基于此，有实力较强的机构建议取消政府补贴，真正实现优胜劣汰，而不是以政府补贴使众创空间失去“狼性”。

四　政府回应需求、优化创新创业环境的主要对策

应该在对中关村创业大街上的创业者、运营方和入驻机构的不同需求以及存在问题进行深入梳理的基础上，重视创业者、运营方和入驻机构的利益诉求，明确各自的社会责任，创建一个良性的创新创业生态系统。下文将以政府这个创新创业公共政策、公共服务供给主体以及生态环境优化的主体为视角，以问题为导向，提出对策。

（一）加强引导扶持，提高入驻机构差异化、专业化水平

政府将引导创新创业服务向着市场化、专业化、网络化、开放化方向发展，满足新时期大众创新创业的新需求。

1. 分类指导入驻机构

发挥政府的统筹引导作用，加强对入驻机构的分类指导。针对创业大街上培训辅导型、媒体驱动型、活动聚合型、产业链服务型、投资驱动型、综合创业生态体系型等不同众创空间的不同定位、不同需求，进一步加大房租补贴和税收减免力度，降低办公成本，有效减轻创新创业企业的运营压力，完善办公配套设施及服务，营造舒适的办公环境，鼓励投资主体进行全产业链投资，满

足初创企业不同阶段的需求，发挥政府性公共服务平台的优势，协助做好培训辅导、技术支撑和媒体宣传工作，积极推动众创空间企业信息公开，为创业者及投资者搭建沟通的桥梁，提高创业成功率。

2. 推动入驻机构的差异化和专业化发展

指导创业大街明晰自身定位和发展规划，在做好顶层设计的基础上，引导各入驻机构遵循双创规律、市场规律寻找差异化发展定位，不断满足创业者个性化、多样化的消费需求和用户体验，赋予机构自身独特的专属标签。入驻机构打造差异化竞争力的过程并非一蹴而就的，要从创业服务的某个领域或视角切入，逐渐打造基于创业者服务需求的一站式服务平台，需要以市场化机制为核心，遵循优胜劣汰的竞争法则，以服务决定生存，根据创业需求，快速、灵敏地调整服务内容和方式，通过不断提升的高质量、专业化服务，形成对优秀创业者和创业项目的吸引力，增强自身在市场竞争中的竞争力。

3. 规范入驻机构的管理、考核，为中关村大街发展规划的落实提供有益借鉴

作为中关村创业大街升级版的《中关村大街发展规划》已于2015年10月发布，将参照中关村创业大街的发展模式，进一步突出“策源地”的特征，加速形成创业要素集聚化、孵化主体多元化、创业服务专业化、创业活动持续化、运营模式市场化、创业资源开放化的发展格局，全面提升综合创新生态环境。中关村创业大街肩负着提供有益经验和借鉴的重要责任，需要从规范入驻机构的管理、考核重点考虑。从可持续发展能力、服务体系构建能力、管理人员的专业技术能力、链接与整合资源能力、对当地优势产业的融合推动能力五大能力指标对入驻机构的管理进行规范和考核。具体见表1。

表1　众创空间考核指标体系

一级指标	二级指标	三级指标	方式
可持续发展能力	企业化运作程度	清晰的产权结构	定性
		职业经理人的引进	定量
		品牌形象塑造能力	定性
		科学的赢利模式	定量
		孵化回报率	定量

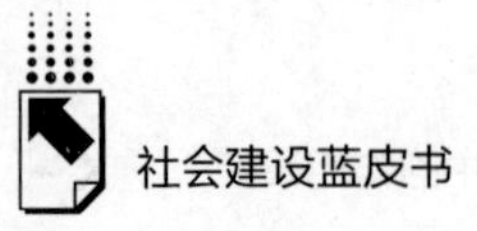

续表

一级指标	二级指标	三级指标	方式
服务体系构建能力	资金扶持机制的完善	天使资金金额	定性
		贷款担保金额	定量
		风险投资金额	定量
	创业导师机制的完善	创业导师数量	定量
		创业导师来源结构	定量
	孵化网络构建能力	网络内部成员数目	定量
		网络成员稳定性	定性
		网络资源丰富程度	定性
		网络成员联系强度	定性
		网络成员互惠性	定性
	其他服务能力	市场评估	定性
		营销能力	定性
管理人员的专业技术能力	孵化效率能力	入孵企业毕业率	定量
		项目孵化成功率	定量
	孵化管理能力	完善的管理机制	定性
	专业化团队能力	企业家素质	定性
		团队结构	定量
		人员素质	定性
链接与整合资源能力	整合政府资源能力	获取政策扶持力度	定性
	整合社会组织资源能力	整合社会组织资源的数量	定量
	整合全球资源能力	国外资源的合作机制	定性
对当地优势产业的融合推动能力	产业贡献能力	创新型产业集群的打造	定量
		产业结构的优化促进	定量
	技术创新能力	技术人才的集聚数量	定量
		技术专利的申报数量	定量

4. 紧跟全球众创空间发展趋势，引领入驻机构未来发展

创业大街应紧跟全球众创空间发展趋势，从以下几个方面来准确把握和引领入驻机构创新创业服务的未来发展方向：一是把投资机制、创业导师与孵化的后续支持机制作为“软服务”体系构建的重点，实现从“硬服务”为主到“软服务”体系为主的演化；二是从片段孵化到打造全流程服务链条，从创业场地到创业社区的网络化营造，融入新的业态，通过利用股权众筹平台，链接整合社会资源，将优质项目与平台上的投资者自愿结合，为孵化企业的融资需

求拓展渠道，实现从“单一散乱”状态到“生态系统”的重构；三是日渐提升企业化运作程度、加速构建科学的商业模式，“资本模式”的孵化器能取得良好的自身效益，产生较好的社会效益，这是孵化器未来发展的方向之一，实现从“公益性”到“营利性”的长效机制构建；四是不受物理办公载体限制延伸孵化服务，通过建立企业服务网络，为孵化器之外和已经毕业的企业提供产学研合作、融资、人才、咨询、信息、市场对接等成长支持服务，实现从“有形孵化”到“虚拟孵化”的多元拓展。

（二）加强政府资源、政策集成和政务服务迭代，激发创新创业活力

1. 加快“一城三街”建设，营造良好的区域性创新创业环境

海淀区应加快“一城三街”建设，支持众创空间，做优科技服务品牌，鼓励众创、众包、众扶、众筹发展，营造良好的区域创新创业环境。抓好重大科研成果转化项目的跟踪和落地服务，逐步用成果转化体系覆盖各类创新源头，重点支持北京协同创新研究院等先进技术研究院，做实一批协同创新中心。聚焦国家科技金融创新中心目标，推进科技金融要素市场建设，做大做强一批优质互联网金融企业，健全互联网金融行业规范管理和风险防范机制，吸引天使投资人（机构）等聚集发展，通过倾向性的所得税政策，引导发展天使投资、种子基金、科技慈善等更多关注初期创业的投资行为，加快建设中关村并购资本中心。加强知识产权保护和商用化、标准化建设，深化国家知识产权示范城市（城区）建设，深入实施质量强区战略，完善监管政策，逐步建立以信用管理为基础的创新创业监管模式，营造公平竞争的创新创业环境。

2. 整合创新创业资源和政策，为众创空间聚集发展提供强有力的支撑

中关村创业大街要继续保持北京创业聚集区的领先地位，一方面，政府应最大限度地利用中关村的创新创业资源，激励高校和科研院所开放科研仪器设备和科技服务，完善创业服务机构的服务业态和运营机制，发挥创新创业资源的集聚效应和创新创业活动的规模优势，为创业者提供低成本、便利化、全要素、开放式的创业服务平台；另一方面，认真梳理国家及地方现行的相关政策，贯彻落实各级政府推进创业创新的政策，发挥政策集聚和“互联互通”的系统有效性，切实落实政策，以创新带动创业。具体来说，主要围绕进一步

降低企业准入门槛，营造更宽松的创新创业政策环境；制定更为宽松的行业准入政策，鼓励金融机构等其他行业保障创业；开放股权转让时的契约自由；促进工商和税务登记政策透明化、简便化；完善集中办公区政策，营造宽松、安全的孵化环境；推动四证联办等相关服务的推广；着眼于中关村大街发展规划的落实，推动区域内政策集成化、一体化，更大范围地为创新创业护航。

3. 适当调整政府扶持的重点和方式，提高政策扶持的精准度

政府应针对创业者、众创机构等不同阶段的不同需求，对扶持的重点和方式进行适当调整，提高政策扶持的精准度。一是政府对初创企业的扶持方式要从选拔式、分配式支持向普惠式、引领式转变，发挥财政资金撬动社会资本的杠杆作用，用政府对创新创业的“小投入”吸引社会资本的“大投入”，形成市场化的创新资源配置格局和公平竞争、优胜劣汰的市场经济秩序。二是给予种子期孵化机构及创业短期内较难赢利的项目更多的鼓励和支持。种子期孵化周期长、难度大，却具有非常大的社会意义，政府要给予其更多的鼓励和支持。要加大种子期和初创期引导基金投入，着重支持平台模式和专一模式孵化器，依据服务企业的数量质量等制定补贴标准。政府应多关注初创期和种子期的技术创新，在专利认证等方面有可量化、可实施的机制，奖励创新创业团队的技术创新。三是设立高校学生创业专项支持基金。充分发挥大学生创业在推动高校科研院所科技成果转化中的作用，针对移动互联网、电子商务、智能硬件等学生创业比较活跃的领域，设立学生创业专项支持基金，以培育年轻创业家为核心，激发学生创新创业活力，培育年轻一代创业者和企业家。四是支持众创空间开展信息咨询、创业交流、培训辅导、投融资对接等服务，对入驻众创空间创业团队的房租、宽带接入、公共软件、开发工具等费用适当进行补贴。

4. 加快政府创新创业服务更新迭代，推动政府服务便捷化

由于创新创业企业的知识产权、专利、商标等更新迭代速度快，在人才引进、企业管理运营等方面与一般企业不同，海淀区可率先探索适应创新创业企业特点的政府服务创新，协调各级部门，推动政府调整行政管理范围、简化服务流程、提升反应速度，以适应快速发展的创新创业需求。一是推动调整与缩短审核商标的周期，以便更好地适应互联网创业快速迭代的特点。二是调整企业名称审核标准，允许企业有条件地使用阿拉伯数字、英文字母作为企业名称。三是开展创业型人才政策试点，建立快速便捷的人才服务体系。探索政府

与社会的良好互动。加强政府部门与创业者、投资人、服务机构的联系和交流，开通线上意见收集与反馈平台，听取创业者、科技服务机构等关于政府创新创业服务的问题、意见和建议。四是积极动员社会各方面资源，健全完善社会保障体系，降低创业过程中的风险，增强创业者的安全感，保障创业失败时，创业者在无收入或低收入的窘境下能够维持生存，进一步保障创业者在年老、失业、患病、工伤、生育时的基本生活不受影响，为创业者解决“后顾之忧”，更大限度地激发社会的创业动力和活力。

5. 搭建区级众创空间平台，加强全生命周期、智能化的服务与监管

充分应用互联网等新技术强化全生命周期服务与监管能力，对新兴业态要适当地加以引导、规范。构建“海淀区众创空间创业服务平台”，基于互联网GIS技术实现众创空间的全覆盖，可以实时查询各众创空间内的企业入驻、孵化、投资等情况，并对众创空间的建设和管理进行实时监测，防止载体过剩，及时洞察潜在的不良商务模式。通过众创空间的互联网平台建设和资源渠道，把创业者、投资者和服务机构联系起来。同时，也为中关村大街未来更多众创空间的全生命周期和智能化服务、管理提供基础数据和基本模式。

（三）积极对接国际创新创业资源，打造全球的创业圣地

1. 持续探索国际创新孵化升级路径，吸引更多国际创新资源落地

在前期交流合作的基础上，中关村创业大街正在逐步深化国际业务，与一些国外机构达成意向互设办公室、持续深入合作。目前，澳大利亚的Muru-D、韩国D-camp、俄罗斯SK科技园孵化器、欧盟中欧区域经济合作中心等机构都有意向在创业大街设立北京或中国办公室。下一步，创业大街将与国际科技中介机构、跨国公司建立广泛联系，加速推进创新创业服务的国际化布局，重点开拓国际市场，强化与国际资源的对接，建设国际创新孵化平台，探索建立跨国技术战略联盟，引导更多国际创业团队来中国创业发展，将中关村创业大街打造成为国际创新资源落地中国的第一站。

2. 面向全球发布重点产业领域创新发展计划，突破国际资源流动的瓶颈

为培育国内领先并具有国际影响力的区域重点产业，打造区域创新品牌，聚焦海淀区科技服务、信息互联网、机器人、智能制造、生物医药等重点及优势产业，每年发布针对各产业若干细分领域的创新计划，与国内外科技服务机

构或政府部门合作，在全球范围内征集、筛选优秀创新创业项目、技术人才和服务机构到海淀发展，对其在资金、税收等方面给予支持，营造具有区域特色的产业创新氛围。用好用足公安部2016年1月出台的支持北京创新发展的20项出入境政策措施，着重解决制约吸引和聚集外籍高层次人才、留学归国创业外籍华人、外籍青年学生和创业团队外籍成员四大类外籍人才的政策问题，提升利用全球人才、技术、资本、信息和服务的水平。

3. 实施国际创新节点计划，优化跨境创新创业生态系统

推广海淀区在硅谷建立科创硅谷孵化器的模式，有选择地在全球若干国家或地区建立创新节点，通过国际创新节点布局搭建全球创新网络。一是要支持一批中关村领军型企业加快"走出去"，跨境并购全球一流技术和创新团队，在硅谷、以色列等创新中心设立分支机构、研发中心、孵化机构和投资基金，瞄准国际市场，参与全球竞争，进行平行研发、平行孵化、平行投资。二是在美国东部地区（华盛顿/纽约等）、以色列、德国、北欧等创新尖峰地区设立创新资源节点，通过采取与优秀科技创新创业服务机构合作共建等方式，引进国际先进技术、团队并帮助海淀区企业对接各种海外创新创业资源。三是在东南亚、印度等新兴国家和地区建立创新市场节点，通过与相关服务机构合作，帮助海淀区有开拓国际市场意愿的企业对接当地市场、商业等资源。

（四）关注创新创业群体需求，引导理性创业

1. 关注创新创业群体生活需求，活跃创新创业文化

以中关村创业大街的党建、团建、统战工作为抓手，关注80后、90后、留学归国人才等创新创业群体的创新、创业、社交、娱乐、工作、生活和精神需求，打造宜创宜居的环境，增强其对海淀区、中关村创业大街的参与感、归属感，活跃区域整体创新创业氛围。一是支持创业大街、入驻机构等设立创业者健身、交流等公共空间，支持创业者开展丰富的业余社团活动。二是倡导设立"创业日"，开展创业者演出、马拉松等区域大型活动，凝聚创业精神。三是支持社交网站、社团等在节假日、周末组织创业者厨艺大赛、游园活动、音乐会、联谊会等多样化交流活动，营造轻松融洽的创业者互动氛围。

2. 打造具有影响力的创新创业精品活动，弘扬创新创业文化

海淀区政府要继续举办好"中关村创新创业季"等主题活动，大力弘扬

创新创业的时代精神。政府应以更大的力度支持举办创业沙龙、创业训练营、创新创业大赛等活动，为创业服务机构、创业者提供集中交流、展示的舞台，挖掘优秀的创业项目及团队。鼓励中关村的科学家、企业家成为创新创业志愿辅导员。广泛开展媒体宣传，展示推介众创空间典型模式、创新创业典型人物和先进事迹，广泛传播创业文化，让“大众创业、万众创新”在全社会蔚然成风。在创新创业活动的开展中，培育“无中生有、有破有立、心动即行动”的创新精神，形成“用科技创造财富”的发展理念，孕育“容忍失败、宽容异端、鼓励原创”的创新精神和“生生不息、传帮接带”的创业文化，以及“创意挖掘、创业育孵、创新循环”的服务网络。

3. 开展创新创业教育，正确引导理性创业

目前，互联网创业出现了浮夸风，各种融资造假曝光，盲目创业者、机会主义者加入创业大军中。并不是所有人适合创业，没有任何工作经验的创业者失败率更高。创业教育的第一堂课应该讲的是不要急于创业。政府可利用公共服务手册和指导，理性引导建立健康的创业文化，使创新创业教育进校园、进企业、进社区，让创业者理解双创时代的要求、产业发展的要求，不要为了创业而创业，不以融资来判断创业，而是真正为了解决问题、满足需求、创造价值，让创新创业真正服务于经济发展。

从长远来说，构建完善的创新创业生态系统，离不开政府的积极作为，但政府也应积极发挥市场机制、社会机制的作用，要避免“赤膊上阵”，重视发挥市场机制和社会组织的优势，支持天使投资、创业投资发展壮大，支持高校院所、产业联盟、行业协会承担创新创业的更多服务功能。

参考文献

《国务院关于加快构建大众创业万众创新支撑平台的指导意见》（国发〔2015〕53号），http：//www. gov. cn/zhengce/content/2015 －09/26/content_ 10183. htm。

万钢：《改革思维打造大众创业万众创新的新引擎》，《光明日报》2015 年 3 月26 日。

王子威：《众创空间专题研究报告》，http：//www. chinaventure. com. cn/cmsmodel/report/detail/1006. shtml。

海淀园管委会：《中关村创业大街创业会客厅一站式创业服务成效初显》，http：//

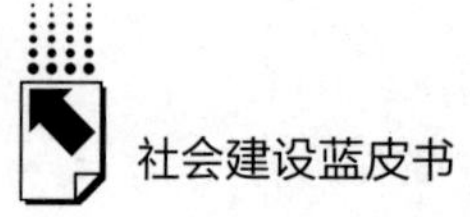

www. bjhd. gov. cn/govinfo/auto4510/201505/t20150514_ 698618. html。

郑金武：《中关村创业大街奏响年终盛典》，《科技日报》2015 年 1 月 19 日。

闫傲霜：《众创空间，创新创业的新选择》，《人民日报》2015 年 4 月 7 日。

贾付春：《全新视角下企业孵化器的评价标准》，http：//www. focus. cn/news/chanye - 2015 - 09 - 21/6227599. html。

贾付春：《新形势下企业孵化器的 4 大发展趋势》，http：//chanye. focus. cn/news/2015 - 09 - 02/6227031. html。

伍浩：《深化政府职能转变激发创新创业活力》，《理论视野》2015 年第 7 期。

王亚强：《美国政府如何支持创新创业》，《学习时报》2015 年 4 月 6 日。

社会治理篇

Social Governance

B.11

2015年北京社会建设回顾分析

北京市委社会工委研究室课题组*

摘　要：　本文认真总结了2015年北京市社会建设工作进展情况，简要回顾了全市上年和“十二五”时期社会建设取得的显著成效，概括提炼了“十二五”时期全市社会建设的主要经验体会。本文较为全面地展示了全面深化改革关键之年乃至整个“十二五”时期全市社会建设的主要成绩，为“十三五”时期加快推进首都社会建设改革治理提供科学参考和借鉴。

关键词：　北京　社会建设　“十二五”时期

* 本报告由岳金柱、王涛、杨沛龙、李薇等执笔。岳金柱，博士，北京市委社会工委综合处处长；王涛、杨沛龙、李薇，北京市委社会工委研究室干部。

2015年，是全面深化改革的关键之年，是全面完成“十二五”规划的收官之年。回顾一年来北京市的社会建设情况，可以概括为深化改革、持续创新、整体推进、重点突破、成效显著、形势喜人，为“十二五”时期全市社会建设收好官、结好尾，画上了一个圆满的句号，使首都社会建设迈上了新的台阶。

一　2015年北京市社会建设取得显著成效

2015年，全市社会建设领域认真学习领会习近平总书记一系列重要讲话精神，深入贯彻落实党的十八大和十八届三中、四中、五中全会精神，着力深化社会治理体制改革，加快推进社会治理创新，进一步完善具有时代特征、中国特色、首都特点的社会建设工作体系，进一步健全党委领导、政府主导、社会协同、公众参与、法治保障的社会治理体制，进一步提高社会治理精细化水平，扎实推进首都社会治理体系和治理能力现代化，为“十二五”时期全市社会建设治理改革收好官、结好尾，为建设国际一流的和谐宜居之都做出新贡献。

（一）社会治理体制改革统筹协调推进

一是统筹全市深化社会治理体制改革。印发《关于深化北京市社会治理体制改革的意见》，明确深化全市社会治理体制改革的总体思路和目标，部署深化社会服务体制改革、社会组织体制改革、街道体制改革、社区治理机制创新、社会治理方式创新以及加强和改进党对社会治理体制改革的领导六大方面20项重点改革任务。印发《〈关于深化北京市社会治理体制改革的意见〉重点任务分工方案》。完成北京市“十三五”时期社会治理规划草案。

二是推进社会事业与社会治理体制专项改革。印发社会事业与社会治理体制改革专项小组改革实施规划（2014～2020年），提出改革举措内容28项，具体工作185项。印发专项小组2015年工作要点、主要任务及分工方案，明确责任分工，扎实推进年度改革任务44项、重点改革任务20项。统筹协调和积极推进医疗、养老、网格化体系建设、街道社区、社会组织等重点领域改革。

三是开展专题调研与合作交流。成功举办“学习贯彻十八届五中全会精

神　全面深化社会治理体制改革——2015 年全国部分省市社会建设（北京）年会”。联合举办中国社会治理创新调研成果交流会、第五届中国社会治理论坛等活动。与首都经贸大学和部分新经济组织联合成立北京新经济组织发展研究院，共同举办专题论坛。与美国二十一世纪学会联合成立北京·芝加哥社会发展比较研究中心，并启动芝加哥城市群协同发展研究项目。完成“十三五”社会治理创新系列重点课题研究以及促进社会组织发展的政府购买服务政策调研。研究制定“北京市企业社会责任评价指导标准”。出版《中外社会治理研究报告》《中国社会改革评论（第 2 辑）》《中国社会建设报告 2015》《北京市社会心态发展报告（2014～2015）》等。

（二）网格化体系建设取得突破性进展

一是网格化“1+3”文件贯彻得力。印发《关于加强北京市城市服务管理网格化体系建设的意见》《北京市城市服务管理网格化体系建设基本规范（试行）》《北京市城市服务管理网格化体系建设指导目录（试行）》《北京市社会服务管理精细化测评指标（试行）》四个文件。举办七期市级网格化体系建设培训班，培训区、街道、社区三级 1782 名网格化工作人员。各区都制定了贯彻落实“1+3”文件精神的具体实施方案，初步建立网格化工作联席会议制度。

二是网格化体系实现全覆盖。市级建立统筹协调机制，市网格化工作联席会议办公室有序运行。区级全部建立指挥中心、街道（乡镇）建立指挥分中心，各社区基本依托社区服务站，各村基本依托农村社会服务站或村委会开展网格化工作。截至目前，全市共划分网格 31681 个，配备各类网格员 15.9 万人，实现区、街道、社区三级网格化体系建设全面覆盖，形成“横到边、纵到底、全覆盖、无缝隙”的网格化体系。

三是“三网”融合取得明显成效。各区在网格融合、指挥调度体系融合、信息系统和基础数据融合、网格员队伍融合、事项标准融合、热线资源融合等方面取得明显进展。其中，东城、西城、海淀等区已基本实现“三网”融合，部分区向多网融合、资源集成阶段发展。2015 年以来，各区网格化信息系统共立案各类事件 410 万件，结案率为 92%，在优化城市环境、加强社会服务、维护社会稳定等方面发挥重要作用。

（三）社区建设水平持续有效提升

一是社区服务水平有效提高。北京连续 6 年将“一刻钟社区服务圈”示范点建设纳入市政府为民办实事项目和折子工程。2015 年建成 207 个示范点，累计建成 1236 个，覆盖 2341 个城市社区，覆盖率达 80%；建成 110 个社区规范化示范点，累计建成 563 个；建成 102 个老旧小区自我服务管理试点，累计建成 332 个；完成 105 个村级社会服务试点建设任务，累计建成 452 个。协调完成第二批社区用房项目后续支持资金拨付和第三批社区用房建设项目评审批复，督导各区加强未达标社区用房建设，对全市达标社区进一步规范项目管理，全市 2638 个社区服务管理用房面积达到 350 平方米标准，达标率 90%。扎实推进年度 640 个智慧社区和 309 个星级智慧社区升星建设工作，全市共建成 1672 个星级智慧社区，占全市社区总数的 58%。全市共有 43 个街道实现智慧社区全覆盖。

二是社区治理工作扎实推进。完成全市第九届社区居委会换届选举工作。全市 2918 个社区中共有 2767 个社区党组织参加换届选举，占 94.8%；2828 个社区居委会参加本次换届选举工作，占社区总数的 96.9%。结合换届选举工作，在城六区 39 个社区开展社区区域化党建、多元性自治、开放式服务试点工作，探索多方参与的共商共治、共建共享模式。在七个区开展社区心理服务试点，积极探索商品房社区、城乡接合部社区、老旧社区等不同类型社区的基层心理服务经验，促进社区稳定。深入开展调研，研究起草全市社区治理现代化建设行动方案。

三是和谐社区创建持续推进。会同相关单位创新“公益讲座　百姓点题”模式，举办 300 余场周末社区大讲堂；共同开展第九届“感动社区人物”评选；创办长城网《社区大讲堂》栏目，普及社区建设知识，宣传基层先进典型；启动第二批公安部“百名机关青年干部进社区”志愿服务活动。与北京市台湾事务办公室共同推进京台（北京 - 台湾）社区发展合作交流项目，确定第一批 56 个社区（村）试点，首次举办京台社区交流专题培训，共组织 4 批 180 余人参加培训，接待台湾社区参访团 8 批次 350 多人来京交流，分别在北京和台湾举办 2015 京台社区论坛。

（四）社会组织建设不断巩固发展

一是“枢纽型”社会组织工作体系不断完善。目前，市级“枢纽型”社会组织36家、区级218家、街道级461家。联系各级各类社会组织超过3万家，其中社区社会组织约1.86万家。深入学习贯彻中央和市委关于党的群团工作会议精神，掀起热潮，激发动力。“枢纽型”社会组织在工作实践中，对促进资源对接、深化交流合作的效果更加突出，趋势更加明显。市总工会举办“职工类社会组织经验交流暨项目对接会”，探索使用自有资金购买51个社会组织管理岗位和100个服务项目；团市委举办“青年社会组织公益项目竞赛”，评选40个优秀项目并通过“联合劝募”等方式予以支持；市妇联建立“妇女儿童公益服务资源平台”，运用大数据技术推动妇女社会组织、妇女之家、社会企业等资源对接；市科协积极推动科技社团承接政府转移职能工作；中关村社会组织联合会举办常态化创新创业论坛、培训；市贸促会、市工商联、北京工经联等分别举办京津冀经贸交流项目对接活动。

二是对社会组织培育扶持力度不断加大。2015年，投入市级社会建设专项资金6808.9万元，购买476个社会组织服务项目。开展2015年度优秀项目评选及奖励工作，对198个项目奖励资金714万元。向市级社会组织购买管理岗位368个，落实购买市级“枢纽型”社会组织管理服务经费1010万元。以市社会组织孵化中心为主，举办各类业务培训81期，对外提供咨询服务280余场次，市、区、街三级社会组织孵化（服务）机构开展培训累计超过7500人次。与北京大学合办社会组织治理创新暨能力提升研修班，培训社会组织骨干人员1200人。编印基层社会组织服务（孵化）平台建设指引，14个区56个街道建立社会组织服务（孵化）场所。加大对社区社会组织引导扶持力度，各区通过街道“枢纽”进行广覆盖，依托基层服务基地进行日常培育，借助公益“微创投”及购买社会服务，对社会组织给予支持，搭建“公益行”活动平台，扩大社会组织影响力。

三是社会组织活力不断激发。全面开展“社会组织公益行”系列活动，36家市级“枢纽型”社会组织和16个区本年度共推出公益活动2936项11800场次，比上年增加70%，累计服务城乡居民超过百万人次。对获评的100个“北京市社会公益服务优秀品牌”进行表彰奖励和宣传报道，石景山、房山等区有效开展优秀公益品牌创建评选工作，发挥后者的引导和示范作用。成功举办首届“北京社会公益汇”，308 家公益机构进行了现场展示，达成项目合作意向 210 个，对接项目资金 3500 余万元，25000 余名各界人士观摩考察，60 多家媒体宣传报道，社会反响热烈。

（五）社会工作者队伍建设力度进一步加大

一是综合协调力度不断加大。按市人才工作领导小组要求，统筹各成员单位工作进展情况，完成《首都中长期社会工作专业人才发展规划纲要（2011－2020 年）》中期评估工作。制定《〈首都中长期社会工作专业人才发展规划纲要〉2015 年工作任务分解方案》，督促各有关部门、各区认真落实 2015 年工作任务。

二是社区工作者待遇规范调整持续推动。与市委组织部等五部门联合印发《关于进一步规范社区工作者工资待遇有关事项的补充通知》，出台《关于进一步规范社区工作者工资待遇的实施办法（试行）》，明确从 2016 年开始按人均收入不低于上年全市社会平均工资 70% 的标准确定社区工作者总体待遇水平。修订《北京市社区工作者管理办法（试行）》，继续完善社区工作者培养、使用、管理、激励机制。

三是队伍培训体系不断健全。在社区工作者全员轮训基础上，开展全市新入职社区工作者培训，全年共培训各区新入职社区工作者 2900 余名。继续推进“社区工作者硕士研究生培养计划”，2016 年录取 33 名社区工作者攻读社会工作硕士研究生，累计录取三届 85 人，已毕业 35 人。联合举办第三届“北京市高级社会管理服务人才培训班”，145 名学员参加培训。举办“北京市社会工作管理人才高级研修班”，60 人参加培训。与市人力资源和社会保障局联合举办“北京市社会工作管理人才高级研修班”。联合有关机构加强社会工作者职业水平考试考前辅导，2015 年 2759 人获证，其中社工师 894 人，助理社工师 1865 人，累计总数为 20722 人。启动实施第六期“社工督导人才培养计划”。

四是专业社工机构建设加快推进。全市新成立社工事务所 18 家，社会建设专项资金扶持的社工事务所累计达 93 家，全市社工机构总数达 134 家。实施“一街一社工”项目，在街道层面购买社工岗位 145 个，为居民提供专业社工服务。启动专业社工社区服务督导试点，确定90个试点社区。发挥专业社工机构委员会在联系服务全市专业社工机构、推动机构建设、加强行业自律等方面的作用。推进专业社工机构规范化建设，起草《北京市社会工作督导资格认证办法（试行）》及实施细则和北京市社会工作事务所规范化建设指导意见及指标测评体系文件。

五是典型宣传力度进一步加大。举办2015年“国际社工日”暨第三届“寻找首都最美社工”表彰大会，表彰11名“首都最美社工”和39名“首都优秀社工”，发布《北京社会工作者职业道德守则》，启动“社工知识进万家”活动。以“最美社工、精彩人生”为主题，启动第四届“寻找首都最美社工”评选活动。培育壮大“首都最美社工宣讲团”，组织宣讲团深入社区、院校、机关进行宣讲。

（六）社会动员与志愿者工作取得新进展

一是社会动员工作取得新进展。召开社会动员试点工作现场会和交流会，印发全市街道社会动员试点工作方案，确定31个街道作为第三批社会动员试点，试点街道累计达到80个，覆盖1280个社区，重点在治理“大城市病”、居民自治、共驻共建、应急动员、志愿服务、创新动员方式手段等方面进行探索，帮助解决一批群众反映强烈的热点难点问题，试点工作取得阶段性成效。与法制晚报社合作组织开展“首都社会文明行”之文明行车、文明停车活动，积极开展社会文明引导行动，广泛动员全市社会建设力量参与文明行车、停车活动。广泛宣传全市社会建设的先进个人、先进群体、先进事迹，开展“身边好人、社会好事”宣传教育活动，评选“北京社会好人榜”，上榜个人107名，上榜群体105个。推荐72名社会建设“2015北京榜样”候选人，其中9名入选周榜样人物，4名入选月榜样人物和年度候选人。广泛动员社会力量参与“2015年防灾减灾日”宣传活动和应急演练。积极响应市委市政府号召，启动应对极端天气工作机制，通过“北京服务您”应急信息快速发布系统、社会建设手机报系统和社会建设网发布通知公告信息，广泛动员志愿者、社区居民、社会单位等积极参与扫雪铲冰，为城市安全运行做出积极贡献。

二是志愿者工作取得新进展。依托“志愿北京”平台，全市实名注册志愿者已突破320万人。围绕“保护蓝天、保护碧水、保护文物、服务社区、服务社会”五大主题，联合开展“北京社会志愿服务行”活动2048项，共开展志愿服务49418场次，累计动员志愿者61万余人，受益群众208万余人次。大力推动社会领域志愿服务组织建设，全市10家“枢纽型”社会组织成立专业志愿服务组织，城市社区全部完成志愿服务站建设。围绕北京田径世锦赛和纪念抗日战争暨世界反法西斯战争胜利70周年活动，开展“平安北京、和谐有我”志愿服务月活动，累计动员志愿者67.8万余人，志愿服务突破133.2万人次。支持培育400个社会领域志愿服务项目，召开社会领域志愿服务交流培训会，指导基层积极开展“3·5”学雷锋志愿服务日和“12·5”国际志愿者日活动。

三是社会领域维稳工作取得新进展。围绕纪念抗日战争暨世界反法西斯战争胜利70周年活动，做好强化社会矛盾纠纷排查化解、强化社会面防控工作，为纪念活动圆满成功营造了良好的社会环境氛围。完成春节、全国“两会”、世界田径锦标赛等重点时期社会领域维稳工作，累计动员社区工作者和志愿者约27万人，参与化解社会矛盾1500多起，服务特殊人群1.9万人次。动员社会力量协助相关部门做好打击非法集资宣传教育和风险排查工作。

（七）法治宣传工作扎实推进

一是积极推进依法行政工作。认真学习贯彻全市推进依法行政工作领导小组（扩大）会议精神，修订完善推进依法行政重点工作方案及区政府依法行政考核指标；制定印发年度依法行政学习培训计划，举办区县政府社会建设部门依法行政专题培训会，举办以行政规范性文件审查备案为主题的机关依法行政专题辅导；制定印发市社会办2015年区县政府依法行政考核评分细则，指导区县政府依法推进社会建设改革治理，认真组织完成区政府依法行政考核工作。各区社会建设依法行政能力和水平得到有效提升。

二是积极推进法治宣传教育。总结社会领域法治宣传教育经验和成果，完成全市社会领域“六五”普法工作报告，总结社会领域法治宣传工作经验，如新奥特集团党委开展法治宣传先进事迹、顺义区开展社区社规民约调研成果等。深入开展法治宣传“六进”活动，全市社会领域确定“首都律师以案释法活动”普法宣讲点76个，其中街道（镇）10个、社区60个、社会组织2个、非公企业2个、商务楼宇2个，培训法治讲座两期，扎实开展普法宣讲活动；与市法宣办、北京海关合作，联合中央电视台社会与法频道，在朝阳区建外街道南郎社区举办“普法宣传进社区　共筑法治中国梦”主题公益活动。认真开展学习宣传新修订的行政诉讼法、立法法、控制吸烟条例等活动。

（八）社会领域党建工作扎实深入

一是区域化党建工作格局进一步完善，圆满完成社区党组织换届工作。全市 2767 个社区党组织参加本次换届选举，全部实现“公推直选”，新一届社区党组织班子学历、年龄等结构得到进一步优化。社区党组织书记平均年龄 46.8 岁，大专以上学历占 89.9%，班子成员平均年龄 45.3 岁，大专以上学历占 78.7%，配备专职副书记 2612 名，850 名大学生社工进入党组织班子，其中 380 名担任正副书记。印发《关于进一步加强区域化党建工作的意见》，推动街道党建工作协调委员会、社区区域化党建工作平台建设。召开全市社区党建引领社区治理研讨交流会，探索和完善社区党组织领导下的社区服务治理模式。

二是社会领域党组织和党的工作有效覆盖进一步推进。深化非公企业党建推进工程，重点加强科技园区、互联网企业和外商投资企业党建，合理控制联合党组织覆盖企业数量，提高单独组建率，增加非公企业发展党员指标 445 个，全市非公有制经济组织党组织覆盖率达 79.9%。学习贯彻全国社会组织党建座谈会和中央关于加强社会组织党的建设工作的意见精神，完善 36 家市级“枢纽型”社会组织党建“3 + 1”机制建设，36 家全部成立党建工作委员会。推动民办教育、医疗机构党组织建设，民办学校建立党组织 93 个，民办医院建立党组织 89 个。聘请 3600 名离退休党员干部担任非公党建指导员，继续推进商务楼宇示范站创建活动，建成 200 个商务楼宇示范站点。

三是社会领域党建工作整体水平进一步提升。举办街道工委书记、街道社会工作党委书记培训班，社区、非公有制企业和社会组织党组织负责人以及非公有制企业党建指导员和商务楼宇工作站负责人示范培训班，加强社会领域党务工作者队伍建设。推动党员志愿服务进商务楼宇、进非公有制企业活动，指导部分商务楼宇工作站集中参加“2015 年北京志愿服务推动日”展示活动，培育和推广商务楼宇党员志愿服务聚合力“V +”项目，拓展党组织和党员发挥作用的有效途径。组织指导市社会领域党的建设研究会及社区、非公有制经济组织、社会组织等党建专业委员会，开展课题研究、经验交流和实践创新活动。加强社会领域党建信息化建设，深入开展城乡基层党建三级联创，提升社会领域党建工作科学化水平。

二 “十二五”时期北京社会建设开创崭新局面

“十二五”时期，北京市社会领域按照“五个更加、一个广泛覆盖”的目标任务，一手抓顶层设计、一手抓夯实基础，加快推进社会建设体制机制、政策体系、方式方法、运行模式创新，初步探索出一条具有时代特征、中国特色、首都特点的社会治理新路子，全市社会建设、治理、改革取得了显著成效、开创崭新局面、跨上新的台阶、迈上新的起点，继续走在全国的前列。

（一）社会服务取得新成效：更加完善

出台政府向社会力量购买服务政策，加快政府职能转移，加大政府购买服务力度，创新社会公共服务提供方式。进一步完善社会公共服务体系，完成城市社区“1060 工程”，城市社区实现基本公共服务全覆盖；建成市、区、街三级社区服务中心 200 个，城乡社区服务站 6350 个，两批投资 33.1 亿元，完成 868 个社区服务用房建设项目，90% 以上的社区管理服务用房达到 350 平方米以上；加快推进“一刻钟社区服务圈”建设，累计建成 1236 个示范点，覆盖 2341 个城市社区，覆盖率达到 80%，使社区居民生活更便捷。政府主导、企事业单位和社会组织广泛参与的公共服务提供机制逐步完善，社会资本参与社会服务的积极性和参与度明显提升。社会保障体系进一步完善，在全国率先实现社会保障制度城乡全覆盖。就业保持稳定，城乡居民收入稳步增加。保障性住房建设力度加大，廉租房申请家庭实现应保尽保。教育、文化、卫生、体育事业稳步发展，服务体系不断完善。社会福利体系进一步健全，适度普惠的社会福利制度初步建立，老年人福祉水平明显提升，残疾人保障力度持续加大，社会救助制度不断健全，慈善事业快速发展。

（二）社会管理迈上新台阶：更加科学

进一步发挥市、区两级社会建设工作领导小组及其办公室的职能作用，加大统筹协调和综合督导力度，深化街道社区、社会组织体制改革，社会治理体制改革取得新成效。深化街道管理体制改革，完善街道职能定位，理顺街道与政府职能部门、与社区之间的关系，工作重心下移，进一步把城市管理和社会服务职能下沉到街道。创新社区“三位一体”机制，启动并持续推进社区规范化示范点建设，全市累计建成563个示范点；开展村级社会服务试点建设，全市累计建成试点452个，配合推进48个新型农村社区试点建设。全市共建成1672个星级智慧社区。创新流动人口管理和服务，促进人口有序分布和增长。完善特定人群管理和服务，各区均建成“阳光中途之家”。加强外籍居民服务管理，朝阳、海淀、顺义等区建立18个国际化社区试点。公共安全进一步提升，健全食品药品监管机制，完善安全生产监管机制，构建立体化社会治安防控体系，优化应急管理机制。依法加强互联网新媒体管理，培育健康向上的网络文化和网络环境。加快推进网格化体系建设，市级建立统筹协调机制，区级全部建立指挥中心，全市共划分服务管理网格31681个、配备各类网格员15.9万人，实现区、街道、社区三级网格化体系全面覆盖，形成“横到边、纵到底、全衔接、无缝隙”的网格化体系。

健全现代社会组织体制，全市共认定“枢纽型”社会组织市级36家、区级233家、街道级445家，联系各级各类社会组织由原来的4700多家增加到3万多家，覆盖率由15%扩大到87%，五年扩大了4倍多。市社会建设专项资金投入5.2亿元，购买社会组织服务项目2432个，累计为社会组织购买管理岗位1068个、为街道购买专业社工岗位895个、为非公企业购买党建指导员岗位7200个，撬动配套资金3.08亿元，参与社会组织43509家，覆盖人群1763.21万人，开展活动35万场次。市社会组织孵化中心共孵化公益组织150余家，5家市级“枢纽型”社会组织，14个区、56个街道、47个社区成立多种形式社会组织孵化（服务）机构，全市“一中心、多基地”社会组织服务网络初步形成。持续举办“北京社会组织公益行”系列活动，开展养老助残、环境保护、应急救助等大型公益活动3500余项3万多场次，累计服务群众超过300万人次。开展社会组织公益服务品牌创建活动，培育打造100个优秀特色公益服务品牌。

（三）社会动员取得新进展：更加广泛

开展社会动员试点工作，分批在80个街道1280个社区进行试点。深化居

（村）民自治，居委会直接选举和户代表选举比例大幅提升，全面推行村务监督委员会制度。加强老旧小区服务管理，累计开展332个老旧小区居民自我服务和管理试点建设。推动辖区单位向社区开放服务设施，支持社会组织有序参与社区服务管理。举办社区邻里节、社区公益文化节、周末社区大讲堂、公安部青年干部进社区等系列活动，启动京台社区交流合作，形成“和谐杯”乒乓球比赛、“北京魅力社区”评选表彰、“十大感动社区人物”评选表彰等一批居民参与度高的特色品牌活动，营造居民参与的良好氛围。

加快推进社会工作者队伍建设，实施“大学生社工计划”“万名社区工作者培训计划”“新入职社区工作者培训计划”，培育扶持专业社工机构，连续三次提高社区工作者工资待遇，基本实现社会工作者队伍专业化、职业化。全市社会工作专业人才总量已达到5.2万余人。其中，社区工作者近3.5万人，平均年龄39.1岁，大专以上学历占80%，在职在岗培训率达97.5%，形成工资待遇长效增长机制。全市取得社会工作职业水平证书者20722人，占全国总数的10%；联系服务社会工作服务机构609家，其中专业社会工作机构155家，社会建设专项资金扶持的专业社会工作事务所93家。

进一步推进社会动员和志愿服务，着力创新社会动员体制机制，在全市31个街道开展社会动员试点，试点街道累计达到80个，覆盖1280个社区，探索适应形势任务发展需要的社会动员体系网络、政策制度、方式方法、手段途径，帮助解决了一批群众反映强烈的热点难点问题。完善志愿服务长效机制，推进志愿者实名制注册，初步形成重大活动志愿服务、应急志愿服务和经常性志愿服务相结合的志愿服务体系。城市社区志愿服务站全部实现规范提升，10家市级“枢纽型”社会组织建立志愿服务组织，在具备条件的商务楼宇建立志愿服务站，上万家非公有制企业开展志愿服务工作，专业社工机构推广“社工+志工”志愿服务模式。全市实名注册志愿者突破327万名，注册志愿者团体5万多个；注册各级各类应急志愿服务队伍518支；成立市民劝导队2393支、队员10万余人。

（四）社会环境升至新水平：更加文明

深入开展文明城区（村镇）创建活动，4个区被评为全国文明城区，3个街道、16个社区被评为全国文明单位，35个村镇被评为全国文明村镇。深入开展“做文明有礼北京人”活动，开展“社会好人榜”评选宣传活动，加大道德模范评选表彰宣传力度。稳步推进社会诚信体系建设，建立守信激励和失信惩戒机制。深入开展“六五”法治教育宣传，全面推进依法行政，不断深化法治实践活动。大力推进学习型城市建设，搭建首都市民终身学习平台。不断深化科学普及活动，倡导科学健康、积极向上、绿色低碳的工作生活方式。坚持开展居民心理健康调查和居民心态调查，完善心理援助服务，不断提升精神卫生服务水平。

（五）社会关系取得新进步：更加和谐

建立健全党和政府主导下的群众权益维护保障机制，群众利益协调机制进一步健全，坚持开展为民办实事，推广劳动争议调解“六方联动”机制和工资集体协商制度，建立党和政府主导的维护群众权益机制。群众诉求表达机制进一步健全，加强改进信访工作，引导群众理性表达诉求。社会矛盾调处机制进一步健全，在矛盾多发领域建立联合调解机制，大力发展行业性、专业性调解组织，加强源头预防和社会矛盾纠纷化解，健全社会矛盾纠纷监测预警机制，构建矛盾纠纷大调解工作格局。社会稳定风险评估机制进一步健全，深入开展社情民意调研和社会稳定风险评估。和谐创建机制更加健全，深入开展和谐家庭、和谐社区（村镇）、和谐企业、民族团结宗教和睦创建活动。

（六）社会领域党建取得新突破：广泛覆盖

坚持以党建工作创新引领社会服务管理创新、以党建工作全覆盖引领社会服务管理全覆盖，形成分级管理、分类负责的社会领域党建工作格局，初步形成社会领域党建广泛覆盖的工作体系。全市各社区全部建立党组织，设立社区党组织服务群众专项经费，全面推进在职党员进社区工作。街道（乡镇）全部成立社会工作党委，建立2824个社会领域党群活动中心。36家市级“枢纽型”社会组织全部建立党建工作委员会，实现党建“3+1”工作机制全覆盖，建立社会组织基层党组织1736个、党建小组266个。全市共建立1138个商务楼宇工作站，实现1297座商务楼宇社会服务、党建和工、青、妇“五站合一”全覆盖，覆盖7.7万余家“两新”组织、93万余名就业人员、4.9万余名党员。全市105738家非公企业建立党组织9512个，覆盖非公企业84506

家，非公企业党组织覆盖率达到79.9%。每年举办街道党工委书记培训、非公企业党组织负责人培训、商务楼宇工作站负责人培训、社区党组织负责人示范培训，累计培训3700多人次。

据中国社会建设蓝皮书2013年、2014年、2015年报告，北京市社会建设水平继续保持国内各省区市、特大型城市之首，已连续三年是唯一一个总分超过90分的省区市和特大型城市，首都社会建设走在全国的前列。

三 “十二五”时期北京社会建设经验体会弥足珍贵

“十二五”时期的北京社会建设和治理改革，成绩来之不易，经验弥足珍贵，体会十分深刻。这些成绩、经验、体会的取得、积累、升华，进一步深化了相关部门对做好全市社会建设工作的思想认识，坚定了信念追求，凝聚了发展共识，增强了体制自信，激发了决心勇气，为“十三五”时期社会建设改革治理奠定了坚实基础。回顾“十二五”时期工作，可概括出五个方面的经验体会。

（一）必须始终坚持党委领导、政府主导

党的领导是根本，政府主导是关键。实践证明，要把党委领导、政府主导作为社会建设与社会治理创新的基本核心，必须充分发挥社会建设工作领导小组及其办公室的统筹协调作用，不断加强顶层设计，努力完善工作体系。要围绕加强和改进社会领域党的建设，着力把党的领导、人民当家做主、依法治国有机统一落实到社会治理具体实践中，夯实基层基础。不断加快政府简政放权和职能转移，建设服务型法治政府，不断提升政府社会管理、公共服务水平。近年来，市委市政府高度重视，坚持党委领导、政府主导，始终坚持一手抓顶层科学设计、一手抓夯实基层基础，每年召开一系列会议，每年出台一系列文件，每年采取一系列重要举措，使北京社会建设改革治理不断开创崭新的历史局面。

（二）必须始终坚持以人为本、服务为先

以人为本是核心，服务为先是主旨。实践证明，要把保障和改善民生、提

高社会服务水平作为社会建设与社会治理创新的根本出发点和落脚点。大力坚持社会治理与社会服务相结合，大力提升社会保障和公共服务水平，不断完善基本公共服务体系，努力实现城乡基本公共服务一体化和均等化，在不断完善服务中增进人民福祉、创新社会治理。近年来，北京市在社会建设改革治理探索实践中，坚持人民主体地位，牢固树立以人为本、执政为民、服务群众的理念，把服务民生当作头等大事，每年实施为民办实事工程，加快推进社会保障和公共服务，深化社会事业改革创新，设立市级社会建设专项资金购买社会组织服务，在不断加强和改善服务中推进社会治理创新、社会体制改革，使北京社会建设改革治理不断迈上新的大台阶。

（三）必须始终坚持问题导向、改革创新

问题导向是牵引，改革创新是动力。实践证明，要把全面深化改革、解决突出问题作为社会建设与社会治理创新的基本方法。坚持问题导向和需求导向，必须注重解决广大人民群众普遍关心的突出问题，顺应广大人民群众过上更加美好生活的新期待。坚持分类指导、分层推进、创新实践，充分调动人民群众的积极性、主动性和创造性，为基层探索创新留下充分空间。近年来，北京社会建设改革治理创新的实践充分说明，只有始终坚持问题导向、需求牵引，紧紧围绕重点、难点、热点问题，紧紧围绕人民群众的实际需求和热切期盼，不断推进改革，重点突破、整体推进，不断深化理论创新和实践创新，全面推进社会服务体制、社会组织体制、街道管理体制、社区治理体制改革创新，始终在改革创新中不断破解难题、推动发展，提升服务、满足需求，才能使北京社会建设改革治理不断取得新的明显成效。

（四）必须始终坚持依法治理、公平正义

依法治理是保障，公平正义是目标。要把坚持依法治理、促进社会公平正义作为社会建设与社会治理创新的根本目标。坚持法治国家、法治政府、法治社会一体建设，增强全社会遵法、学法、守法、用法意识，依法调整社会关系、管理社会事务、规范社会行为、破解社会难题。坚持人民主体地位，实现好、维护好、发展好广大人民群众的根本利益，维护社会公平正义。近年来，北京在社会建设改革治理探索实践中，把坚持党的领导、人民当家做主、依法

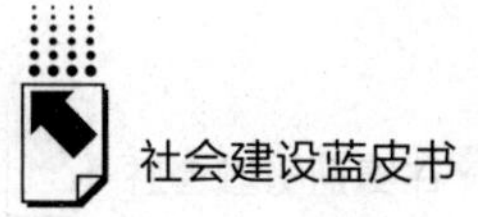

办事有机统一并落实好，从维护社会公平正义的目标出发，先后出台《市委关于创新社会管理加强社会建设的意见》《市政府“十二五”时期社会建设规划纲要》和“1+4+X”系列文件，同时加快推进社会领域科学立法、严格执法、行政依法、公正司法、全民守法，使北京社会建设改革治理不断迈上新的历史起点。

（五）必须始终坚持多元共治、共建共享

多元共治是路径，共建共享是目的。要把各方协同参与、全民共建共享作为社会建设与社会治理创新的重要路径。调动一切积极因素，引导和支持社会力量参与社会治理和社会服务，动员和引导公众有序参与公共事务、城市管理和社会治理，充分发挥多元主体在社会治理中的协同、自治、自律、互律作用，实现政府治理和社会调节、居民自治良性互动，形成全民共建共享的治理格局。近年来，北京始终坚持党的领导、政府主导、社会协同、公众参与，通过社区“三位一体”、社会组织“枢纽型”体系、商务楼宇“五站合一”、社工队伍职业化专业化、志愿服务规范化常态化、企业履行社会责任、驻区单位参与支持、群团组织和社会组织发挥作用，政府、市场、社会三维互动，企事业单位、群团组织、社会组织各方协同，社区、社会组织、驻区单位各方联动，社工、志愿者、公众参与互动，多元主体共同参与社会治理，多方力量共同建设、共同分享发展成果，形成多元参与、共治共赢、共建共享的良好局面，使北京社会建设改革治理不断进入新的发展阶段。

B.12
北京市大兴区“三大一体”区域共建模式研究

联合课题组*

摘　要：　结合北京市大兴区社会治理和社区建设的现实情况，本文提出了“三大一体”区域共建模式。“三大一体”，即深度整合“大党建、大物业、大社区”三种资源，合力打造区域发展共同体，把社区综合管理作为城市管理的一项重要的公益事业来开展，而不是简单的物业管理与行政管理的结合，从制度上打破物业管理与社区管理“两张皮”困境，使两者相互依存、相互促进，呈现良性互动局面。

关键词：　社区建设　社会治理　区域共建

一　提出“三大一体”区域共建模式的主要背景

为全面落实党的十八大和十八届三中、四中全会精神，2015 年 8 月北京市委市政府印发了《关于深化北京市社会治理体制改革的意见》（以下简称《意见》）。《意见》提出，深化全市社会治理体制改革，更加注重改革的系统性、整体性、协同性；激发市场服务活力，加快推进街道社区管理体制改革，加快推进社会协同，广泛动员社会公众有序参与。

作为“京南门户”，大兴区承担着疏解首都城市发展压力的重要功能，同

---

* 本课题组由中共北京大兴区委党校、大兴区社会工委、大兴区住建委、大兴区国资委、大兴区政法委共同组成。执笔人：何雪梅、李然。

时也逐渐成为首都经济、高新技术产业聚集发展的新的增长点，对大兴区的承载力和软实力提出了更高的要求。随着新区经济社会的快速发展，物业管理作为城市管理的一种新形式和市场经济的新兴服务产业，获得了较快发展，在社区建设过程中发挥了重要作用，同时也出现了若干问题，这在不同程度上影响了社区的和谐稳定和群众满意度。

为此，大兴区委区政府针对群众反映的社区建设焦点、难点问题进行了深入研究，创新性地引入国有企业参与老旧小区建设管理机制，以点带面，整体提升物业企业管理的服务质量和标准，满足人民群众的实际需求，提高大兴区人民的幸福感和满意度。在区委区政府的大力支持和指导下，大兴区委党校联合区社工委、国资委、住建委和政法委等相关部门组成联合课题组，针对如何落实《意见》精神、全面提升大兴区社区建设水平进行了专题调研。

结合社会治理和社区建设的新形势及调研中发现的现实问题，课题组提出了“三大一体”区域共建模式。“三大一体”，即深度整合“大党建、大物业、大社区”三种资源，合力打造区域发展共同体。“大党建”是指以街道党工委为核心的区域化党建机制；“大物业”是指以区域化物业企业为龙头、多元合作、资源共享的综合性服务机制，努力构建市场、政府及人民群众共同参与社会治理的新格局；“大社区”是指以街道辖区内共建单位、社会组织、业主委员会、社区志愿者和广大居民为主体的“一核多元”① 立体式社区共建模式。

二　大兴区社区建设工作的主要经验及做法

区内各职能部门针对重点问题积极深入研究、大胆创新，不断探索具有可行性的解决方案。

一是在 2014 年印发了《关于加强居住小区物业管理工作的指导意见》及

① “一核多元”即街道党工委领导下的区域共同体委员会（一核）+驻区单位党委（支部）+社区党支部+物业公司党支部+区域社会组织联合党支部+业主委员会党小组+社区自治组织党小组等（多元）。街道党工委负责总牵头、总指导、总协调；区域共同体委员会负责区域党建、共建等各项工作具体计划的草案拟订、组织落实和监督指导；“多元”成员单位根据共建责任和职能要求，负责工作项目的具体实施，并按规定参与年度联评联考和自查自纠等各项活动。

相关配套文件，改革重点是权限下沉，指导属地，引入专业化物业管理，把一些分散、规模较小的物业管理区域，整合成一定规模的物业管理区域，形成规模化管理。

二是积极深化社会服务管理创新，完成了多个市级社区规范化示范点、农村社区服务试点、智慧社区试点和“一刻钟社区服务圈”示范点建设以及50个城市社区志愿服务站建设；认定了区级枢纽型社会组织；建立了社会组织孵化中心；从体制机制上建立完善了街道统筹、社区管理、中介协作三方共治的社区管理模式，进一步探索全面推进社会治理工作的有效途径。

三是不断加强社会组织建设。全区已成立157个社区党组织、371个非公党组织、11个社会组织党组织，12座商务楼宇实现“五站合一”全覆盖；完成了8个软弱涣散社区党组织整改；建立了1个街道商业街党委和天宫院社会组织党组织联合党支部；全区在职党员社区报到率达到97.88%。

三　制约社区发展建设的主要问题

相对区域经济发展而言，物业管理作为社区建设的重要组成部分，起步相对较晚，存在“小、散、乱”、缺乏规模效应、科技含量低、管理行为不规范等社区建设中常见的问题，大兴区正处在经济社会快速发展的转型阶段，相关问题也日渐凸显。

（1）老旧小区转型升级难点制约社区建设整体发展。目前，全区共有46个老旧小区存在无物业管理服务现象，共涉及建筑面积468万平方米。小区配套设施不齐全，绿化面积少，房屋质量参差不齐，房屋本体老化，安全隐患较多，没有公共维修基金，相关设施的改造维护资金短缺。调研中发现，区属国有物业公司承接物业项目后，仍普遍存在问题。一是经营与管理市场化程度不高，亏损现象普遍。二是大部分老旧小区处于大修期，相关设备、设施修理维护成本高，物业公司入不敷出，主要靠各母公司进行亏损补贴，支撑日常经营开支。三是资质等级偏低，人员专业性不强，部分技术岗位缺人现象突出，导致业主反映的问题不能及时有效解决，社区治安、消防等方面存在隐患，引发社区居民不满。

（2）资源差异导致社区共建的局限性逐渐显现。开发商物业公司和传统的社区党建模式越来越不能适应新形势下社区建设和区域社会治理的新要求。突出表现在：一是在承担任务能力上明显势单力薄；二是服务水平明显参差不齐；三是在服务范围上明显难以全面覆盖；四是在参与意识上明显动力不足。

（3）社区建设各主体之间，履职情况差异较大，作用发挥不均衡。从行为主体的性质来看，政府、居民、物业公司是社区治理的三大主体，分别从社区治理、社区自治、专业管理的角度，参与到社区治理过程中。由于这三种主体之间遵循的管理理念和办法不同，即使社区治理主体职责定位有明确分工，但在实际工作实施过程中，仍存在物业企业推卸责任、社区自治组织形式化、居委会超负荷运转等现象。多元社区治理主体的非理性博弈在一定程度上影响了社区建设整体效能的发挥。

（4）社区治理纵向机制作用较为明显，横向机制设计不足，整体作用发挥受到局限。在传统的社会治理体制下，各职能部门之间上下互动交流比较顺畅，横向联合机制不完善。在形势不断变化的转型时期，完善社区治理横向协同联系机制与上下各个层级之间交流互动机制是社区科学治理的关键。因此，明确街道与区政府之间以“条”为主的行政管理关系，强化公共服务以“块”为主的运行机制，确保街区在各种协调关系中的权威性尤为重要。

（5）在大兴亦庄两区行政资源整合、三座新城建设、新机场全面启动过程中，区内许多镇村进入拆迁改造、重新规划发展的阶段，包括西红门、黄村、亦庄、礼贤、榆垡等镇正在加速实现城镇化。利益更加多元，职能部门的权属关系更加复杂，对社区建设提出了更高的要求，如处理不好，对经济社会的快速发展会形成较大阻碍。

四　关于区域共建问题的认识与思考

城镇化建设是一个开放、复杂的大系统。面对新的发展形势，党的组织功能具有不可替代的独特优势，但也不是万能的。在具体问题的解决过程中，需要新观念，跳出“就治理说治理”“就党建论党建”的传统思维，集中优势资源，凝聚力量保和谐、促发展。解决老旧小区的管理问题，也应该跳出物业管理的市场化服务和传统的街道、社区行政管理的固有框架，站在一个较为宏观的社会管理立足点上，以宏观管理的思维去审视、研究和解决问题。

为此，笔者提出了以区委区政府为主导，街道党委及区域联合党支部负主责，以驻区单位和居民为主体的“大党建、大物业、大社区”“三大一体”区域共建模式。把老旧小区的综合管理作为城市管理的一项重要的公益事业来开展，而不是简单的物业管理与行政管理的结合，从制度上打破物业管理与社区管理“两张皮”困境，使两者相互依存、相互促进，呈现良性互动局面。推进“三大一体”区域共建，需着力抓好以下几个方面工作。

（一）在理念上要培育“三大一体”区域共建的理念

针对新区城镇化发展过程中矛盾凸显的现实特征，积极探索以区域化党建引领社会治理创新途径，树立“一体化”“一盘棋”的党建理念、社区建设理念，着力打造“大党建、大物业、大社区”的社区建设“三大一体”模式，着力解决城镇化过程中人的城镇化问题，满足人民群众物质精神需求，有效提升社会转型期城市建设软实力。

（1）基本理念：共建共享、统筹协调、以人为本。共建共享就是要让辖区内各基层党组织形成共同的价值取向，协同共治。统筹协调就是让不同类型的党组织、党员群众积极参与党建工作，并以党组织建设统筹大社区内各行各业的协调共建工作。以人为本就是以大社区内的党员群众为根本，充分体现大社区服务的人性化、民主化和法治化，充分发挥人民群众的主动性和创造性，还权于民，还利于民。“三大一体”共建模式的主要目标是夯实基层党组织基础，增强党员意识，转变政府职能，推动群众工作，全面提高城市综合治理能力。

（2）主要原则：始终坚持“三个互动、六个统一”的共商运行原则。“三个互动”：一是组织上互联，让各个党建主体能够相互联系、互相帮助，共同促进；二是资源上互助，构建区域共建工作的重要物质保障体系，实现资源的优化配置和合理使用；三是功能上互补，加强功能作用联动和工作分工联动，体现出基层党建的整体性和规律性。“六个统一”：党建工作统一规划、党建资源统一配置、党建事务统一管理、党建服务统一组织、党建活动统一部署、党建实绩统一考核。

（3）运行特点：“三大一体”模式在运行过程中具有战略性、整合性和系统性三大特点。战略性指社区共建属于社会治理区域性的顶层设计，对社区共

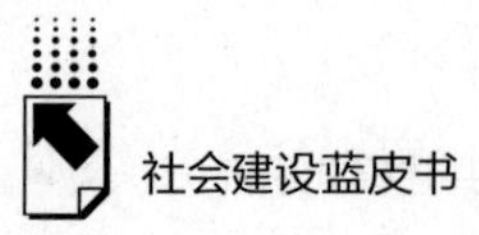

建运行机制和方式具有指导性作用。社区共建属于社会治理的一个重要方面。整合性指社区共建涉及范围广，需要各方面力量参与，不仅是社区内部资源的整合，同时也是社会各方面资源的整合。系统性指社区共建作为社会治理整体的一项重要举措，同时也具有一整套开放、立体、多维的运行系统，要求各个层级以及成员之间共同作用、形成合力。

（二）在机构设置上，突出平台作用，促进区域资源整合

（1）成立专门的物业行业协会，从专业的角度对物业企业的服务管理进行全面指导和监督，统筹规划，全面推行标准化、人性化的管理规范，确保社区居民无论聘请哪种类型的物业公司，其都能摆正位置，确立“服务至上”的理念。

（2）构建大社区共同体委员会，从基层组织结构层面，探索大社区内各驻区单位之间互相交叉任职、互派党建联络员和志愿者机制，实现党建资源共享，确保党的政策精神能及时传达到位、快速贯彻落实。

（3）构建社区大党建综合服务平台。依托“大党建”平台，创新区域共建“项目领办组团服务”模式，确立“双向领办项目制”，规范“发现、筛选、撮合、问责”的运行流程，拓宽“大物业”服务项目范围。调动驻区党员、共青团员和社区群众参与区域共建的积极性，着力解决区域内实际问题，形成社区、企事业单位及社区群众共建共享的良好互动局面。

（三）在方式方法上，要注重党建引领，全面加强人才培养和队伍建设

（1）注重加强三支队伍建设，逐步推动物业服务行业专业化、规范化、效能化。充分发挥党管人才的优势，制订目标计划，全面加强专业化培训和整体素质教育。一是培育一批具有战略眼光、市场开拓精神、管理创新能力和社会责任感，懂经营、善管理的物业管理企业家。二是打造一批具有敬业精神、熟练专业技能的专业化服务企业。由政府组建平台，物业行业协会具体负责制定服务标准、构建“菜单式”物业选聘机制，通过社区居民按需“点菜”的方式，选聘社区实际需要的物业服务公司，积极发挥市场作用，逐步转变政府职能，让市场能够承担的工作由市场来承担，市场不能承担的工作由政府来承

担。三是培养一批“社区能人”，大力扶持民办非企业社会组织及社区志愿服务组织，充分发挥社区自治功能。

（2）注重引领区域化物业管理行业党建工作机制创新。物业企业党组织要把物业党建与物业行风建设、文明城区建设结合起来，健全完善检查监督机制，通过物业服务企业自查、政府部门巡查、居委会监察等形式，对问题进行督促整改；切实解决居民实际问题，定期开展“与业主同心工程”“文化进社区工程”等活动，丰富社区生活，充实区域化党建联建工作内涵。

（3）完善区域化党建共建考评机制。街道党委要把驻区部门及物业管理行业党建工作纳入总体工作计划；把物业管理企业考核与物业法人及党员的教育相结合，把物业党建工作作为项目评优、资金奖补的重要依据，提高社会参与社区共建的积极性，努力营造形成社区、企事业单位及社区群众共建共享的良好互动局面。实施“双向领办项目制”，使区域共建成为项目互补、资源整合、可持续发展的综合性服务中心，减轻政府财政负担，提高社区服务的自我完善功能。

（四）在保障条件上，要积极拓宽资金渠道，激发物业企业的造血机能

（1）积极探索物业管理企业股权制，理顺产权关系，增强物业管理企业经营决策的独立性与自主性，使经营者、员工、公司以产权为纽带结盟，形成牢固的利益共同体，增强企业经营活力。吸纳社会资金，构建“社区共建公共维修基金池”，缓解老旧小区公共维修任务重、居民需求迫切、资金短缺的矛盾。

（2）积极盘活区域内资源，开发除物业费以外的经营性用房出租、停车收入、小区广告收入、庭院改善政府补助等资金来源，确保物业公司日常工作正常开展。

（3）通过专业服务项目外包机制，把清洁、绿化、设备维护基本服务项目和专业项目外包给专业化公司去实施，降低公司运行成本，同时促进物业管理向专业化、低成本、高标准目标转型。

（4）大力扶持物业管理企业积极组建系列相关专业服务公司，引导社区物业服务逐步走向专业化、规范化，同时解决物业管理公司运营资金短缺

问题。

（5）针对不同层次的居民做好观念转变工作，切实规范物业管理收费体系，从法律上维护物业管理收费的严肃性、权威性以及强制性。公开物业收费账目，接受群众监督，还权于民，还利于民。

（五）在环境氛围上，要进一步营造大社区共建共享的文化氛围

（1）树立典型。借助主流媒体，多层面树立典型，加强正面宣传引导，努力赢得居民对社区共建的理解和认可，提高参与共建的责任意识和水平。

（2）搭建平台。借助节假日契机，搭建丰富多彩、形式多样的社区共建文化平台，通过文艺演出方式展示社区共建成果，使大家在享受快乐的同时受到潜移默化的感染。利用宣传栏、图书室、市民文明学校等载体，大力开展治安防控知识宣传教育。

（3）挖掘特色。深度挖掘社区特色，加强社区文化的参与广泛性，将邻里互帮、互助、互爱、互敬的和谐相处理念渗透到居民心里、生活里，进一步营造社区文化氛围，增强居民对区域化建设的责任感、认同感，切实推进区域化共建机制的常态化、长效化。

B.13
“十二五”时期北京社会组织改革与发展研究

李晓婷　曹飞廉*

摘　要：“十二五”时期改革与发展是北京社会组织的两个工作主题。在政府和市场双重助力下北京社会组织发展迅速，同时推动社会组织体制改革，探索新的发展模式，北京社会组织的改革与发展走在全国前列。北京社会组织发展形成首都特色，未来发展前景看好。

关键词：社会组织　社会治理　改革创新　“十二五”时期

“十二五”时期，北京社会组织呈现改革与发展并行的态势，北京市加快社会组织改革步伐，积极推动社会组织的模式创新和制度创新，社会组织发展展现出新的气象，登记注册的社会组织总数首次超过10000家，社会组织的功能和地位获得提升，在参与社会治理、扩大公共服务、推动慈善公益、弥补政府和市场的不足方面发挥着重要的功能。

一　“十二五”时期北京社会组织发展背景

“十二五”时期（2011～2015年）恰逢我国改革开放的历史车轮驶过30多个年头，改革发展进入关键时期，北京作为中国的首都，是中国面向世界的

* 李晓婷，北京工业大学人文社会科学学院、首都社会建设与社会管理协同创新研究人员，副教授，社会学博士；曹飞廉，北京工业大学人文社会科学学院、首都社会建设与社会管理协同创新研究人员，副教授，社会学博士。

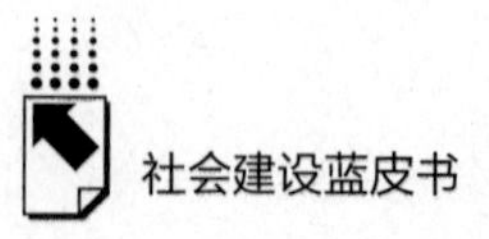

前沿窗口，这一时期北京社会组织的快速发展是政府和市场双重推动的结果。

1. 北京经济发展步入中高收入国家水平

经过30多年的经济建设和市场经济的发展，“十二五”时期北京人均GDP已经接近富裕国家水平，2011年北京人均GDP达到81658元，折合美元为12643美元（见表1）；根据世界银行划分不同国家贫富程度的标准，北京已达到中上等富裕国家水平；2015年北京人均GDP超过10万元，折合为17064美元，已经达到高收入国家水平①。

表1 “十二五”时期北京地区生产总值统计

年份	地区生产总值（亿元）	人均地区生产总值（元）	人均地区生产总值（美元）
2011	16251.9	81658	12643
2012	17879.4	87475	13857
2013	19800.8	94648	15248
2014	21330.8	99995	16278
2015	22968.6	106000	17064

资料来源：《北京统计年鉴2015》，其中2015年数据来自北京市统计局和《2015年北京市经济数据分析（图解）》，2016年1月27日。

经济的发展以及人民收入水平的攀升是社会组织得以蓬勃发展的基础，一定的经济基础使得“越来越多的公民既有时间，又有财力去从事自己感兴趣的业余活动”②。同时，2011年北京市第三产业产值和第三产业从业人员的比例分别为76.6%和74%。有研究证明，我国社会组织与第三产业的综合关联度最高，向第三产业下属部门提供服务的社会组织数量大大超过向第一、第二产业部门提供服务的社会组织数量，第三产业的发达也为社会组织的发展提供了广阔的生存空间。③

① 根据世界银行最新标准，人均GDP低于1045美元为低收入国家；人均GDP为1046～4125美元为中等偏下收入国家；人均GDP为4126～12745美元为中等偏上收入国家；人均GDP大于或等于12746美元为高收入国家。

② 俞可平：《市场经济与中国公民社会的兴起》，《市场经济与公民社会》，中国编译出版社，2005。

③ 王玲玲等：《我国社会组织发展的社会经济效益综合评价研究》，中国社会组织网，http：//www.chinanpo.gov.cn/700105/92462/newswjindex.html。

2. 北京市积极推动社会治理体系的现代化建设

2006 年以来，北京市政府加大社会建设力度，健全管理体系，成立北京市社工委，并下设了社会组织工作处；为充分发挥社会组织的社会协同作用，搭建政府与公众之间的“桥梁”，北京市出台了一系列加强社会组织建设和管理的重要文件，为北京市“十二五”时期社会组织的发展提供了良好的政策环境和组织支持（见表 2）。党的十八届三中全会后，政府治理理念进一步转变，一系列体制改革推动了社会组织的发展。应该说，政府助力及制度创新是“十二五”时期北京社会组织快速发展的重要原因。

表 2　北京市委市政府出台一系列重要文件

年份	文件
2008 年	《北京市加强社会建设实施纲要》等“1＋4”文件
2009 年	《关于进一步加强和改进志愿者工作的意见》
2010 年	《北京市社会服务管理创新行动方案》
2011 年	《中共北京市委关于加强和创新社会管理全面推进社会建设意见》 《北京市“十二五”时期社会建设规划纲要》
2012 年	《关于推进网络化社会服务管理体系建设的意见》
2015 年	《关于深化北京市社会治理体制改革的意见》 《关于加强北京市城市服务管理网络化体系建设的意见》 《关于深化北京市街道社区管理体制改革的意见》

资料来源：《关于深化北京市社会治理体制改革的意见》，《北京日报》2015 年 8 月 28 日。

二　“十二五”时期北京社会组织的发展与改革

（一）发展成就

1. 总量增长迅速

比较“十一五”时期北京社会组织发展情况，北京市在民政部门注册登记的社会组织数从 2006 年的 5820 家增长到 2015 年的 10100 家，十年间社会组织数量增加了 4280 家，增长了 0.73 倍，年均增长 428 家。“十一五”时期（2006～2010 年）北京社会组织年均增长 270 家，增速为 23.2%；“十二五”

时期注册登记的社会组织年均增长502家，较“十一五”时期有了较大增长，增速为33.1%（见图1）。

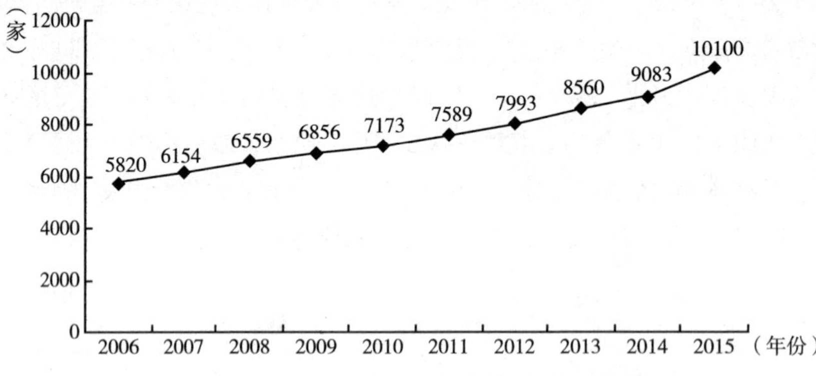

图1　2006～2015年北京市社会组织发展趋势

资料来源：北京市民政信息网，http：//bjmzj. gov. cn/templet/mzj/ShowClass_ mzgk. jsp?CLASS_ ID = tjxx，根据相关数据计算所得。

2. 三类社会组织发展情况

（1）社会团体发展态势平稳。“十二五”时期，北京社会团体的发展呈现平稳上升的趋势，从2011年的3314家增加到2015年的4071家，增速为22.8%，年均增长151.4家。在社会组织的构成中，社会团体的比重却是一直下降的，由2011年的43.6%下降到2015年的40.3%（见图2）。

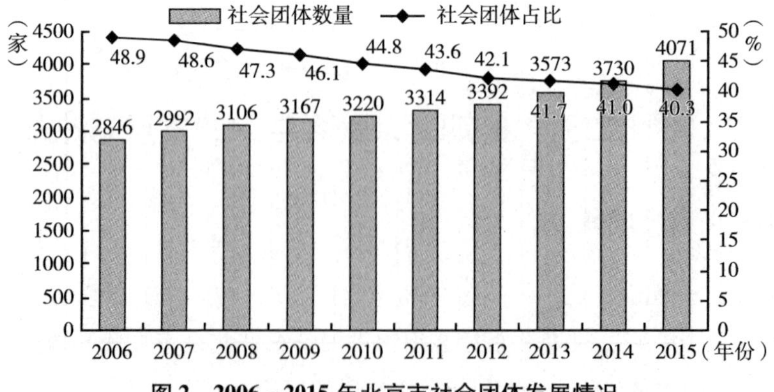

图2　2006～2015年北京市社会团体发展情况

资料来源：北京市民政信息网，www. bjmzj. gov. cn。

（2）民办非企业单位占比最高。我国在1998年颁布的《民办非企业单位登记管理暂行条例》中规定了民办非企业单位的非营利社会组织地位。进入21世纪以来，北京市民办非企业作为一种新的组织形式得到了蓬勃发展。“十二五”时期，北京市民办非企业单位总量从2011年的4089家增长到2015年的5650家，增速为38.2%，年均增长313家。2006年北京市民办非企业数量首次超过社会团体数量（2846家），达到2898家，自此民办非企业一直平稳迅速发展，成为北京社会组织中占比最高的社会组织类别（见图3）。

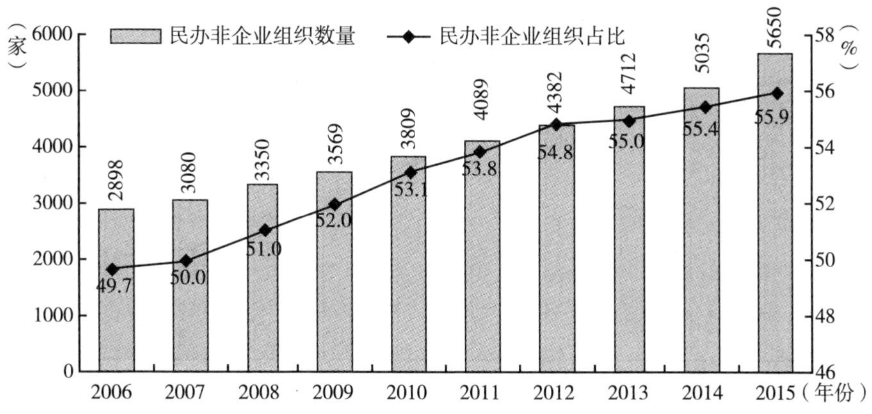

图3　2006～2015年北京市民办非企业组织发展情况

资料来源：北京市民政信息网，www.bjmzj.gov.cn。

（3）基金会增长速度最快。北京市基金会的发展相对于社会团体和民办非企业单位的发展起步晚，数量偏少。2004年北京市贯彻《基金会管理条例》，全面启动基金会登记管理工作。2004年，北京市基金会总数为44个，此后增长迅速。“十二五”时期，基金会数量从186个增加至379个，年均增长38.6个，增速为103.8%（见图4）。三类社会组织中，基金会增长速度最快。同时，基金会在教育、文化、科学、卫生、社区建设、扶贫济困等社会公益事业中发挥了日益重要的作用。

（二）改革与探索

“十二五”时期，北京市在培育、扶持社会组织发展方面做了大量工作，取得了诸多新突破。比如推动政府职能转移，向社会组织购买服务，创新微公

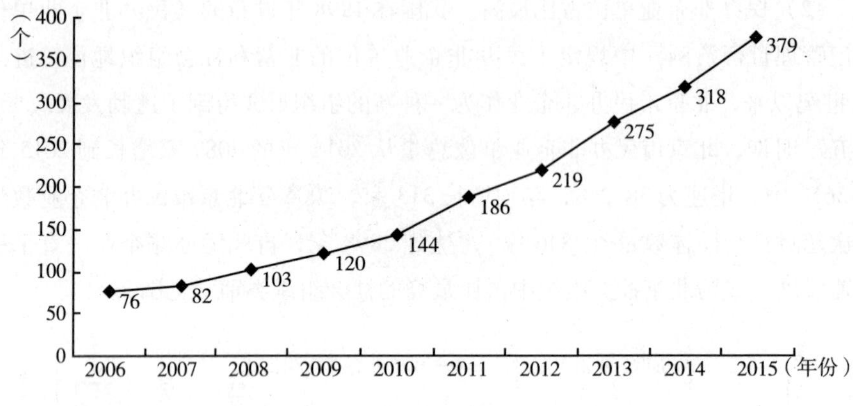

图4　2006～2015年北京市基金会发展趋势

资料来源：北京市民政信息网，www. bjmzj. gov. cn。

益、青年汇、联盟组织、社会企业等新的社会组织形式；并在“枢纽型”社会组织工作体系方面不断探索和改革，探索具有北京特色、符合北京市情的社会组织管理体制的北京模式。

1. 推动社会组织登记体制改革

登记管理是我国政府在20世纪90年代为规范社会组织发展实施的管理制度，为激发社会组织发展活力，北京市的改革也首先从登记体制开始，从无业务主管试点开始。

2008年，北京市出台了加强社会建设的“1+4”系列文件，指出要“加快政社分开步伐”。2013年，北京市制定《北京市社会组织直接登记管理办法》，规定北京市四类组织将从2013年4月1日起“脱钩”政府部门①，可在北京市区两级民政部门直接登记申请，无须挂靠行政职能部门作为业务主管单位，并明确规定对于注册名称中有“中关村”字样的公司，一律采用无业务主管模式。无业务主管模式从体制上打破了对社会组织发展的制度瓶颈，推动了民间社会组织的发展，2014年上半年，市级登记社会组织110家，直接登记率超过60%。2013年4月1日至2014年底，北京市共注册商会组织60家，其中43家属于无业务主管单位，占注册商会总量的72%。

① 四类组织包括行业协会商会类、公益慈善类、城乡社区服务类、科技类四类组织。

2015 年，北京市社团办抓紧研究并深化社会组织登记管理体制改革。已起草完成《北京市社会组织直接登记管理办法》；为开展非公募基金会、异地商会登记管理权限下放试点做好前期准备；力争通过深化登记管理体制改革和机制创新来激发社会组织活力，完善社会组织法人治理结构，促进社会组织健康发展。

2. 加大政府购买服务力度，激发社会组织发展活力

2013 年，北京市民政局制定了《政府购买社会组织服务指导意见》，加快政府职能转变步伐，将政府直接承担的一些公共事务交由社会组织执行，并通过公开招标、项目发包、委托管理等市场化运行方式，向社会组织购买公共服务。

自 2009 年开始，北京市财政设立一项社会建设专项资金，用于购买一系列社会组织服务。每年投入 1.5 亿元左右用于支持社会建设基础项目，1 亿元左右用于向社会组织购买服务。各区县也参照市里做法陆续建立专项资金，资金规模从几百万元到几千万元不等，总计达到每年 5000 万元以上。5 年来，共投入 4.15 亿多元，购买 2732 个服务项目。①

政府购买服务极大激发了社会组织的活力，社会组织参与的数量呈现大幅度提升的态势。2010～2013 年，参与社会组织达 34900 个，服务对象达 1120 万人次，开展活动 10 万场次，累计提供专业服务 680 万小时，撬动配套资金 6 亿多元。②

政府购买服务既可解决社会组织资金短缺的问题，也可推动社会组织通过购买服务项目参与社会服务和治理，并且构建和政府、市场之间的良性互动关系，政府购买服务改革激活了社会组织参与社会治理和社会服务的热情，激活了政府－市场－社会的合作模式。

3. 创新“枢纽型”社会组织管理模式

2009 年 3 月，北京市公布《关于构建市级“枢纽型”社会组织工作体系的暂行办法》，界定“枢纽型”社会组织，即“由负责社会建设的有关部门认

① 《关于深化北京市社会治理体制改革的意见》，《北京日报》2015 年 8 月 28 日。

② 中共北京市委社会工委综合处：《关于政府购买社会组织服务工作的调研和思考》，《北京社会组织发展研究》，社会科学文献出版社，2015。

定，对同类别、同性质、同领域社会组织进行联系、服务和管理的联合性社会组织”。2009 年，北京市首批认定了 10 家市级“枢纽型”社会组织，之后于 2010 年认定 12 家，2012 年认定 5 家，2014 年认定 9 家。截至目前，北京市共认定 36 家市级、208 家区县级、269 家街道级“枢纽型”社会组织，已基本构建起市级“枢纽型”社会组织工作体系的整体框架及市、区县、街道三级“枢纽型”社会组织网络。

目前，北京市购买社会组织服务明确以“枢纽型”社会组织为渠道开展工作，“枢纽型”社会组织作为主责单位参与购买服务工作，增强了枢纽型组织与社会组织的联系。截至 2013 年底，市级“枢纽型”社会组织共联系各类社会组织 2.62 万家，比 2007 年的 4367 家增长了近 5 倍。

首都公益慈善联合会作为“枢纽型”社会组织，积极履行主责单位职责，会员单位由起初创立时的 13 家慈善组织，发展为现在的 108 家慈善组织、10 家爱心企业和 14 名热心首都公益慈善事业的爱心人士，基本涵盖了北京市公益慈善类社会组织。其开展的慈善公益项目也由最初的助医、助老、助残、助学、助困等九个领域，扩展到关注艾滋病、关怀外来务工人员、关心服刑人员等 25 个领域，为首都慈善事业的发展提供了坚强的组织保障。

“枢纽型”社会组织管理模式重新确立了人民团体在社会组织体系中的地位，形成了“以社管社”的管理体制，这是北京市探索“政社分开”“政企分开”改革的一个尝试和创举。

4. 促进联盟组织的创新发展

联盟是一种新型组织形态，是国家战略性新兴产业发展过程中衍生的一种组织创新形式，主要存在于技术创新领域。20 世纪 70 年代最早的产业技术联盟在日本出现，后美国和欧洲相继跟进，1985 ~ 1992 年，美国和日本分别有 325 家和 128 家研发联盟注册成立。

从联盟目前的存在状态看，一些联盟组织在工商部门注册为企业法人，一些联盟组织处于一种自由发展状态，依托国家政策和项目支持生存，没有进行任何注册。另外，还有一批联盟组织在民政部门登记注册为社团法人，如“国家半导体照明工程研发及产业联盟”，在其章程第二条明确指出“联盟是全国性、非营利性行业组织，是国家技术创新工程的重要载体之一，是培育和发展我国半导体照明战略性新兴产业的重要社会力量”。

北京是全国科技创新中心，是全国高新技术产业的核心地带，联盟组织在近几年快速崛起，极具代表性。2011 年，北京市出台促进产业技术创新战略联盟加快发展政策，鼓励产业联盟在产学研用合作、产业链协同创新、标准化促进、品牌培育、国家合作等方面开展工作。根据北京市社会组织公共服务平台的统计资料，截至 2014 年底，在北京市民政部门注册的联盟组织达到 66 家，其中 2011～2014 年登记注册的有 64 家，2014 年注册的联盟组织就达到 31 家，这说明联盟的社会团体定位逐渐被接受，这是实践发展过程中社会组织一种新的发展形态。目前，北京市比较活跃的产业技术创新联盟达 100 余家，其中科技部试点联盟 63 家，占全国试点联盟的 42%，居全国首位。

5. 将社区社会组织纳入社会管理

2009 年 12 月，北京市制定并下发了《北京市城乡社区社会组织备案工作规则（试行）》，这是全国首个关于社区社会组织的规范性文件，不具备法人登记条件的社区社会组织以到所在社区进行备案的方式被纳入政府管理范围，这有利于社区社会组织的规范和发展。

社区社会组织包括社区备案组织，主要指社区中的联谊团体和兴趣小组。其成员以社区中的中老年女性为主，他们会定期举办一些文娱活动，如戏曲沙龙、老年服装队、交谊舞队等。严格来说，这只是一些群众性团体，而非正式的社会组织，因此只是以在社区中备案的形式开展活动。截至 2012 年底，北京市备案社区社会组织 11813 家，2014 年备案社区社会组织增长为 13880 家①，年均增长超过 1000 家。另外，社区社会组织还包括活跃于城乡各种社区内、以公益精神为动力的民间自治组织，其主要功能是组织社区中或社会上的志愿者为本社区与其他社区中的居民或目标群体提供长期的公益性服务，这类社区组织包括民生慈善类、文化教育类、支持倡导类、法律维权类、环保类及社会企业等形式。“十二五”时期，北京社区社会组织作为一种新生力量走进政府和公众的视野，也将发挥日益重要的作用。

① 数据来自北京市社会组织公共服务平台，http://bjmjzz.bjmzj.gov.cn。

三 北京社会组织的发展特点

与国内其他省市相比，北京具有政治、文化功能集中，科技、智力资源聚集的独特优势，这就使北京的社会组织在发展中眼界较宽、层次较高，逐渐显现出自己的特色。

1. 社会团体类型齐全，行业性和专业性社团发展突出

北京市社会团体发展类型齐全、多样。2014 年，北京市登记注册的社会团体数量为3730家，其中科技与研究类 324 家、生态环境类 68 家、教育类 154 家、卫生类 158 家、社会服务类 460 家、文化类 346 家、体育类 240 家、法律类 56 家、工商业服务类 520 家、宗教类 43 家、农业及农村发展类 601 家、职业及从业组织类 164 家、其他 596 家。① 其中行业性和专业性社团发展突出。

行业性团体的建立与工商业发展的程度密切相关。作为首都，北京市聚集了大量大型公司总部以及中小型公司，也集中了大部分的行业研究机构和重点高校，并且各行业的主管部门均在北京，有利于及时获悉各行业政策动态，这些因素都是行业性社会团体建立的有利条件。另外，北京吸引了大量专业性人才来京发展，归属感和专业交流的需要也使他们发起了不少专业性社会团体。因此，社会团体类型的分布特点与北京市的社会经济环境密切相关，社会需求、发展空间和人才基础是社会团体兴起和发展的三大重要因素。

北京市行业协会近些年的发展态势显示，一方面政府与行业协会的脱钩改革加快了行业协会从行政合法性向社会合法性转变；另一方面民间性行业协会增速较快，商会和联盟组织的数量已经占到行业协会总数的半壁江山。与国内其他大城市相比，北京的政治、经济、文化功能更加集中，科技、智力资源、国际资源更加聚集，因此北京成为全国各地商会的集聚地，有来自浙江、福建、天津、河南、河北、湖南、湖北、新疆、云南、黑龙江等全国 26 个省级企业商会在北京注册，还有 27 个来自地市级的企业商会在北京注册，包括北京温州企业商会、北京苏州企业商会、北京张家口企业商会、北京莆田企业商

---

① 2014 年北京市民政事业发展统计公报，2015 年 7 月 21 日。

会等，近几年地市级企业商会的比例逐渐提高。

在专业性社团中，北京市科技社团以其独特的资源优势和禀赋特征，在促进北京市科技进步和社会可持续发展等方面发挥着重要的作用。科技社团一直以来就是思想库重要的支撑者和参与者，北京因地缘优势，可谓全国思想库的重要阵地，自然科学、社会科学领域内的协会、基金会、行业协会和学会、多学科综合性团体、科技顾问咨询机构、科技服务中介机构等科技社会组织，在全国各省市中一直处于领先水平。其为北京市科技创新、科学精神及首都文化的提升提供了重要的支撑。

2. 民办非企业增长势头迅猛，行业分布上集中于教育科研和社会服务

2000 年，北京市民办非企业单位仅为 34 家，截至 2014 年底北京市在民政部登记注册的民非数量已达 5035 家，增长迅猛，其中科技与研究类 314 家、生态环境类 8 家、教育类 3007 家、卫生类 339 家、社会服务类 707 家、文化类 233 家、体育类 319 家、法律类 22 家、工商业服务类 14 家、农业及农村发展类 6 家、职业及从业者组织 5 家、其他 61 家。[①] 可以看出，教育类和社会服务类民办非企业比重最大。北京市民办非企业发展之快，应归功于近年来北京经济快速发展、社会结构日益多元化和政府职能转变。由民间出资创办非营利的社会服务机构、学校、医院等，既满足了居民的多元需求，又有效补充了政府公共服务方面无暇顾及或力不从心的领域，填补社会服务空白。

3. 基金会发展迅猛，非公募基金会占比高

进入 21 世纪以来，北京市的基金会一直稳步发展。慈善法的颁布以及非公募基金会的快速发展，将对我国慈善事业的发展产生深远的影响。

由于各种社会问题的复杂性，直接捐助往往无法实现规模化和专业化，达不到理想的效果，这样就需要专门的机构来汇合社会各种闲散的资源，集中投放到某项公益事业中。这种专门的机构有专业的财务管理和项目运作人才，能实现更有效地管理和使用慈善资金。基金会的快速发展表明中国的慈善事业已逐渐从临时性、对慈善受助对象的直接资助，转为设立基金会进行长期、有规划的事业。而非公募基金会则不同于政府主导成立的公募基金会，它的出现为那些在改革开放 30 多年成长起来的民营企业家践行企业社会责任提供了途径，

① 2014 年北京市民政事业发展统计公报，2015 年 7 月 21 日。

也为社会公民参与公益事业提供了更多的选择和平台。最具深远意义的是，非公募基金会由于其自身的资源能力及调动资源的效率，可以直接以项目招标的方式，将资金交给专业性很强的社会组织去运作，这种运作方式既提高了资金的使用效率，又能培育地方的草根组织。在北京，如今已有相当一部分的基金会展现出这一“杠杆功能”，如南都基金会的“银杏计划”和“景行计划”就已成为助推草根组织发展的典范项目。

4. 草根组织数量众多，活动领域广泛，国际交往活动频繁

草根组织包括工商注册的 NGO、二级社团、未注册组织（多以网络形式开展业务活动）等。由于缺少统计渠道，一直难以有确切的统计数据，有学者认为其总数在 300 万 ~800 万家，其中包括产生于社区、服务于社区的部分社区社会组织。

北京政治、文化、经济资源的丰富，为草根组织的萌芽和发展提供了肥沃的土壤。和全国其他省市相比，北京市草根组织数量众多，活动领域广泛，尤其在助残、教育、环保、志愿服务、研究与政策倡导等方面较为活跃。北京作为中国对外交往的中心，草根组织往往最先了解到国际 NGO 的工作方式与理念，往往也较容易获得境外的资源。如今越来越多的国际 NGO 采用与中国 NGO 合作的方式来开展项目，他们提供理念、方法和资金，而由本土的 NGO 来执行，因地制宜地开展与中国自身经验和需求相适应的项目。因此，可以说北京那些生存了五年以上的草根组织（如今北京许多从事公益事业的民办非企业都是从这样的草根组织发展起来的）都已在国际交往上积累了丰富的经验。

5. 国际 NGO 云集，服务领域广泛

北京是外国驻华使领馆所在地、国际组织和区域性组织驻华机构主要所在地。国际知名的非政府组织基本在北京落户，如香港乐施会、绿色和平组织、福特基金会、英国救助儿童会、国际爱护动物基金会、英国海外志愿服务社、微笑列车基金会等。除了在北京设立办事处的境外非政府组织以外，还有一些境外非政府组织的总部也设立在北京，比如，国际竹藤组织（International Network for Bamboo and Rattan，INBAR）、中国商务区联盟（China CBD Alliance）、国际绿色经济协会（International Green Economy Association，IGEA）、驻华外国记者协会（Foreign Correspondents' Club of China）、在中国（北京）韩国人会（Korean

Community China）等。

据清华 NGO 研究所的统计，如今在民政系统登记注册的国际 NGO 为 35 家，而实际在华开展项目的有 1 万家之多。目前，北京市有近 400 家境外非政府组织，由于我国没有一个统一的外国组织登记办法，它们主要以在京设立代表处、项目办公室，在港澳设立总部、与政府部门合作或在工商部门注册等形式存在，按照活动内容和属性大体上分为两大类。一类是以公益项目为主的公益类在华国际 NGO，包括扶贫、教育、卫生、环保、社区等领域；二是非公益类在华国际 NGO，包括经济贸易、社会服务、联谊等领域。

四 北京社会组织发展的趋势与前景

当前，北京社会组织具有非常好的发展环境和发展态势。首先，北京是全国先进文化的前沿阵地，众多高校和科研院所集聚于此，为社会组织的发展提供文化倡导和理论支撑。其次，北京市执政理念先进，国际交往频繁，管理方法和管理经验先进，社会动员能力强，改革步伐较快，政府职能转移力度加大，政府和民间组织交往互动向更有实质意义的方向转变；同时，北京市经济发展环境好，政府、民间有着较为雄厚的经济基础。再次，北京是全国性社会组织的总部所在地，支持和倡导能力强。最后，慈善法的颁布将明确社会组织对社会发展的推动作用及作为社会治理主体的地位，同时可缓解社会组织在资金筹集、税收等方面的困难。从以上叙述可以看出，北京社会组织在未来发展中有多方助力，发展前景较好。当然，还有一些问题阻碍着北京市社会组织目前和未来的发展，需要尽快解决。

1. 社会组织立法层次低

现行的社会组织法律立法层次低，仅以行政法规的形式存在。广东、上海等 12 个地区出台了促进行业协会发展的有关规定；广东、深圳等 20 余个地区专门出台了加强社会组织培育扶持和规范管理方面的意见。而北京市尚未出台一部有关社会组织的地方立法或政府规章。社会组织规范管理和作用发挥缺乏法律依据，与国家首都的地位不相匹配，与国际化大都市的形象有差距。

2. 社会组织行政性较强

首都社会组织形式复杂，种类多，不仅有北京市级社会组织，全国性社会组织的总部也大多设在北京，全国有700多家国字头的行业协会，基本设在北京，而这些社会组织大多具有深刻的官方背景。有官方背景的社会组织大多由业务主管部门创建，承担了政府的部分职能，和政府有着天然的血缘关系，因此在发展中保持着一种优势地位，甚至是垄断地位，也被称为“二政府”。同时，政府力量介入成为社会组织创建的一种制度惯性，一些社会组织在成立过程中也希望由政府主管，法人代表大多由行政官员或退休官员兼任。较强的行政性，一方面不利于社会组织自身的建设和发展，另一方面也造成官办和民间社会组织之间的地位不一致。

3. 社会组织自身能力不足

目前，北京市政府购买社会服务力度加大，推广较快，但同时面临的问题是社会组织的资质和承接能力问题。近些年，北京社会组织发展很快，一些社会组织逐渐发展成熟、规范，有着非常强的专业能力和专业理念。也有一些社会组织发展时间短，专业化程度低，内部运行不规范，规章制度不健全，法人治理结构不健全，社会组织开展活动的专业性程度也较低。

总之，北京社会组织在多方助力下，正在成为推进北京社会治理体系和治理能力现代化的重要依靠力量，同时在此过程中，社会组织也必将得到大发展。未来，还需不断破解首都社会组织发展中的体制机制难题，创新社会治理体制，激发社会活力，加强和推进社会建设，打造符合现代化国际大都市、符合全面建成小康社会目标且具有首都特色的社会组织发展新模式。

B.14

"枢纽型"社会组织发展研究

——北京社区青年汇发展的经验启示*

王雪梅　谢思琦**

摘　要：社区青年汇是北京共青团在首都社会建设和发挥人民团体枢纽作用的实践探索中的创新，它的特点是在基层发挥"枢纽型"社会组织的作用。本文通过回顾和总结北京社区青年汇实践历程、顶层设计、发展现状与成效，讨论它对于人民团体发挥"枢纽型"社会组织作用的启示。

关键词："枢纽型"社会组织　社区青年汇　顶层设计

一　社区青年汇发展历程与顶层设计

从2010年至今，北京社区青年汇的发展大致经历了两个重要阶段。

（1）2010～2012年：初步探索、形成模式阶段。2010年，北京市团市委以挂牌形式建立了第一家社区青年汇；2011年在北京朝阳区和海淀区重点建设了4家社区青年汇，主要服务非京籍的流动青年；2012年，从4家拓展到50家，通过建"示范式社区青年汇"，初步形成社会化、规范化运行模式。

（2）2013～2015年：顶层设计、全面推进阶段。2013年4月，北京市社会建设工作领导小组印发《关于进一步加强社区青年汇工作的意见》（以下简

* 2015年北京市社会建设专项资金购买决策咨询服务项目。

** 王雪梅，中共北京市委党校社会学教研部博士、副教授、硕士生导师；谢思琦，中共北京市委党校硕士研究生。

称《意见》),《意见》详尽阐明了社区青年汇的意义、指导原则、重点任务、组织领导、经费保障等,从而正式将社区青年汇作为市委市政府的部署全面推进和铺开。由此青年汇进入迅猛发展阶段,由 50 家发展到 350 家,再到 2014 年的 500 家(2015 年稳定在这个规模),初步实现按照青年人口的布局,在全市范围内有效覆盖。

回顾社区青年汇的发展历程,可以说,经过三年初步探索和三年的总体部署与推进,北京市团市委区域性基层青年组织的发展已经形成整体性、全局性、长远性的战略布局,为基层"枢纽型"社会组织的发展做好了顶层设计。

(一)基本设想

社区青年汇是以北京市共青团为枢纽,依托基层社区,立足于青年居住、工作聚集区,在青年身边的地域性活动平台和基层青年组织。其为普通青年建设"一个好玩的俱乐部,一个靠谱的朋友圈",主要开展青年学习培训、志愿公益、参观实践等活动,培育青年自组织。通过服务青年和青年的组织化,为他们提供社会参与的渠道,实现青年的社会整合、城市融合。

青年汇发展的理想目标是 1000 家。统计数据表明,北京 5 ~ 35 岁的青少年约占总人口的 50%,约为 990 万人,且有持续增长的趋势,按其分布特点,以每万名青年有 1 家社区青年汇覆盖的原则,在全市分批建设社区青年汇,目标为 1000 家。

青年汇在布局上依托社区公共空间。具体来讲,主要是依托街道社区服务中心、社区居委会活动空间、公共文体设施和社区周边广场、学校等场地资源。特点是成本比较低,加上现有设施原本就有一定影响力,在联系青年、提供服务方面有着天然的优势与便利条件。

青年汇早期服务对象侧重于流动青年,但是几年的发展经验表明,既服务户籍青年,也服务流动青年,同时注重不同青年群体之间的交流,更容易实现青年汇的发展目标。

根据青年汇发展的规模、特点和影响力,分为旗舰店、重点店和一般店。旗舰店规模大、设施齐全、影响大、服务多;重点店主要设在"蚁族"聚集区,即毕业大学生聚居区。

（二）发展思路

在政府转变职能的宏观背景下，以基层服务青年为出发点的社区青年汇，必然走上一条政社合作、专业化、社会化的发展道路，其工作模式可以概括为“党政领导、共青团定制、社会化运作、专业化发展”。

首先，在党和政府的领导与支持下，由共青团组织制定用人标准，通过政府财政支持向社会工作机构购买专职社会工作岗位，社会工作事务所面向社会招聘专职社工，这样，为每一个社区青年汇配备总干事＋社工＋志愿者的专兼职骨干服务队伍。

其次，引入社会化力量进行运作。团市委制定日常工作内容和管理办法，基层团组织和社会工作机构进行日常管理；团组织制定考核的标准和相关激励机制，委托第三方机构进行考核，由社会工作机构根据考核结果对社会工作者给予奖励。

最后，提升青年汇专业化服务水平。共青团组织委托第三方机构制定专业化的工作标准，由社会工作机构负责督导与培训，与此同时，培育和指导社工事务所发展，努力使其成为社区青年汇专业化水平提升的核心支撑力量，与高校合作，培养专业社工队伍。

（三）管理运行

共青团先后制定《关于进一步规范社区青年汇管理运行机制的意见》《关于进一步加强社会工作事务所日常管理及工作指导的工作方案》《关于加强社工事务所社区青年汇专项经费管理和规范社工事务所专业督导工作的意见》等一系列规范性文件，并编制《北京社区青年汇运营指导实务手册》《社区青年汇考核评估指标手册》等，对区域性基层青年组织的管理运行进行“顶层设计”，自上而下，做好全局统筹。

1. 双线管理，明确各主体职责定位

社区青年汇是在新形势下，共青团组织为青年提供专项、专业服务，参与社会治理工作的重要平台，其运行管理采用双线模式（见图1）。

双线管理的其中一条线是传统的组织架构：团市委－团区县委－街乡团（工）委－社区青年汇，为传统组织上的工作指导。另一条线则是团市委－团

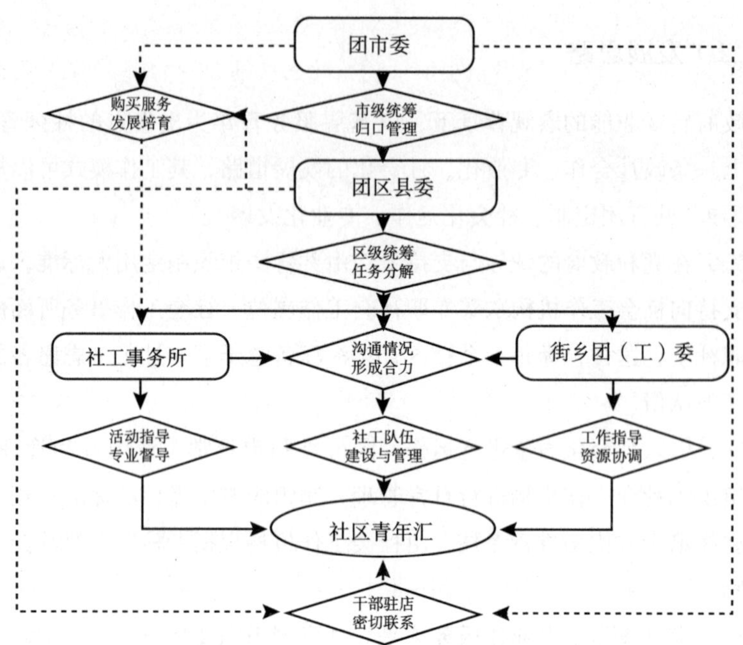

图1　社区青年汇双线管理模式

区县委－社工事务所－社区青年汇（督导或专业的服务）。

团市委统筹全市青年汇整体发展工作和全局性的重点工作，不直接参与青年汇的日常管理；团区县委是社区青年汇管理运行体系的关键层级，全面负责本区社区青年汇工作的推动和开展；街乡团（工）委是青年汇扎根社区的主要依托力量，得到了社区青年和基层党委与政府的认可，对本街道（乡镇）的社区青年汇发展负有直接责任。

社会工作事务所接受共青团市委和团区县委的委托和指导，为社区青年汇的工作提供专业的社会服务，致力于提升社区青年汇工作的专业化水平，探索适合社区青年汇发展需求的专业机构运行模式，培养实践型的青少年社会工作专业人才。

2. 统一领导，明确工作机制

主要明确统一了市级归口－逐级部署机制、双重领导机制以及日常督导机制。共青团市委各部门、直属事业单位涉及社区青年汇的工作、活动和任务，不再直接联系共青团区委或者社区青年汇，统一报共青团市委青农部、社区部，由两个部门统筹形成市级层面的社区青年汇阶段性重点工作安排，统一向各团区县委部署，团市委层面的工作统一出口。与此同时，团市委、团区县委、街乡团（工）委和社会工作事务所根据各自的职责定位，制订工作方案，按照层级原则进行逐级部署，避免因越级部署、多头管理而造成信息沟通不畅、问题无法及时反馈和解决的情况，确保社区青年汇的良性运转。

社区青年汇接受团组织和社工事务所的双重领导与指导，各项工作既要符合共青团工作的阶段性要求，也要积极服务各级党委和政府的工作大局，又要按照社会工作的专业要求，提升工作专业水平，体现社区青年汇在社会建设中的独特优势。

日常督导是社区青年汇不断提升专业水平、持续展现工作效果、完善社工队伍管理的基础保障。各社会工作事务所按照有关要求建设专业化的督导体系，以保障一线社工日常工作良好运行。

3. 规范化、信息化、社会化运行

团市委主导成立了市级社区青年汇运营支持中心（考核、引导、指导），建立开发北京市社区青年汇综合服务管理平台，实现对青年汇基础信息管理——青年汇社工、总干事、覆盖范围、周边资源；青年汇任务管理——工作计划、日志、周报、督导管理、通知通告；以及青年汇活动管理——申报、审核、统计、查询、发布、评价；全市青年汇会员管理——联系青年数量、会员信息、会员卡管理。通过平台布置工作任务，开展活动申报、审批、批准、结项，方便考核，以保证全市青年汇的规范化运行。

引入第三方考核评估，实行社会化运行。与北京恩派非营利组织发展中心合作，以“专业、科学、公正”的原则，对社区青年汇及其社会工作服务进行考核评估。编制社区青年汇考核评估指标手册，发放到社工手中，根据指标体系通过自我评价、数据核实、社会评价抽查、实地走访的方式严格考评。

（四）四大支持系统

所谓支持系统，是为支撑、维续当前管理体制运行机制长期、稳定、正常工作而不断输入资源的后台服务系统（见图 2）。社区青年汇的支持系统可以分解为两大部分：一部分是资金支持，包括来自市、区、街三级的政府财政支持，还有来自社会力量的支持，团市委成立了可以长期面向社会募集专项基金的青年汇基金会，募集资金用于专职社工表彰；另一部分是人力资源支持，成立北京青少年社会工作协会，经北京市民政局核准登记注册为非营利性社会团体，共青团北京市委员会为业务主管单位。青少年社会工作协会定位为“社工温馨之家、沟通政府之桥、提升品质之校”，通过出台职位及薪酬指导标准，实现行业规范、引领。与此同时，建构起高校合作资源网，运用高校资源培训青少年社工，使其获得专业督导支持。

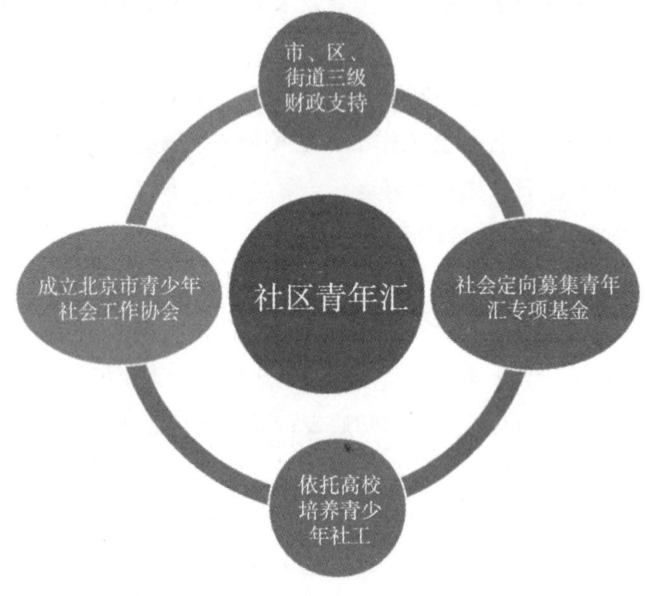

图2　四大支持系统

二　社区青年汇发展现状与成效

（一）社区青年汇发展现状

截至2014年底，全市共建成社区青年汇502家，覆盖全市16个区县以及85个青年流动大学毕业生聚集区域，至今，基本保持着一定数量规模。其中，城区 288 家、郊区 214 家，旗舰店 29 家、重点地区青年汇 81 家、普通青年汇 392 家。各区县拥有青年汇数量见表 1。

表 1　分区县统计社区青年汇数量

单位：家

东城	西城	朝阳	海淀	丰台
20	29	90	90	46
门头沟	房山	通州	顺义	昌平
6	29	35	28	52
平谷	怀柔	密云	延庆	石景山
6	5	5	6	13
大兴及亦庄	42	总　计		502

（二）社区青年汇专业社会工作者队伍发展情况

按照顶层设计，社区青年汇走专业化发展道路，一个社区青年汇至少配备 1 名专业的社会工作者（旗舰店则配备 3 名），运用专业社会工作方法，为青年提供服务、推动社区青年汇发展。从 2012 年起，团市委面向市场购买服务，即向社工事务所购买专职社工岗位。为此，团市委专门成立了市级社工事务所——北京厚德社工事务所，引入香港专业化社会工作理念，培养青少年社会工作者。团市委进一步向全市社工事务所投标，七家社工事务所入选，承接社区青年汇项目。社工事务所及其提供的社工岗位和督导情况见表 2。

表 2　社工事务所及其提供的社工岗位和督导情况

单位：个

事务所名称	社工(岗位数)	督导(岗位数)
城市之光社工事务所	229	29
厚德社工事务所	215	27
智耘弘善社工事务所	72	9
李楠社工事务所	56	7
朗润社工事务所	50	6
悦群社工事务所	33	4
乐助社工事务所	28	4
合　计	683	86

团市委作为服务购买方，一方面，引导社工事务所在青年汇活动设计、项目执行、工作督导、社工管理等方面进一步发挥专业作用；另一方面，鼓励团区县委自主培育或委托属地成熟的社工机构承接本地社区青年汇的各项工作，引入更多的专业机构承接本地社区青年汇的各项工作，引入更多的专业机构共同推动青年汇发展。

团市委还积极与高校合作，开展青年汇社工职业培训工作。2012 年 9 月 3 日，与清华大学社会科学院签署合作协议，在清华大学开设社会工作专业硕士班（MSW）；2013 年 12 月 18 日，与北京大学继续教育学院签署合作协议，在北京大学继续教育学院开设社会工作专业专升本培训班。目前，已推荐 263 名一线社工和团干部报考，有 85 人正在接受学历教育。2014 年 3 月 8 日，与中国青年政治学院签署合作协议，分层分类开展培训。制定实施“社区青年汇专职社工胜任力培训课程体系”，开展新入职社工培训、区域化培训、市级集中培训、实务操作培训、职业资格培训和专业学历教育等课程，提升社工专业素养。

（三）青年汇工作成效

1. 开展活动

根据共青团北京市委的相关文件规定，各社区青年汇每年开展活动的次数不能少于 48 次，每次活动参与人数不能少于 20 人，每年要完成对 1000 名青年的面对面服务和交流，具体活动按照统分结合原则，有全市性统一活动、全市性可选活动、区县层面活动、各社区青年汇的特色活动。

截至 2015 年底，全市社区青年汇共举办各类活动超过 5 万次，参与的青年超过百万人次，全市社区青年汇骨干志愿者超过 5000 人，注册会员达到 12 万人。活动包括参观实践、学习培训、婚恋交友、志愿公益、运动健康等。比较受欢迎的活动是学习培训、参观实践、婚恋交友，其中思想引导、学习培训、志愿公益类活动占全部活动的 54%。

城市体验营、新青年学堂、交友联谊是社区青年汇重点开展的三个有代表性的活动。城市体验营活动，组织参观考察北京市城市基础设施、大型企业、高校、政府公共机构等，是流动青年直观感受这个城市的活动，通过参加活动，流动青年可快速了解城市，做到从乡土社会到城市社会的空间转换。在城市体验营活动中，让流动青年了解与其存在密切联系的各类组织及其职能，使他们意识到周边可以利用的环境和资源，意识到在遇到问题时，寻求帮助的途径不仅仅是非正式关系，而且还有正式的组织渠道。

新青年学堂是帮助流动青年通过参加成人考试获得大中专学历教育，从而改变原有职业身份，获得更多向上流动的机会。一些流动青年在新青年学堂等项目的支持下，实现了人生经历中的重大转折。他们进入大学校园学习和深造，为自己打开了一个崭新的生活空间，更有可能从原来的底层服务领域拓展到相对体面、社会经济地位较高的工作领域。流动青年能接触到新的工作、学习内容和新的朋友，获得新的就业和发展机会，可以更好地融入城市生活中。流动青年拥有新的关系网络后，实现了从“飘在城市空中”到踏实生活在城市里的转变。

交友联谊等直接针对流动青年工作压力大和社交圈小的问题，帮助他们接触到不同户籍、不同兴趣爱好、不同行业和不同知识背景的人，通过趣味活动、才艺展示等方式，帮助他们拓展生活空间，缓解工作压力。农村青年流动到城市，其生活空间、工作空间都发生了较大的改变。他们由原来狭小的居住地拓展到社区和社区周边以及城市更广泛的地区，通过青年汇的号召参与到社区活动和建设中，从而有机会与本社区居民接触，打破彼此间在交往上的隔离状态，增强了流动青年的社区归属感和社区凝聚力。交友联谊活动也为他们提供了结识、交友的平台。这些活动打破了原有的生活圈子，建构一个新的朋友圈，他们的社会关系网络得到了拓展，也接受了更多的城市价值观。

2. 个案服务

社区青年汇的服务对象是青少年群体，以社工的专业方法向青少年科学、有效、持续地提供个案服务，既是青年汇的发展目标，又是青年汇专业服务价值的集中体现。

现阶段，社区青年汇专职社工在日常工作中接触的个案从专业角度讲，一般可以分为三类：预防性个案、发展性个案和治疗性个案。治疗性服务对专业技能的要求相对高，由于目前大多数青年汇社工尚未具备较强的专业资质和能力，这类服务大多作为“特殊个案”转介服务或交由专家督导处理。社工的作用则主要表现在发现需求、对接专业资源、协助专家形成治疗方案并配合跟进过程。

特殊个案主要是解决“五需”青少年的困难需求。五需青年是指年龄在6～25周岁之间，具有以下特征：无合理原因不在学、无职业；对学习或工作不感兴趣；生活态度消极；缺乏明确目标；情绪不稳定，存在不同程度的自我封闭或抑郁。这些青少年分别需要就业帮扶、入学帮扶、行为纠偏、思想解惑以及社会关系重建。

例1　东城区龙潭街道CC社区青年汇特殊个案服务

服务对象小李：男，河北人，单身，从事游戏视频后期制作工作。他性格孤僻，没有什么朋友，整日面对电脑工作，把自己封闭在一个小圈子里，不愿与人交流。

小李基本情况：来北京工作近四年，一直租住地下室，工作量大，经常周末加班。这种工作生活状态让他对自己前途产生怀疑，开始以酗酒、泡吧的方式排解心中压力，整日萎靡不振，情绪日渐低落，甚至产生轻生的想法。

社工赛赛的个案服务：生活压力大是北京白领群体的普遍现象，在实现理想的道路上并不是一帆风顺的，难免会对自己的未来产生迷茫、消极的心态，而小李的情况正是这一社会现象的缩影。赛赛利用龙潭街道CC社区青年汇的自身优势，充分挖掘区内资源，搭建平台为小李等白领们提供服务。赛赛链接了北京某家专业团队，定期对小李进行心理咨询，帮助他缓解压力；青年汇成立了“聚力蚂蚁”志愿服务组织，吸收小李参加志愿服务，使小李在帮助他人的同时实现自身价值；通过志愿者联盟邀请优秀“北漂青年”分享成功经验和生活感悟，小李从中受到启迪。经过多次服务，小李的状况得到明显改善。

除这类个案服务外，还有预防性和发展性青少年服务，它们是社区青年汇服务体系中的“一般个案”，如解决普通青少年在学习、生活、工作、情感等方面存在的困难和问题。

例2　东城区景山街道智慧大家园社区青年汇一般个案服务

服务对象小许：女，北京人，家境困难。母亲无正式工作，父亲是残疾人，家庭日常开支仅靠母亲卖东西来维持。

小许基本情况：刻苦上进的小许于2013年考上了某大学，然而高额的学费和生活费使小许犯了难，甚至产生了放弃学业打工养家的念头。

社工杨杨提供的服务：为了打消小许退学打工的想法，杨杨主动上门沟通。通过谈话，杨杨发现小许上学意愿十分强烈，但不想加重家庭的经济负担，为此个人处在矛盾的状态中。杨杨努力寻找解决办法，最终帮助小许争取到“阳光学子”大学生贫困助学金。虽然钱不多，但一定程度上缓解了小许家庭经济负担，并帮助她实现了上大学的梦想。之后，小许成为社区青年汇骨干志愿者，并且介绍了一批她的同学、朋友积极参与社区青年汇活动，成为青年汇核心会员。

3. 培育社区青少年社会组织

随着我国社区建设的演进，社区治理结构日益开放，参与主体日益多元，越来越多的社区自组织应运而生。这类组织作为社区治理的参与主体之一，在社区发展过程中有着不可忽视的影响力。但是，从发展现状来看，这些小团体相对孤立、松散的组织形态使其缺乏持久的责任机制和发展驱动力。因此，社区青年汇在基层发挥“枢纽型”社会组织的作用，不仅需要同已有的社区组织建立良性互动关系，同时也应关注这类自组织。依托社区青年汇灵活的组织形式和丰富的活动内容有意识地引导社区自组织加强其组织间的融合。

青年汇培育的社会组织主要是活跃在基层的志愿公益类、文体类、互助类、维权类青少年社会组织或社会团体。由于它们规模小、能力弱、欠规范，亟须第三方社会组织给予支持，从而推动组织自身的健康有序发展。

作为“枢纽型”社会组织基层平台，社区青年汇能够加大对青少年社会组织的扶持力度，加强对青少年社会组织的骨干培训，凝聚一批青少年社会组织领袖，打造一支强有力的青年骨干团队，有效提升各类青少年社会组织可持续发展能力。比如社区青年汇扶持公益类社会组织。在公益项目实施过程中，能够给予以下支持：①提供项目管理方面的培训及沙龙活动；②提供项目资金申请的渠道与资讯；③搭建人力资源平台为组织提供项目志愿者；④通过项目对接已开发的商业服务资源。

青年汇在活动、培训方面也可以给予社会组织大量支持。为前者提供活动志愿者人力资源，提供已开发的活动场地资源，对接已开发的合作商户资源。为后者提供核心骨干组织咨询服务，开展专业领域研讨沙龙与交流活动，提供

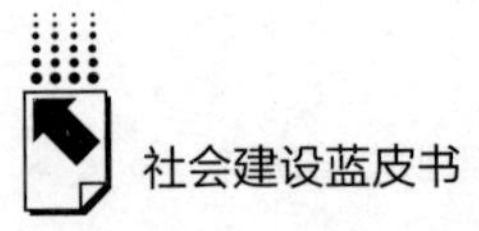

有关组织管理方面的培训活动，提供专业能力建设培训及活动资讯，对接专业的社会组织能力建设培训机构资源。

三　社区青年汇发展的启示

（一）支持社会组织发展，在基层发挥“枢纽”作用

社区青年汇是北京共青团在首都社会建设和治理中的探索，更是在人民团体发挥“枢纽型”组织作用方面的创新。

人民团体是党和国家与人民群众之间的双向桥梁与纽带。发挥“枢纽”作用，是人民团体履行自身职能的必然要求。尽管时代背景变化很大，但是党对于人民团体的要求基本是一贯的。随着经济发展和社会剧变，一方面，共青团等人民团体通过组织能覆盖的群众比例迅速下降；另一方面，众多群众通过社会组织等形式聚集起来，通过联系服务这些社会组织继而服务到广大群众，激发社会组织活力，动员社会力量，全社会协同治理，成为人民团体履行好自身职能的重要考量。

北京“枢纽型”社会组织的确立是以政府职能调整为大背景进行的，在政社分开、管办分离的原则下，大部分行政部门只行使行业指导职责，一般不再作为社会组织的业务主管单位，逐步实现与社会组织在人、财、物等方面彻底分开。替代政府部门行使该项职能的是得到授权的“枢纽型”社会组织，这些人民团体作为其他社会组织的业务主管单位，对同性质、同类别、同领域的社会组织进行分类管理和指导，促进社会组织自我管理、自主发展。

社区青年汇是建在基层的“枢纽型”社会组织，它主要通过联络青年社团和自组织，支持引导其参与到服务青年的项目和活动中，从而起到“枢纽”作用，有效地培育和发展青年社会组织，调动各方面力量参与社会管理，达到社会共同治理的效果。

（二）审时度势，创新工作模式，是青年汇发挥“枢纽”作用的关键

社会转型与大量流动青年，使得共青团传统组织体系和工作方式陷入困

境。在计划经济时期，社会结构是以单位体制为基础的，共青团可以通过传统的组织动员手段和既有的工作逻辑团结引导青年，但随着经济社会的发展，青年的流动性越来越强，传统组织对青年的覆盖联系和影响作用越来越有限，特别是青年逐步从“单位人”向“社会人”转化之后，在非公企业、社会组织等新兴的社会领域和组织类型中，基层团组织开始出现边缘化现象。

根据北京市统计局的统计结果，14～35岁青年约占全部外来人口的61%；在首都990万青少年中，非京籍青少年约占50%，接近500万人。调查显示，北京青年流动大学毕业生群体中有超过半数的共青团员（52.1%），党员比例也比较高（16.3%），但参加党团活动的仅两成多，并且75.9%的受访者参与党团活动的频率仅为“每月1次或更少”。

因此，必须根据社会流动的内在规律，推动工作转型。从不限于非公团建等基于工作空间的团建视野来看，以居住为主的社区已经成为青年聚集的重要场所，共青团的组织覆盖和联系影响在这个生活空间大有可为。在以“工作场所”为主要依托的共青团传统组织体系外，以“生活空间”为载体探索建立基层青年组织，在丰富共青团的组织体系的同时，可真正发挥“枢纽”作用（见图3）。

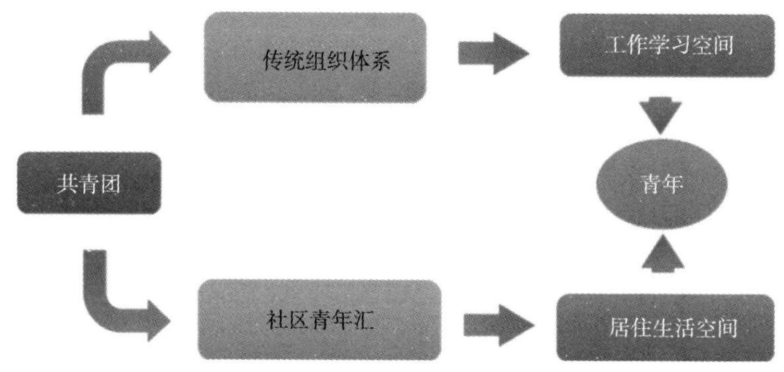

图3　社区青年汇——共青团工作体系的创新

（三）扎根社区、“三社联动”，形成基层社会治理新格局

社区是社会有机体的根基，是宏观社会的缩影，与广大群众的生活密切相关。北京市社区青年汇立足社区，以青年的需求为导向，服务社区青年，促进

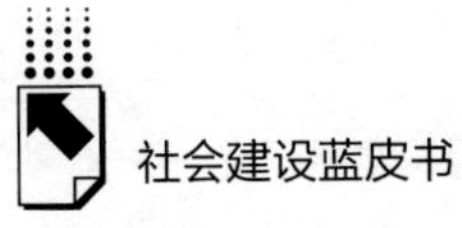

了社区建设。

平谷社区青年汇总结其发展经验，一是青年汇工作从制度上与社区常态化工作“相融并行”，社区主要领导与青年汇总干事职务全面实现“一肩挑”，总干事针对青年汇自主立项的特色活动采取亲自设计、亲自组织、亲自参与的工作方法，大力全面推动青年汇建设；并且各社区在每周召开的工作例会中设立青年汇专项议题研讨青年汇工作开展情况等。二是青年汇活动与社区活动实现“同频共振”，即青年汇活动注重把握与社区活动的整体有机结合，成为社区活动发展青年的主要载体。

作为共青团的延伸性组织，在基层发挥“枢纽”作用，社区青年汇不仅很好地整合了政府、企业、社会组织等社会建设力量，而且是“三社联动”（社区、社会工作、社会组织）发展模式和“双工”（社工引领义工）模式在青少年服务领域的具体体现，对于形成首都基层社会治理新格局有着重要作用。

参考文献

常宇：《基于社会关系重构的城市青年服务管理模式创新——北京市社区青年汇的实践与探索》，《中国青年研究》2013 年第 11 期。

田田：《区域性基层青年组织研究——以北京市社区青年汇为例》，《中国青年政治学院学报》2014 年第 1 期。

叶鹏飞、康熙熙、王鼎：《流动青年的关系重构与城市融入——北京市社区青年汇的案例分析》，《北京青年研究》2015 年第 1 期。

漆光鸿：《青少年社区服务机构在嵌入过程中的承认困境研究——以北京社区青年汇为例》，《青年探索》2015 年第 4 期。

包敏：《浅析流动青年社会融入的创新机制——以北京社区青年汇为例》，《科技风》2015 年第 9 期。

易帅东、郑雄：《北京市社区青年汇专职社工人才队伍建设研究报告》，《中国青年研究》2015 年第 6 期。

青年团北京市委员会：《北京社区青年汇运营指导实务手册》。

B.15

北京市居民对"京津冀协同发展"战略及相关政策的态度与认知情况调查报告

吴镝鸣　张晓锐*

摘　要：　为了解北京市居民对"京津冀协同发展"战略和相关政策的知晓程度与关注重点，以及居民应对政策变化可能做出的行为选择，北京市信访矛盾分析研究中心于2015年9月进行了"京津冀协同发展"热点问题的问卷调查。调查结果显示，北京市居民对京津冀协同发展的了解程度偏低，虽然多数公众肯定政策的正面影响，但少数居民对政策可能带来的利益变动表示担忧。产业发展和公共服务是居民最关心的两大领域，超过半数的居民表示非常支持协同发展战略，中青年群体的态度最为积极。

关键词：　京津冀协同发展　利益受损　行为选择　隐性不满

京津冀协同发展，是党中央、国务院在新的历史条件下做出的重大决策部署，是一项意义重大而深远的国家战略，需要国家和地方政府多部门协作。将京津冀地区作为一个整体协同发展，为北京疏解非首都功能、解决"大城市病"提出了新的思路，也有助于京津冀地区调整优化城市布局和空间结构，构建现代交通网络系统，扩大环境容量生态空间，实现产业转型升级和公共服

* 吴镝鸣，北京市信访矛盾分析研究中心副主任；张晓锐，北京市信访矛盾分析研究中心专题研究部工作人员。

务共建共享，形成京津冀目标同向、措施一体、优势互补、互利共赢的协同发展新格局。距2014年2月26日习近平总书记在北京调研时提出京津冀协同发展已经过去两年时间，京津冀协同发展在疏解非首都功能、推动交通一体化、提升环境生态水平、推进产业对接协作、推进公共服务一体化等方面取得了重大进展，实现了良好的开端。“京津冀协同发展”战略的深入推进不但会对北京市的发展产生一定影响，也会间接关系居民的实际利益，影响京津冀地区居民的生活现状与未来规划。虽然京津冀协同发展举措已经进行两年多，但是尚没有专门的机构就普通老百姓对京津冀协同发展的认知和态度进行专门的调查研究。2015年9~10月，课题组在北京市全市范围内随机抽取2500多位调查对象，进行了“京津冀协同发展”热点问题问卷抽样调查，以期深入了解北京市居民对“京津冀协同发展”政策的知晓程度和关注重点，以及居民应对政策变化可能做出的行为选择。

一　推进京津冀协同发展的政策背景及主要情况

京津冀地区包括北京、天津两个直辖市和河北省，是我国最重要的政治和文化中心，也是北方最大和发展程度最高的经济核心区，更是拉动我国经济发展的重要引擎和参与国际竞争合作的先导区域。但是，伴随着经济社会的不断发展、城镇化进程的不断加快，京津冀地区目前面临诸多困难和问题，特别是北京市承载了过多的非首都功能，“大城市病”问题突出，人口过度膨胀，交通日益拥堵，进而引发了一系列社会经济问题，引起了全社会的广泛关注。此外，京津冀地区资源环境超载严重、生态联防联治要求迫切，加之区域整体功能布局不够合理，区域发展差距悬殊、产业结构雷同问题同样突出。这一系列问题的解决都迫切需要从国家层面加强统筹，有序疏解北京非首都功能，从而推动京津冀三省市整体协同发展。

京津冀协同发展由来已久。早在20世纪80年代中期，我国在实施国土整治战略时，就已将京津冀地区作为四大试点地区之一，要求环渤海和京津冀地区实现区域分工协作，在发挥资源比较优势、治理生态环境、开展跨区域基础设施建设、优化产业和人口布局方面，实现区域协调发展。2013年5月，习近平总书记在天津市考察时便指出，要积极推进京津冀区域合作，谱写新世纪社会主义现代化的“双城记”。2014 年 2 月 26 日，习近平总书记在北京调研时明确提出要实现京津冀协同发展。2015 年 4 月 30 日，中共中央政治局审议通过了《京津冀协同发展规划纲要》，指出推动京津冀协同发展是一个重大国家战略，核心是有序疏解北京非首都功能，要在京津冀交通一体化、生态环境保护、产业升级转移等重点领域率先取得突破。这意味着，京津冀协同发展的顶层设计基本完成，推动实施这一战略的总体方针已经明确。

随着《京津冀协同发展规划纲要》下发至北京、天津、河北三地，目前京津冀明确了“一核、两城、三轴、四区、多节点城市发展”的空间布局。①“一核”是指优化提升首都的核心功能，这是京津冀协同发展的首要任务；“两城”是指北京、天津两个城市，需进一步强化京津联动；“三轴”是指京津、京保石、京津唐三个产业发展带和城市聚集轴；“四区”分别是中部核心功能区、东部滨海发展区、南部功能拓展区和西北部生态涵养区，每个功能区都有明确的空间范围和发展重点；“多节点”则包括石家庄、唐山、保定、邯郸等区域性中心城市和张家口、承德、廊坊、秦皇岛、沧州、邢台、衡水等节点城市，重点是提高其城市综合承载能力和服务能力，有序推动产业和人口聚集。

推动京津冀协同发展适应了我国当前优化区域发展格局、培育增长新动力的现实需要，具有重大的战略意义。一方面，有助于破解首都长期发展累积的深层次矛盾和问题，优化提升首都核心功能；另一方面，有利于完善城市群形态，优化生产力布局和空间结构，打造具有较强竞争力的世界级城市群；此外，京津冀协同发展有利于引领经济发展新常态，全面对接“一带一路”等重大国家战略，增强对环渤海地区和北方腹地的辐射带动能力，为全国转型发展和全方位对外开放做出更大贡献。

在深入推进京津冀协同发展战略过程中，北京市面临有序疏解非首都核心功能、优化提升首都核心功能、解决北京“大城市病”三大重点任务。2015 年是京津冀协同发展各项工作集中攻坚、重点突破、落到实处的关键一年，北京市认真学习贯彻《京津冀协同发展规划纲要》，坚持北京非首都功能有序疏

① 《［经济强省　美丽河北］廊坊：京津冀一体化核心功能》，凤凰新闻，http：//news. ifeng. com/a/20151022/45964085_ 0. shtml，2015 年 10 月 22 日。

解、人口调控与创新发展统筹推进，全面拓展和深化与津冀的合作，实现了京津冀协同发展的良好开局。为了有效推进京津冀协同发展战略，北京市研究制定了一系列贯彻文件，包括《中共北京市委北京市人民政府关于贯彻〈京津冀协同发展规划纲要〉的意见》《北京市落实〈京津冀协同发展规划纲要〉2015 年重点项目》《北京市推进京津冀协同发展 2015～2017 年工作要点》《北京市推进京津冀协同发展 2016 年重点项目》，编制完成《北京市“十三五”时期推动京津冀协同发展规划》，形成了“当前（2015 年）有重点项目、近期（2017 年）有工作要点、中期（2020 年）有五年规划、远期（2030 年）有贯彻意见”的一揽子推进体系。

北京市将有序疏解北京非首都核心功能作为落实首都城市战略定位、解决北京“大城市病”、优化提升首都核心功能的先导和突破口，明确了一般性制造业和高端制造业中比较优势不突出的生产加工环节、区域性物流基地和区域性批发市场、部分教育医疗等公共服务功能及部分行政性和事业性服务机构四大重点疏解领域。2015 年，坚持控增量与疏存量并举，市场与政府共同推进，疏解与提升同步推进，在产业疏解调整、区域性批发市场、教育卫生等公共资源疏解方面取得阶段性成效，行政事业性服务机构有序疏解的前期工作正有序开展。

二　北京市居民对“京津冀协同发展”的态度与认知调查的研究思路

推动京津冀协同发展，是党中央、国务院在新的历史条件下做出的重大决策部署，是一项意义重大而深远的国家战略，需要国家和地方政府多部门协作。对于北京市而言，京津冀协同发展既是机遇又是挑战。一方面，生态环境成为协同发展的一个重要方面，2014 年 1～9 月，北京市空气 $PM_{2.5}$ 平均含量同比下降 6.3%，大气污染得到一定遏制。此外，随着《京津冀协同发展规划纲要》的发布，房地产业成为首要受益行业，坐拥京津冀一体化核心区土地储备的上市房企自上年起市值节节攀升。[①] 另一方面，京津冀协同发展也意味着

① 《京津冀协同发展落实　北京周边房价风云再起》，网易房产，http://bj.house.163.com/15/0503/21/AONK4Q2F000747K1.html，2015 年 5 月 3 日。

区域内资源的重新组合，并涉及首都教育、医疗、产业等资源的外迁，这可能导致部分高端产业的流失以及教育资源的分割。因此，京津冀协同发展在带来巨大效益的同时，短期内也可能成为一个严峻的挑战，考验着居民以及区域政府的承受能力。

同时，“京津冀协同发展”工作也会影响京津冀地区居民的生活现状与未来规划。北京在京津冀协同发展中居于核心地位，居民对这一政策的态度在一定程度上反映了居民对于国家政策和发展规划的信心与期望。此外，在“京津冀协同发展”的战略指导下，疏解北京的非首都功能、产业转型升级等政策有可能影响部分居民和企业的短期利益，从防范社会矛盾的角度出发，我们需要关注并了解北京居民对“京津冀协同发展”的态度与认知。

具体而言，随着“京津冀协同发展”的推进，这一政策不但会对北京市的发展产生一定影响，也会间接关系居民的实际利益。因此，居民对“京津冀协同发展”的政策知晓程度以及关注重点，一方面反映了居民对政策的总体认知与评价，另一方面也可以从中挖掘出可能引发冲突行为的问题焦点。此外，透过“京津冀协同发展”涉及的资源外迁问题以及公众对此的行为选择，我们大致可以预测影响社会稳定的风险点，加以规范。同时，居民对“京津冀协同发展”的整体态度与建议，反映了其对国家相关政策的信心和期许。

“京津冀协同发展”热点问题问卷调查立足于调查对象对“京津冀协同发展”的政策知晓度和主观态度，从公众对“京津冀协同发展”具体政策的关注点、政策可能引发的行为选择以及利益影响三个维度，得出公众对“京津冀协同发展”的总体评价（见图 1）。围绕该研究思路和调查目的，课题组精心设计了包括九大问题的调查问卷。调查对象为年龄在 25 ~ 70 周岁，能够清晰进行语言表达的普通居民，并且至少在北京市居住两年，至少在抽取的社区或村居住半年。随机抽取 2550 名调查对象进行问卷调查，最终获得有效调查样本 2510 个。

三　研究发现

（一）政策知晓程度低，知晓内容多集中于地域、领域等宏观层面

自 2015 年 5 月《京津冀协同发展规划纲要》下发以来，“京津冀协同发

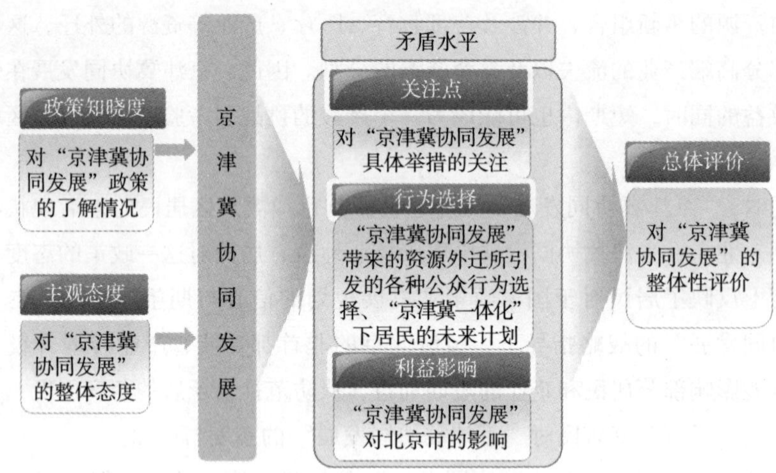

图1　本次调查的研究思路

展”受到了社会各界的关注，引起了全社会的热议。但在调查过程中，在问及“是否了解或听说过‘京津冀协同发展’工作”时，仅有35.7%的居民表示非常了解，36.0%的居民表示比较了解；此外，接近三成的居民表示不太了解和没听说过，其中，不太了解的居民比重为25.0%，表示没听说过的比重为3.3%（见图2）。这显示出，“京津冀协同发展”政策虽不断推进，但接近三成的居民对其关注度不足。因此，相关部门应进一步加大对“京津冀协同发展”的宣传力度，建立健全宣传工作机制，积极拓宽政策宣传渠道，从而提升居民对京津冀协同发展工作的认知程度。

“京津冀协同发展”作为一个重大战略决策，涉及不同地域、不同领域、部门职责划分、工作目标、工作方法以及政策影响等诸多问题。为进一步了解居民对这一政策的认知状况，本调查选取对“京津冀协同发展”有一定关注度的居民①，分析他们对于京津冀协同发展工作的具体认知内容。

调查数据显示，居民对于“京津冀协同发展”的地域范围了解最多，占受访者的44.9%；对政策可能带来的影响了解程度次之，占受访者的33.3%；另外有28.9%的居民了解“京津冀协同发展”所涉及的领域范围。此外，居

① 即在上一题中表示“非常了解”、“比较了解”和“不太了解，只是听说过”的居民。

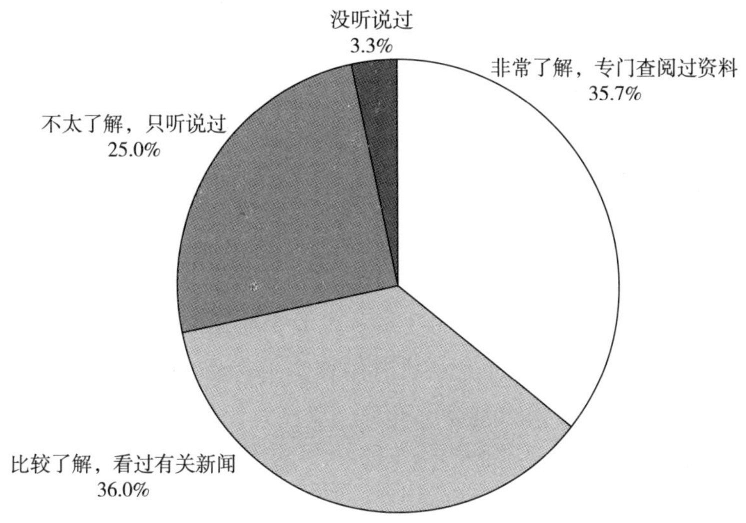

图 2　居民对“京津冀协同发展”的了解情况

民对各项具体工作的落实部门认知程度最低，仅有 6.9% 的人表示比较了解；了解协同发展的工作目标与具体发展方法均在 15.0% 以上（见图 3）。对地域范围的了解比例接近半数，表明即使对“京津冀协同发展”有一定认识的居民也有相当一部分是停留在文字概念的层面上，而且占比最多的三项都属于宏观规划方面，对于纵向的具体工作认知度依然较低。

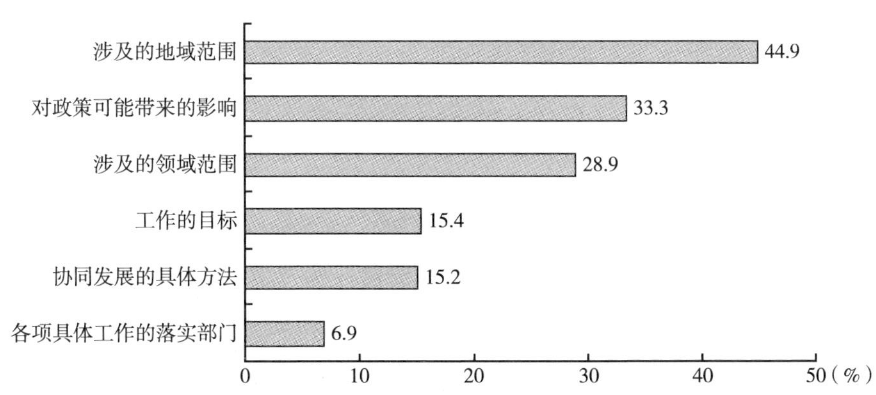

图 3　居民对“京津冀协同发展”的具体认知内容

（二）肯定政策正向影响，关注点集中于工业外迁及公共服务建设

“京津冀协同发展”涉及交通一体化、生态环境保护、产业协同发展、公共设施建设等多个领域。为疏解北京非首都功能，北京市将会进行大规模的资源外迁，这对北京市发展会产生诸多影响，居民的生活状况也会随之有所改变。

调查中发现，居民最关注的“京津冀协同发展”过程中的具体举措集中在产业领域，其中关注度最高的问题是“工业企业迁出北京”（21.1%）；公共设施领域也是居民关注焦点之一，其中聚焦于“教育、医疗等公共服务一体化建设”的居民比重达20.8%。此外，居民对“北京新机场产业园建设”（4.2%）、“联合推进生态环保”（5.6%）、“资本、人才等市场一体化建设”（6.4%）等问题关注热度较低（见图4）。这表明，居民对问题的关注点依然集中在教育、医疗及市政环境等传统问题领域。

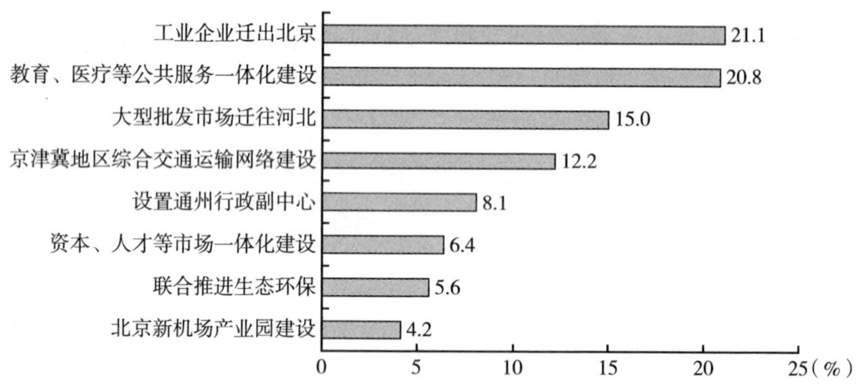

图4 居民对“京津冀协同发展”中具体举措的关注程度

为进一步了解居民对“京津冀协同发展”的态度倾向，调题组调查了居民对政策影响的认知。其中，超过半数的居民认为“京津冀协同发展”有助于减少人口压力，占53.2%；45.5%的居民对“京津冀协同发展”将“改善环境污染”持积极态度；44.6%的居民认为政策实施还将缓解北京交通拥堵问题。整体来看，多数居民对“京津冀协同发展”持积极态度，对未来充满期待。

值得注意的是，也有少部分居民担忧协同发展政策可能产生消极的利益格

局变动。其中，居民对“北京的教育、医疗资源被分割”的担忧程度最高，占 12.4%；认为人口压力将会加大、北京房价上涨的比重也分别为 7.4% 和 7.2%（见图 5）。可见，无论是居民的关注重点还是对政策效果的预期，居民首要的关注内容都集中于两大方面：一是城市生活环境的改善与否；二是公共服务资源是否会受到影响。因此，在政策的制定与落实过程中，管理部门应当对这些关乎居民切身利益的民生问题给予更多关照。

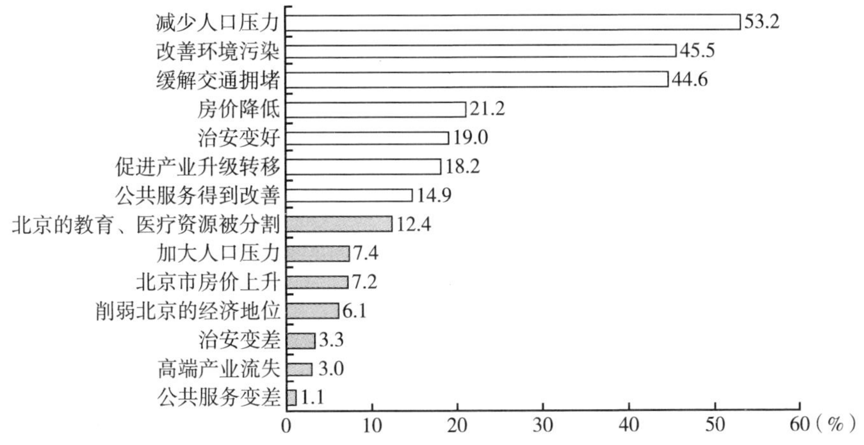

图 5　“京津冀协同发展”可能带来的利益影响

注：该图中的浅色部分代表正向利益，深色部分代表负向利益。

面对协同发展可能带来的资源外迁问题，七成多的居民表示最应迁出高耗能产业和劳动密集型产业，迁出公共服务部门的意愿则相对较低。具体来看，47.4% 的居民选择首先迁出钢铁、建材、印刷等非科技型、高消耗性产业；23.4% 的居民表示要首先外迁区域性批发市场、物流等劳动密集型产业；而认为最需迁出部分院校、医疗机构，部分行政性、事业性机构，部分企业总部等公共服务部门的累计比重不足 17.0%；另有 12.9% 的居民表示说不清（见图 6）。可见，居民希望依靠协同发展政策，外迁一些高耗能、高污染、高劳动密集的产业，但是对于教育、医疗、行政资源的外迁意愿较低。

（三）行为选择较为和缓，矛盾焦点集中于人口、资源等硬性因素

“京津冀协同发展”的核心目标在于疏散北京非首都功能，北京作为资源

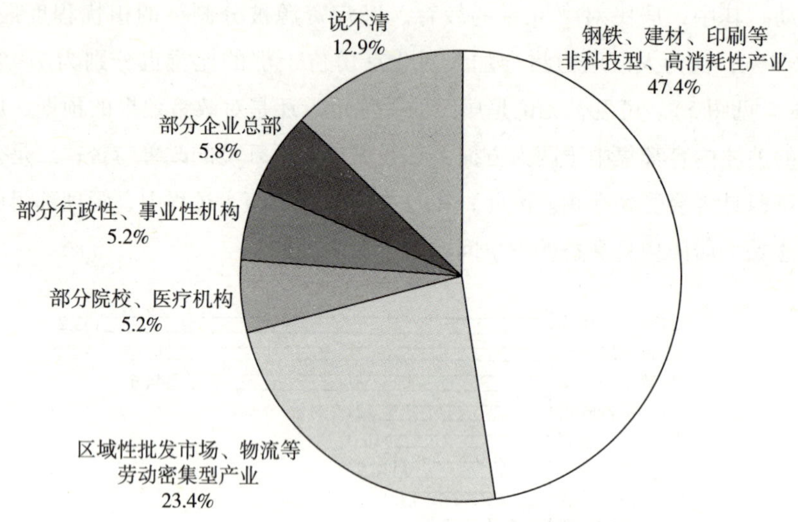

图6　居民认为北京市最需要迁出的功能

聚集程度最高的地区，未来将逐步进行产业转移和资源外迁工作。图6数据显示，北京市民普遍认为“京津冀协同发展”会产生正向的影响，但仍对一些关乎自身利益的问题略有担忧。为进一步了解居民在面对“京津冀协同发展”时可能进行的行为选择，本研究从不同角度进行了测量。

1. 居民整体行为选择较为和缓，要求非科技型产业迁出的意愿最强

对于协同发展可能造成的影响，近七成居民表示“没有采取行动的计划”，可见，这一政策的制定与执行对居民目前的生活状况没有显著改变，多数居民的未来规划也不会发生剧烈变动。同时，也有36.2%①的居民表现出积极的行动策略。其中，表示在网络上关注、讨论的居民最多，占12.7%，另有9.4%的居民表示会向亲友、同事或邻居诉说此事。这表明，居民对“京津冀协同发展”的议论热度较高，且网络成为交流、沟通的重要平台。此外，“京津冀协同发展”也对居民的经济行为产生了一定影响。5.5%的居民表示会离开北京前往天津或河北等地；2.5%的人则选择借此机会买房投资。

值得注意的是，选择上访、请愿或游行的居民也占1.9%，其中表示自己到有关部门上访的比重稍大，为1.1%，另有0.8%的居民选择参加集体上访、

① 本题为多选题，累计百分比为106.1%。

请愿等集体行为（见图7）。对比2015年的整体数据，居民在面对利益受损时，选择激烈冲突行为的均值为1.4%。可见，在面对“京津冀协同发展”政策上，居民选择激烈行为的比重虽最低，但仍高于面对其他社会矛盾时选择冲突行为的比重。这一方面由于“京津冀协同发展”在短期内会损害一部分居民的既得利益，容易引发他们集中性地选择较为激烈的行为方式予以解决；另一方面表明政府在“京津冀协同发展”政策的落实过程中，要切实保护好居民的切身权益，最大限度地避免因资源迁移、利益格局变动而引发的不良群体性行为。

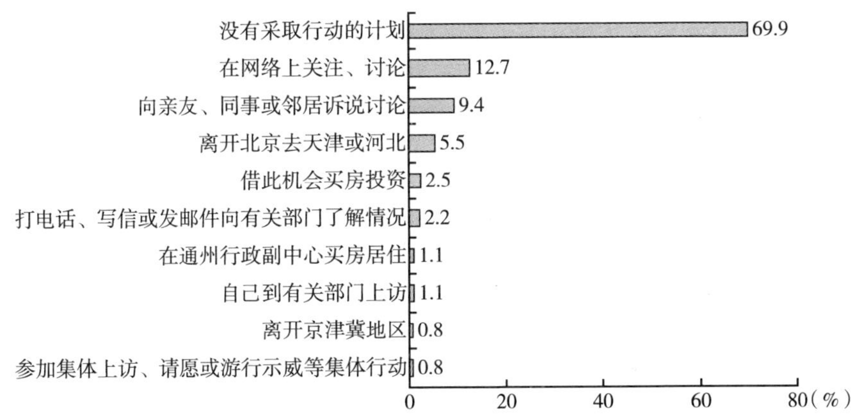

图7　居民面对“京津冀协同发展”政策影响时的行为选择

2. 工作的核心困难集中于硬性条件，实现资源共享作用显著

本研究就“京津冀协同发展”工作的核心困难进行了调查，进而分析当前市民眼中工作有序开展、政策扎实落地应注重哪些方面。“京津冀协同发展”工作的阻碍因素主要包括两个方面：一是硬性条件，即城市功能、资源水平、城市带动能力、经济水平、人口迁移等因素；二是软性因素，包括各地政府利益分配、中央政府态度、行政与市场的平衡等。

整体来看，居民普遍认为“京津冀协同发展”工作存在核心困难，表示困难核心集中于硬性条件的占58.1%，困难核心为软性因素的仅占22.3%，另有19.6%的居民表示“说不清楚”。这表明，居民认为政府应当首要解决资源短缺、人口膨胀等硬性问题，从而推动“京津冀协同发展”工作的有序展开和平稳进行。

从硬性条件来看，居于首位的困难是“人口迁移的阻力大”，所占比重为24.0%；“三地的经济发展水平差异较大”位居第二，占居民的15.2%。选择这两项因素的居民累计达39.2%，从一定程度上能够代表居民对政府未来工作重点的判断，即政府首要解决的硬性因素是安置外来人口，其次也应注意到统筹区域经济发展水平。从软性条件来看，10.2%的居民认为“各地政府的利益分配”是协同发展的核心困难，另有5.5%的居民认为是“中央政府的态度”（见图8）。

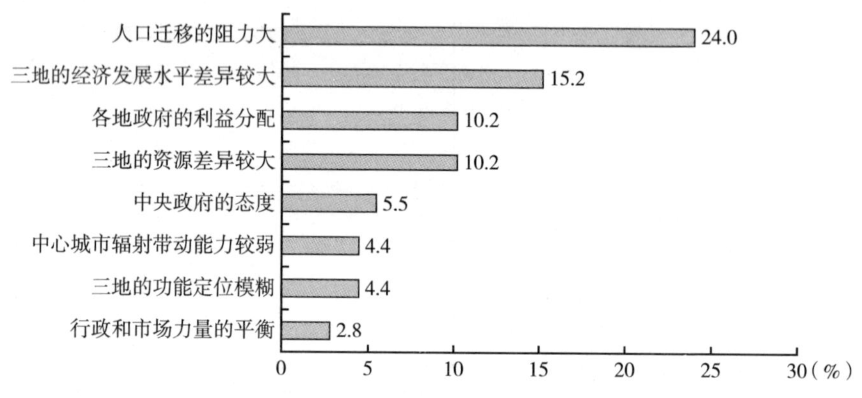

图8　“京津冀协同发展”工作中存在的核心困难

立足于政府角度，居民对实现“京津冀协同发展”提出了一些建议，这些建议对于未来更好地推行工作、落实政策有一定的参考意义。具体来看，居于前三位的建议包括“实现资源共享”、“实现三地政策互动”和“建立三地互补型财政机制”，其比重分别占41.3%、38.6%和31.4%。[①] 这与“京津冀协同发展”政策的目标基本一致，因此，在未来的工作中，政府应着重推进京津冀三地的协作化发展，发挥城市群的整体性功能。

此外，有24.8%的居民认为政府应当明确三地的功能定位，以实现京津冀地区的协同发展；也有居民从行政角度给出了一些建议，21.2%的居民表示应当建立三地协议责任机制、19.0%的居民建议促进行政管理机制衔接（见图9）。这表明，京津冀地区的协同发展是一个多方位、综合性的工作，推动京津冀协同

---

① 本题为多选题，累计百分比为190.1%。

发展，必须通过深化改革打破行政壁垒，构建开放的区域统一市场，建立区域统筹协调发展新体制，进而为推动全国区域协同发展探索出一条新路子。

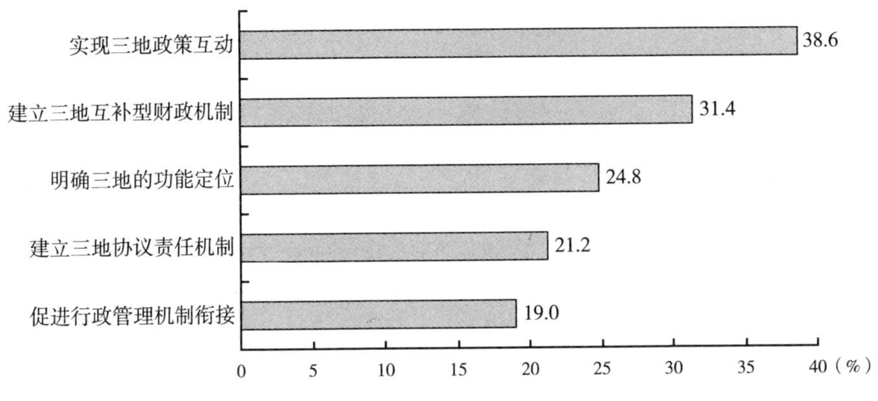

图9　实现“京津冀协同发展”应当采取的措施

3. 居民对“京津冀协同发展”总体评价较好，35~54岁中青年群体态度最为积极

整体来看，北京居民对“京津冀协同发展”的总体评价较高，超过半数的居民表示非常支持这一工作。具体来看，表示“非常支持”和“比较支持”的居民分别占51.2%、36.6%，累计占受访者的87.8%。表示“不太支持”和“完全不支持”的居民所占比重虽少，仅有1.9%和0.3%，但这部分居民可能是短期利益受损者，需要给予适当关注（见图10）。

不同年龄层的人，对于“京津冀协同发展”工作的总体态度有所差异，且这种差异具有显著性。① 首先，35~44周岁的群体对于协同发展态度最为积极，表示“非常支持”和“比较支持”的累计百分比最高，为91.2%；25~34周岁的群体也表现出了88.2%的支持率。相对而言，45周岁及以上群体的支持率较低，在85%以下（见图11）。其原因在于：45周岁以下的中青年群体，其成长于改革开放后巨大的社会变革中，对于社会政策的认知、接受能力相对较强，因此对于惠及民生的社会政策支持度也相对较高。与此相对应的，45周岁及以上居民表示“一般”或“不支持”的比重相对较高，其原因在于

① $P<0.05$，居民年龄与其对“京津冀协同发展”的评价在95%的置信区间内显著。

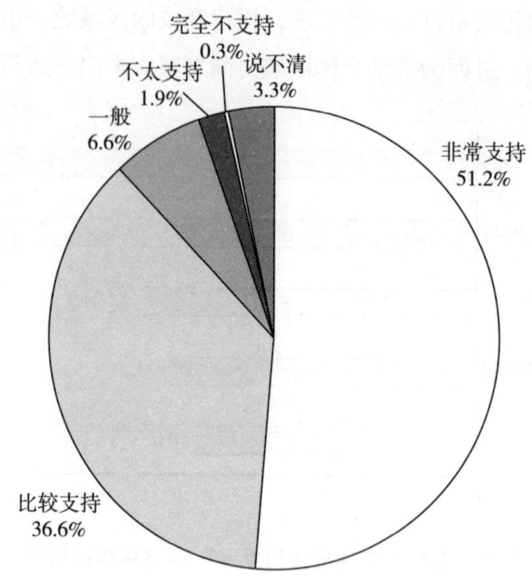

图 10　居民对“京津冀协同发展”的总体评价

协同发展将会引起一系列利益格局的变动，中老年人既有的稳定环境可能会被破坏，因此对政策的不满程度也相对较高。

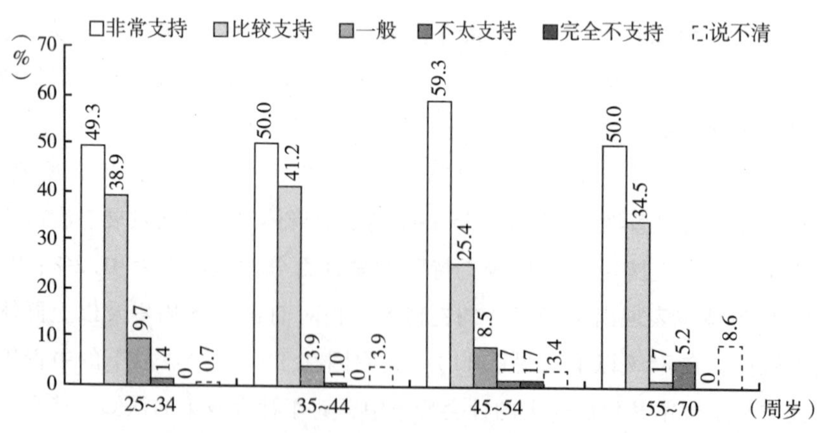

图 11　不同年龄段居民对“京津冀协同发展”的评价

此外，随着年龄的增长，表示“说不清”的居民比重也波动上涨，其中55～70 周岁的人群中有 8.6% 表示说不清。因此，在未来的政策宣传、政策落实的过程中，对中老年人群的工作力度应有所加大，进而提升他们对政策的总体认知和了解程度，从而做出更好的行为选择。

“京津冀协同发展”热点问题调查集中反映了当前北京市居民对“京津冀协同发展”战略及相关政策的态度与认知情况，针对调查结果反映出的一些问题和现象，如普通居民对“京津冀协同发展”一些具体政策措施知晓程度低、了解不全面的问题，各级政府有必要在未来的宣传工作中予以关注，让居民对惠及民生的具体政策有更为全面的了解和认识。此外，在疏解非首都功能的进程中，严格控制增量，有序疏解存量，重点完善就业、社会保障、土地、户籍、教育、医疗、财税等方面的配套措施。要从整个国家发展战略出发，建立与区域协调发展相适应的利益分配机制，完善不同省市的合作机制，从而更好地推动“京津冀协同发展”的政策落实。

B.16 北京市居住证积分落户规模初步测度报告

李晓壮*

摘　要：北京市居住证积分落户政策是被社会各界普遍关注的社会问题。本文利用2014年国家卫计委全国流动人口动态监测抽样调查数据以及剔除与参照性方法，研究发现北京市居住证政策具有普惠性质，可以保障基本公共服务和便利常住人口全覆盖的底线公平；每年应有不超过1万人依靠积分落户京城，北京市积分落户政策门槛较高，但符合“严格控制特大城市人口规模”的国家战略要求。同时，本文提出在居住证积分落户政策实施过程中，要处理好战略与战术、高门槛与底线公平、存量与增量、法治与德治、需求侧与供给侧等关系。

关键词：居住证　积分落户　户籍改革　流动人口

一　问题提出与测度说明

以2016年3月5日为时间节点，利用百度搜索引擎以“2020年北京常住人口控制在2300万人以内”为关键词进行网页检索，找到相关结果约41.44万个；利用同样方法，再以“北京市居住证积分落户政策”为关键词进行网页检索，找到相关结果约137万个。由此可见，北京“人口调控”与“户籍

* 李晓壮，北京市社会科学院社会学所副研究员，首都社会建设与社会管理协同创新中心研究人员，社会学博士后，主要从事社会结构、城市治理等领域研究。

新政”（指居住证积分落户政策）引起社会广泛关注，尤以“户籍新政”为甚。众所周知，近年来，北京人口规模压力过大，与城市综合承载能力之间的矛盾加剧，“垃圾围城”“汽车堵城”“雾霾罩城”等“大城市病”日益凸显，因此明确提出严格控制人口总量规模。与此同时，与人口规模直接相关的户籍制度改革取得重大突破。北京市委市政府经过六年时间的深入研究，2015 年底向社会征集《北京市居住证管理办法（草案送审稿）》（以下简称“居住证办法”）、《北京市积分落户管理办法（征求意见稿）》（以下简称“积分落户办法”）。这样来看，控制人口与“户籍新政”在政策上的“一紧一松”，必然带来政策的从属关系，而从北京研究制定“户籍新政”耗时以及“户籍新政”的具体内容都可以看出，控制人口是硬杠杠、是红线，“户籍新政”服务于控制人口。那么，究竟哪些人可以成为潜在的“户籍新政”受益者？这些受益者规模大致有多少？这是北京“户籍新政”被普遍关注的社会问题。为此，本文利用 2014 年国家卫计委全国流动人口动态监测调查数据，对北京市居住积分落户规模进行初步测度，以期回答这个被普遍关注的社会问题。

本文所界定的北京市居住证积分落户规模测度范围主要依据是《北京市居住证管理办法（草案送审稿）》《北京市积分落户管理办法（征求意见稿）》规定的申领（请）条件，同时，申领（请）条件中的某些内容具有可量化性、约束性，如《北京市居住证管理办法（草案送审稿）》规定的在京有稳定就业、在京有稳定住所、在京连续就读等指标维度（见表 1）；如《北京市积分落户管理办法（征求意见稿）》规定的条件指标、基础指标和导向指标等指标维度（见表 2）。同时，本文还使用了“进京指标”剔除以及其他地区积分落户情况参照的研究方法，以推测北京积分落户规模。

表 1　北京市居住证申领（请）条件

<table>
<tr><th></th><th>在京有稳定就业</th><th>在京有稳定住所</th><th>在京连续就读</th></tr>
<tr><td rowspan="3">来京人员办理暂住登记已满半年</td><td>连续缴纳社会保险满 6 个月</td><td>自有产权房屋</td><td rowspan="3">全日制小学、中学、中等职业教育或普通高等学校取得学籍并就读</td></tr>
<tr><td>依法签订劳动合同</td><td>租赁房屋</td></tr>
<tr><td>持有工商营业执照</td><td>用人单位或就读学校提供的宿舍</td></tr>
</table>

资料来源：根据《北京市居住证管理办法（草案送审稿）》整理。

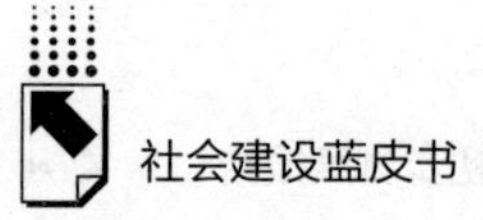

表2 北京市积分落户申请条件

条件指标	基础指标			导向指标
持有北京居住证	合法稳定就业	用人单位签订正式劳动合同并连续工作满1年及以上	职住区域指标	东城区、西城区、朝阳区、海淀区、丰台区、石景山区
年龄不超过45周岁(45岁及以下)		在京投资办企业并连续经营满1年及以上	疏解行业就业指标及分值	—
		在京注册登记为个体工商户并连续经营满1年及以上	创新创业指标及分值	—
在京连续缴纳社会保险7年及以上(通常意义上指城镇职工社会保险,“五险一金”)	合法稳定住所指标	签订正式房屋租赁合同,符合登记备案、依法纳税等有关规定的合法租赁住所连续居住满1年及以上	专业技术职务指标及分值	中级专业技术职务加2分
		用人单位提供的拥有合法产权的宿舍连续居住满1年及以上		高级专业技术职务加5分
		在自有产权房每连续居住满1年积1分		需为国家和本市有关部门、中央企事业单位评定的专业技术职务
符合本市计划生育政策(2孩及以下)	教育背景	大学专科(含高职)9分	纳税指标及分值	近3年连续纳税
		大学本科15分	信用记录指标及分值	—
		硕士27分	守法记录指标及分值	—
无违法犯罪记录		博士39分	—	—

资料来源：根据《北京市积分落户管理办法（征求意见稿）》整理。

还需特别说明的是，目前在北京落户有以下几种途径，从群体类型上可以划分为特殊人群、准特殊人群、普通人群。① 特殊人群，一般落户方式主要有3种：考公务员、事业单位、大型央企的重要岗位；应聘有进京指标的国企、高科技单位、高校等单位的部分岗位；考取能解决北京户口的大学生村官和大

① 汤瑜：《北京积分落户门槛高：外地人充满希望又陷失望》，《民主与法制时报》2016年1月11日。

学生社工岗位。准特殊人群落户主要有4种，考虑工作关系、亲属投靠关系、人才引进及城市发展需要，工作关系，如中央及国务院直属单位调工、调干在京入户；亲属投靠，如寄养未成年人、夫妻、子女、老人投靠，投靠入户可能根据条件入农户或非农户，并且均有严格要求；人才引进，包括应届毕业生留京及特殊人才引进；符合要求的商人也能入户，需满足企业连续3年每年纳税80万元以上或者近3年纳税达300万元以上等条件。此外，2015年3月18日，北京市首次出台规定，凡是在北京市被评为全国劳模、现在仍为农业户口且有落户意愿的外省市农民工，均可视作落户对象。普通群体，除以上两个群体以外的，有意愿落户京城的常住外来人口。这部分普通群体即本报告研究的对象，与所使用的调查数据也相符合。

二　数据来源与样本情况

本报告利用2014年国家卫计委全国流动人口动态监测抽样调查数据。国家卫计委从2009年开始组织这项调查，大约在每年5月组织实施调查，截至2014年已经连续开展5年，样本抽样框主要来自调查年前一年的全员流动人口年报数据，采取PPS方法进行抽样。根据本报告研究目的，主要是对流动人口中的常住外来人口进行数据分析，因此需要剔除在京居住不到半年的流动人口（2014年5月进行的问卷调查，故此倒推6个月，以流入时间2013年11月底为节点，进行数据筛选）。调查数据库中涉及北京市流动人口调查样本总量共计7998份，剔除不符合条件的样本，剩余7101份，占总体样本的88.78%。

对7101份常住外来人口样本进行分析，其基本情况如下。

（1）从现居住地的地域分布上看（此次抽样涉及北京市13个区），东城区占0.9%、西城区占2.1%、朝阳区占25%、海淀区占15.3%、石景山区占1.1%、丰台区占12.6%、大兴区占12.7%、顺义区占2.6%、昌平区占12.5%、通州区占12.2%、门头沟区占1.0%、房山区占1.4%、怀柔区占0.6%。（2）从性别上看，男性占57.2%、女性占42.8%。（3）从年龄上看（以2014年5月底为限），1970年以前的占13.6%、1970年及以后的占86.4%。（4）从受教育程度上看，未上过学占0.6%、小学占5.4%、初中占38.7%、高中占21.2%、大学专科占15.9%、大学本科占15.9%、研究生占2.4%。（5）从户口性质看，农业户口占67%、非农业户口占31.7%、农转居占1.0%、非农业转居民占0.3%。（6）从户籍地看，河北占23.3%、山东占12.7%、河南占12.5%、安徽占6.1%、黑龙江占5.4%、山西占4.2%、四川占3.9%、湖北占3.8%、内蒙古占3.6%、辽宁占3.1%、吉林占3.1%，江苏、江西等省份都低于3%。（7）从本次流动时间上看，从1998年开始占1.2%，随后几年基本逐年增加，2010年占10.7%，2011年占9.3%，2012年占13.6%，2013年占17.3%。（8）从流动原因上看，务工经商占93.2%、随同流动占4.6%、婚嫁占0.3%、投亲占1.0%、出生占0.1%、其他占0.7%。（9）从第一次离开户籍地时间上看，从1993年开始占1.2%，随后几年有所增加，2010年占7.9%，2011年占5.1%，2012年占7.2%，2013年占7.2%。（10）从现在主要从事的职业看，国家机关、党群组织、企业事业单位负责人占1.7%，专业技术人员占15.9%，公务员、办事人员和有关人员占3.4%，经商占15.9%，商贩占3.8%，餐饮占9.7%，家政占0.7%，保洁占2.3%，保安占1.8%，装修占5.2%，其他商业、服务业人员占28.1%，农林牧渔水业生产人员占0.6%，生产占4.2%，运输占1.5%，建筑占1.5%，其他生产运输设备操作人员及有关人员占1.8%，无固定职业占0.9%，其他占0.8%。（11）从就业的单位行业看，其中超过10%的行业包括，批发零售占18.2%、住宿餐饮占13.6%、信息传输软件和信息技术服务占10.3%、居民服务修理和其他服务业占20.5%。（12）从就业单位性质看，个体工商户占32.5%、私营企业占43.8%。（13）从现在就业身份看，雇员占69.7%、雇主占8.4%、自营劳动者20.5%、其他占1.4%。（14）从工作地点所在区域看，市区占48.9%、城乡接合部占24.1%、县城占3.0%、乡镇占10.6%、农村占12.2%、其他占1.2%。（15）本人/家人在本地区由单位包吃或包住的占14.6%。（16）从住房属性上看，租住单位/雇主房占8.2%、租住私房占62%、单位/雇主提供免费住房占8.9%、已购政策性保障房占0.5%、已购商品房占15.8%、借住房占2.2%、就业场所占1.3%、自建房占0.3%、其他非正规化居所占0.8%。（17）从是否打算在本地长期居住（5年以上）情况看，打算占63.8%、不打算占10.6%、没想好占25.6%。（18）从是否有城镇职工养老保险看，有占39.5%、无占58%、不清楚占2.5%。（19）从是否有城镇职工医疗保险看，有占38.7%、无占59.3%、不清楚占1.9%。（20）从是否有失业保险看，有占36.8%、无占60.9%、不清楚占2.3%。(21)从是否有城镇职工生育保险看，有占29.5%、无占68.0%、不清楚2.5%。(22)从是否有城镇职工工伤保险看，有占34.7%、无占63.1%、不清楚占2.2%。(23)从是否有住房公积金看，有占21.7%、无占76.4%、不清楚占1.9%。(24)从曾生子女数看，无孩占13.8%、1孩占59.5%、2孩占23.9%、3孩占2.6%、4孩占0.2%。(25)从孩子出生地看，本地占34.2%、户籍地占64.1%、其他地方占1.6%。(26)从孩子现居住地看，本地占66.1%、户籍地占31.3%、其他地方占2.6%。

三　北京居住证积分落户规模初步测度与分析

根据上述测度说明标杆指标与样本情况，并使用“进京指标”剔除、其他地区积分落户情况参照等研究方法，以推拟测度北京积分落户规模。

（一）北京市居住证申领条件测度

(1)以北京市居住证申领条件中“来京人员办理暂住登记已满半年”指标来衡量，88.78%的常住外来人口具备北京市居住证申领条件（前提假设，在北京市居住证政策实施后，所有的常住外来人口将办理暂住登记）。(2)以“在京有稳定就业”指标来衡量，20.61%具备“连续缴纳社会保险满6个月”条件（因问卷没有涉及缴纳社会保险是否连续问题。因此，实际上连续缴纳社会保险满6个月的人数占比应低于测算结果，而该项指标在居住证政策实施中具有刚性约束作用）；签订劳动合同指标在问卷中无选项体现，所以无法进行测度；是否具备持有工商营业执照在问卷中无选项体现，所以无法进行测度。(3)以“在京有稳定住所”指标来衡量，16.3%（已购政策性保障房占0.5%、已购商品房占15.8%）具备自有产权房屋；70.2%（租住单位/雇主房占8.2%、租住私房占62%）具备租赁房屋；8.9%具备用人单位提供租房。(4)在京连续就读指标在问卷中无选项体现，所以无法进行测度。

根据上述分析，在假设条件全部成立且剔除因调查问卷设计影响因素，结合居住证办法规定，来京人员办理暂住登记已满半年，并符合在京有稳定就业、稳定住所、连续就读条件之一的就可以申领北京市工作居住证。因此，应取上述可获得指标分析结果中的最大值，即稳定住所。我们测算的结果是，约95.40%的常住外来人口具备申领北京市居住证条件。

（二）北京市积分落户申请条件测度

条件指标中，具有约束性的指标包括：（1）以“条件指标”中“持有北京居住证”指标来衡量，约95.40%的常住外来人口具备持有北京市居住证条件（前提假设，符合条件的常住外来人口都申领了北京市居住证）。（2）以“条件指标”中“年龄不超过45周岁（45岁及以下）”指标来衡量，约86.4%的常住外来人口具备年龄不超过45周岁（45岁及以下）条件。（3）以“条件指标”中“在京连续缴纳社会保险7年及以上”指标来衡量，6.73%的常住外来人口具备在京连续缴纳社会保险7年及以上（因问卷没有涉及缴纳社会保险是否连续问题。因此，实际上连续缴纳社会保险满7年的人数占比应远低于测算结果，而该项指标在积分落户政策实施中具有刚性约束作用）。（4）以“条件指标”中“符合本市计划生育政策”（2孩及以下）指标来衡量，97.20%（无孩占13.8%、1孩占59.5%、2孩占23.9%）的常住外来人口符合北京市计划生育政策（2孩及以下）。（5）无违法犯罪记录指标在问卷中无选项体现，所以无法进行测度。

基础指标中，具有约束性的指标包括：（1）以“基础指标”中“合法稳定就业”指标来衡量，因在问卷中无选项体现，所以无法进行测度；（2）以“基础指标”中“合法稳定住所”指标来衡量，95.40%的常住外来人口具备申请条件（前提假设，租住房屋均签订正式房屋租赁合同，符合登记备案、依法纳税等有关规定）；（3）以“基础指标”中“教育背景”指标来衡量，34.2%（大学专科占15.9%、大学本科占15.9%、研究生占2.4%）的具有大专及以上学历的外来常住人口具备条件。

导向指标中，基本不具有约束性，因此不具测度条件。

根据上述分析，在假设条件全部成立且剔除调查设计因素影响，结合积分落户办法规定，应取上述可获得指标分析结果中的最小值，即在京连续缴纳社会保险7年及以上。调题组测算的结果是约6.73%的常住外来人口具备积分落户申请条件。

（三）北京市积分落户剔除与参照性测度

按照2015年北京常住人口2170万人计算，“十三五”期间，北京市每年新增常住人口不能超过26万人，这26万如何分配？其中，要剔除每年北京户籍自然增长人口。有统计显示，这部分人口每年新增不足5万人，考虑到二孩政策，未来每年大约新增8万人。这样来看，剔除这部分人口，每年北京新增常住人口应该在18万人左右。但是，需要强调的是，2020年的人口调控目标是常住人口不能超过2300万人，而不是户籍人口。这样来看，在18万常住人口中，每年通过上述特殊群体和准特殊群体落户京城的大概10万人，那么在剩余的8万左右常住人口中，每年预期或达标留京的普通群体所占比例应该很小。另外，参照其他城市积分落户经验，有统计显示，2013年广州落户约为6000人，2014年上海落户不足6000人，2015年天津达到落户标准的10500人。[①] 由此，从这方面分析来看，每年北京常住外来人口达标留京最多不会超过万人。[②]

四　居住证积分落户政策需要处理好几对关系

总体来看，按照北京市居住证申领条件测度方法，约95.40%的常住外来人口都具备申领居住证条件；按照北京市积分落户申请条件测度方法，约6.73%具备积分落户条件（前提假设，上述前提假设都成立的情况下，这个测度结果才成立）；按照北京市积分落户剔除与参照性测度方法，每年北京常住外来人口达标留京的最多也不会超过万人。因此，普通群体获得北京市居住证并不难，但是若要实现积分落户还是有不小的难度。综上所述，笔者认为，在北京市居住证积分落户政策的实施（因仅是征求意见稿，文件颁布及细则尚未出台，无法确定实施时间表）过程中要有充分的认识、充分的准备，需要处理几对关系，以期为政策的顺利实施与推进提供参考。

---

① 孙震：《81.6%北京受访者认为北京积分落户门槛高》，《中国青年报》2016年1月4日。

② 李晓壮：《积分落户每年不超万人》，《法制晚报》2016年1月23日。

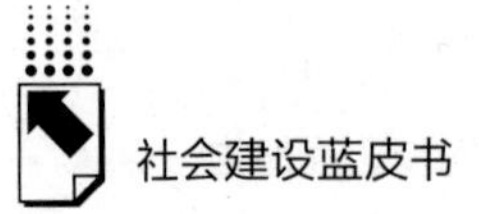

（一）战略与战术的关系

2015 年底，北京市委市政府向社会征求《北京市居住证管理办法（草案送审稿）》和《北京市积分落户管理办法（征求意见稿）》意见，当时的舆论一致认为，北京的居住证积分落户政策与其他地方相比是最为严厉的、门槛是最高的。本来居住证积分落户政策是给人希望的改革，因门槛过高而令很多人感到失望或无望。但是，笔者认为，任何问题都要系统地看、辩证地看，北京的居住证积分落户政策是城市发展的若干战术之一，城市功能定位是城市发展战略，战术必须服从战略，在某程度上来说这就是合理的。

通过梳理党的十八届三中全会、《国务院关于进一步推进户籍制度改革的意见》、《国家新型城镇化规划（2014—2020 年）》、党的十八届五中全会以及《居住证暂行条例》等，我们得到的结论是有一个共同的主线，那就是要“严格控制特大城市人口规模”。为什么制定这样的政策？进入 21 世纪以来，北京等超大型城市面临严重的“大城市病”，城市的综合承载能力已经报警，必须痛下决心加以解决，以更好地促进城市的可持续发展。而城市的可持续发展，也就是生活在城市中的人的持续发展。因此，在特定阶段，战术必须服从战略，局部要服从总体。所以，笔者认为，北京所制定的居住证积分落户政策还是有其合理性的。

（二）高门槛与底线公平的关系

北京市居住证积分落户政策征求意见稿公布后，《中国青年报》利用中青在线做了一项网络调查，调查结果显示，“81.6% 北京受访者认为北京积分落户门槛高”①。我们都很清楚，户籍制度改革的实质是打破以户籍为依托的各种差异化的社会福利与社会权利格局，终极目标是使所有“居民”能够享有公平的社会福利和平等的社会权利，使户籍制度回归人口管理本位。2014 年国务院出台《关于进一步推进户籍制度改革的意见》（以下简称“户籍新政”），取消农业户口与非农业户口，实行城乡统一的居民户口登记制度，这意味着城乡二元分割的根基首先在“身份”上瓦解，“同一个中国，同一个身

---

① 孙震：《81.6% 北京受访者认为北京积分落户门槛高》，《中国青年报》2016 年 1 月 4 日。

份”。可以说，这是我国户籍制度改革在战略上迈出关键的第一步。经过广东、上海等地试点之后，2015 年国务院出台《居住证暂行条例》，北京最后一个出台了居住证积分落户政策征求意见稿，这意味着以户籍为依托的各种差异化的社会福利与社会权利在国家以及地方政府层面开始破冰，是户籍制度改革的重要突破口，正向终极目标迈进，是“户籍新政”的进一步深化改革。可以说，“居住证积分”制度是我国户籍制度改革在战略上迈出的第二步。

由于我国经济社会发展以及人口资源与环境在不同地区存在很大差异，就目前而言，还无法实现户籍制度改革的终极目标，只能以渐进式改革为基调，通过“居住证积分”制度提供一个合法、合理途径，逐步推进城市常住外来人口阶梯式的社会福利与社会权利的实现。“居住证积分”制度应时而生，首先对常住外来人口的贡献予以充分认同，在制度设计上因地制宜地阶梯化实现常住外来人口能够享有平等的公共服务和权利。同时，结合城市功能定位，通过“居住证积分”制度实现对常住外来人口精准化管理，发挥常住外来人口在治理“大城市病”中的突出作用。最终，促进城市户籍人口与常住外来人口共创、共享、共治、共融。这也是推进以人为核心的新型城镇化战略的重要体现。

也就是说，对于大多数普通群体而言获得居住证是较为容易的，保障了常住外来人口社会福利与社会权利的实现，具有底线公平性；而积分落户具有较高门槛，但符合国家“严格控制特大城市人口规模”的制度安排。

（三）存量与增量的关系

户籍制度改革是一项复杂的系统工程。笔者认为，在创新居住证积分落户等“户籍增量”改革的同时，也要加紧研究户籍存量的改革问题，处理好两者的关系，有效衔接。实际上，随着经济社会结构深刻变动，原有的户籍制度已经很难适应当前经济社会发展，尤其是新型城镇化战略发展需要，亟须在户籍供给侧进行全面深化改革，提出符合新形势需要的户籍制度供给新模式。在北京这个大都市，在户籍供给模式上除了有暂住证，还有北京市工作居住证、人才集体户、单位集体户等户籍制度，我们称之为“户籍存量”，这些“户籍存量”的改革工作还处于滞后状态，还没有被提上工作议程。但是，户籍制度需要全面深化改革，既要改革创新以“居住证积分”制度为主的“户籍增量”，也要改革那些不适合经济社会发展需要的“户籍存量”，这有利于实现户籍增量与户籍存量的有效对接，有利于户籍制度的进一步深化改革。这也是改革的两面性问题，一定要处理好，否则户籍制度改革就是一碗“夹生饭”。

（四）法治与德治的关系

在“居住证”“户籍新政”两部办法中，都有严格的法律制度约束，同时，在《北京市积分落户管理办法（征求意见稿）》中，还有对诚信方面的具体要求，这充分体现了将户籍制度改革纳入法治化的战略取向，这也符合依法治国、依法治市的要求。需要注意的是，在推进居住证积分政策法制化的同时，要加快推进首都社会信用体系建设，建立以公民身份证号码和组织机构代码为基础的统一社会信用代码制度，引导企业和其他社会力量、公众参与信用信息征集，完善信用记录基础数据库建设，搭建联享、联评、联奖、联惩、联发的征信平台，推进覆盖全社会的征信体系。发挥法治在居住证积分落户政策中的刚性作用，发挥德治在居住证积分落户政策中的约束性作用，以德法并治保障居住证积分落户政策的后续实施。

（五）需求侧与供给侧的关系

在户籍改革的渐进化过程中，要深化与户籍制度有关的供给侧改革，提高户籍制度改革供给体系的质量和效率，增强户籍制度改革惠及民生的发展动能，改革成果人人共享，推动人的全面发展。如果将有意愿获得居住证积分落户的普通群体作为需求方，那么，政府及相关部门、企业以及其他群体作为供给方，就要做好几个方面的供给问题。简单来说，首先，作为政策供给方的政府，需要建立更加科学合理、相当完善的政策体系，以保障居住证积分落户政策有效运转。其次，作为资本供给方的企业，需要认真落实《劳动合同法》，按规定与就业人员签订劳动合同，按时缴纳就业人员社会保险，尤其是与居住证积分落户政策相关的约束性指标，企业应认真负责落实，以满足有落户意愿的普通群众的需要。最后，作为供给方的其他群体，需要在出租房屋等与居住证积分落户政策相关的约束性指标落实过程中，严格按照依法缴税等政策规则办理，以满足有落户意愿的普通群众的需要。在此过程中，政府、企业以及其他群体需要做出相当的牺牲，如政府需要付出政策监管等成本，企业要付出履行缴纳社会保险等成本（鉴于当前用工市场，企业为就业人员缴纳社会保险的规则运行是混乱的），出租房屋的其他群体要付纳税成本（尽管可能会摊派到租房人头上）以及公共资源共享成本。笔者认为，在此过程中，政府主责，企业配合，其他群体响应，共同提高户籍制度供给侧改革的质量和效率，以满足普通群体的需求。因此，在北京市实施居住证积分落户政策过程中要处理好户籍制度供给侧与需求侧之间的关系。

参考文献

陆学艺：《陆学艺文集》，上海辞书出版社，2005。

李晓壮：《迈向均衡型社会——2020 北京社会结构趋势研究》，中国社会科学出版社，2015。

本书编写组：《中共中央关于制定国民经济和社会发展第十三个五年规划的建设》（辅导读本），人民出版社，2015。

B.17

2015年北京互联网舆情分析报告*

鞠春彦　潘　杰**

摘　要：　2015年，中国互联网发展进入新阶段，互联网治理也进入"新常态"。本文在回顾2015年北京互联网舆情状况的基础上，指出北京良好的生态网络舆论场域正在形成，依托网络的服务互动平台逐渐搭成，北京互联网舆情就是现实舆情的网络版。笔者认为，互联网不仅仅是技术平台，其应该保持自己的理念和逻辑，这是北京互联网治理不应忽视的重要方面。

关键词：　互联网舆情　生态网络舆论场　互联网治理

2015年，互联网在中国的发展已经进入新的阶段，"互联网+"成为热词，移动互联网正在不断塑造全新的社会生活形态。中国互联网络信息中心（CNNIC）发布第37次《中国互联网络发展状况统计报告》：截至2015年12月，中国网民规模达6.88亿，互联网普及率达到50.3%，半数中国人已接入互联网。[①] 2015年，北京互联网普及率仍居全国之首，网民增速为3.4%，比上年上升1个百分点（见表1）。上网设备向手机端集中是网民规模增长的重要因素。

---

* 本文是北京市教委项目"网络谣言的生成条件与治理对策研究"阶段性成果，项目号"JE014102201501"。

** 鞠春彦，北京工业大学人文社会科学学院副教授，首都社会建设与社会管理协同创新中心研究人员；潘杰，北京《青年周刊》编辑。

① 第37次《中国互联网络发展状况统计报告》，http：//www.cnnic.cn/hlwfzyj/hlwxzbg/hlwtjbg/201601/t20160122_53271.htm。

表 1　2008～2015 年北京互联网网民规模与互联网普及率

单位：万人，%

年份	北京网民数量	北京互联网普及率	全国互联网普及率
2008	980	60.0	22.6
2009	1103	65.1	28.9
2010	1218	69.4	34.3
2011	1379	70.3	38.3
2012	1458	72.2	42.1
2013	1556	75.2	45.8
2014	1593	75.3	47.9
2015	1647	76.5	50.3

资料来源：中国互联网信息中心，第 23～35 次中国互联网络发展状况统计报告。

目前，政府网站已经成为互联网时代政府机关的形象代言。2015 年中国政府网站绩效评估中，北京、上海、四川位列省级政府网站前三名，其后依次是广东、浙江、福建/海南（并列第 6）、湖北、湖南/安徽（并列第 8），江苏、江西分列第九至十名。2015 年省级政府网站评估前五名如表 2 所示。

表 2　2015 年省级政府网站评估前五名

单位：分

排名	省（区市）	健康指数	信息公开指数	办事服务指数	互动交流指数	回应关切指数	网站功能指数	优秀创新案例指数	总分
1	北京	0.89	0.85	0.73	0.83	0.63	0.78	0.90	89.4
2	上海	0.88	0.83	0.70	0.82	0.65	0.76	0.90	88.3
3	四川	0.82	0.86	0.71	0.81	0.65	0.78	0.90	87.3
4	广东	0.85	0.81	0.76	0.78	0.60	0.72	0.90	86.4
5	浙江	0.83	0.78	0.79	0.75	0.54	0.72	0.90	84.8

资料来源：http：//2015wzpg. cstc. org. cn/wzpg2015/zbg/pgbg_ detail. jsp？ id = 127548。

与 2014 年相比，北京的政府网站一直引领着全国各省级政府网站的建设。尽管北京 2015 年的网站评估指标与 2014 年的评估指标存在差异，但网站总体建设服务水平的提升是毋庸置疑的。从评估指标的设计上，我们也明显看到网站建设和服务更加注重互动、回应、功能及创新等实际效果的趋势和走向。

2015年中国政府网站绩效评估中，厦门思明区、深圳福田区、佛山禅城区、深圳罗湖区、北京大兴区、青岛崂山区/武汉武昌区（并列第6名）、北京西城区、佛山顺德区、上海静安区、珠海横琴新区位列区县前10名（见表3）。北京的区县中，西城区、东城区、大兴区和朝阳区2014年进入前15名，但2015年只有大兴区、西城区和东城区进入前15名。除了大兴区由2014年第13名跃居2015年榜单中的第5名，总体水平有明显提升外，其他各区自身虽然也在进步，但在创新发展的大环境下，名次下滑：2015年第7名的西城区、第13名的东城区分别是2014年的第4名和第8名。2014年排在第15名的朝阳区，虽然总分65.8分，好于上年（60.7分），但是排名已经跌出前20。

表3　2015年区县政府网站评估结果

单位：分

排名	区县	所属省市	健康指数	信息公开指数	办事服务指数	互动交流指数	回应关切指数	网站功能指数	优秀创新案例指数	总分
1	思明区	厦门市	0.83	0.68	0.57	0.70	0.61	0.61	0.55	74.4
2	福田区	深圳市	0.80	0.68	0.61	0.70	0.60	0.65	0.50	74.0
3	禅城区	佛山市	0.81	0.68	0.55	0.73	0.43	0.65	0.70	73.8
4	罗湖区	深圳市	0.81	0.71	0.60	0.56	0.49	0.64	0.50	72.3
5	大兴区	北京市	0.81	0.68	0.55	0.52	0.59	0.62	0.60	71.9
6	崂山区	青岛市	0.80	0.68	0.58	0.54	0.54	0.41	0.75	71.4
6	武昌区	武汉市	0.79	0.69	0.57	0.60	0.55	0.63	0.50	71.4
7	西城区	北京市	0.81	0.67	0.55	0.65	0.56	0.60	0.45	70.9
8	顺德区	佛山市	0.78	0.70	0.55	0.48	0.44	0.52	0.80	70.7
9	静安区	上海市	0.78	0.56	0.59	0.56	0.64	0.64	0.55	70.2
10	横琴新区	珠海市	0.79	0.69	0.52	0.61	0.51	0.47	0.65	70.1
11	仪征市	扬州市	0.75	0.62	0.53	0.47	0.54	0.57	0.90	70.0
12	鼓楼区	福州市	0.77	0.64	0.53	0.63	0.53	0.53	0.65	69.7
13	东城区	北京市	0.77	0.67	0.50	0.61	0.45	0.51	0.75	69.6
14	余姚市	宁波市	0.82	0.62	0.56	0.62	0.60	0.39	0.50	69.1
15	南山区	深圳市	0.79	0.62	0.50	0.46	0.43	0.55	0.85	68.9
16	海淀区	北京市	0.82	0.67	0.48	0.50	0.53	0.51	0.65	68.8

资料来源：http：//2015wzpg. cstc. org. cn/wzpg2015/zbg/pgbg_ detail. jsp? id =127552。

在微信进入政务服务领域的环境下，微博仍然在发挥作用。在某种程度上，政务微博已经成为党政机关的标准配置。《人民日报》发布的“2015年度政务微博影响力排行榜”，由人民网舆情监测室制作，微博提供数据支持，评价对象包括全国所有通过微博认证的政务微博，评价体系包括三个维度：传播力、互动力和服务力。在省级政务微博竞争力排行榜中，北京位于第8名（见表4）。

表4　部分省市政务微博竞争力排行榜

排名	省市	传播力	服务力	互动力	竞争力指数
1	江苏	86.20	82.14	99.45	89.42
2	山东	74.03	91.31	78.09	81.50
3	四川	76.78	72.00	85.08	78.01
4	河南	74.28	82.08	70.88	75.82
5	广东	77.30	66.59	79.54	74.34
6	浙江	73.81	75.76	72.39	74.00
7	安徽	61.79	78.96	70.11	70.71
8	北京	77.33	60.75	71.83	69.60
9	陕西	62.74	68.47	72.30	68.09
10	上海	77.87	57.82	68.94	67.73

资料来源：http://www.cpd.com.cn/n15737398/n26490099/c31812105/content.html。

在“全国十大基层政务机构微博”排行榜中，@平安北京和@北京地铁进入前十名，分别位于第3名和第10名；在“全国十大党政新闻发布微博”排行榜中，@北京发布名列第5位。

一　2015年北京互联网舆情状况

2015年7月31日，北京张家口成功申办冬奥会成为2015年全国舆情热点事件。“北京赢了，看各媒体平台报道如何争奇斗艳”①，它给人们带来片刻的兴奋与欢娱，更深远的影响在未来的七年甚至更远。2015年9月3日上午，纪念中国人民抗日战争暨世界反法西斯战争胜利70周年大会在北京天安门广场举行，这也是2015年全国舆情热点事件。从总体情况来看，教育、住房、交通、环境生态等民生服务问题与社会治理方面的舆情仍是网络热点。在

① http://yuqing.people.com.cn/n/2015/0803/c354318-27401770.html.

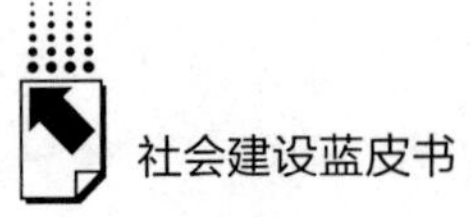

2015 年全国各省市舆情压力指数前 10 榜单中，北京位居第二，仅次于广东（舆情压力指数为 19.35）。

1. 教育领域

自主招生，尤其是北京大学和清华大学为抢生源展开微博骂战是 2015 年北京教育领域最为引人注目的舆情事件。2015 年 6 月 28 日上午，北大清华两所大学的四川招生组在微博上“互骂”引围观，称对方有进行欺骗、花钱买考生等不正当行为。当天中午，双方均删除了骂战微博。当天下午，北大和清华先后回应，称反对招生不文明行为，重申招生纪律。虽然事件发生后大约 3 小时后双方均删除了相关微博，但相关的讨论却没有因为微博的删除而停止。其不正当行为引发网民的普遍反感，也引发相关的反思。事件发生的第二天即 6 月 29 日，新华网刊发题为“北大清华网上掐架抢生源，骂战互揭短互指欺骗”的报道，指出“两校用这种方式争夺生源，确实有伤大雅”。光明网文章《北大清华生源之争背后的逻辑是什么?》尖锐指出：“作为中国最顶尖的两所大学，难道就没有见识和能力认识到抢状元的弊端吗? 非不为也，实不能也”。两大名校的生源之争也不是始于 2015 年，只是因为微博骂战让更多的网民知道而已。两者的较量也不会那么容易结束，2015 年 10 月 8 日《京华时报》发表题为“清华北大争夺生源须讲原则”的署名文章称：“今年招生季的‘硝烟’似乎还未散去，新一轮的招生大战却又已拉开序幕”。

2. 交通治理领域

自从获得“首堵”之称，北京的交通问题一直是社会关注的焦点，2015 年北京蝉联“堵城”榜首。除常规原因外，网络约车和专车成为新的加剧道路拥堵的因素。2015 年，北京市交通委等多部门约谈专车平台负责人，指出专车平台涉嫌违法，“北京市将积极推进出租车行业改革发展，支持‘互联网 +’与交通运输的创新融合”的报道引发关注①。

“两会”期间，有委员提出：停车难、停车乱的现象，也是造成城市道路拥堵的症结之一。2015 年 5 月 29 日，在北京市人大常委会第 19 次会议上，副市长张延昆表示，北京下一年将力争出台《北京市机动车停车条例》（以下简称《条例》），按照“有位购车、停车入位、停车付费、违停受罚”的思路制

① http://bj.people.com.cn/n/2015/0724/c355344-25701490.html.

定相关政策。该会议在进行网络直播之时，引起业内热议，而焦点顷刻锁定在“有位购车”上①。环球网就此发起网络调查，1927 名网民参与调查的结果中，37% 支持、63% 反对。

伴随着路况拥堵现象，一些衍生问题也凸显出来。针对高峰时段地铁拥挤不堪环境中不断增加的女性被性骚扰个案的情况，北京市政协委员张志铭提议“早晚高峰设立女性专用车厢，车厢可设在首尾两端，刷成粉红色，女性以及学龄前儿童可以使用”。为此，新浪网发起专题调查活动“你赞成早晚高峰设立女性专用车厢吗?”，参与投票的网民中 5497 票赞成，占 63.8%；2419 票反对，占 28.1%；699 票中立，占 8.1%。②

2015 年 4 月 28 日上午，“2015 年感动交通十大年度人物”事迹报告会在京召开。首都机场公安分局交通支队张起宏副支队长获得“2015 年感动交通年度人物”荣誉称号。他是唯一一个获得此殊荣的人民警察。首都机场公安分局同时获得“2015 年感动交通十大年度人物”最佳组织贡献奖。这一信息让网民看到：北京是首都居民的北京，其交通问题也不仅仅涉及路面交通。

3. 雾霾与空气治理问题

近年来，雾霾成为网络高频词，社会关注度高，是民生改善的当务之急。政府把“治理雾霾”看作关乎民生的紧迫问题。2014 年北京“两会”期间，北京市长王安顺代表北京与中央签订责任状时，承诺北京市政府拟花费 7600 亿元治理雾霾，中央领导说 2017 年实现不了空气治理就“提头来见”。“这既是玩笑话，也说明了这句话的分量很重。”③ 2015 年 1 月 25 日，市长王安顺在北京市政协十二届三次会议中召开“加快科技创新中心建设和推进京津冀协同发展”专题座谈会，治霾“生死状”的后续声音引发热议。关注不是因为闲着没事干，也不在于受雷人话语的吸引，而是因为大家都切身体会过什么是“会呼吸的痛”。

北京市环保局公布的 2015 年北京市空气质量状况数据显示，2015 年北京空气质量达标的天数为 186 天，占全年总数的 51%。换言之，在 49% 的日子

① http://money.163.com/15/0606/00/ARCT1E5300253B0H.html.

② http://survey.news.sina.com.cn/result/106858.html.

③ 《王安顺解释“提头来见”：是玩笑话，表达治霾决心》，人民网－北京频道，2015 年 1 月 26 日。

里，北京空气有污染，其中重度污染31天、严重污染15天。与2014年相比，达标空气质量天数增加14天，其中一级优的天数增加13天；重污染共46天，较2014年减少1天。① 雾霾的形成是一个长期过程，其治理也不会一蹴而就。当前，已经查明 $PM_{2.5}$、PM_{10}、二氧化硫（SO_2）、二氧化氮（NO_2）、一氧化碳（CO）、臭氧（O_3）这6种污染物是空气污染主要来源。在常规的雾霾治理有序进行的同时，一些突发的自然情况和应急措施也是舆情热点。2015年4月15日傍晚，北京迎来近13年来最强的一次沙尘暴天气，北京发布沙尘暴黄色预警。黄沙漫天导致能见度明显下降，交通陷入严重拥堵。同时，PM_{10} 也急剧上升，能见度小于1000米。② 2015年12月8日7时至10日12时，北京市应急办首次启动空气重污染红色预警。之后，北京市政府采取的应急措施有所加强，除了建议中小学、幼儿园停课，企事业单位根据空气重污染情况可实行弹性工作制之外，全市范围内实施机动车单双号限行。

4. 人口调控话题与政策

2015年“严格控制人口规模”的表述，首次出现在中共北京市委全会的决议中。这是北京以发展理念转变引领发展方式转变、推动发展质量和效益提升的一个新动向③。中共北京市委十一届八次全会通过决议，以“水资源严重短缺、承载力接近极限”为依据，提出北京人口2300万的“天花板”概念，据此要严格控制人口规模。2015年11月24～25日，北京市委十一届八次全会审议通过了关于制定北京市“十三五”规划的建议。市委书记郭金龙在向全会做规划建议的说明中，着重谈到人口规模调控，提出采取硬措施，完成调控人口硬任务。

在此背景下的北京积分落户政策更是受到持续关注，“积分落户”政策是新闻热词之一。2015年初的北京“两会”上，北京市副市长张延昆表示，居住证制度研究方案已完成，只等与国家层面的办法对接。北京市公安局人口管理总队总队长刘涛也表态称，人口管控不会作为北京居住证制度设计的目标。他当时称，“人口管控若通过产业结构调整，效果是不是更好”？此后媒体也

① http：//www. pcpop. com/doc/1/1647/1647470. shtml.

② http：//news. qq. com/a/20150415/056709. htm.

③ 《北京副市长李士祥：2020年北京人口控制在2300万以内》，《北京青年报》2015年3月7日。

报道，国家发改委提出，将通州区作为积分落户试点。2015 年 3 月，中国行业研究网发起“你怎么看北京的积分落户政策”的调查，在参与投票的 9660 位网民中，67.82% 认为“北京积分落户政策挺好的，但北京的落户门槛太高了”，32.08% 认为“没什么用，积分落户有名额限制且审批严格”。

2015 年 12 月 10 日，北京市政府法制办关于积分落户管理办法和居住证管理办法的征求意见稿在网上公开发布，向社会各界征求意见。由国务院颁发的《居住证管理办法（草案）》将于 2016 年 1 月 1 日正式实施，北京成为最后推行积分制的一线城市。如何看待“北京积分落户”政策？网友的回答是：“北京的落户之难可谓世所罕见”。

5. 首都城市格局重塑问题等

2015 年 6 月初，一个消息在朋友圈里疯传，“北京市委常委会开会，7 月 10 日市委常委会正式宣布，以后北京四环以内的地区归中央直管，北京不再投资建设，四环以外归北京市管理”。《京津冀一体化发展规划纲要》发布后，北京市政府搬迁的说法再次引起热炒。北京城市功能重新定位、北京城市格局重塑、矫正非首都功能、有序疏解北京非首都功能、京津冀协同发展是解决“城市病”根本出路、京津冀一体化重点是打造以首都为核心的世界级城市群等议题受到持续关注。

“最严控烟令”——《北京市控制吸烟条例》于 2015 年 6 月 1 日开始实施也受到诸多关注。北京控烟条例规定公共场所、工作场所室内环境、室外排队等场合禁止吸烟，违者将被罚最高 200 元。全市设立统一举报电话 12320。这是国内与世界卫生组织制定的《烟草控制框架公约》最为接轨的一部地方性法规。在史上最严控烟令实施前夕，多家媒体官方微博先后转载了有关戒烟方式的内容，并对网民进行“遇到有人违规你会举报吗?”的调查，调查显示：超六成人不会劝阻吸烟行为。[①] 条例出台后，北京市卫生监督所开展了为期 3 个月的集中行政处罚。2015 年 8 月 24 日北京市卫计委发布的消息显示，截至 7 月 31 日，北京市对控烟不合格单位和违反“控烟令”的个人进行罚款，共约 25 万元。[②]

① http://www.qh.xinhuanet.com/2015-05/31/c_1115462759.htm.

② http://www.chinanews.com/cj/2015/08-24/7485248.shtml.

2015 年 8 月 22 日，公安部在官方微博“公安部打四黑除四害”上晒出了 18 项不该由公安机关出具的证明。值得注意的是，此前网络上引起热议的北京市民陈先生的感慨“如何证明我妈是我妈”① 这个证明也在此次清单中。此外，“反腐”也是 2015 年舆情热点，尤其是北京“首虎”吕锡文因严重违纪贪腐被查备受关注。

二　2015年北京互联网舆情特点分析

纵观 2015 年北京互联网舆情，在政府加强互联网安全监管和社会治理的总体趋势下，北京互联网场域呈现如下特点。

1. 发育良好的生态网络舆论场域正在形成

衡量网络舆论场域发育良好的重要标准之一，应该是理性化。理性化主要指合理地指向有意识的目标实现的行为。非理性情感宣泄的减少，匿名无厘头狂欢的消失以及议程设置下的协商与对话，都是理性化表现的重要方面。在这样的氛围中，网民日渐提升自己的综合素质，不再任意胡为地把互联网空间当作法外之地；舆论领袖开始清醒地认识到自己在大众信息传播中的媒介和过滤作用，逐渐担负起自己的责任；体制内媒体不再自说自话，更多地关注与民意和新媒体的互动交流和回应关切，进一步增强了全局引导意识和服务意识。

2. 依托网络的民生服务互动平台逐渐搭成

在 2015 年北京互联网舆情热点中，雷人惹火、赚人眼球的段子和实例越来越少，几乎绝迹。网民看到了政府政务微博制度化、政务微博搭建服务矩阵和服务智慧化的系列努力。突发事件实情速递、负面舆情及时应对等措施不同限度地填补了网民对信息需求的空白。尤其在专业化的舆情研究队伍不断壮大，研究人员职业化和舆情分析日益常态化、精细化的情况下，舆情监测已经从应急咨询的信息服务逐渐发展为高端智库的一部分。舆情研究是民生服务平台建设的关键点，是“互联网 +”助力社会治理创新的重要手段之一。

3. 互联网舆情就是现实舆情的网络版，其虚拟性被抽离

随着网络后台实名制的实行，净网行动、“鲁七条”和“微信十条”等互

① 《如何证明“我妈是我妈”》，《中国青年报》2015 年 4 月 9 日。

联网治理措施出台且治理成效显现，北京互联网舆情的确只是电子化的现实舆情而已。只不过不是通过传统传播媒介进行信息传播，它具有传播速度更快、传播范围更广等特点。互联网作为技术平台的特质被充分使用，利用其虚拟特性满足网民自由想象的功能日渐萎缩。

三　对2015年北京互联网舆情的思考与建议

2015 年在北京市互联网信息办公室和首都互联网协会指导下，北京地方网站联合成立辟谣平台，联合的单位包括千龙网、搜狗、新浪微博、搜狐、网易、百度、《北京青年报》、北青网、《北京日报》、北京人民广播电台、北京电视台、《北京晚报》、《北京晨报》、《北京商报》、《法制晚报》、《新京报》、《京华时报》、果壳网、360、《镜报》、《信报》等多家媒体。微博北京也做了“2015 谣言大汇总”进行辟谣。在网络辟谣日渐制度化和常规化的情势下，北京互联网的良好网络生态可期，依托网络的民生服务互动平台也会助力北京的社会治理创新。但如果互联网仅仅是一个技术的平台，真的好吗？

笔者认为互联网不仅仅是一个技术平台，技术是支撑，理念是内核。针对当前微信蓬勃发展的情况，有人认为“微博时代官方想在舆论场上建立自己的‘主场’打‘阵地战’，微信时代官方则是打‘游击战’”[①]。技术与理念的博弈是客观存在的，而且技术的创新往往是跑在理念的前面。前馈控制是我们的理想，但这个理想在现代技术日新月异的全球化时代最难实现。网络空间必然具有高度的流动性和动态性，具有高度的复杂性和跨越时空性，也具有很强的隐蔽性。让网络如实地反映现实生活既不可能也不必要。以对谣言的治理为例，所谓谣言不过是未经证实的信息，“以‘未经证实的’，尤其是‘虚假的’信息为标准来定义谣言，是意识形态上的定义，反映了反对谣言的偏见以及劝人为善的意愿……谣言之所以有人相信，正因为谣言最终被发现是‘真实的’。谣言之所以令人不舒服，是因为权力无法控制这种信息。”[②] 我们不能仅仅分析谣言现象本身而忽略其运行逻辑。

---

① http://www.21ccom.net/html/2016/gqmq_0122/1086_2.html.

② 让-诺埃尔·卡普费雷：《谣言——世界最古老的传媒》，上海人民出版社，2008，第7页。

互联网发展中有些风险人们没有看到或者还没有充分意识到其危害，这不是因为这些风险不存在，而是因为我们此时还没有识别风险的那双慧眼。网络社会治理中虚实结合的原则是要给予充分考虑和权衡的，不然我们如何打捞那些沉默的民意？如何认识沉默的螺旋？水至清则无鱼，良好的生态系统中必然存在不同的种群，只要很好地明确不同种群的位置并实现不同种群之间的功能互补，良好网络生态的自然有序运行就会实现。北京互联网的技术支持是顶尖的，其网民的群体层次相对而言是较高的，但北京的互联网治理理念、治理水平还不足以引领全国，这是我们未来应努力的方向。

地方社会建设篇

Locial Society-building

B.18
房山区构建现代多元社区服务体系分析报告

房山区委社会工委、区社会办

摘　要：房山区社区服务体系建设是在面临“京津冀协同发展”和全区转型发展的重大挑战时推出的，也是在近年来政府职能转变和社会体制改革的坚实基础上推进的。在政府、市场及社会力量的多元主体作用下，房山区构建起现代多元社区服务体系，促进了产业、人口、城市的协调可持续发展。

关键词：社区服务　转型发展　深化改革

房山区作为北京市城市发展新区，是城市化进程最快的区县之一，与此同时，社区服务却存在着“有服务缺体系、有资源缺整合、有政府缺市场、有品牌缺打造”的问题，不仅直接影响了城市的健康发展，也间接限制了高端人才的流入和“高精尖”产业结构的形成。随着“京津冀协同发展”规划的正式实施，转型发展成为全区不得不面对的选择，深化改革成为拉动发展的重要引擎，打造高端服务环境成为集聚高端要素的当务之急，加快构建现代多元社区服务体系成为打开局面的重要突破口。

一　总体思路

房山现代社区服务体系的建设和服务能力的提升，是在社区规范化建设的基础上，以政府顶层设计、统筹规划为出发点，以市场运作为主要方式，以时代要求和群众需求为导向，以“线上”服务和“线下”服务为双翼支撑，以政府、社会、市场高效互动为三轮驱动，以社区服务内容体系、组织体系、投入体系、制度体系改革为重点，以资源融合为核心，初步构建起全覆盖、宽领域、立体化、多链条的现代社区服务体系。

（一）坚持政府统筹，市场运作

服务供给机制由原来的政府集安排者和供给者于一身，逐步转变为安排者和供给者适度分离，政府主要做好服务设施的规划、服务内容的安排，社会企业和社会组织则按照市场机制，承接基础设施的建设和社会服务的提供，政府通过第三方评价对社会企业和社会组织的服务进行考核，根据考核结果政府给予资金支持，实现政府、企业、社会组织和社区居民的多方共赢。

（二）坚持以人为本，群众满意

以方便社区居民、服务社区居民、满足社区居民的服务需求为根本，变政府做主为百姓下单，变大水漫灌为精准滴灌，开展广泛的调研，了解服务需求、测算服务成本、规划服务总量，确保社区居民享受到最好的服务。坚持以服务能力和质量为核心，由专业的第三方机构对政府的社区服务工作进行评估，评估结果作为政府延续或变更服务承接主体的重要依据，保证了社区服务从群众利益出发，让群众满意。

（三）坚持深化改革，资源融合

充分利用政府行政体制改革、市场体制改革、社会体制改革的红利，重点通过“三个平台”实现各类资源的融合：通过社会建设领导小组及其办公室，实现各类社区政策的融合；通过区域性社区综合服务中心，实现各类社区服务内容的融合；通过社区服务网上平台，实现所有服务的网络化和便捷化。这些资源的融合并不是简单的相加，而是将原来的多条线路串联，实现流程的并列，通过新的规则，实现社区服务线路上各类资源的大容量、高速度流动。

（四）坚持适度超前，重点突出

充分考虑房山区作为城市新区和其城市化发展的进程，在三大城市组团区域规划10～12块区域性社区设施用地，引入社会资本，建设用地集约化、外观品牌化、功能科学化的区域性社区综合服务中心，提升社区服务基础设施建设质量，同时考虑“互联网+”的发展方向，以区域性社区综合服务中心为依托，建立“线上+线下”的立体化、无缝结合的闭环运营模式。以社会问题为导向，针对老龄化、少子化、绿色化的未来趋势，提出重点围绕“一老一小一环保”的主要方向，构建适度超前、相互衔接、满足未来需求的现代社区服务体系，打造社会建设的精品力作。

（五）坚持法治思维，权责明确

更加注重发挥法治在多方合作中的重要作用，政府、企业、社会组织作为参与社区服务体系建设的平等主体，在协商共治中寻找最佳合作方式，明确最优争议解决方案，实现最好的合作目标。通过合同明晰政府、企业、社会组织各方在购买、提供社会服务过程中的权利和义务，明确购买社会服务工作的内容和步骤，参与各方按照合同要求认真履责，相互配合，提高工作效率，实现多方共赢。

二　基本做法

房山区主要从政府统筹、市场运作、内容聚焦、模式创新和制度规范五个方面进行了有益探索，积累了初步经验。

（一）融合软硬件资源，实现统筹规划

社区并不是没有服务，政府作为社区服务的责任主体，一个部门有一个部

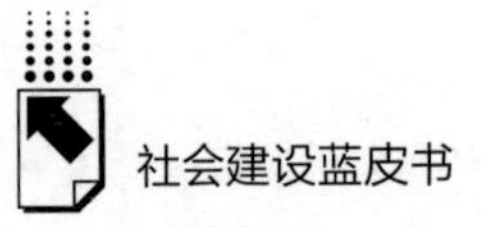

门对社区服务政策、场所、人、财、物的投入，但都是条条上的服务，各自为政，无法在块上实现统筹，造成了政府投入大、效率不高、群众不满意的困境。因此，房山区借助社会建设工作领导小组的平台作用，逐步实现对社区服务的统筹，发挥政策、场所、投入的最大效用。

1. 建设区域性社区综合服务中心

房山区政府2010年66次专题会议明确要求将废弃锅炉房和社区其他闲置用地一律留作公益事业建设用地，禁止一切商业开发，优先保障社区办公和服务用房建设，并明确区委社会工委（区社会办）牵头，联合规划等部门制定实施方案。由此集中文化、体育、卫生等相关部门在社区建设方面的政策和资金扶持，吸引社会资本进入，建设区域性社区综合服务中心，明确了服务中心应该完成的政府基本公共服务、社会组织公益服务、社区便民利民服务。通过合同委托或公开招标，采取政府购买服务的方式，将服务中心的建设、管理、运行和服务外包给专业的社区服务运营商。目前，已建成月华社区综合服务中心、原乡小镇社区综合服务中心、CSD社区综合服务中心，并委托小康之家公司全面运营，中心只有站长是政府工作人员，负责行政事务，其他负责社区服务的员工都是专业公司职员。通过这种改革，过去完全由政府直接提供社区服务的做法改变了，政府提供社区服务的模式得以创新，使社区服务体系建设提速增效，受到了社区服务相关部门、社会组织和群众的认可，初步探索了“小政府大社会、小机构大服务”的新路子，实现社会效益、经济效益双赢。

2. 创新政府购买社区服务体制

结合政府行政机构改革，探索社区公共服务事项准入制度，规范社区承担的公共服务事项，对于社区职责外职能部门要履行的公共服务事项，由社会建设领导小组及其办公室牵头，制定政府购买社区服务目录，通过政府购买服务的形式交由区域性社区综合服务中心办理。经过实践，目前已建立由区社会建设工作领导小组办公室牵头，相关区直部门参与，区团委、区残联等各区级“枢纽型”社会组织配合，以社区需求为导向的项目征集服务平台。六年来，共购买未成年人“云呵护”等201个项目，涉及特殊人群帮扶、志愿服务、文化传承等方面，使用资金2593.1万元，其中市级社会建设专项资金1233.1万元，区级资金1360万元。培育扶持了一批专业性社会组织，尚民社工事务所、睿诚社工事务所、蒲公英社工事务所、春燕社工事务所在心理疏导、法律援助和市民素质提升等方面的专业服务受到社区居民的热烈欢迎。

（二）引入三类组织，实现服务聚集

委托企业或中标企业作为区域性社区综合服务中心的投资商和运营商，充分发挥平台作用，有效衔接行政资源和社会资源，横向建立服务支持系统，纵向延伸服务链条，做到社区服务体系的可持续化、专业化、高效化发展。

1. 引入公益性社会组织，建立职业化社区服务团队

培育建立公益性社会组织第三方评价机构，整合各类为社区服务的社会企业、社会团体资源，引领各社会企业和团队专业化、特色化发展，如家政服务、老年护理服务、心理疏导服务等，带动社区服务团队和人员职业化、规范化、规模化发展，针对社区服务产生的不同需求，实行社区人才建设的“千人计划”，如本科家政员、本科护理员、心理咨询师等。

2. 引入商业性社会组织，形成专业化社区服务企业

充分发挥市场配置资源的主导性作用，结合房山消费特点、社区人群分布和社区生活需求，梳理形成具有房山区域特点兼顾满足未来高端人口需求的社区商业化服务需求表，引导各类专业化商业组织向社区集中，以需求为核心，以便利化为目的，注重政府引导与市场主导的结合，形成覆盖房山全域的高品质“一刻钟便利生活圈”。

3. 引入创业型社会组织，孵育新兴化社区服务业态

结合“大众创业、万众创新”政策，建立房山区社会组织培育孵化中心，搭建以“社区服务”为导向的“创客空间”，运用“互联网 +”思维，引导孵化各类新兴创业团队和人员与社区服务需求相结合，延伸社区服务链条，拓展社区服务内容，引入新兴服务理念，创造特色服务需求，带动社区就业与消费。

（三）聚焦三类社区民生需求，构筑和谐宜居环境

为了更全面和更准确地掌握社区服务需求，区委社会工委委托专业调查机构，在社区做了较大范围的“居民服务需求调查”，并建立了社区居民需求数据库，包括社会基本公共服务、社区便民服务、社会公益服务等五大方面 50

个类别。调查发现，普通百姓对居家老年服务、青少年服务、社区环保服务的要求尤其强烈，房山围绕这三大主题开展特色服务。

1. 聚焦“一老”，提升居民幸福感

聚焦“一老”，围绕社区居家养老需求，整合家政服务、健康管理、养老看护、老年用品销售、老年餐桌、心理慰藉等社会服务资源，主动适应人口老龄化的到来，满足社区居民专业化、多样化、特色化居家养老需求。在月华社区综合服务中心建立了养老综合服务平台，目前已构建集老年人疾病预防、远程门诊、医院挂号转诊、康复理疗、健康饮食、养生科普于一体的老年人健康管理服务链条。

2. 聚焦“一小”，推出多元教育服务

聚焦“一小”，围绕社区儿童教育和健康成长，整合学生课外活动机构、教育培训机构、心理咨询机构、健康指导、科普等社会服务资源，与社区儿童活动场所、文化娱乐配套结合，为社区儿童提供积极快乐的成长空间。在西潞社区综合服务中心和团区委、教委、法制办、妇联等单位启动了青少年人身安全保护的“云呵护”工程，提高家长、老师、青少年的保护意识和保护能力，从学校、家庭、社会多方面为青少年成长创造安全的环境。

3. 聚焦“环保”，推进绿色生态服务落地

聚集“环保”，围绕低碳社区和循环经济，在做好社区绿化的基础上，整合引入新型环保服务资源，提供废物回收、家庭园艺、公共空间绿化、旧物交换等服务，构筑社区宜居生活环境，提升居民生活品质。在原香小镇社区综合服务中心，指导加州水郡等社区加强低碳社区建设，在中水利用、节能节电、绿色出行、垃圾处理等方面大力推进，营造绿色文明的社区环境。

（四）创新“线上＋线下”服务模式，打造“智慧社区”

适应“互联网＋”和精细化服务的发展方向，建立“线上＋线下”的服务模式，推出“个性化定制”“主题活动”等服务，线上线下加强联动发展，实现社区服务的“全天候”，充分发挥“智慧社区”的特色。

1. 线上搭建交易交互平台，提供“互联网＋”服务方向

运用互联网思维，借助社会服务管理网格化体系建设的机遇，突出房山区网格化的服务功能，搭建线上综合性服务平台，展示社区服务内容，整合社区

群众品质化、多样性生活需求，为社区群众提供定制化、差异化生活服务，群众只需在线预约或拨打呼叫平台电话，就能享受到上门服务，打造真正亲民、利民、便民的服务；同时，设立服务内容反馈机制，实现居民需求的向上流动，为政府引导社区服务内容、选择社区服务方式、监督社区服务效果、更好地服务社区居民提供参考依据，实现“社会治理，人人参与；社会服务，人人共享”。

2. 线下整合资源，落实“一刻钟社区服务圈”

整合政府部门提供的基本服务，依托区域性社区综合服务中心，协调区直部门开展公共服务进社区活动，提供“组团式、一站式”服务，目前已实现城管、药监、文委、计生、统计等部门的服务进社区。整合公益性社会组织、社区商业组织、创业型组织，以居民需求为主导，有效对接线上便捷预约功能。同时，将线上无法实现更加便利化和针对老少等特殊人群无法线上实现的服务，集中在线下服务，提供家政、购物、餐饮、文体、金融等便民服务资源以及法律援助、社区巡逻、矛盾调解等公益服务资源，切实为社区居民提供一刻钟可达的舒心服务。目前，房山区与京东商城合作建立社区京东商业便民点，将京东网上商城服务延伸到社区，同时提供邮件代收等服务项目；在各社区相继成立心理咨询室，为社区居民提供各类心理问题解答；与华冠商贸公司合作，推进零售网点建设；在社区设置菜市场，解决周边居民买菜难问题；在条件成熟的试点社区成立“前店后仓”的 24 小时社区便利店。

（五）强化制度规范，贯彻法治思维

为避免和减少政府对企业、社会组织开展服务中的直接行政干预，逐步改革根深蒂固的“行政原则”，全面树立并履行“法治原则”的管理理念，构建职责分明、高效有序的运行制度。

1. 制定规范文件，提供法律保障

房山区制定了《政府购买社区服务中心项目管理办法（试行）》，形成了申报、评审、立项、公示、评估、监管、验收的制度体系，使得购买服务工作更加规范、科学。同时，出台了《房山区社会建设资金使用管理办法》，在制度建设、执行实施、监督审计和绩效管理等方面进行了规范，明确了支持方向、投入方式、申报使用流程、各自职责，促进专项资金安全有效运行。

2. 拓宽参与渠道，避免行政选择

逐步降低政府直接选择委托企业和社会组织的比例，委托第三方机构通过公开、公正的竞标程序来选择企业和社会组织，最大限度地降低“行政选择”的主观随意性及企业、社会组织对行政体制的依附性。同时，改变社区服务由政府行政评议和决策的做法，在服务设施和服务内容招投标评议中，增加专业人士及居民代表的意见表达，充分保障社会各界的知情权和参与权，变行政强制选择为社会自主选择。

3. 遵守契约精神，实现各方共赢

合理设置合同内容，在契约基础上建立清晰明确的各方责任关系，使社区服务体系建设立足于合同契约关系，避免单方更改或中止契约。同时，建立科学合理、优胜劣汰的动态调整机制，以合同指标和要求为基本准绳，建立健全由购买主体、服务对象及第三方组成的综合性评审机制，对社区服务数量、质量和资金使用绩效等进行监督评价；行政部门采取随机抽查进行动态监督，畅通社区居民监督举报的渠道，实现“政府主导、部门负责、社会参与、共同监督”的要求。

三　初步效果

（一）探索了社区服务体系建设的整套方案，推进了社区治理体系和能力的现代化

从内容体系看，更加注重居民对社区服务的具体需求，形成以居民需求为导向、政府合理规划、企业和社会组织设计实施的项目生成和落实机制。从组织体系来看，转变了自上而下的行政管理思路，改变了社区服务和政府职能之间的混淆，形成上下结合的社会治理格局。从投入体系来看，改变了政府单独投资社区服务设施和服务内容的局面，撬动社会资本进入社区服务体系建设，减少了政府财政投入。从运营体系来看，由政府粗放式经营到市场专业化经营，不仅提高了政府资金的使用效率，而且提高了服务的有效性和质量。从制度体系来看，出台了规范的制度约束，促进了各方的合作共治，推动法治政府和法治社会的形成。

（二）加快了政府职能转变，形成了多方协商、合作共治的良好格局

通过社区服务体系改革，政府将部分原来由自己生产的社区服务交由符合条件的企业和社会组织进行生产，逐步从生产服务领域退出，而把更多的时间和精力用于服务政策的决策和监督等方面，推进政府实现由“养人办事”到“办事养人”的职能转变，初步形成政府主导，企业、社会组织实施，群众参与的社区服务体系，进一步理顺了政府、市场、社会之间的关系，明确政府的责任，强化社会组织的公益属性，发挥市场的配置作用，各种力量协同作战，真正形成新型社区治理体制和机制。

（三）扩大了社区服务的有效供给和覆盖面，促进了产城人融合发展（产业、人口、城市协调可持续发展）

从硬件条件来看，建设了一批“用地集约化、外观品牌化、功能科学化”的区域性社区综合服务中心，打造了社区服务设施的品牌。从软件条件来看，充分运用企业和社会组织在工作效率、运营成本和服务意识等方面的优势，为群众提供多样化、职业化、专业化的服务，形成了以“一老一小一环保”为方向的服务品牌。通过软硬件建设，提高了社区的宜居水平和服务质量，也促进了“高精尖”经济的集聚和高端人才的集中，初步呈现了产城人融合发展的良好势头。

四　几点启示

房山区社区服务体系建设，是在面临“京津冀协同发展”和全区转型发展的重大挑战时推出的，是在近年来政府职能转变和社会体制改革的坚实基础上推进的。其主要启示有以下四个方面。

（一）要加强政府统筹规划

和城六区相比，房山的城市化属于后发展类型，目前全区的社区服务设施和服务内容都相对落后，但又必须尽快承接城区转移出来的产业和人才，仅凭借各街道（乡镇）、区直部门分散去做，不仅投入大，而且标准不一，形不成

集聚效应和品牌效应。因此，从区级层面加强统筹规划，根据“三个城市组团、两个城市发展带、一条城市发展环”的空间格局，合理设置区域性社区综合服务中心，引入社会资本参与建设，引入社区运营商负责运营，引入专业社会企业和社会组织提供服务，不仅大大加快了社区服务设施和服务体系建设步伐，丰富了专业的服务内容和现代化的服务方式，而且孵育了创新型社会组织，带动了第三产业的不断壮大，打造了全区社会建设的品牌，增强了发展新区的吸引力，为构建“高精尖”产业结构和现代休闲新城提供了良好的社会环境。

（二）要充分发挥市场的重要作用

以前的经济增长速度较快，政府的财政收入也较高，有大量资金投入民生建设，但随着中国经济进入新常态，区县政府的财政收入增速放缓，但民生支出却快速增长，区级财力已承担不起民生需求，特别是房山承担着发展新区和生态涵养区的双重重任，正处于大发展大建设时期，投入民生建设的资金有较大缺口。因此，提供社区服务的方式应努力适应时代发展，从政府独自提供向政府、市场、社会共同提供转变，特别是通过购买服务的机制，撬动社会资本参与社区服务体系建设，引入市场机制，提高资金的使用效率和使用效果，取得了明显的发展和进步。

（三）要及时借助全面深化改革的成果

建立现代多元化的社区服务体系，方向不能是另起炉灶，在扩大增量上下功夫，应该是借助深化改革，在盘活存量、打通体制机制上用智慧。充分借助政府职能转变的改革成果，认真梳理相关部门在社区的服务事项，大力推行政府购买社区服务的方式。充分借助社会组织体制改革的成果，培育和引导专业性社会组织承接政府转移出来的社区服务职能。充分借助“互联网＋”的理念，构建“线上＋线下”服务模式。房山区借助公共服务市场化社会化的改革成果，较早将 PPP 模式运用到社区基础设施建设上来。充分借助区域化党建、街道体制改革和网格化体系建设的经验，加强各类政策、人财物力的整合和关联，实现体系的构建和流程的再造。

（四）要不断提高依法治理的能力和水平

正如在高速公路上行车，假如只有一辆车，就不需要各项交通规则，司机可以根据情况随时改变驾驶行为，但随着车流量的增大，司机要按照一定的规则有序高效行驶，避免人为的交通事故，完善的法律规章就显得十分重要。在社区服务体系建设上也是如此，随着参与方的不断增多，各方都有自己的利益诉求，为最大限度地避免和解决摩擦争议，保持服务体系的持续、高效、有序运转，加强法规制度建设就显得尤为重要。因此，不断完善区域性社区综合服务中心建设的实施细则，完善政府购买社区服务的相关制度和操作程序，各方严格按照相关合同开展合作和建设。同时，强化第三方机构和居民群众对社区服务体系建设的监管和绩效评估，形成政府、企业、社会组织之间在分离中合作、在合作中共赢的良好关系，推动社区服务体系建设和社会建设治理工作实现快速发展。

B.19

社会动员体系在社会治理中的作用研究

——以怀柔区为例

怀柔区委社会工委、区社会办

摘　要：　社会动员是政治学、社会学等研究与关注的热点问题。本文阐述了社会动员的概念、不同时期的特点、与社会治理的关系以及怀柔区社会动员的现状和主要做法，分析社会动员面临的机遇和挑战，提出探索和形成符合首都特点、切合怀柔实际的社会动员新格局的主要对策。强调在新的历史时期，加强社会动员体系建设，不断提高社会动员科学化水平，充分发挥社会动员体系在社会治理中的重要作用，从而更好地服务于社会治理、推动社会建设、促进社会和谐。

关键词：　怀柔区　社会动员　社会治理

党的十八大提出了“加快形成党委领导、政府负责、社会协同、公众参与、法治保障的社会管理体制”的工作目标，北京市十一次党代会提出了“进一步健全社会参与、社会动员体制”的工作任务，《北京市“十二五”时期社会建设规划纲要》提出了“社会动员更加广泛”的发展目标，党的十八届三中全会也明确提出了“创新社会治理，必须最大限度增加和谐因素，增强社会发展活力”。社会动员能力越来越被视为一个国家、一个地区的“软实力”，越来越成为一个城市核心竞争力和社会凝聚力的组成部分，而今在社会治理中也发挥着越来越重要的作用。改革开放30余年来，政府与社会、市场的关系处于快速转型过程之中，政府职能加快转变，社会力量逐步壮大，社会资源日益丰富，但是社会建设相对于日渐完善的市场经济，总体上还是相对滞后的，社会动员工作面临诸多挑战。新形势下，创新社会动员体制机制，推进社会动员体系建设，提升社会动员能力水平，促进社会协同，推动公众参与，成为社会治理与发展的必然要求，也成为党委政府的一项重要工作。

一 厘清对社会动员的基本认识

社会动员是社会建设中的一项工作，更是一项动员性工作。在学术界有着多种解读，在不同时期有着不同的特点和认识。

（一）社会动员的概念

学术界关于社会动员的理论很多，代表性的有新社会运动理论和资源动员理论。新社会运动理论是以社会运动为核心形式，关注社会问题，追求个人自主自治，更多地表现为直接民主的政治表达和参与方式，强调了个人参与社会动员的政治性。而资源动员理论是将每个参与者视为类似经济学上的理性人，具有利益选择自由，把社会动员视为一种资源动员、利益动员的过程，更多地表现为个体参与社会动员是利益选择，强调了个人参与社会动员的经济性。因此，学术界一般将社会动员解读为：政府、社会组织、民间领袖等通过宣传、发动和组织行动，挖掘社会潜力和调动社会资源实现特定目标任务的社会发动过程。在实际工作中，我们将社会动员初步定义为：党委政府领导，组织和发动公众、社区（农村）、社会组织、新经济组织以及其他社会单位，依法、有序参与社会建设，整合社会资源，凝聚社会共识，促进社会和谐的过程。社会动员发动主体既包括党委、政府等公共管理部门，也包括公众、社会组织、企业以及各类社会单位。社会动员的对象包括方方面面，但重点是社会力量。

（二）不同历史时期社会动员的特点

在不同历史时期或同一历史时期的不同发展阶段，我国社会动员的内容和表现方式是不同的，但是发动群众、组织群众、维护群众利益是一个不变的主题。

1. 革命战争年代，社会动员主要表现为革命动员

在革命战争年代，为了把广大人民群众发动和组织起来，反抗侵略和暴

政，推翻旧制度，建立社会主义新中国，中国共产党进行了广泛、艰苦的革命动员。比如，通过努力满足群众的基本利益诉求；通过宣传远大革命理想，组织群众，让群众从政治上翻身做主人；通过走群众路线，加强作风建设，最终赢得广大人民群众的认可。这就是这个时代革命动员的最好诠释，也是社会动员的伟大历程。

2. 社会主义建设时期，社会动员基本表现为政治动员

这个时期，高度集中的政治制度、计划经济体制开始建立，政府集中绝大部分资源，群团组织、社会组织都是政权体系的组成部分。社会动员形式主要通过会议层层传达、层层发动，表现出明显的组织性、纪律性和计划性，成为我国社会主义建设时期社会动员的基础优势。而人民群众刚从被压迫状态下解放出来，对改善生活水平、和平稳定以及新政权充满感恩和期待。

3. 改革开放以来，社会动员具有鲜明的时代特点

党的十一届三中全会以来，党和政府的中心工作转移到经济建设上来，改善人民生活成为主题，社会动员因此呈现新的特点。一是社会动员所处的社会结构发生变化。市场经济增强了人们的自主性，开放的环境增强了人们的选择性，其从市场经济的单位人转变为社会人。二是社会动员更倾向于社会建设活动，开始组织动员社会力量参与社会主义建设，解决社会问题。三是社会动员的目标是争取社会力量参与、支持和认同。一方面是宣传主流的价值观，引导社会舆论；另一方面是加强以改善民生为重点的社会建设。四是社会动员对象侧重于社会领域的社会力量，包括社会组织、新经济组织和广大公众。五是社会动员方式从控制式动员转向参与式动员。自上而下的社会动员更多地表现为控制、管理，是“硬动员”。新形势下，社会动员更多的是通过政策宣传、资金扶持、舆论引导、活动开展等方式发动群众参与，实现社会协同、公众参与，这就是“参与式社会动员”，也是“软动员”。

（三）正确认识社会动员与社会治理的关系

1. 社会治理的概念

社会治理，就是政府、社会组织、企事业单位、社区以及个人等诸行为者，通过平等的合作型伙伴关系，依法对社会事务、社会组织和社会生活进行规范和管理，最终实现公共利益最大化的过程。与社会管理相比，社会治理体

现了“调和”“多元”“互动”。具体而言，当代中国的社会治理，就是要在承认个性化、多元化的基础上，通过互动和调和——沟通、对话、谈判、协商、妥协、让步——整合起各社会阶层、各社会群体都能接受的社会整体利益，最终形成各方都必须遵守的社会契约。

2. 社会动员与社会治理的关系

在整个社会治理体系的建设过程中，社会动员具有基础性、先导性，并起着决定性作用。社会动员的对象包括公众、社区、社会组织、新经济组织和其他社会单位。社会动员不是另搞一套，它是在社会建设体制机制内，整合资源，探索创新，推进“社会协同、公众参与”。因此，社会动员是社会治理的重要手段和主要渠道。社会动员体制不完善、不健全，社会治理将无从谈起；社会动员低效率、低水平，社会治理将举步维艰。从这个意义上说，社会动员的建设，不仅是社会建设工作的重要组成部分，也是整个社会治理体系建设的关键环节。

二　怀柔区社会动员工作体系建设的主要做法

近年来，怀柔区围绕建设文化科技高端产业新区和承办各类国内、国际大型会议、活动等中心工作，深入贯彻落实社会管理的总要求，加大社会动员工作体系的建设力度，推动社会力量全面参与社会建设和治理。在举办北京奥运会、新中国成立60周年、APEC会议、第五届北京国际电影节等重大活动以及历次突发事件应对中，全区社会动员工作成效明显。

（一）初步形成了具有“怀柔特色”的社会动员政策法规体系

社会动员的法规化是新时期社会动员的重要前提。自2009年以来，怀柔区先后出台了《怀柔区加强社会建设实施意见》《怀柔区关于进一步加强和改进志愿者工作的意见》《怀柔区社区志愿服务记录办法（试行）》《关于构建怀柔区“枢纽型”社会组织工作体系的管理办法》《关于开展怀柔区“在职党员进社区”工作的实施意见》《关于构建社会服务管理网格化体系促进社会和谐稳定发展的工作意见》等一系列政策法规文件，初步形成了具有怀柔特色的社会动员政策法规体系。同时，区内各个部门制定了《怀柔区突发公共事件

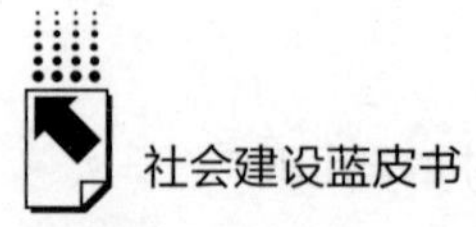

整体应急预案》《怀柔区防汛应急预案》《怀柔区地震应急预案》《怀柔区社会应急救援工作方案》《怀柔区森林火灾扑救预案》《节日应急预案》《怀柔区社区（农村）扫雪铲冰社会动员应急预案》等一系列应急预案，初步形成了措施有力的社会动员预案体系。

（二）初步建立了“响应有力”的社会动员工作体系

近年来，逐步探索建立了响应有力、覆盖城乡的社会动员体系。怀柔区社会动员工作由区委统一领导，区社会建设工作领导小组统筹协调，街道、镇乡、区直各有关部门按照分级负责、团结协作的原则，动员驻区企事业单位、社会组织、新经济组织、志愿服务组织和公众广泛参与。纵向可从区委延伸到区直各有关部门、街道（乡镇）、社区（村）、驻区企事业单位，横向可通过“枢纽型”社会组织覆盖到全区65%的社会组织。另外，目前正在研究非公经济组织和商务楼宇志愿服务工作，可通过街道（镇乡）实现向社会领域覆盖。全区社会动员工作网络已初步形成。

（三）建立了“统筹协调”的社会动员工作机制

1. 建立了非常态社会动员工作机制

随着各种国际、国内大型会议和活动在怀柔举办，非常态下，全区建立了上下联动、统筹协调的工作机制。筹办APEC会议时，怀柔区成立了以“一室六部”为架构的示范区筹备工作指挥部，统筹推进工程建设、环境整治、配套服务、维稳安保、宣传动员等各项任务。筹备第五届北京国际电影节时，怀柔区成立了以“一室四部”为一体的怀柔区工作指挥部，推进基础设施、维稳安保、运营安全和接待服务等保障工作。非常态社会动员机制的建立，有效保障了重大会议、活动的顺利进行，就社会动员工作形成合力。

2. 建立了社会动员三种响应机制

根据区、街道（镇乡）、社区（农村）三级社会动员体系，确立了社会动员三种响应机制。分别是重大活动全响应机制、一般活动局部响应机制、特殊活动专业响应机制，其中重大活动全响应机制中还划分了三级响应级别。重大活动全响应是指遇急、难、险、重等社会事件、国际会议、社会活动和洪涝、泥石流等自然灾害以及传染病等公共卫生事件时，由区社会建设领导小组启动响应机制，开展社会动员工作。比如党的十八届四中全会、APEC 会议和第五届北京国际电影节期间，启动了重大活动全响应一级响应机制。一般活动局部响应是指在一般性社会活动、区内会议以及法定假日、纪念日等节点时，由街道、镇乡、区直各委办局等主责单位启动，开展社会动员工作。特殊活动专业响应是指遇防汛防火、灾害救援、赛事赛会等特殊性、专业性社会活动时，由区社会建设领导小组下达号召，动员各领域专业队伍开展社会动员工作。

3. 建立了社会领域维护稳定工作机制

在全区的统一部署下，维稳安保工作部制定了《示范区维稳安保工作总体方案》和 14 个分方案，动员社区（村）、社会组织、群众等社会力量全面参与社会稳定、城市运行和环境维护。同时，全区还建立了社会领域风险评估机制、矛盾纠纷排查化解机制以及维稳安保“战时”调度制度、每周舆情研判制度、情报信息周报制度和每日督查制度。APEC 会议、第五届北京国际电影节期间，每日召开维稳安保情报信息会商例会。综治办、应急办、社工委等单位联合组建 5 支维稳安保工作督查组，每日深入基层督查，切实将社会动员与社会维稳、社会治理相融合。

4. 建立了社会自治工作机制

自 2013 ~2014 年在街道开展社会动员试点建设工作以来，怀柔区围绕社区自治、共驻共建、搭建志愿服务平台、完善动员机制、创新动员手段等方面，通过建立业主委员会、楼院管委会等社区自治组织，搭建社区议事会、道德评议会等平台，与 200 余家企事业单位签订共驻共建协议，扶持发展各类社会组织等措施，将社区社会动员与网格化社会服务管理、在职党员回社区和区域化党建工作等协调推进，初步形成了集社区自治、社区服务、社会动员于一体的工作格局。

5. 建立了志愿服务工作机制

怀柔区志愿服务工作方面，建立了区社会建设工作领导小组办公室综合协调，区志愿者联合会具体实施，相关单位密切配合、分工负责、团结协作的志愿服务工作机制。团区委、区志愿者联合会、社区志愿者协会等单位和群团组织充分发挥作用，完善了志愿者联合会组织制度、社区志愿服务时间储蓄制度等相关制度，建设志愿服务站点共 20 个、志愿服务项目共 284 个，形成了区、街（镇乡）、社区（村）三级志愿服务组织网络平台。在城市服务管理、精神文明建设、社会治安、应急救援以及大型活动中开展了系列志愿服务。同时，在全区农村、城市社区、社会组织、非公有制经济组织、专业社会工作机构中，推进社会领域志愿服务工作。

6. 建立了社会动员保障激励机制

一方面，每年相关部门都努力为社会动员力量提供相应保障。比如2014年，区民政局为4058名社区志愿者骨干购买人身意外险；社会工委为全区志愿服务组织配备旗帜，为社会动员力量配备服装标识，为全区34个社区配备扫雪铲冰应急社会动员物资；政法委、团区委、文委、街道、镇乡等单位也纷纷投入资金，为志愿者提供相关物资保障。另一方面，不断完善激励机制。比如团区委、区民政局、街道等部门建立了志愿服务计时和回馈等机制，每年召开各自领域志愿服务工作总结大会，开展社区志愿者星级评定，命名年度优秀志愿服务组织、志愿者之星，开展社区志愿者回馈活动，加强志愿者典型宣传等，不断激励志愿者参与志愿服务。

（四）组建了“条块结合”的社会动员队伍

怀柔区常住人口38.2万人，近年来开展过3次志愿者及志愿服务情况调查。目前，怀柔区注册志愿者49935人，注册社区志愿者16450人。另外，还有街道市民劝导队24支，劝导队员1190人，街道、镇乡网格力量14921人。在这庞大的社会动员力量基础上，2014年APEC会议前期怀柔重新组建了一支“招之即来”的社会动员队伍。

1. “条”上组建专业志愿服务队伍

由重点领域社会单位和社会组织牵头组建本领域专业志愿服务队伍。区综治办、区安监局、区地震局、区水务局、区红十字会、区应急救援协会、区市政市容委等单位组建了语言翻译、旅游咨询、应急救援、治安治理、环境保护、心理咨询、健康义诊、文化志愿服务队等共16支专业志愿服务队伍，专业志愿者共17395人。

2. “块”上组建社会面志愿服务队伍

街道、镇乡党委政府发挥主导作用，社区、村发挥平台作用，楼院、自然村发挥“单元”作用，层层组建起志愿者队伍。街道、镇乡招之即来的社会动员力量共14088人。此外，要求驻区企事业单位、各类社会组织以及教育系统各中小学及高等院校也要积极组建人数相当的志愿者队伍。APEC 会议期间，共出动近 1.6 万人的社会力量参与属地社会治安、环境整治、大气治理、人口调控等社会治理工作。第五届北京国际电影节期间，出动 9000 余人的社会力量参与社会治理工作及会场和外围志愿服务工作。

（五）搭建了“多元化”社会动员工作平台

1. 发挥网格化社会服务管理平台作用

利用网格化社会服务管理平台，开展全区社会治安防控精细化建设和社会动员工作，广泛动员网格力量参与到问题发现和处置中，实现了基础网格全覆盖，发现问题处置到位。比如第五届北京国际电影节期间，网格化社会服务管理工作平台受理事件 74 件，其中闭合案件 54 件、咨询案件 20 件，处置率 100%。

2. 开展城市社区志愿服务站建设

该项建设自 2014 年下旬起实施，2015 年城市 24 个社区全部完成建设任务，服务站切实达到“五有”标准，即有明显标识、有工作人员、有经常性志愿服务项目和岗位、有稳定的志愿者队伍、有规范的管理制度。做到了每年有活动计划，每月有志愿服务主题，每周开展志愿服务活动。截至 2015 年 12 月，全区共培育市级社区志愿服务示范项目 15 个，市级优秀市民劝导队活动项目 4 个。仅 2014 年，全区社区志愿服务记录 7309 条，累计志愿服务时间达到 178 万小时。

3. 积极推进社区“青年汇”建设

自 2013 年 7 月起，怀柔区开展社区“青年汇”建设工作，截至 2015 年，共建立了锦绣、泉咏、东关、杨宋、雁栖 5 个市级社区“青年汇”，相继开展市、区自主活动 100 余次，联系、凝聚青年 800 余人，活动覆盖 3000 余人次，在推进社会动员和志愿服务方面取得了有益成效。

4. 建立怀柔区社会动员“五合一”服务中心

2014 年，怀柔区申报了购买社会组织服务项目，建立怀柔区社会动员“五合一”服务中心（社会组织党群工作研究服务基地、社会组织培育孵化基地、社会组织服务管理基地、社会组织教育培训基地、社会动员及志愿服务指导基地），意在为全区社会组织、社会动员等力量搭建一个开展活动、合作交

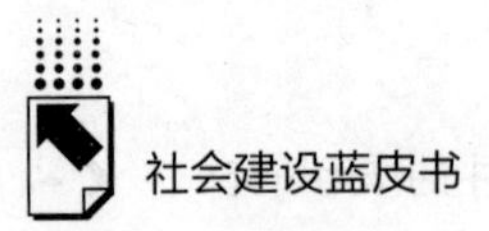

流和业务培训的平台，这也是探索具有郊区特色的社会动员服务机制的一个举措。目前，服务中心基础设施建设已完成，社会动员成果展示墙、宣传折页已设计制作完成，并且采购了一批应急社会动员物资、服装标识和相关书籍。依托服务中心，举办了社会组织培训班和首场社会动员工作专题培训班，支持泉河、龙山社区建设协会开展第十届邻里节和第三届社区文化欢乐季暨大型趣味运动会。

5. 创新社会动员方式手段

充分利用区内主要路段及城乡社区 LED 显示屏、“怀柔青年”、“山水怀柔”等微信平台以及《怀柔报》、《怀柔社会建设报》、广播、怀柔社会建设网、社会组织手机报、社会组织公共服务平台等媒介，构建起宣传动员平台。同时，设计制作首部怀柔区社会动员公益宣传片，积极有效地宣传社会主义核心价值观，展示优秀志愿者风采，倡导市民文明行为，参与维护社会稳定。有效动员并引导社会力量参与到社会治理中，充分发挥了“多元化”的社会动员平台作用。

（六）激发了社会力量“广泛参与”的活力

不断激发社会组织参与社会治理的活力，在全区推进“枢纽型”社会组织建设工作。先后认定了 21 家“枢纽型”社会组织，将全区 260 余家社会组织纳入“枢纽型”社会组织管理体系中，引领、带动广大社会组织的发展。同时，不断加大社会组织扶持、培育力度。截至 2015 年底，全区共有 58 个项目获得市级社会建设专项资金扶持，批复资金 660 万元。从 2012 年起，设立了区级社会建设专项资金，共有 61 个项目获得了区级社会建设专项资金扶持，扶持资金达 441 万元。先后培育出“八点心语小屋”“法律门诊 e 点通”“妇女银屏之家”“花季园”“课后四点半”“千名志愿暖夕阳”等 12 个品牌项目。自 2012 年起，每年开展社会组织公益行活动，在 53 个重点公益项目的引领下，200 余家社会组织参与其中，开展活动 1000 余场，参与群众 26.5 万人次，社会组织自治水平和服务能力得到不断提升。

三　新时期社会动员所面临的机遇和挑战

当前社会正处在转型期和改革期，随着深化社会事业与社会治理体制改革的全面推进，社会动员形势也发生着新的变化，各种利益冲突和社会矛盾进入凸显期。站在新的历史起点上，社会动员工作也面临着机遇和挑战。

（一）面临的新机遇

一是党的十七届四中全会、十八届三中全会、市十一次党代会、区委四届五次全会的召开，对加强改革顶层设计，不断加快社会体制改革，加强和创新社会管理，推动社会力量广泛参与，进一步做好社会动员工作提出了新的更高要求。二是怀柔区以文化科技高端产业新区建设为统领，以筹办APEC会议、第五届北京国际电影节为契机，以社会转型升级为主线，有效推动了社会建设发展，要求我们以更大力度和更高标准加强社会动员工作。三是社会力量多元化趋势更加明显，社会参与诉求将更加强烈，城乡居民对社区服务、社会自治、社会秩序、志愿服务、精神文化等方面的需求更加迫切。四是城乡一体化进程进一步加快，使大量城乡接合部和农村被纳入社会服务管理范围，社会动员的任务更加艰巨。五是新媒介、互联网等虚拟社会的日益发展，给社会动员工作带来前所未有的契机，也是我们需要关注和思考的新领域。

（二）面临的主要挑战

进一步分析怀柔区社会动员体制机制的现状，笔者发现怀柔区社会动员工作仍然面临着严重挑战。一是社会动员体制的不完善、不健全对社会动员的发展造成制约。全区各领域、各部门各负其责，对社会动员工作的范围、领域、程度等也存在着不同认识。各社会动员主责单位之间的整合、协调有待进一步加强。二是社会动员政策法规体系有待进一步健全。目前，关于志愿者精细化管理方面的细则、整体社会动员中各种权利义务的关系以及保障机制等方面还缺乏明确的政策依据，尤其在依法治国的大环境下，缺乏社会动员工作的专门政策法规。三是传统社会动员模式难以适应多元化社会生活的需要，随着经济快速发展、人口加速增加、环境问题、城乡一体化进程中社会问题的凸显和新的社会动员对象需求的加大，主要依靠政府、依靠行政手段的传统社会动员和管理模式，已经不能适应当前多元化的社会生活需求。四是社会活力还有待进一步激发。社会动员平台不完善、动员途径和信息传播方式有限、公众参与途径和利益诉求反映渠道不畅、基层民主自治程度不足等现状，使社会动员信息化水平不高、动员能力不高、响应度不高。

四　关于发挥社会动员体系在社会治理中的作用的几点思考

社会动员工作，是新形势下党和政府动员社会和公众积极参与社会建设的一项重要工作，对于进一步整合社会资源、凝聚社会共识、增强社会活力、促进社会和谐具有重要意义。当前形势下，加强社会动员体系建设，认真谋划加强和创新社会动员体制机制建设，在社会治理中依法、科学、有效组织社会力量，促进社会协同、扩大公众参与、维护群众利益，成为怀柔区下一步社会动员工作的重点。

（一）抓好社会动员顶层设计

首先要解决好“顶层设计”，要把社会动员的改革真正提升到制度、体制、机制建设的层面，进行全面设计，统筹规划，提出全局性的宏观发展战略。一是发挥社会动员工作体系作用。在抓好社会动员“顶层设计”的过程中，要切实发挥好党委政府领导、社会建设工作领导小组及办公室统筹、各部门分工负责、社会广泛参与、条块紧密结合、属地管理为主的社会动员体系作用。二是明确各部门工作职责，做好统筹协调工作。区社会建设工作领导小组及其办公室作为社会动员工作的统筹协调部门，要明晰社会动员工作的职责，搭建起社会动员工作平台，完善社会动员体制机制，正确处理好与社会动员责任单位之间的关系。三是健全社会动员工作网络。以“枢纽型”社会组织和社区居委会、服务站为依托，以各级各类志愿服务组织为纽带，以公益慈善类社会组织为主体，以社区社会组织为基础，健全社会领域社会动员网络。完善志愿者、社会自治、社会稳定、应急管理等社会动员内容，强化社会动员网络。逐步实现动员力量一体化、动员手段多样化、动员内容精确化、动员方式网络化、动员工作制度化。

（二）完善社会动员制度机制

一是完善社会动员政策文件。配合北京市积极推进社会动员工作制度文件的制定，规范社会动员主体、动员对象的范围及其相应责任、权利和义务，以及组织实施社会动员的条件、程序、方法和要求，明确社会动员的人力保障、物资保障、财力保障和社会保障，使社会动员有据可依、依法办事、规范有序、健康发展。二是健全社会动员相应制度。进一步完善社会动员信息汇集、会商、决策、评估制度，明确组织实施社会动员的条件、程序、方法和要求，探索公民参与社会动员方面的组织机制、激励机制，加快社会动员配套机制的建设。三是加大社会动员资金保障。加大财政支持力度，将社会动员各类支持资金纳入市、区县社会建设专项资金，街道、镇乡、委办局等社会动员责任单位将社会动员资金纳入年度部门预算，建立起财政与社会资金相结合的社会动员资金投入保障机制。

（三）创新社会动员方式手段

一是加强宣传教育工作，形成良好氛围。按照社会动员的工作目标，确立正确、科学、有效的社会动员宣传教育策略和方案，普及社会动员政策法规知识，弘扬主旋律，关注社会舆情动态，加强思想政治宣传引导，在全社会形成主流媒介高度关注、社会各界大力支持、社会公众广泛参与的良好舆论氛围。二是创新社会动员方式手段。随着科技日新月异的发展，大众传媒，特别是手机、互联网等新媒体已成为影响公众思想行为的重要载体。在人们思想观念不断更新、价值利益日益多元、民主法治进程逐步加快的情况下，以网格化、信息化建设为手段，注重运用新媒体、新技术和新方式，将使社会动员手段更具有针对性、多样性、多层次性和创新性。

（四）突出社会动员工作重点

一是推进社会领域志愿服务工作。加强志愿者管理平台建设，进一步发挥区志愿者联合会、社区志愿者协会作用，深化社会动员“五合一”服务中心、志愿者服务示范站、社区志愿服务站等基层组织平台建设，加强志愿者工作的统筹协调和重大问题研究。推进志愿者注册网融合工作，依托“志愿北京”平台，实现各领域志愿者注册平台的融合，规范志愿者管理与服务，加强志愿服务项目开发，健全志愿者各项激励机制。引导公众参与志愿服务，切实满足重大活动志愿服务、应急性志愿服务、经常性志愿服务的需要。二是提升社会民主自治水平。以多种方式推进社会公众有序参与公共决策和社会事务。因地制宜地推广社区居民代表常务会、社区自管会等典型经验，形成以社区党组织为领导核心、以社区居委会为主体、以社区服务站等为依托、以社区社会组织为补充、驻区单位和组织协同配合、社区居民广泛参与的社区自治格局，推进社区民主自治。研究建立村民自治相应机制，充分发挥村务监督委员会、村民道德评议会等村民组织作用，引导村民有序参与农村服务管理事务，推进村民自治。推进“枢纽型”社会组织规范化建设，依托各级“枢纽型”社会组织不断培育、管理、服务各类社会组织，依托政府购买社会组织服务、购买社工岗位等，引导全区社会组织依法自我管理、自我服务、自我教育、自我监督，参与社会服务和管理，推进社会组织自治。注重引导和发挥社会建设部门、行业主管部门、行业组织、商务楼宇社会工作站等服务和管理平台作用，引导企业参与社会公益服务，促进行业自律，推进行业自治。三是完善应急动员工作机制。完善重大活动、重大事件、特殊时期的社会动员工作制度和分级预案体系。健全社会资源调集制度，明确参与应急动员的义务和补偿原则，加强应急动员队伍建设，开展应急宣传培训与演练，畅通应急动员发布渠道，增设应急避险场所，建立常态化信息沟通机制，探索日常动员和应急动员相结合的动员模式。四是提升网格化社会动员效能。结合网格化社会服务管理体系建设，实施信息化社会动员工程，推进智慧社区（村）和便民服务终端建设，“智慧社区”网站全覆盖，努力构建起区、街道（镇乡）、社区（农村）三级网格化社会动员工作平台，切实提高网格化服务管理精细化水平，不断扩大社会动员的工作覆盖面和提高工作效能。

社会动员存在于任何社会形态中，其内容和方式、强度与效果会随着社会发展和形势演变而不断变化。当前，怀柔区正在向对外交往新区、文化科技高端产业新区、绿色生态新区转变，完善社会动员体制机制，充分发挥社会动员在社会服务管理中的作用，具有十分重要的现实意义和深远影响。

B.20

2015年海淀区社会建设与社会治理工作总结与分析报告

海淀区委社会工委、区社会办

摘　要：　2015年，海淀区社会建设与社会治理工作按照各级党委政府的统一要求，在基层组织建设、街道管理创新、社会服务管理创新、构建城市管理长效机制、孵化培育社会组织等重点领域，主动作为、扎实推进，取得了明显成效，为下一步工作打下坚实的基础。

关键词：　海淀区　社会建设　社会治理

2015年，海淀区按照市委社会工委、市社会办的部署要求，紧紧围绕区委区政府中心工作，主动作为、抢抓机遇，扎实推进基层组织建设、社会服务管理创新、城市管理长效机制构建、社会组织孵化培育等重点工作，做好对街道系统的统筹协调和综合管理，取得明显成效。

一　主动作为，奠定社会建设坚实基础

（一）以“两委”换届为契机，扎实推进基层组织建设

1. 社区“两委”换届工作

海淀区街道系统484个社区党组织（党委204个、党总支部89个、党支部191个）换届选举工作圆满完成，共配备485名专职副书记，保证每个社区

居委会成员中均有党员。其中，社区党组织和社区居民委员会负责人“一人兼”比例达到67.6%，社区党组织和社区居民委员会成员交叉任职比例达到55%，社区居民委员会中的党员比例达到52.9%，社区居民委员会主任是党员的比例达到93.2%，全部完成各项指标任务。

全区29个街镇参加换届选举的567个社区（目前全区社区总数为569个）全部完成社区居委会换届选举工作，且全部一次选举成功。全区共选出社区居委会成员3518人，平均年龄43岁。其呈现三个特征，一是党员比重明显提高。当选者中共党员（含预备党员）1875人，约占53.3%。二是成员结构更加优化。大学专科及以上学历者2896人，约占82.3%。通过国家社会工作师（含助理社会工作师）考试的885人，约占25.16%。居住在本社区的1455人，约占41.36%，本地化比例明显提高。三是居民参与率明显提高。本届选举共登记选民1115606人，其中非本市人口23780人。户代表以上选举率为53.26%。

2. 社区建设工作

委托清华大学开展“提升社会治理能力”课题研究，初步确定提升社会治理能力的“1个目标、1个核心、5个支撑领域、10项重点任务”发展目标；会同区财政局修订并下发了《海淀区社区公益事业专项补助资金管理办法》，同时拟订《关于规范社区公益金使用流程　提升使用效率的方案（征求意见稿）》等文件，探索社区居民参与社区使用公益金开展项目的渠道和流程，提高社区自治的能力和水平。

组织569名社区主任参加社区居委会主任培训班；对1030名社区工作者进行初任培训；对60名社区工作者进行心理服务基本技能专题培训；对1118名普通社区工作者进行为期3天的轮训；推荐优秀社区工作者进行硕士研究生培养、参加北大高级研修班、参加心理调适及减压培训等，通过多种方式提升社区工作者能力水平。

通过实时跟进、分类指导，重点推进12个街道（镇）的19个难点社区用房达标，圆满完成全区社区服务用房100%达标任务。完成83个市区两级“一刻钟社区服务圈”示范点、73个市区两级社区规范化建设示范点、18个老旧小区自我服务管理试点、5个农村社会服务管理创新试点以及201个智慧社区试点建设。

（二）以改善民生为根本，积极探索社会服务管理新途径

1. 稳步推进社会治理体系改革工作

加强统筹协调，明确成员单位职能职责和工作机制，推进完善基层社会治理体制机制改革任务，建立改革工作月报制度。根据《关于深化北京市社会治理体制改革的意见》等一系列文件精神，按照海淀区委十一届七次全会精神和区全面深化改革领导小组第五次全体会议要求，起草《海淀区关于贯彻落实〈中共北京市委、北京市人民政府关于深化北京市社会治理体制改革的意见〉的工作措施》。经171次区政府常务会、181次区委常委会审议原则通过，下一步将提交区委全面深化改革领导小组全体会议审议。

2. 加大基层社会服务管理创新力度

对“海淀区加强和创新社会管理专项资金”和“海淀区社区办公和服务用房专项资金”进行整合，形成“海淀区社会建设专项资金”。专项资金主要围绕支持海淀区社会领域重点工作任务、改进基层社会治理方式、激发社会组织活力、改善社区服务用房等方面，着眼于维护城乡居民根本利益，最大限度地增加和谐因素，增强社会发展活力，提高社会治理水平。区社会办会同区民政局、区财政局、区法制办等单位研究形成“1+3”专项资金管理办法。经政府办公会议审议通过，印发全区并组织实施，更好地推进基层服务管理创新工作。

3. 积极探索社会服务管理新模式

区委社会工委、区社会办与清华大学社会科学学院合作，在清河街道的橡树湾社区、毛纺南社区和阳光社区试点开展“海淀区基层社会治理创新研究”。建立“社区议事会”工作机制，进一步激发了基层社会活力，实现了动员社区居民参与社区治理的目标。与区农委协作，探索腾退回迁安置社区治理模式，稳步推进村庄管理体制向社区管理体制转变。

发挥区社会建设工作领导小组办公室统筹协调的作用，积极引导各街道探索社会服务管理工作新模式。田村路街道整合现有资源，在老旧小区建立700平方米的文化小院，可辐射周边多个社区，为老百姓开展多项社区服务；曙光街道在社区为75岁以上的老人免费体检；羊坊店街道探索老旧小区自治模式，打造“一门一品”楼门文化；中关村街道结合“科学圣地、人才高地、希望

源地、商业重地、文化园地”等地区特色，以“智慧服务、乐享生活，科技助力、放飞梦想”为理念，开展“乐活中关村”建设；此外，甘家口街道的“医养康”项目、花园路街道的“社工成长计划”在社会服务管理创新方面都取得了实效。

（三）以网格化体系建设为抓手，着力构建城市服务管理长效机制

在万寿路、甘家口、八里庄、紫竹院、中关村和学院路6个街道开展城市网格精细化管理试点；与区城市服务管理中心共同推进“三网”融合，网格化社会服务管理信息平台正式上线试运行；对12类协管员进行统一整合，确保90%左右协管员下沉到社区（村）网格，不断夯实网格工作基础。根据实际对58个三级网格进行规模调整并编写《海淀区网格化工作手册》；组织开展网格化社会服务管理绩效考评工作；完成《海淀区关于推进网格化工作报告》和《海淀区2014年网格化社会服务管理体系建设报告》。

深入推进社会动员工作，在万寿路街道、羊坊店街道、甘家口街道、海淀街道、香山街道开展第三批社会动员试点工作；稳步推进301个商务楼宇志愿服务站建设。搭建城管和综治两个沟通交流平台，落实社会面防控工作，协调完成9个街道11个高考考点周边环境综合整治；坚持敏感时段值班制度，协调街道系统做好“双节”“两会”“五一”“六四”“两大活动”维稳安保工作。

（四）以阵地建设为突破口，加大对社会组织培育扶持力度

目前，在海淀区民政局正式登记注册的社会组织840家，备案的社区社会组织2600余家。在加强社会组织孵化与培育方面，注重整合地区资源，尤其是发挥社会组织联合会桥梁纽带作用，统筹、指导、管理、服务各级各类社会组织；联系并支持中关村企业家联合会服务中关村科技园区。出台《海淀区“枢纽型”社会组织的认定条件（试行）》，完成10家区级“枢纽型”社会组织认定工作。在花园路街道等4个街镇推进街道、镇社会组织“孵化器”建设工作。

完成2015年使用北京市社会建设专项资金购买社会组织服务项目申报工作，并对2014年度使用北京市社会建设专项资金购买的公共服务项目和海淀

区加强与创新社会管理专项资金购买社会组织服务项目进行终期检查。继续利用市社会建设专项资金购买专业社会工作岗位，以“岗位购买 + 项目运作”的形式继续扩大专业岗位购买范围与岗位数量，向 16 家具有代表性的优秀社会组织购买专业社工岗位。

（五）以信息工作为重点，打造全方位社会建设宣传平台

召开全区信息工作培训会，街镇信息工作落实责任到人，每月对街镇信息情况进行综合排名。全年共编发《海淀社会建设信息》普刊 42 期、专刊 18 期，向市社会建设部门报送信息 754 条，被市普专刊采集 45 条、市手机报采集 80 条，在全市各区县信息总排名中从第七名提升至第三名，市社会建设信息采集量从第六名升至第二名。

广泛利用媒体资源，加强社会建设成果宣传。在《海淀报》刊发专版 6 期，在《北京日报》《北京青年报》《北京晨报》等多家报纸刊登新闻稿件 14 篇，对亮点工作进行宣传；与专业传媒公司合作，制作 2015 年海淀社会建设宣传片及“十二五”期间社会建设宣传画册。

此外，在全面推进海淀社会建设工作方面，区委社会工委、区社会办还成立了专家智库，调研、梳理、策划和宣传社会服务管理创新精品项目，积极打造“一街道一品牌”；并搭建交流学习平台，全年共举办四期社会建设大讲堂。

二　面临的形势分析

当前，海淀区的社会建设既面临难得的发展机遇，也面临严峻的挑战。“十三五”即将到来，海淀区社会建设领导小组需要制定出适应推动京津冀协同发展的社会建设下一个五年规划；“四个全面”战略布局，对加强社会建设提出了新指针、明确了新方向，也提出了更高要求；“三严三实”专题教育，对领导班子和干部队伍建设提出了新标准，也带来了新考验。总的来说，机遇与挑战并存，责任与担当同在。我们必须清醒地看到，在社会建设工作中，海淀区社会建设领导小组办公室的资源优势和平台作用还未充分发挥；统筹协调、资源整合和多元参与工作机制有待进一步完善；社会服务管理网、城市管

理网、社会治安网“三网”融合，还存在信息数据共享难、反映的问题难解决等困难，社会治理基层基础薄弱的问题仍然存在；城乡接合部和农村地区服务管理力度有待进一步加大；社区工作者职业发展空间、职称体系、待遇等瓶颈有待进一步突破等。我们必须进一步坚定信心、勇于担当、抓住机遇、深化改革、解决问题、推进工作。

三　抢抓机遇，推动社会建设不断进步

（一）强化设计，制定《海淀区“十三五”时期社会治理规划》

重点围绕夯实党建工作基础，建立健全城市服务管理网格化运行机制，深化街道、社区管理体制改革，完善社会动员体系，大力培育、孵化社会组织等重点工作，积极创新社会治理体制机制，打造符合首都功能定位、具有海淀特色的现代化社会治理新模式。

（二）固本强基，夯实基层治理基础

深入推进社区规范化建设，强化社区居委会的自治功能；建立健全社区治理联动机制，拓宽社会参与渠道，创新基层自治形式；抓好对社区工作者职业道德、政策法规、业务技能和社会工作理念的培训，建立分层次、分批次的教育培养新模式。切实了解百姓需求，扎实推进2016年街道系统为民办实事工作；用社会建设专项资金带动社会服务管理创新，推动“一街一品”“一社一品”建设。深入推进“一刻钟社区服务圈”示范点、社区规范化示范点、老旧小区自我服务管理试点、“六型社区”、农村社会服务管理创新试点建设，完善社区公共信息发布平台，完善社区公共服务体系。

（三）做实做强，加强网格化社会服务管理

以网格建设带动城市服务管理，增强划分网格单元的科学性，合理配置网格人员。定期召开城管主任联席会，充分利用街道系统综合治理工作平台，统筹协调解决相关问题；引入“互联网 +”工作方法，切实做好城市网格精细化管理试点工作，解决小循环中发现的问题；做强社区网格，加强网格员队伍

建设，切实保障各类协管员整合到位，解决微循环中提出的问题。加快推进社会领域志愿服务体系建设，推进社会动员试点工作。

（四）培育孵化，加强社会组织管理创新

完善“枢纽型”社会组织工作体系建设，积极推进区级“枢纽型”社会组织认定工作；进一步明确社区社会组织在街道、镇层面的培育、孵化工作由街道、镇社区服务中心负责，重点扶持社区生活服务类、社区公益事业类、社区慈善互助类、社区专业调处类等与社区治理和群众日常生活密切相关的社区社会组织；进一步整合全区社会组织资源，充分发挥社会组织联合会作用，重点对中关村高新技术企业、驻区高校、科研院所中的社会组织进行培育扶持；完善以购买服务为核心内容的扶持社会组织发展的长效机制，引导扶持社会组织积极参与社会治理。继续做好“一街一社工”相关工作，提高社会组织工作人员和专业社工的综合素质。

总之，海淀区社会建设工作任务艰巨繁重，机遇和挑战并存，新发展与新问题同在，只有保持更加良好的工作状态和精神状态，进一步创新社会治理才能取得更好的成绩。

调查报告篇

Social Survey

B.21 北京市职工组织服务状况调查报告*

杨桂宏　康晓曦**

摘　要：　工会作为职工组织，是代表职工利益、维护职工合法权益的重要社会组织。在市场经济企业产权制度改革、劳资矛盾日益加剧、职工群体利益分化的今天，工会在服务职工需求，维护职工权益方面的功能发挥得如何？职工对工会寄予怎样的期望？有哪些急迫的需求？工会组织是否能够给予满足？本文通过对北京市职工及其组织的相关调查，对此展开分析，以期为相关改革提供一点启示。

关键词：　北京　职工组织　组织服务

* 本文受国家社科基金面上项目（15BSH125）和北京市教委项目一般项目（SM201610005005）支持。

** 杨桂宏，北京工业大学副教授；康晓曦，北京工业大学社会学系硕士研究生。

一 法律法规中的职工组织职能

在我国，工会是指中国共产党领导的职工自愿结合的工人阶级群众组织，是党联系群众的桥梁和纽带，是国家政权的重要社会支柱，是会员和职工利益的代表。① 作为维护职工合法权益，代表和组织职工参与国家、企事业单位和机关事务管理的群众组织，工会一直秉承维护职工权利的原则，同时协调、权衡劳动关系，促进经济和社会的长远、稳固发展。

我国第一部《工会法》于1992年4月3日颁布。其中，明确规定了工会的权利和责任，从法律的角度对工会职能做了细化。随着劳资关系的日益紧张，冲突不断激发，人们对于《工会法》的重视程度逐渐提升。考虑到在实际执行过程中所遇到的困难，《工会法》于2001年做出了修正，进一步明确了工会的职能。其中，第六条明确规定了“维护职工合法权益是工会的基本职责。工会在维护全国人民总体利益的同时，代表和维护职工的合法权益”，“工会通过平等协商和集体合同制度，协调劳动关系，维护企业职工劳动权益”，“工会依照法律规定通过职工代表大会或者其他形式，组织职工参与本单位的民主决策、民主管理和民主监督”，“工会必须密切联系职工，听取和反映职工的意见和要求，关心职工的生活，帮助职工解决困难，全心全意为职工服务”。②

除了《工会法》，《劳动法》也规定：“劳动者有权依法参加和组织工会。工会代表和维护劳动者的合法权益，依法独立自主地开展活动。”同时还提出：“劳动者依照法律规定，通过职工大会、职工代表大会或者其他形式，参与民主管理或者就保护劳动者合法权益与用人单位进行平等协商。”③ 从中我们不难看出，《劳动法》对于劳动者参加工会的权利、工会代表劳动者维护合法权益的途径等，均有所说明，只是不够细化。

由此可见，在市场经济体制改革后，在社会群体分化及社会结构发生变化

① 引自《中国工会章程》总则。

② 引自《中华人民共和国工会法》。

③ 引自《中华人民共和国劳动法》。

的情况下，为了加强工会维护职工权益的功能，国家在法律法规方面给予了明确的规定，这为职工组织在新时期发挥主要功能奠定了坚实的基础。

二　北京市职工组织服务现状

在市场经济转型的过程中，由于我国法律对工会职能做出了相关规定，工会对于保护职工权益的重视程度也逐步提高。2014 年底到 2015 年初，北京工业大学社会学系对北京市职工和工会系统相关负责人员进行问卷调查和个案访谈。[①] 调查结果显示：北京市工会在如何服务好职工方面做了大量细致的工作，也得到了职工的认可。但是其维护职工权益的功能发挥受到传统体制和传统观念的制约，对职工的服务与职工的实际需求尚存在不对接的情况。

在被调查的职工中，男性占 56.7%，女性占 43.3%。从年龄来看，平均年龄为 36.33 岁，其中“80 后”“70 后”职工是北京市职工的主体，分别占 41.8% 和 26.8%。从受教育程度来看，大学本科学历的职工占 43.2%，大专学历的职工占 21.6%，高中或中专学历的职工占 16.9%，具有研究生学历的职工占 9.9%，初中学历的职工占 7.6%，小学及以下文化程度的职工占 0.7%，其他占 0.1%。从政治面貌来看，群众占 47.7%，党员占 37.5%，共青团员占 13.9%，民主党派占 0.7%，其他占 0.1%。北京市户籍职工占 78.6%，非京籍职工占 21.2%，其他（军队或外籍）人口占 0.2%。

1. 工会服务主要项目及其效果

目前，北京市工会在组织团结职工、增强组织凝聚力方面主要举办的活动有：文娱、体育活动和竞赛，劳动竞赛和培训，文化和外出参观学习，健康讲座和外出郊游，扶贫和公益活动等。从活动的项目来看，基本延续传统时期的工会活动内容，也对新时期职工的需求有所回应。从这些活动的职工参与度来看，职工参与过最多的项目是体育活动或竞赛，第二多的是文娱活动或竞赛，之后依次分别是外出郊游、职业培训、健康讲座、外出参观学习、文化学习、工会组织的公益活动、劳动竞赛、工会组织的扶贫帮困和其他（见表 1）。

---

① 2014 年底到 2015 年初，北京工业大学社会学系对北京市职工和工会系统相关工作人员进行了问卷调查和访谈，调查问卷 10000 份，访谈 100 人。

表 1　你参加过工会组织的活动

单位：人，%

项目	频数	百分比	有效百分比
体育活动或竞赛	5708	57.4	57.8
文娱活动或竞赛	4817	48.4	48.8
劳动竞赛	1562	15.7	15.8
职业培训	3214	32.3	32.5
文化学习	2081	20.9	21.0
健康讲座	2484	25.0	25.1
外出郊游	3864	38.8	39.1
外出参观学习	2371	23.8	24.0
工会组织的扶贫帮困	1375	13.8	13.9
工会组织的社会公益活动	1641	16.5	16.6
其他	107	1.1	1.1

从组织项目的效果来看，职工对这些项目感兴趣的比例与参与度的情况相似，参与度高的项目也就是职工感兴趣的项目（见表 2）。

表 2　职工对工会组织的活动最感兴趣的项目

单位：人，%

项　目	频数	百分比	有效百分比	累计百分比
体育活动或竞赛	3472	34.9	35.4	35.4
文娱活动或竞赛	1820	18.3	18.6	53.9
劳动竞赛	223	2.2	2.3	56.2
职业培训	1151	11.6	11.7	68.0
文化学习	280	2.8	2.9	70.8
健康讲座	470	4.7	4.8	75.6
外出郊游	1736	17.4	17.7	93.3
外出参观学习	373	3.7	3.8	97.1
工会组织的扶贫帮困	128	1.3	1.3	98.4
工会组织的社会公益活动	147	1.5	1.5	99.9
其他	10	0.1	0.1	100.0
合　计	9810	98.6	100.0	

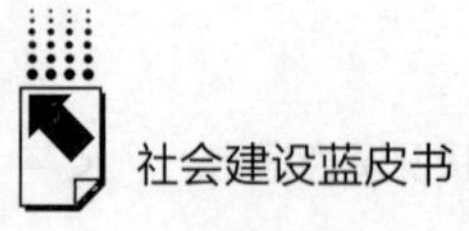

2. 工会维权情况及效果

从被调查职工劳动就业情况来看，89.3%的劳动者与就业单位签订了各种类型的劳动就业合同，没有与单位签订劳动合同的职工仅占6.7%，其他情况占4.0%（见表3）。

表3　您是否与单位签订了劳动合同

单位：人，%

项　目	频数	百分比	有效百分比	累计百分比
没有签	658	6.6	6.7	6.7
签了1~3年合同	3972	39.9	40.5	47.2
签了3年以上合同	2202	22.1	22.5	69.7
签了无固定期限合同	2583	26.0	26.3	96.0
其他	388	3.9	4.0	100.0
合　计	9803	98.5	100.0	

从劳资关系来看，作为工会会员，被调查职工与劳动就业单位的纠纷并不多，97.6%的被调查者没有与单位或雇主发生过劳动纠纷，仅有2.4%的被调查者与单位或雇主发生过劳动纠纷（见表4）。

表4　职工与单位或雇主发生过劳动纠纷情况

单位：人，%

项目	频数	百分比	有效百分比	累计百分比
发生过	236	2.4	2.4	2.4
没有发生过	9558	96.0	97.6	100.0
合　计	9794	98.4	100.0	

从职工对工会维护自身权益的信任度来看，职工对工会有着较强的信任和依赖。当他们与单位发生纠纷时，有24%的被调查者最愿意通过工会组织来解决。另有50.8%的人最愿意通过政府劳动部门来解决，还有21.4%的被调查者最愿意通过法律途径解决（见表5）。尽管通过工会系统解决劳资矛盾的比例并不是最高的，但是从劳资纠纷的发生率来看，大多数被调查者没有与单位发生过纠纷，这也就是说很多就业过程中的矛盾、

冲突和张力可能都在平时的工会工作过程中被消化掉。当职工觉得真的与单位或雇主发生了纠纷，很可能就不是工会组织能够解决的问题。因此，更大比例的被调查者更愿意通过政府的劳动部门和法律途径来解决与所在单位的劳动纠纷。

表 5　职工与所在单位发生劳动纠纷最愿意采取的解决途径

单位：人，%

解决途径	频数	百分比	有效百分比	累计百分比
通过政府劳动部门解决	4856	48.8	50.8	50.8
通过法律途径解决	2048	20.6	21.4	72.3
通过工会系统解决	2288	23.0	24.0	96.2
通过新闻媒体解决	186	1.9	1.9	98.2
通过亲戚朋友老乡解决	78	0.8	0.8	99.0
通过社会组织解决	34	0.3	0.4	99.4
通过宗教组织解决	2	0.0	0.0	99.4
通过信访部门解决	42	0.4	0.4	99.8
其他	17	0.2	0.2	100.0
合　计	9551	96.0	100.0	

3. 职工对工会组织的期望

工会是维护职工权益的组织，职工也对工会寄予很高的期望。在职工的诸多需求中，职工最希望从工会获得的帮助是“提高工资福利待遇”。

尽管改革多年来，职工与单位签订劳动合同，对于工资待遇和福利双方已有契约。但是，在经济领域分配中，职工工资性收入在国民经济收入中所占比例较低，导致职工在这方面需求强烈。从表 6 我们可以清楚地看出，职工这一项需求的比例远远高于其他方面，70.2% 的职工对工会在这方面的帮助给予了厚望。其次是希望工会提供就业服务，10.4% 的职工对此给予期望。之后依次分别是维护职工劳动就业权利，提高专业技能和培训，帮助职工解决生活困难，改善劳动条件、消除安全隐患，督促单位给职工上各种保险，保障女职工的特殊权利，维护职工的民主参与权利等。

表6　职工最希望从工会获得的帮助

单位：人，%

项　目	频数	百分比	有效百分比	累计百分比
提供就业服务	1030	10.3	10.4	10.4
帮助提高工资福利待遇	6924	69.6	70.2	80.6
维护职工劳动就业权利	446	4.5	4.5	85.1
督促单位给职工上各种保险	199	2.0	2.0	87.1
帮助职工解决生活困难	337	3.4	3.4	90.5
改善劳动条件、消除安全隐患	210	2.1	2.1	92.7
提高专业技能和培训	393	3.9	4.0	96.7
维护职工的民主参与权利	113	1.1	1.1	97.8
保障女职工的特殊权利	124	1.2	1.3	99.1
帮助职工与单位签订劳动合同或集体合同	35	0.4	0.4	99.4
帮助职工解决劳动纠纷问题	34	0.3	0.3	99.8
其他	24	0.2	0.2	100.0
合　计	9869	99.2	100.0	

在工会组织提供的就业服务和职工培训方面，职工最希望的服务方式如表7所示。在就业服务和培训越来越专业化、市场化的今天，职工更希望通过市场来满足自己的培训需求。因此，有32.9%的职工是希望工会能够报销自己的培训费用，但是也有26.6%的职工是希望通过工会来组织培训。此外，还有17.3%的职工希望工会提供有关培训的咨询服务，16.4%的职工希望工会对培训的证书进行认定，为职称和工资晋升提供依据。

表7　职工最希望工会为职工提供的服务

单位：人，%

项　目	频数	百分比	有效百分比	累计百分比
提供培训的咨询服务	1691	17.0	17.3	17.3
通过工会来组织培训	2604	26.2	26.6	43.8
报销培训费用	3229	32.4	32.9	76.8
对培训的证书进行认定，为职称和工资晋升提供依据	1611	16.2	16.4	93.2
提供培训期间补贴	665	6.7	6.8	100.0
合　计	9800	98.5	100.0	

三　北京市职工组织服务中存在的问题

1. 北京市职工组织服务平台利用率偏低

北京市各级工会组织为职工提供服务主要通过基层工会组织，如基层工会服务站、职工之家等实体组织机构和12351电话服务平台与北京市职工服务互助卡（以下简称“京卡”）。多载体、多平台和深入基层的服务组织机构为工会更好地服务职工提供了坚实的组织保障和技术支持。但是问卷调查的数据显示，职工对上述服务平台的使用率并不高。

首先，从工会服务站来看，工会服务站是工会直接联系并服务于辖区单位工会组织和广大职工的工作机构，但是职工对于工会服务站和职工之家的知晓率并不高。调查数据显示，仅有50.9%的职工知道工会服务站和职工之家，而经常去工会服务站或职工之家参加活动的职工仅占12.1%。

其次，从12351职工维权热线来看，作为中华全国总工会职工维权热线12351，在北京市被调查的职工中，仅有48.1%的职工知道这个电话服务热线，而求助过这一热线的职工比例仅为6.5%。从求助过的职工问题解决情况来看，有36.6%的职工求助的问题得到了完全解决，有36.2%的职工求助的问题得到了部分解决，而没有解决的占27.1%。

最后，从“京卡”的相关情况来看，北京市职工“京卡”拥有率较高，但对其功能的知晓率和使用率却偏低。调查显示，78.5%的职工拥有“京卡”，但是非常清楚“京卡”所承载功能的职工仅占8.5%，比较清楚其承载功能的职工也仅占23.7%，两者合计才达到32.2%。不太清楚和完全不了解其承载功能的职工占到1/3左右，还有1/3的人对其承载功能的了解一般。从使用情况来看，使用率最高的逛公园门票优惠的功能也仅有18.2%的人享用过，其他很多承载功能使用率基本在5%以下，说明“京卡”所承载的功能使用率较低（见表8）。

2. 工会资金使用规则过于模糊

自党的十八大召开以来，“反腐倡廉”“八项规定”等反腐败的敏感词汇不仅约束了政府机关的行为，同时也对工会的日常工作产生了较大的影响。绝大多数被访者都提到：在“反腐倡廉”规定提出后，工会不仅将原先为职

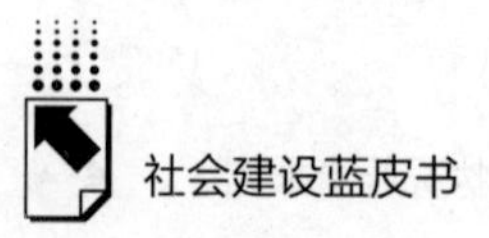

表 8 “京卡”使用情况

单位：人，%

项 目	频数	百分比	有效百分比
逛公园优惠票功能	1710	17.2	18.2
看电影优惠票功能	1599	16.1	17.1
银行借记卡的金融服务功能	1679	16.9	18.0
购书购物优惠功能	756	7.6	8.1
体检优惠功能	514	5.2	5.5
职业培训优惠功能	282	2.8	3.0
非工伤意外伤害保险功能	213	2.1	2.3
免费职业介绍功能	205	2.1	2.2
为困难和特困会员提供免费劳动权益法律援助功能	187	1.9	2.0
疾病临时救助功能	164	1.6	1.8
家庭财产火灾损失保障功能	157	1.6	1.7
免费提供家政服务信息功能	152	1.5	1.6
婚介服务功能	146	1.5	1.6

工发放的劳保福利、日常补助优惠、节日慰问礼品等福利项目全部取消，而且几乎不再举办任何工会活动。由于工会有自身的一套资金使用规则，经费负责人在批准使用每笔款项前都会经过严格的审查把关，防止违背“专款专用”原则。在“八项规定”出台后，负责人对于资金使用的审查变得愈发严格，甚至将“能不办活动就不办”“工会款项宁可剩下也不轻易批用”作为默许标准。因此，落实到每个职工身上的个人福利所剩无几。

访谈过程中笔者了解到，无论哪一行业，对于企业职工，尤其是一些工龄较长的老职工而言，突然取消的工会福利和各项工会活动让他们心里落差十分明显。对他们而言，他们其实并不在乎福利的多少、值多少钱，工会福利代表的是一份心意——一份工会惦记职工、温暖职工心灵的象征。

然而在现实中，关于工会资金使用仅有一个概括性规定，工会负责人在使用资金时虽然看似有章可依，但在“八项规定”的大环境“压力”下，除了那些白纸黑字写明的可使用资金的途径外，其他用途基本被限制。从工会干部的角度来看，一方面，他们想尽可能地为工会职工多谋求福利、组织多种多样的工会活动；另一方面，他们又的确不敢“轻举妄动”，每个工会组织在使用经费之前，都会先询问其他工会有没有类似的支出。工会在这种紧张的氛围下开展工作，怎能代表职工的劳动就业权益呢？

3. 从职工的现实反映来看职工组织职能部分缺失

从被调查职工最关心的问题来看，72%的被调查职工最关心的问题是“工资待遇与福利”，还有7.7%的被调查职工认为最关心的问题是“养老与社会保障”，而这两项都是劳动就业方面的主要权益（见表9）。也就是说，有约80%的被调查者最关心的问题是劳动就业权益。从我国计划经济时期的传统来看，工会在劳资关系方面，由于受公有制计划经济体制的影响，更多从事的是行政管理方面的工作。因此，在维护职工权益方面更多的是执行行政命令。但是在市场经济条件下，经济主体产权多元化，劳资双方利益冲突日益加剧，工会作为工人阶级利益的代表，如果继续延续传统时期的行政化工作管理思维，会很难发挥其维护职工权益的主要职能。

表9　职工最关心的问题

单位：人，%

项　目	频数	百分比	有效百分比	累计百分比
工资待遇与福利	7146	71.8	72.0	72.0
劳动与工作条件	309	3.1	3.1	75.1
养老与社会保障	759	7.6	7.7	82.8
医疗问题	282	2.8	2.8	85.6
子女教育问题	345	3.5	3.5	89.1
个人发展和成长空间	323	3.2	3.3	92.4
继续教育与培训机会	86	0.9	0.9	93.2
家庭的和谐	154	1.5	1.6	94.8
单位的发展	152	1.5	1.5	96.3
社会的稳定	195	2.0	2.0	98.3
其他	170	1.7	1.7	100.0
合　计	9921	99.7	100.0	

从职工当前生活中面临的最大压力来看，有30.4%的被调查者认为最大的压力来源于工作，这也是感觉压力最大的人数最多的一项（见表10）。这说明，目前，工作已经给约1/3的就业者生活带来了最大的压力。就业压力、社会保障压力以及精神压力等，也都与工作密不可分。当然，被调查者的工作压

力并不一定都能由工会组织解决，但至少说明一个问题。很多就业者既感受到工资福利待遇低，又感受到工作中的压力很大。因此，工会在帮助职工缓解压力从而更好地开展工作方面有着很大的发展空间。

表 10　职工当前最大的压力

单位：人，%

类别	项目	频数	百分比	有效百分比	累计百分比
有效	精神心理压力	1912	19.2	19.4	19.4
	工作压力	3005	30.2	30.4	49.8
	家庭生活压力	1132	11.4	11.5	61.3
	子女教育压力	972	9.8	9.8	71.1
	就医看病压力	821	8.2	8.3	79.4
	就业压力	111	1.1	1.1	80.5
	社会保障压力	283	2.8	2.9	83.4
	住房压力	1589	16.0	16.1	99.5
	其他	50	0.5	0.5	100.0
	总计	9875	99.2	100.0	
缺失	系统	77	0.8		
总　计		9952	100.0		

四　影响职工组织职能发挥的因素分析

1. 社会转型对工会职能转变提出了更高的要求

在我国社会由计划经济向市场经济转型的过程中，企业内部不同群体的关系也发生了根本性变化。计划经济时期，工会作为企业内部的组织，主要发挥着辅助企业行政和经济生产功能，但随着多种所有制经济体制的改革和劳动力市场的逐渐成熟，企业与雇员之间慢慢由原来的依附关系，变成了市场经济体制下的契约关系。但在权力主导、资本短缺和劳动力资源丰富等多重条件下进行的市场经济体制转型，使劳资关系从建立伊始就天然的不平衡。在这种背景下，工会应当由传统体制下的行政功能，逐步完成向市场体制下的企业职工利益代表性组织的转变。但是受体制改革滞后性的影响，工会职能缺失。这是市场经济条件下，群体利益分化，职工组织职能缺失的一个重要原因。

2. 职工组织建设不能适应职能转变的需要

基层工会组织缺少专人负责，工会主席的话语权有限。通过访谈我们了解到，在各单位基层，尤其是在私营企业，工会主席一职都是兼职担任的，往往由企业中党政部门的行政人员、人事管理人员兼职负责，也有部分是一线劳动者兼任。在上级工会布置工作时，他们常会出现力不从心的情况。因此，上级工会负责人每当遇到类似情况都十分头疼，在保证基本工会工作完成的基础上，他们也会尽自己的可能，减少这部分负责人的工作负担。这也使得工会与基层联系减少，难以及时听到基层职工的“声音”。同时，他们不是专门的工会负责人，更多的工作权利不是来源于基层，而是受命于行政管理部门，他们的话语权也因此变得十分有限。

在实际工作中，工会很难独立地行使自己的权利。以工会经费使用为例，在访谈中我们了解到，在工会活动经费使用问题上，使用经费前，一般需要经过单位领导者的审批。领导在审批时，为了不违反党的十八大“反腐倡廉”的大方向，减少自身的责任，经费审批谨小慎微。很多职工反映，原来能够给职工带来归属感的工会福利都没有了。比如原来工会组织为职工准备的生日蛋糕、节日福利等。这些工会经费的使用，本可以增强职工的单位归属感和团队凝聚力。但是，将这些福利都取消之后，单位变得冷冰冰，没有了原来类似“家”的感觉。这种职工的声音不是没有上传到工会、管理层，但是在“反腐倡廉”的大环境背景下，工会经费活动的自主性受到了很大的制约。这仅仅是工会经费的使用一项，其他方面如工会主席的话语权限制亦是如此。

3. 工会工作缺少与基层职工的互动

由于受工会体制和组织建设机制的约束，工会工作很多时候是对上负责，不对下负责。这就导致了工会工作缺少了与基层群众的互动。以北京市“京卡”为例，“京卡”的职工拥有率很高，但是职工对于“京卡”功能的知晓率和使用率都偏低恰恰说明了这一点。在访谈中谈及“京卡”时，部分被访者提到，单位发放这张卡时并没有详细讲明其用途，且由于工资有独立的银行卡，他们也并没有刻意去了解“京卡”有什么特殊的用途和功能。而对于该卡用途稍有了解的被访者，他们也仅仅知道这张卡可以用于医药费的二次报销、参与区工会组织的活动等基本用途，而对这张卡的其他功能甚少了解。

五　完善职工组织服务工作的建议

新时期，作为代表职工利益的组织，如何更好地践行我国法律法规所赋予的组织权利，更好地为职工服务，更好地实现自身的功能，这是新历史时期工会工作创新的一个重要历史契机。为破解社会转型以及传统社会体制对工会工作的制约，本文根据调查中反映的问题，提出如下几点优化建议。

1. 细化工会资金使用规则，完善制度规定

如上文所述，随着“反腐倡廉”的呼声越来越高，工会使用资金的审批手续也变得愈加繁复。面对仅有“大框架”的资金使用规则，工会负责人和单位领导均选择了保守的做法——资金使用能不批则不批，能不用则不用。到头来利益受损失的多为基层职工。在笔者看来，这一问题的根源在于“反腐倡廉”被领导误解为“一刀切”原则——只要不符合明文规定中可以使用资金的项目，都应被视作禁止。但这样理解显然是有偏差的，“反腐倡廉”并非意味着所有工会福利被取消。资金使用规则的出台起到了一个方向性的引导作用，但在具体执行时仍要视实际情况处理。因此，为了防止工会对工会资金使用规则的“误读”和严苛的执行，由全国总工会牵头出台一套更细化的工会资金使用规则，其中不仅应详尽地罗列资金的用途、审批方式，而且为了规避不可预知、无法穷尽的情况，在规则中还应加入一些兜底性条款，在给下级工会更多自主决策权的同时，也丰富了职工的业余生活，给他们带来更多的福利。

2. 提高工会配套服务质量，强化“京卡”服务功能

理论上，工会职工带着“京卡”可以参加多数工会所组织的培训、文艺等活动，而在实际实施时，出于各工会的绩效评比等原因，很多工会会员只能参加由本区、本单位工会所组织的活动，“京卡”并没有达到理想中的服务状态。

对于“京卡”的九种服务需求，各行各业的需求差异不大。在服务项目上，职工普遍对于公共交通刷卡优惠的功能、工会所属体育场馆免费健身活动的功能、国内旅游的功能、洗车服务功能需求强烈。因此，应该把有限的资源放在能够为更多会员提供所需服务的项目上。同时，应打破“京卡”承载服

务的区域性限制，便于住房、工作不在一区的职工更加方便地享受工会福利。既然工会设立的初衷是为广大职工谋求福利、组织职工在课余时间参与更多的活动，那为何不根据各行业的职工需求，按需提供服务，取消“京卡”的限制性使用条件。这样做不仅能让职工在活动中结交更多的同行朋友，而且将同类型的活动合并，大大节约了资源，省下来的资金，各工会亦可以根据职工所需，协作举办更多类型的活动，使资源最大化被利用。

3. 调整工会功能定位，加强与职工互动

从问卷调查结果来看，各行业对于工会的需求与行业特征有着较为密切的关系。岗位越为稳定的职工对于文体活动的需求越大，岗位竞争压力较大的职工则对就业机遇的需求较大。访谈中笔者也了解到，无论哪一行业，对于八项规定出台后各工会削减职工福利、减少工会活动的做法都很有意见，但迫于没有合适的“发声”渠道，也只能私下议论。很多事业单位的年轻职工面对本来就不够丰厚的工资、福利待遇，不得不选择另谋高就。这样一来，不仅给单位带来了严重的人才流失问题，也削弱了职工工作的动力。要想解决这一问题，工会应当多走到职工身边，调查了解职工之所需，给他们设立保密、独立的建言献策渠道，让职工能够放心提议、吐露心声。同时，也要加强信息反馈机制建设，对于职工反映的问题，工会领导应当对问题的解决进度及时做出反馈，避免失信于职工。

4. 改革相关体制机制，赋予工会主席一定话语权

共产党领导下的工会工作体制，是我国多年来形成的有中国特色的社会体制。工会作为党联系群众、全心全意为人民服务的桥梁和媒介，在新时期群体利益分化的现实条件下，要不断创新工作方式，在现有体制下争取更多有所作为的工作空间。以工会组织负责人为例。目前，工会主席多受控于单位负责人，这在很大程度上影响了其工作职能的发挥。工会工作应该由专职的工会主席负责，由专人负责管理工会的相关工作，不仅便于上下级工会之间的工作布置、联络，同时也有利于基层职工向工会反映问题，责任到人，避免了工作中的责任推诿。

同时，工会主席的遴选应严格根据民主选举的方式产生，不能通过人为操作选择领导信得过的人或完全听命于领导的人，更不能以自上而下的方式任命。现存的工会主席在很大程度上都对上负责，不对下负责，原因就在于此。

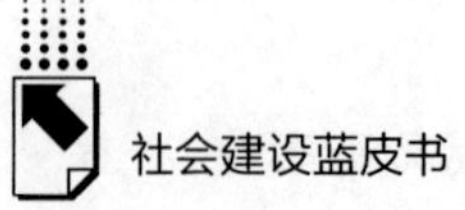

尤其是在私营企业，工会主席的“饭碗”都是老板决定的，工会主席不可能为了维护职工的利益而丢掉“饭碗”。这种现实在一定程度上制约了工会的工作空间。

从问卷统计结果来看，各个行业职工都将“帮助提高工资福利待遇”置于希望从工会得到帮助的问题首位，但是这与实际情况恰恰相反。当职工遭遇到侵权等问题时，大多数情况下会选择自行解决，而并非依靠工会的力量。究其原因，被访者多提到工会主席在做出相关决议后，很多情况下都需要征得单位负责人的审批同意。职工对于工会解决问题的能力也产生质疑。将工会与单位自身的管理分开，让工会单独决策，赋予工会主席在单位中一定话语权，对于提高工会在职工心中的信任度、利用度都有着积极的促进作用。

综上所述，工会作为维护职工合法权益的组织，不仅应按照各行业职工之所需，尽全力为职工谋求福利，同时也应调解职工与用人单位之间的矛盾。不可否认的是，工会职能较之前而言的确在不断改进、完善，但面对新时期我国不断涌现的劳资矛盾与现实问题，工会的维权现状仍不容乐观。正视矛盾问题，多多到基层倾听职工的心声、考虑职工的利益需求，构建并完善现有的法律、规章制度体系，完善工会自身建设，改善工会与各级工会、单位之间的关系，建立有效的监督、制约机制，成为解决我国工会职能缺失问题的重要突破之法。

B.22

区县级残联推进政府购买助残服务可行性调查研究*

陈 锋　宋国恺　蔡扬眉　韩秀记

摘　要：　区县残联推行购买社会力量助残服务，其根本宗旨在于提高服务对象的满意度。区县残联在了解服务对象需求、助残社会组织能力方面有着明显的优越性。此外，这也有助于建构起一套责任与风险共担的模式，推动区县残联的职能转变和社会组织的能力培育。当前，区县残联推进政府购买助残服务，存在经费配置关系不清、管理人员配置及业务能力有待提高、社会组织承接能力不足、社区配合程度较低、项目的可持续性和可复制性较差等困难。本研究建议市级残联在宣传动员、制度建设、项目设置、关系协调、实施过程、项目评估、数据库建设等方面进一步加强工作，以促进区县残联向社会力量购买助残服务工作的顺利推进。

关键词：　区县残联　政府购买服务　助残服务

20世纪80年代以来，行政改革的浪潮在全世界范围内兴起，政府向社会组织购买社会服务成为一种新的治理机制，日益得到推广与扩展。目前，就我国来说，从中央到地方都致力于推进激发社会活力、加大社会组织参与公共服务的改革力度。2013年，党的十八届三中全会通过的《中共中央关于全面深化改革若干重大问题的决定》要求，“加快转变政府职能，推广政府购买服

* 本课题研究受到北京市残联的课题资助，并在调研过程中得到北京市残联和各区县残联领导与工作人员的大力支持，在此表示感谢！

务，凡属事务性管理服务，原则上都要引入竞争机制，通过合同、委托等方式向社会购买”。2013 年 12 月，《国务院办公厅关于政府向社会力量购买服务的指导意见》出台，明确提出以政府购买服务带动社会组织的健康发展，促进政府转变职能，激发社会活力，推进社会治理创新。2014 年 4 月，财政部联合民政部、中国残疾人联合会等多部委发布了《关于做好政府购买残疾人服务试点工作的意见》。该意见提出，政府购买残疾人服务应按照政府主导、部门负责、社会参与、市场推动、共同监督的原则，突出残疾人服务的公共性和公益性，优先设立受益面广、受益对象直接的政府购买服务项目，力争到 2020 年，在全国基本建立比较完善的政府购买残疾人服务机制，形成残疾人公共服务资源高效配置的服务体系和供给体系，显著提高残疾人公共服务水平和质量。

北京作为首善之区，2013 年底，常住人口为 2114.8 万人，其中，常住户籍人口为 1312.1 万人，现有持证残疾人 44.9 万人，助残公共服务需求突出。近年来，北京市残疾人联合会参考国内相关购买服务政策，结合自身特点，形成具有北京特色的助残服务购买模式。早在 2013 年 6 月，北京市残疾人联合会联合北京市财政局、北京市社会建设工作办公室就已下发《北京市购买社会力量兴办残疾人服务机构（组织）服务暂行办法》。随后，由北京市残疾人联合会牵头，结合自身特点，探索出一条自上而下购买助残服务的有效路径。这不仅有力推动了残疾人群体服务事业的发展，也推动了助残社会组织等社会力量的发展。同时，积累了丰富经验，建立了相应的机制，并逐步成为政府购买社会力量助残服务的新样本，形成具有北京特色的助残服务购买模式。与此同时，为了进一步提高助残服务的质量和效率，市（区）县互动、区县推动必将成为一条重要路径。因此，如何引导各区县残联推动各区县政府购买社会力量助残服务，调动各区县残联推动政府购买助残服务的积极性，提高助残服务的质量和效率成为一项重要工作。

就国内外的普遍经验来看，政府向社会力量购买服务的过程主要包含三个基本环节，即公共服务的供给、生产与消费，这一环节相应地涉及三类主体，即公共服务的供给者、生产者和消费者。① 运用这三个基本环节和基本主体，

① 王浦劬、莱斯特.M·萨拉蒙等：《政府向社会组织购买公共服务研究——中国与全球经验分析》，北京大学出版社，2010。

可以构建政府向社会组织购买公共服务的“购买（供给）者－承接（生产）者－使用（消费）者”三元分析框架。但具体就区县残联推进政府向社会力量购买助残服务的过程来说，作为购买主体，还要进一步厘清市级残联与区县残联所扮演的角色和责任的异同。一方面，市级残联仍将扮演部分重要项目购买（供给）者的角色；另一方面，市级残联将主要扮演作为区县残联的指导者角色。因此，在市级残联、区县残联、社会力量（社会组织）、残疾人群体中可以构建指导者、购买（供给）者、承接（生产）者、使用（消费）者四元主体分析框架（见图1）。

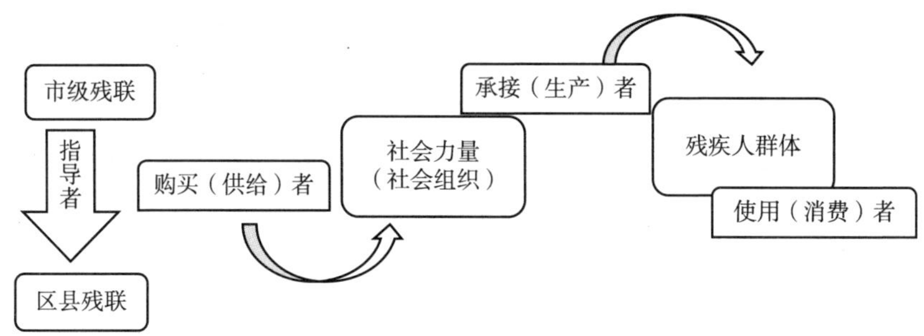

图1　“四元主体”分析框架

本课题组自2014年12月以来，通过运用文献资料收集、座谈法、问卷法和结构性访谈等综合性研究方法，深入东城区残联、朝阳区残联以及一些社会组织进行调研，了解北京市残联、区县残联、社会组织与残疾人群体的相关情况，为本研究的展开提供有力支撑。本研究报告主要包含以下四个部分：一是区县残联推进政府购买社会力量助残服务的必要性；二是区县残联推进政府向社会力量购买助残服务的可行性；三是区县残联推进政府购买助残服务可能面临的问题与困难；四是关于区县残联推进政府购买助残服务的若干建议。

一　区县残联推进政府购买社会力量助残服务的必要性

区县残联推行购买社会力量助残服务，其根本宗旨在于提高服务对象的满意度，区县残联在了解服务对象需求、助残社会组织能力方面有着明显的优越性。此外，这有助于建构起一套责任与风险共担的模式，也有助于推动区县残联的职能转变、社会组织的能力培育。

（一）有助于贴近残疾人群体的实际需求，提高服务对象的满意度

区县残联作为连接残疾人群体与社会组织的重要纽带，其重要优势之一便是对残疾人群体的实际需求有着更为深入的了解，更接地气，从而可以遵照自下而上的原则，使项目设置更加科学化、合理化。项目设置是推进助残服务购买的首要步骤，项目设置的合理性将直接关系助残服务与残疾人需求的匹配性，同时满足当前残疾人群体日益个性化的需求。它将进一步影响助残服务的实施质量和残疾人群体对助残服务的满意度。对于政府购买服务方式在残疾人领域的适用性，区县残联认为非常适合的占34.2%、比较适合的占55.3%，而说不清的占10.5%（见图2）。因此，通过区县残联推进政府购买助残服务，有助于大大提高项目设置与残疾人需求的匹配度，也将大大提高残疾人群体对助残服务的满意度。

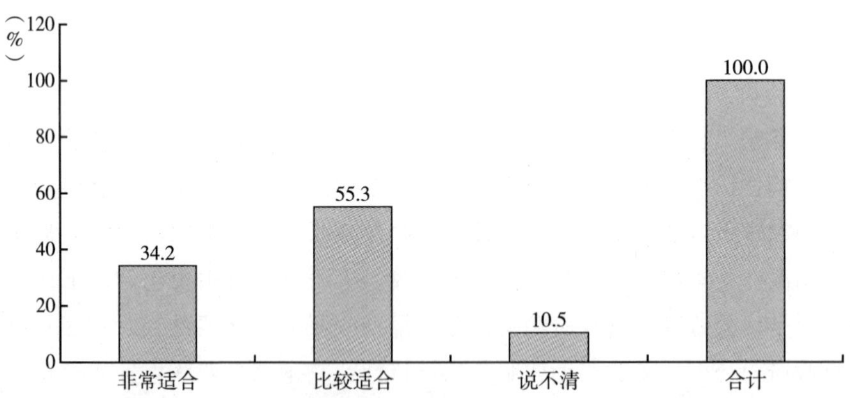

图2　区县残联对政府购买服务方式在残疾人服务领域的适用性的评价

（二）有助于明确社会力量的承接能力，确保助残服务的质量

社会力量（社会组织）作为社会服务的承接者和生产者，其承接服务的能力直接关系服务质量。相对而言，区县残联对于本区范围内社会力量（社会组织）人、财、物的基本情况、社会影响力、服务对象对其过往服务的满

意度等较为了解，这将有助于认定其服务残疾人群体的特定能力，进而判断其是否可以胜任购买社会服务的资格，为后期的服务质量提供重要保证。当前，尤其是在社会力量（社会组织）的自身服务能力仍然参差不齐的情况下，如何有效辨别社会力量（社会组织）的胜任资格，是避免财政资金不必要浪费的重要考量因素。如若社会力量（社会组织）无法承担相应的社会服务，将造成残疾人群体对服务的不满，进而对政府和社会组织能力以及政府购买服务这一模式产生质疑。与此同时，社会组织对于区县残联的指导有着较高的需求，对社会组织的问卷调查显示，项目执行过程中的主要困难之一便是区县残联给予的项目执行指导不够，这一比例占16%（见图3）。因此，区县残联推进政府购买服务，有助于明确社会力量（社会组织）的承接能力，同时对社会力量（社会组织）形成更具针对性的指导，进而有效保证助残服务的质量。

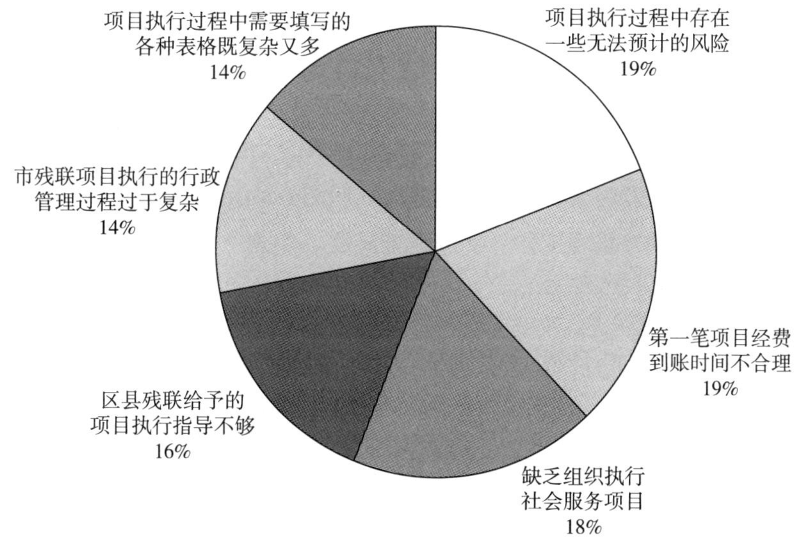

图3　社会组织认为项目执行过程的六个主要困难

（三）有助于增强区县残联的监管责任，构建多元主体共担责任模式

区县残联推进政府购买服务，将购买主体下沉，也意味着责任与风险下

沉。这首先有助于理顺市级残联与区县残联的关系，市级残联主要担当指导者的角色，而区县残联主要担当购买者和监管者的角色。在市级残联主导购买助残服务的模式中，区县残联处于缺位状态，一定程度上导致其对社会组织的监管责任缺失，对服务购买过程中的协调责任也缺失，使得近年来社会组织在承接服务的过程中遭遇一些困难，较难获得区县残联的协助。因此，区县残联推进助残服务的购买将大大有助于增强区县残联的监管责任。与此同时，在服务过程中可能潜藏一些社会风险，由区县残联推进助残服务的购买，将有利于构筑一个多元主体共担责任与风险的模式，建立一个自下而上的矛盾预防机制，拓宽社会矛盾的疏解路径。

（四）有助于转变区县残联的职能，提升助残服务的社会效益

推进政府购买服务的重要目标之一便是转变职能，进而将自身一些不该管、管不好、管不了的公共服务向社会力量（社会组织）转移，由社会力量（社会组织）承担，进而实现服务的专业化与社会化。助残服务的购买方主要由市级残联向区县残联转变，将会推动区县残联的职能转变，明确区县残联的职责范围，改变其原来作为服务供给者与生产者合为一体的角色，转变为购买者、制度制定者和监督者，使其角色分离、职能分离，将主要精力用于做好宏观决策及监督管理等重要工作，实现职能转变，实现“有所为有所不为”，进而提升助残服务的社会效益。

（五）有助于提升社会组织的能力，加强基层社会治理能力

社会组织的发展壮大是政府购买服务顺利推进且可持续发展的基本保障，从长期来看，政府购买服务和社会组织的发展之间是一种相互促进的互动关系。一方面，政府购买服务可以促进社会组织的健康发展；另一方面，社会组织发展也可以进一步完善政府购买服务体系。通过区县残联向社会力量（社会组织）购买助残服务，对一些社会力量（社会组织）进行扶持，为社会组织提供资金支持和发展空间，并有意识地加强其相关服务能力的培育，既有助于增强社会力量（社会组织）的积极性，也有助于提高社会力量（社会组织）的助残服务能力。如此一来，随着社会组织能力的不断提高，政府购买服务的质量和效率也将提升，最终加强基层社会的治理能力。当然，在培育和发展社

会组织的过程中，需要保证残联和社会组织之间更多的是一种平等的契约关系，而非上下级的隶属关系。

二　区县残联推进政府向社会力量购买助残服务的可行性

区县残联推进政府向社会力量购买服务的可行性，一方面需要相应的制度保障和经验借鉴，另一方面需要市级残联、区县残联、社会组织、残疾人群体四元主体的密切配合，各司其职，共同推动，进而形成区县残联推进助残服务的责任保障、组织保障和群众基础。

（一）市级残联可以为区县残联开展工作提供制度保障

北京市残联自2013年以来开展政府购买服务的推进工作，先后成立了市残联购买服务项目工作领导小组，负责购买服务的总体工作；领导小组下设办公室，负责购买服务的组织实施工作。同时，为规范购买服务行为，北京制定和出台了《关于落实〈北京市购买社会力量兴办残疾人服务机构（组织）服务〉的实施方案》和《北京市2014年购买社会力量兴办残疾人服务机构（组织）申请购买服务项目实施指引（试行）》（以下简称“实施指引”），对2014年申请购买服务项目的对象、范围、申报、评审等事项进行公布。2015年，在此基础上又进一步对此进行完善。市级残联的一系列前期工作为区县残联积累了大量宝贵经验，尤其是制定的一系列制度以及未来将会继续制定的一些相关制度，为区县残联推进政府购买服务提供了坚实的制度保障。

（二）区县残联的认识转变为工作的顺利开展提供责任保障

区县残联在推进助残服务购买中将会作为主要推动力量之一，因此区县残联能够积极承担责任将是未来工作开展的重要组成部分。一方面，区县推动购买助残服务的目标之一就是推动区县残联的职能转变；另一方面，区县残联服务意识的逐步转变，也为推动助残服务购买工作的开展奠定基础。

调研发现，当前，出于一些客观原因，区县残联的工作人员对区县一级推动购买助残服务存有一定的畏难情绪，但基本上对区县残联购买助残服务的意义和价值有较大的认同和肯定。他们普遍认为政府购买服务将会对残疾人产生积极的影响。调查显示，区县残联认为非常积极的占 18.4%，比较积极的占 44.7%，一般的占 26.3%。其中前两者合计占比为 63.1%（见图 4）。而认为比较消极的占 2.6%，说不清的占 7.9%。基于此，区县残联工作人员对在区县一级推行向社会力量购买助残服务的可行性认识方面，认为非常可行的占 19.4%，比较可行的占 41.7%，比较不可行的占 16.7%，非常不可行的占 2.8%，说不清的占 19.4%。其中前两者的合计占比为 61.1%（见图 5）。

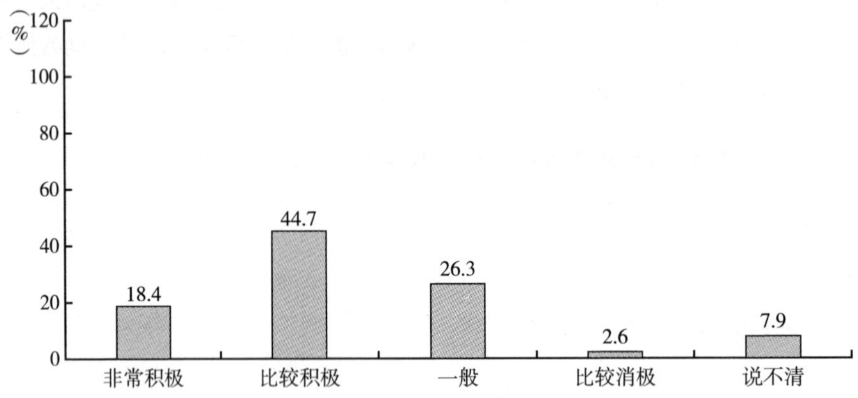

图 4　区县残联对政府购买服务方式对残疾人服务的影响的评价

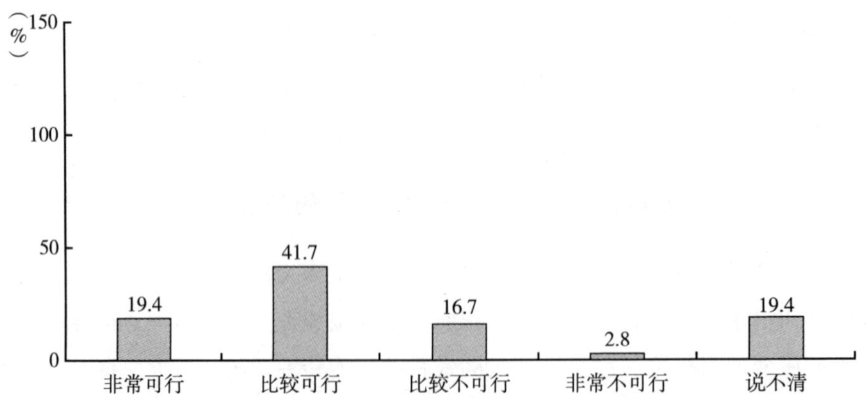

图 5　区县残联对于在区县一级推行向社会力量购买助残服务的可行性认识

总体来看，尽管部分区县残联工作人员仍然未能完全转变观念，但超过一半的区县残联工作人员对政府购买服务有一定的认识，只要相应地给予区县残联一定的条件作为保障，区县残联定能承担起本职工作，为区县一级推进助残服务购买提供责任保障。

（三）社会力量的快速发展壮大，保障了承接服务的主体

2009 年，北京市残联被认定为全市“枢纽型”社会组织，随后的 4 年多来，累计投入近 2500 万元，通过民办公助、政府补贴等多种方式培育和扶持助残社会组织和服务力量，助残机构由 97 家增至 290 家，年增长率超过 20%。[①] 另外，绝大多数社会组织对政府购买服务有着较高的认同度，问卷调查显示，社会组织认为政府购买服务方式在残疾人服务领域非常适合的占 61.3%，比较适合的占 25.8%，比较不适合的仅占 6.5%，说不清的占 6.5%（见图 6）。其中前两者合计占比为 87.1%。与此同时，助残服务的购买主体从社会组织向社会力量拓展，将会进一步保障部分助残服务的专业性，进而提高助残服务的质量。经过四年多的探索实践，社会力量（社会组织）也对购买服务的市场化竞争方式有着足够的认识，通过加强自身的能力建设，更好地参与竞争并做好服务。因此，社会力量（社会组织）的快速发展以及对政府购买服务方式的较高认同，为区县一级进一步推动购买助残服务提供了重要服务载体。

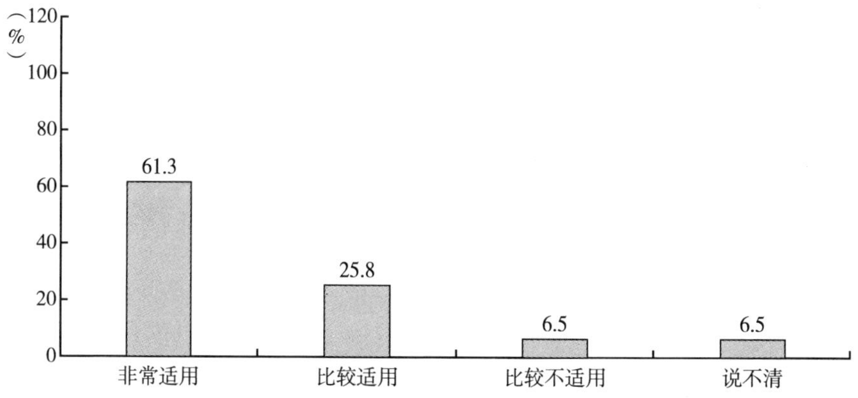

图 6　社会组织认为政府购买服务方式在残疾人服务领域的适用性

① 王长红、刘杰、杨明：《政府购买助残服务的实践与思考》，《残疾人研究》2014 年第 3 期。

（四）区县残联推动政府购买助残服务有了一定的群众基础

长期以来，助残服务主要由残联、民政或地方政府直接提供，民众因此对官方组织具有较高的信任度和依赖感，而对民间社会组织的认识度和信任度则相对较低。随着近年来助残服务的逐步社会化，民众对社会组织的了解开始逐步加深，对社会力量（社会组织）能够提供更加专业化的服务也有一定的认可。问卷调查显示，获得资助的残疾人对所接受的服务满意度较高，其中非常满意的占68.8%，比较满意的占21.9%，而认为一般、比较不满意和说不清的各占3.1%（见图7）。因此，残疾人群体对社会化服务的接受度和满意度表明，区县残联进一步推动政府购买助残服务有了一定的群众基础。与此同时，随着社会化服务的进一步推广，残疾人群体对社会力量（社会组织）的信任度进一步加深，有助于加强服务群体与服务承接者、生产者的合作，保证高质量地提供服务。二者相辅相成，相互强化、相互促进。

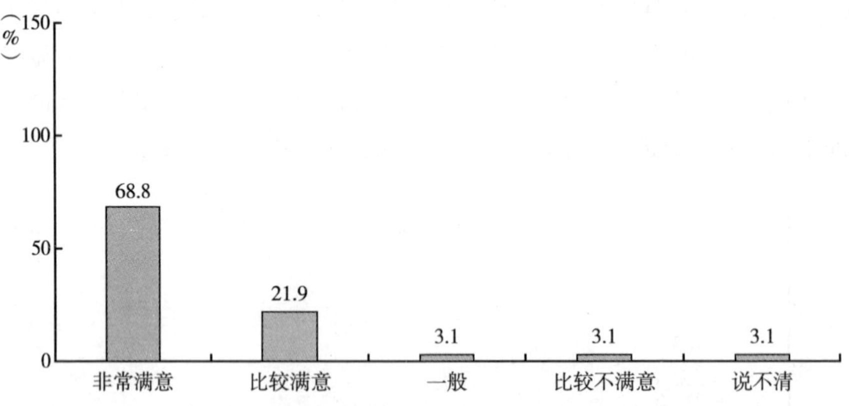

图7　获得资助的残疾人对服务的满意度

三　区县残联推进政府购买助残服务可能面临的问题与困难

按照项目运作中各个主体承担的相应责任和能力以及项目推行的条件保

障，根据北京市当前实际，区县残联在推进助残服务购买的过程中可能面临一些问题。正确分析和认识这些问题，有助于健康、可持续地推进区县政府购买助残服务工作。

（一）一般经费与专项经费的配置关系问题

当前，市级残联购买助残服务的经费主要以专项经费形式下拨，而未来在区县残联推进政府向社会力量购买助残服务时可能会通过一般经费形式下拨。调研发现，区县残联相关人员普遍担心：对于区级政府来说，经费的使用重点主要在于经济发展，残联作为相对弱势的部门，一般经费的下拨在区县一级落实并顺利转为区县残联购买助残服务的经费保障，成为一个普遍关注的问题。因此，在区县一级推广助残服务购买，需要做好顶层设计，保障助残项目经费的落实，规范项目经费的用途。一般经费与专项经费如何合理配置，已成为区县残联推进政府向社会力量购买助残服务的首要问题。

（二）区县残联人力紧张，工作量较大

在区县一级推广政府向社会力量购买助残服务，区县残联也因此增加了不少工作量。从调研来看，各区县残联通常正式编制工作人员 30 余名，另外聘请一些合同劳务工作者为工作补充，合计 60 余人。当前，关于残联向社会力量（社会组织）购买助残服务主要由组联部负责，少数区县由办公室负责，但这些部门工作人员总共就 2 ~ 3 人，却身兼数职。因此，由区县残联一级推广政府向社会力量购买助残服务，可能会因其人员短缺，而难以承担起相应的监管责任，进而无法保证项目服务的高质量完成。

（三）区县残联对业务流程不熟悉，业务能力有待提高

区县残联不仅人员短缺，而且相关人员对政府向社会力量（社会组织）购买助残服务的基本业务流程并不熟悉。由于先前助残服务购买由市级残联主导，区县残联在整个服务购买过程中并未实际参与。调查中，一些区县残联部门的工作人员并不完全掌握本区县参与申报政府购买服务的社会组织数量以及最终的立项数量。这与之前市级残联直接面向社会组织购买服务这一模式紧密相关。因此，当前区县残联的工作人员对于政府购买助

残服务的基本流程、相关制度规定还不熟悉，这一方面的业务能力还有待加强和提高。

（四）助残社会组织力量较为薄弱，承接服务的能力水平有待提高

在北京市残联的支持下，在政府购买服务这一模式的推动下，北京市助残社会组织近年来得到了快速发展。但由于助残社会组织先天基础较弱，数量仍然较少，规模仍然较小，人、财、物都较为缺乏，使得助残社会组织的服务能力和水平仍然不高，同时这些社会组织在服务过程中遇到不少困难。其中，残疾人群体和社区对社会组织的不信任因素之一便是对其服务能力的质疑。在对区县残联的问卷调查中笔者发现，其在参与政府购买服务过程中面临的四个主要困难分别是：社会组织的项目管理方面人才缺乏，社会组织的项目策划能力不足，区县残联的职责不够清晰，项目申请书的撰写存在障碍（见图 8）。其中三项涉及社会组织的能力问题。而社会组织认为项目执行过程的六个主要困难中也涉及社会组织缺乏组织执行服务项目方面的人才。因此，在未来大幅提升社会组织的承接能力是保证助残服务质量的关键要素。

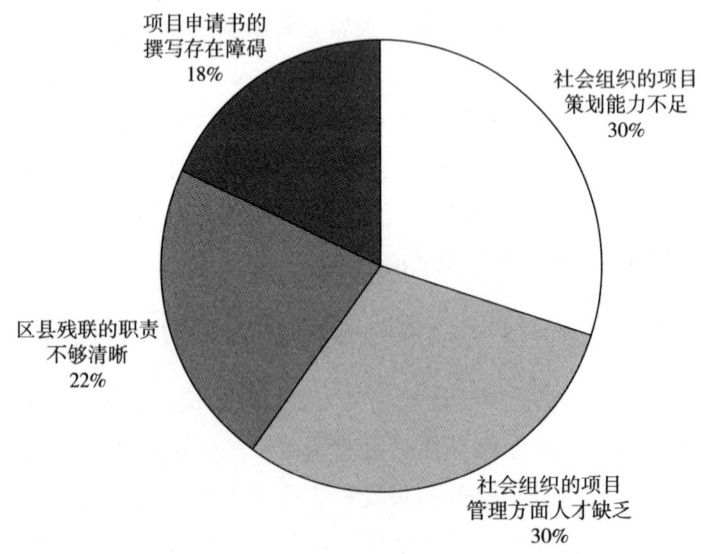

图 8　区县残联认为参与政府购买服务主要面临的四个困难

（五）社会力量在提供助残服务过程中很难获得基层社区的支持配合

近年来，北京市级残联在推动向社会力量（社会组织）购买社会服务中做了许多工作，并取得了较为显著的成绩，形成了一定的群众基础。但总体来看，由于这一模式主要是自上而下推动的，市级残联直接针对残疾人群体和地方社区的宣传仍然较少。许多残疾人服务对象仍然对政府向社会力量购买服务的模式不太了解，对于残联或者地方政府仍有较强的依赖感，而对社会组织的信任度仍有待提高。调研发现，一些社会组织在服务过程中经常面临无法对接服务对象的问题，服务过程经常遭到拒绝，或者服务人员被误认为有所企图。而地方社区工作人员出于各种因素的考虑，也对社会组织缺乏信任甚至产生抵触，使得助残服务在进社区的过程中难以获得支持和配合。残疾人群体和社区的不信任，使得向社会力量（社会组织）购买助残服务，形成诸多额外的合作成本，助残服务也就难以得到顺利开展。

（六）政府面向社会力量购买服务，挤压助残社会组织的发展空间

由于社会组织力量薄弱，市级残联提出从向社会组织购买服务拓展至向社会力量购买助残服务，从而可以将一些类似医院的社会力量纳入助残服务的主体中。这一举措将会产生正负双重效应：一方面，它将有助于加强服务购买的竞争，通过优胜劣汰的规则将优质的承接和生产助残服务的主体吸纳进来，为残疾人群体提供更优质的服务；另一方面，面向社会力量的优胜劣汰模式将使得本来并不大的助残社会组织的发展空间受到挤压，相比于一些大型医院之类的社会力量，许多助残社会组织在人、财、物上都显得十分单薄，很难在竞争中脱颖而出。因此，在推进政府向社会力量购买服务的过程中，如何平衡社会组织和其他社会力量的关系，既要保证更优质地提供助残服务，又能在这一过程中扶持助残社会组织的大力发展，为未来的政府购买服务提供长久动力，已是一个摆在政府面前的重要问题。

（七）项目的可持续性和可复制性有待增强

与传统的定向提供助残服务模式相比，采取政府向社会力量购买助残服务

这一模式，其优势在于引入竞争机制，优胜劣汰。但调研发现，这一模式也因为承接主体的变化和项目设置的变化，使得项目的可持续性受到影响。一个项目从筹备到实施通常需要经历复杂的过程，社会组织在整个项目运作过程中积累了较为丰富的经验，也与服务对象建立了良好的关系。可是，当项目运作较为成熟时，又可能要面临结项。

当前，虽然市级残联也鼓励一些项目连续性的申报，但在评选中能够连续中标的项目仍然有限，一些项目评审专家恰恰可能持有“项目轮流坐庄”的想法，使得原先一些社会组织在第二次申报同类项目时，不仅没有优势，反而处于劣势，这就导致项目运作缺乏可持续性。此外，当前助残服务项目的可持续性也相对较弱，而项目的可复制性对于扩大残疾人群体的受益面有着重要影响，这也是衡量一个项目质量的重要标准之一。因此，助残服务项目的可持续性和可复制性，应该成为未来区县残联推进向社会力量购买助残服务时应当重点考虑的一个问题。

四　关于区县残联推进政府购买助残服务的若干建议

针对区县残联推进助残服务购买可能面临的困难与问题，课题组按照项目运作的基本流程和基本阶段，建议市级残联在宣传动员、制度建设、项目设置、关系协调、实施过程、项目评估、数据库建设等方面进一步加强工作，以促进区县残联推进向社会力量购买助残服务工作的顺利推行。

（一）加强宣传动员，切实转变观念，跨越认识误区

政府向社会力量购买助残服务，不仅需要扎扎实实的实地运作，而且需要广泛的宣传动员，使得各级残联、社会组织和地方政府、社区等对此有深入的了解，便于工作的顺利开展。当前，尤其需要在以下两个层次切实转变观念：一是关于区县残联与助残社会力量的关系认识。在长期的管理和服务实践中，区县残联对于自己与社会力量（社会组织）的合作通常持相对谨慎的态度。区县残联普遍认为，一些社会力量（社会组织）的能力不足以承担部分项目，而倾向于自己承担或者采用传统的定向提供项目的方式。但从长远来说，为了提高助残服务的质量和效率，也为了进一步推动社会力量（社会组织）的发

展，最大限度地满足残疾人群体对助残公共服务的多样化需求，区县残联应当转变对社会力量（社会组织）的认识，培养与社会力量（社会组织）的信任关系。尤其是在推进向社会力量（社会组织）购买服务的过程中，区县残联面向的社会力量（社会组织）将不限于本区之内，而是面向全市范围，如此一来，区县残联与社会力量（社会组织）之间的信任就尤为重要。二是关于残疾人服务群体的知晓度和信任度。针对当前残疾人群体对于政府向社会力量购买服务模式的知晓度和信任度仍然不高的情况，当前各级残联、社会组织应当加强对残疾人群体的宣传，这种宣传可以借项目征集、项目评估等阶段向广大残疾人群体征求意见，这不仅体现了对残疾人群体的尊重，也有助于增强残疾人对政府向社会力量购买服务模式的了解，以及对社会组织的信任，同时也为项目设置的合理性和项目服务的满意度提供有力的支撑材料。

（二）加强制度建设，构建区县残联购买助残服务的制度体系

近年来，市级残联在向社会组织购买助残服务方面已经进行一些制度建设，出台了一些相关办法，例如《北京市购买社会力量兴办残疾人服务机构（组织）服务暂行办法》《北京市残联购买社会组织管理与服务岗位暂行办法》等，但是未来要在区县一级推广向社会力量购买助残服务，仍然需要市级残联做好制度保障工作。市级残联应与财政厅、民政厅、社工委等相关部门联合构建政府购买服务的相关制度、相关标准、相关程序，具体包括以下几点。一是关于财政预算、财政支出和管理制度。明确助残服务作为专项经费形式下拨，避免以一般经费形式下拨而可能出现被挪为他用的现象。加强项目经费的预算管理，加大对资金的监管力度。由于为残疾人群体提供的社会服务基本上都是人对人的服务，政府购买服务实际上购买的就是人工，而目前群众普遍反映人工服务费相对偏低，建议适度提高专业人员的人工服务费标准。二是关于政府购买社会服务的相关标准。具体而言，包括残联购买公共服务的范围和标准、服务对象的界定原则与方法、公共服务的分类办法、社会组织购买公共服务的资质认证办法等，建议出台“北京市残联向社会力量购买助残服务指南”。三是关于政府购买社会服务的相关程序。建议购买服务方式仍以定向项目与申请项目相结合的方式，但由购买定向项目的社会力量（社会组织）选择，建议以上次的项目评估结果为基础作为主要判

定标准，注重项目的科学性、延续性与可复制性。另外，完善招投标办法、资金审核与管理办法、对社会组织生产与提供助残服务的监督管理办法、政府购买公共服务的绩效评估方式与标准。

（三）明晰分工定位，厘清市级残联和区县残联的角色认识

市级残联和区县残联是指导与被指导的关系，在区县一级推行政府向社会力量购买服务的过程中，除了一些重大项目需要市级残联直接面向社会组织购买以外，市级残联应实现“资金下沉、业务下沉、责任下沉”，主要担负指导者的角色，全面指导区县残联推进向社会力量（社会组织）购买助残服务工作的开展。市级残联主要担当的是制度设计者、政策倡导者和能力培训者的角色，在项目招标上，除重大项目可直接由市级残联向社会力量购买助残服务以外，绝大多数项目由区县残联直接作为主要购买（供给）者，在区县一级向社会力量购买助残服务。而区县残联既是市级残联的被指导者，又应当是助残服务购买的主体，应做好相应的资金监管，落实相应的业务，担负起相应的责任，克服当前的畏难情绪。区县残联主要担当的是资金监管者、服务监督者、过程协调者的角色。市级残联与区县残联相互配合，协力保证助残服务购买的顺利运行。

（四）严格论证把关，建立政府购买助残服务基础数据库

首先，在区县一级建立项目需求库。针对当前一些项目自上而下的设计导致其并没有满足残疾人群体实际需求现象，未来，项目设置尤其要以残疾人的实际需求为重点考量要素，做好项目设置的前期调查、征集与论证，在区县一级建立项目需求库，再与业务部门的相关规划、经费预算等结合，实行项目设置的统筹安排。项目需求库的建立，为未来购买助残社会服务规划奠定基础。助残服务购买的规划又将放出市场信号，进而促进相应社会组织的培育。其次，建立全市范围内的购买单位数据库。市级残联应规范具有购买社会助残服务的社会力量的资质要求，并明确全市范围内具备具体购买助残服务资质要求的社会力量名册，核实基本信息，建立专门的数据库，每年定期进行更新，以便于区县残联的审核。最后，建立全市范围内的评估单位数据库，市级残联应明确评估单位的资质要求，明确全市范围内具备评估资

质的机构名册，核实登记其基本信息，并建立专门的数据库，以便于区县残联选择合适的评估单位。

（五）项目分类设置，适当培育、扶持助残社会组织的发展

针对面向社会力量购买助残服务可能挤压助残社会组织发展空间的问题，建议对项目实行分类设置，绝大多数项目，尤其是专业性较强、规模较大、资金较大的助残项目面向社会力量招标，助残社会组织与其他社会力量同等参与竞争，对于少数规模小、资金较少、专业性要求不是很高的项目可以有所倾斜，采取仅向助残社会组织招标的方式，以便扶持助残社会组织逐步发展壮大。此外，针对区县社会组织发展薄弱的状况，区县残联可以通过扶持和引进“社会组织孵化器”，帮助孵化助残社会组织。目前，国内一些社会组织孵化器在培育社会组织方面已经发挥较大作用，比如在业界颇具知名度的上海“恩派公益组织发展中心”（NPI）。

（六）引进第三方社会组织，承担培训示范及监管评估等工作

在区县残联向社会力量购买助残服务过程中，首要工作是对区县残联、社会组织等相关人员进行业务培训。当前，可以通过政府购买社会服务的形式，引进第三方社会机构，开展区县残联、社会组织等相关人员的业务培训，使其快速熟悉残联向社会组织购买助残服务的相关政策、相关程序和实际操作等。助残服务的社会化不仅包括助残服务购买的社会化，而且应该包括评估服务的社会化，通过社会化的独立专业评估可以有效地检验项目实施过程和结果。

（七）发挥区县残联优势，广泛动员基层社区支持政府购买助残服务

针对当前助残社会组织在服务残疾人群体过程中，社会组织难以与街道、社区形成相互支持的问题，区县残联可以充分发挥优势，广泛动员街道、社区力量，做好协调关系，并加强与街道、社区的合作，协力配合，共同推动区县残联向社会力量购买助残服务工作的开展。

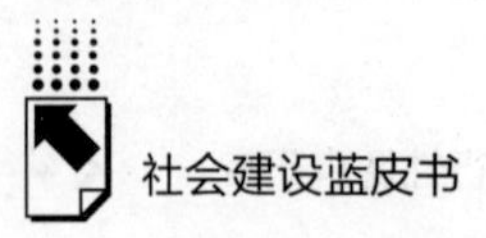

（八）建立诚信档案，保证部分优秀项目的可持续性和可推广性

针对当前许多项目的可持续性和可推广性较差的特点，建议未来项目购买模式仍以定向模式和竞争模式相结合为主。其中，可以项目评估结果为基础，对社会组织建立诚信档案，并加以分类设定级别，对于上年度评估优秀的项目以及诚信记录优良的社会组织，可以从竞争模式转向定向模式，保证项目的可持续性。对于残疾人特别欢迎和满意的项目适当地予以推广复制，可以引导更多的社会力量协同参与，从而让更广大的残疾人群体受益。

（九）先行内部预算结构调整，为购买助残服务提供资金保障

当前区县人员紧张，但业务繁杂，难以保证一些助残社会服务的专业性。因此，在区县残联推行助残服务购买初期，可以先行通过调整区县残联内部预算结构，从而整合部分资金转为向社会力量购买服务。这一方面有助于减轻区县残联的工作任务和工作压力，也有助于助残社会服务水平的提升。此外，在购买助残社会服务的专项资金尚未获得根本保障的情况下，可以在过渡阶段先行试点。

（十）学习地方或部门有益经验，为区县残联提供借鉴

在推进政府购买服务工作中，已有一些地方和部门进行了大量探索和实践，并形成了一些地方经验，其中一些有益经验可为区县残联开展工作提供借鉴。2010 年，北京市社工委率先在北京开展政府购买服务的试点，将社会组织公益行动纳入民生服务领域，投入 4277 万元安排 300 个政府购买服务项目。2011 年，社工委发布《2011 年政府购买社会组织服务项目指南》。随后，北京市社工委推动的政府购买服务项目的体制机制日益完善。目前，各区县社工委在政府购买服务中扮演着重要角色，如组织者、培训者、监督者等多重角色，对培育地方社会组织、促进地方社会公共服务发展起到了重要作用。此外，上海市残联在开展购买助残服务的工作中，推动区县残联直接运作，且发展出多元的购买助残服务模式。如残联与助残社会机构形成委托与被委托的法律约束关系的契约模式、区残联与助残社会机构形成上下级指导的隶属关系的行政模式、区残联与助残社会机构形成合作信任的伙伴关系的合作模式。上述地方经验对北京市区县残联推动助残服务购买形成诸多有益的启示，值得学习借鉴。

Abstract

This report is the annual report in 2015 to 2016 of the research group of "Analysis of Beijing Society-building" of Beijing University of Technology. the book is divided into six parts: general report, social structure, public service, social governance, local society-building and survey report. Reports uses data and information released by the Beijing municipal government and relevant departments, and combined with data and materials of observation of the members of the research group. The main achievements of Beijing Society-building during the "twelfth Five Year Plan" period and the 2015 are comprehensively analyzed in the reports, and analysed the challenges of Beijing Society-building, and puts forward the relevant suggestions for the future of Society-building in Beijing.

During the "Twelfth Five Year Plan" period, the institutional mechanisms for the Society-building in Beijing was improved further. With the Chinese characteristics, the mode of Society-building of capital of China was formatted. The social structure was optimizated. Basic public services and social governance has made remarkable achievements. The tends of population growth became gentle and the population distribution tends to disperse. The dweller income gap tends to be narrow. the integration of urban and rural areas were promoted. Employment structure was optimize constantly. The basic public services was improved continuely. Basic public services in education, medical care, housing tend to be equalization. The pace of the construction of public transportation accelerated. Of course, there are still some problems of Beijing's society, such as social structure also needs to be optimized further, the equalization of basic public services also need to improve further, social management system and mechanism still need to improve further society-building, and the investment of Society-building also need a substantial increase.

In the "thirteenth five year Plan" period, the Society-building in Beijing also need to focus on following several aspects. Firstly, a profound understanding of the challenges of Beijing Society-building and the source of "urban disease" in Beijing.

Secondly, increase the investment of Society-building and improve basic public service; thirdly, adjust the amplitude of grassroots social management and improve the quality of social governance; Forthly, cultivate social organization, building subject of Society-building. Fifthly, strengthen the professional talents of Beijing Society-building, improve the salary of social workers.

Keywords: Society-Building; Social Governance; Public Service; Social Structure

Contents

I General Reports

Abstract: the society-building in Beijing is under the condition of advanced economic and social development. during the "Twelfth Five Year Plan" period, the leadership system and mechanism of society-building in Beijing was further improved and formed a model of the society-building with Chinese characteristics. All aspects of the society-building in Beijing, such as the optimization of the social structure, the improvement of basic public service and the reform and improvement of social governance system, have achieved remarkable results. The next five years, Beijing needs to further optimize the social structure, enhance the basic public services, foster social organizations, building a big team of social workers, improve the level of social governance.

Keywords: Beijing; Societny-building; Social Structare; Public Service

Abstract: The paper summarizes the basic circumstance of the social building of 2015 in Beijing, it describes the "13th Five-Year" period of social governance planning process, the general idea and main content, and it also defines the main tasks of social construction in 2016. The social building in Beijing has got a higher historical starting point for its achievement of the goal set by " the outline of social construction planning in Beijing in 12th Five-Year plan. On this basis, the social governance in Beijing will be further deepened.

Keywords: Beijing; Social Building; The 12th Five-Year Plan; The 13th Five-Year Plan

Ⅱ Social Structure

Abstract: This paper analyzes the working and living conditions of "Beipiao" based on the survey of migrant workers in Beijing. From the point of view of the results of the survey, "Beijing drift" mainly consists of post 80s and post 90s, a higher proportion of male and their record of formal schooling is higher than that of the other mega cities such as Shanghai, Guangzhou and Shenzhen. "Beijing drift" have been to Beijing working and living 5. 3 years as average, which show a high stability, and 14. 2 percent of them purchased a house in Beijing. There are nearly 70 percent of the "Beijing drift" holding of long-term willingness in Beijing to work and live, especially those who have purchased a house in Beijing will be more strong. Under this underground, the relevant urban management policies for the migrant population need to face this reality and improve the relevant policies design to reflect the level of urban management better.

Keywords: Migrant Population; "Beijing drift"; Urbanization; Urban Integration

Abstract: Using the dynamic monitoring survey data of floating population conducted by the National Health and Family Planning Commission, the paper analyzed the long-term residence will of the floating population in Beijing. The results showed that: (1) In terms of individual factors, the long-term residence will of floating population is different in age and educational level; (2) In terms of family factors, the spouses and children affect the long-term residence will of floating population, but there is no significant impact on the elderly; (3) In terms of economic factors, the higher income migrants are more likely to live for a long time in Beijing, and the long-term residence will of business services staff and workers are relatively weak, and the long-term residence will is relatively strong in producer services; (4) In the aspect of institutional factors, the long-term residence will of agriculture accounts are relatively weak, and the floating population of Beijing urban insurance is inclined to live in Beijing for a long time.

Keywords: Beijing; Floating Population; Long-term Residence Will

Abstract: Since the "Twelfth Five Year Plan", the Beijing economic develops in a smooth way, the structure has been optimized and it has already entered the stage of high-income like the developed countries. The changes of the macro-economy system and social structure have laid the foundation for the development of the consumption of urban residents. In terms of consumption, the quality of life of urban residents is increasing with the increase of income. The level of consumption demand is also increasing. The household consumption structure continues to be optimized. The proportion of food and clothing is decreased, and the proportion of items related to increasing the quality of life is rising. The consumer pay more attention to consumption which are help people to enjoying and developing. Otherwise, the people without their own house have greater pressure than before.

Keywords: Beijing; Urban Residents' Income; Urban Residents' Consumption; Consumption Structure; Engel Coefficient

Ⅲ Public Service

B. 6 Analysis on the Landless Peasants' Employment Situation in Beijing

Song Guokai, Li Geshi / 078

Abstract: With the rapid progress of Chinese Urbanization process, the land requisitionis more and more common, and the landless peasants' life security become an important social problem. In recent years, the government has attached more and more importance to the landless peasants. Beijing government enacted the working regulationsof improving the over working age landless peasants'retirement and health security in 2005, the security increased emphasis that solving the landless peasants' security problems is an important part of government's job. Employment is the basic of security, now the employment situation of landless peasants present a variety of forms, a large number of working in low-end industries, seriously structural Unemployment, the limitation of entrepreneurship. So to secure the sustainable life of the life of them, we should appeal reformation of the land requisition system, increase the proportion of arranging employment, establish social security system of landless peasants, so that it can make sure they have equal treatment with city residents.

Keywords: Urbanization; Capability; Landless Peasants; Employment Situation

B. 7 Booking Car Using App and Beijing Traffic Development

Zhu Tao, Yang Fan and Zhang Shaotong / 091

Abstract: Booking Car Using App (BCUA) is developing rapidly. The Company (Uber and Didi) put a lot of resources to compete in Beijing Traffic Market. Based on the background of BCUA, this report analyzes basic situation of BCUA, including financing, supervision, partners, and comparison with traditional taxi. In addition, this report also uncovers subsidy incentive mechanism and its consequences of BCUA. From re-allocate traffic resources, changing travel mode, strengthening supervision, forcing taxi reform, returning appropriate profit etc., this report proposes some suggestions on promoting the development of BCUA in Beijing.

Keywords: BCUA; Urban traffic; Subsidies and incentives

Abstract: Community multi-Governance, especially depending on community service to satisfy residents' needs, is the new-born practice of community building in Beijing. There are three dimensions to analyze problems in community, including objective deficiency, residents' needs and available resources around the local place. The paper takes a Chaoyang's community for example to solve some problems and satisfy residents' need, based on the model of objective conditions-resident demands-supply resource

Keywords: Community Conditions; Resident Demands; Supply Resource; Community Service

Abstract: Since the 18th National Party Congress, to adjust government function, and innovate the system of social governance, becomes one of the major priorities that local government energetically explore. In this background, the essay investigates residents' need, service capacity of community-level NGOs and explores whether those two parts match one another. After that, with reference to international experiences and strategies, we identify problems, spot shortcomings and suggest further direction for future work. In the end, we put forward a model of the Comovement of Community, NGOs and Social Worker, to facilitate a purchasing platform for government purchase of services from NGOs, and hope this could promote and better the community service of Haidian District.

Keywords: Government Purchase of Services, the Socialization of Community Services; the Comovement of Community

B. 10 The Research of the Role about the Government in the Optimization of Innovation and Entrepreneurship Environment

—Taking Zhongguancun Venture Street as a Case Study

Liao Yangli / 152

Abstract: Since June 2014, Zhongguancun Venture Street has received extensive attention at home and abroad for its efforts to build entrepreneurial services gathering area, the birthplace of science and technology enterprises, entrepreneurial culture and the spiritual home of the Holy Land and entrepreneurs. Through the questionnaire, interview and other forms of discussion, the author makes a deep analysis on the present situation and the demand of the entrepreneurs of the entrepreneurs in Zhongguancun, and makes a systematic summary of the main exploration of how to get a good innovative and entrepreneurial environment, and sort out the main problems facing the main street. She suggested that the main strategy to optimize the entrepreneurial environment for the government is to respond to the needs of the problem.

Keywords: Government; Innovation and Entrepreneurship; Environment; Service

Ⅳ Social Governance

B. 11 The Review Report on Social Building of Beijing in 2015

The Research Group of Beijing Social Work Committee / 171

Abstract: the paper reviews the important progress about Beijing's social building in 2015, and summarizes Capital's some social practice highlights in the 12th 5 –year plan period. The last year is crucial for Beijing to comprehensively realize the foals of the 12th 5 –year plan in social building, and further deepen reform in all aspects, which will give proper guilds for the further social building in Beijing.

Keywords: Beijing; Society-building; the 12th 5 –year Plan Period

Abstract: In combination with the reality of social governance and community construction in Daxing District of Beijing, this paper puts forward the regional co-construction mode. The comprehensive management of the community is an important public welfare undertaking of the city management, and from the system to break the plight of property management and community management, community building presents a benign interaction situation.

Keywords: Community Building; Social governance; Regional Co-Construction

Abstract: During the 12th "Five-Year Plan" period, the Beijing social organizations presented the parallel situation of reform and development. On the one hand, under the dual power of the government and the market Beijing social organizations developed rapidly. On the other hand, Beijing increased the pace of the reform of social organizations, and actively promoted the mode and system innovation of social organization. The reform and development of social organizations in Beijing walked in the forefront of the country. The development of social organizations in Beijing has formed the characteristics of the capital, and the future development is prospecting.

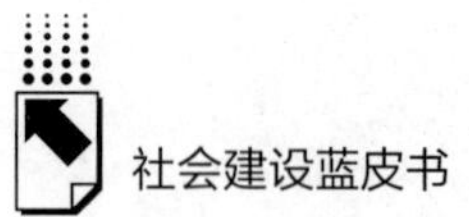

Keywords: Social Organization; Social Governance; Reform Innovation; The 12th "Five-Year" Period

Abstract: Community Youth Exchange is the innovation of the Beijing Communist Youth League in the practice and exploration of the social construction of the capital and the role of the people's group hub. This paper reviews and summarizes the practice process, top design, development status and effectiveness of the community youth exchange in Beijing, and then discusses its implications for people's organizations to play the role of "hub" type social organizations.

Keywords: Hub Type Social Organization; Community Youth Exchange; Top-level Design

Abstract: To understand Beijing residents' cognition and focus of "Peking-Tianjin-Hebei Synergetic Development" strategy and the related polities, as well as their possible behavior choice to response to policy changes, Beijing Institute of Letters to Government conducted questionnaire survey on the hot issues of "Peking-Tianjin-Hebei Synergetic Development" in September 2015. The results shows that with low cognition of "Peking-Tianjin-Hebei Synergetic Development", most of the public affirm the positive influence of the policy, but a few residents still worry about the possible passive benefit changes brought by this policy. Industrial development and public service are the two biggest concerns of the residents. More than half of the residents support the synergetic development strategy and the young and middle-aged groups are most positive.

Keywords: Peking-Tianjin-Hebei Synergetic Development; Benefit Lost; Behavior Choice; Hidden Dissatisfaction

Abstract: Beijing's policies in the residence permit and points-based hukou are social problems that are generally concerned by the community. The report uses the dynamic monitoring sampling survey data of the national floating population released by the National Health and Family Planning Commission in 2014. The research finds that Beijing's policies in the residence permit are inclusive, which can guarantee the baseline equality in making basic public service and convenience fully cover the permanent population. These policies meet the national strategic requirement of "control the size of population of large cities strictly", while benefited from which, only less than ten thousand people may get a residence permit. Meanwhile, the report puts forward that in the process of carrying out the policies of the residence permit and points-based hukou, we should deal with several relationships well, including strategy and tactics, the high threshold and the bottom line equity, stock and increment, law and morality, supply side and demand side.

Keywords: Residence Permit; Points-Based Hukou; Household Registration Reform; Floating Population

Abstract: China's Internet development has entered a new stage, the Internet governance has entered a new normal in 2015. This paper reviews the Beijing Internet public opinion situation in 2015 based on that Beijing good ecological network public opinion field is formed, relying on the network interactive platform for service gradually reach a, Beijing Internet public opinion is the reality of public opinion in the network version. The author believes that the Internet is not only a technical platform, it should also maintain its own philosophy and logic, which is an important aspect of Internet Governance in Beijing should not be ignored.

Keywords: Internet Public Opinion; Ecological Network Public Opinion Field; Internet Governance

V Locial Society-building

Abstract: The construction of community service system in Fangshan District is put forward under the background of transformation and development. In recent years, the community service is based on the solid foundation of the transformation of government functions and the reform of social system. Under the multi subject of government, market and social forces, Fangshan District has constructed a modern multi-service system, and promoted the sustainable development of industry, population and city.

Keywords: Community Service; Transformation and Development; Deepening of Reform

Abstract: Social mobilization is a hot issue in the research of politics and sociology. This paper expatiates the concept of the social mobilization in different periods, its characteristics, the relationship with social governance, and the status, the main approach of Huairou District. It analyses the opportunities and challenges and explore the new pattern of Huairou. In the new historical period, the social mobilization system construction should be strengthen, they should improve the scientific level of social mobilization continuously, play the important role in social governance, and with better service in social management and promoting the social construction and social harmony.

Keywords: Huairou District; Social Mobilization; Social Governance

Abstract: under the entire requirement of high authority, Haidian District of Beijing propel the work of social building and governance in many aspects, such as Grassroots organization construction, management system reform of sub-district, creative social service, improvement of city management mechanism, and cultivation of social organization. All of efforts that had been meule achieve remarkable results which favorable for coming work.

Keywords: Haidian District; Society-Building; Social Governance

Ⅵ Social Survey

Abstract: As employees' organizations, trade unions are important social organizations, which represent the interests and protect the legal rights of employees. With the reform of enterprise property right system of market economy, increasing labor-management conflicts, employee groups interest differentiation. How trade unions play the function of servicing employee needs, safeguarding employees' rights and interests? What expectations did employees place for trade union? What are the urgent needs of employees? Can unions meet the needs of employees? Based on the relevant investigation of employees and their organizations in Beijing, the article attempts to analyze the data, after that we hope to provide some related inspiration about reforms.

Keywords: Beijing; Employees' Organizations Function of Service; Social Governance

B. 22 The Feasibility Study of Disabled Persons Federation of District and Counties Carrying Out Assistive Service Purchase

Chen Feng, Song Guokai, Cai Yangmei and Han Xiuji / 307

Abstract: Disabled Persons Federationofdistrict and counties carry out assistive service purchase from societal forces, which fundamental purpose is to improve the satisfaction of the service object. The obvious advantages of Disabled Persons Federation ofdistrict and counties is to understand the demand of service object andthe ability of social organization. In addition, it also helps to construct a set pattern of responsibilities and risk-sharing, promoting the function of Disabled Persons Federation of district and counties to change and social organization's ability to cultivate. Currently, to promote Disabled Persons Federation of district and counties carry out assistive service purchase, there are some difficulties, Because a budget allocation relationship is not clear, management staffing and their ability needs to improve, the acceptance capability of the social organizations is insufficient, community matching degree is low, the sustainability and replicable of the projects is poor. This study suggests that the municipal disabled persons' federationfurther strengthening the work in propaganda and mobilization, system construction, project Settings, relationship coordination, implementation process, project evaluation, database construction and so on, in order to promote Disabled Persons Federation of district and counties to carry out smoothlyassistive service purchase from societal forces.

Keywords: Disabled Persons Federation of District and Counties; Government Purchase Services; Feasibility

❖ 皮书起源 ❖

“皮书”起源于十七、十八世纪的英国，主要指官方或社会组织正式发表的重要文件或报告，多以“白皮书”命名。在中国，“皮书”这一概念被社会广泛接受，并被成功运作、发展成为一种全新的出版形态，则源于中国社会科学院社会科学文献出版社。

❖ 皮书定义 ❖

皮书是对中国与世界发展状况和热点问题进行年度监测，以专业的角度、专家的视野和实证研究方法，针对某一领域或区域现状与发展态势展开分析和预测，具备原创性、实证性、专业性、连续性、前沿性、时效性等特点的公开出版物，由一系列权威研究报告组成。

❖ 皮书作者 ❖

皮书系列的作者以中国社会科学院、著名高校、地方社会科学院的研究人员为主，多为国内一流研究机构的权威专家学者，他们的看法和观点代表了学界对中国与世界的现实和未来最高水平的解读与分析。

❖ 皮书荣誉 ❖

皮书系列已成为社会科学文献出版社的著名图书品牌和中国社会科学院的知名学术品牌。2011 年，皮书系列正式列入“十二五”国家重点出版规划项目；2012~2015 年，重点皮书列入中国社会科学院承担的国家哲学社会科学创新工程项目；2016 年，46 种院外皮书使用“中国社会科学院创新工程学术出版项目”标识。

法律声明

广视角·全方位·多品种

皮书系列

2016年

·权威平台·智库报告·连续发布

社会科学文献出版社
SOCIAL SCIENCES ACADEMIC PRESS (CHINA)

社长致辞

我们是图书出版者，更是人文社会科学内容资源供应商；

我们背靠中国社会科学院，面向中国与世界人文社会科学界，坚持为人文社会科学的繁荣与发展服务；

我们精心打造权威信息资源整合平台，坚持为中国经济与社会的繁荣与发展提供决策咨询服务；

我们以读者定位自身，立志让爱书人读到好书，让求知者获得知识；

我们精心编辑、设计每一本好书以形成品牌张力，以优秀的品牌形象服务读者，开拓市场；

我们始终坚持“创社科经典，出传世文献”的经营理念，坚持“权威、前沿、原创”的产品特色；

我们“以人为本”，提倡阳光下创业，员工与企业共享发展之成果；

我们立足于现实，认真对待我们的优势、劣势，我们更着眼于未来，以不断的学习与创新适应不断变化的世界，以不断的努力提升自己的实力；

我们愿与社会各界友好合作，共享人文社会科学发展之成果，共同推动中国学术出版乃至内容产业的繁荣与发展。

社会科学文献出版社社长

中国社会学会秘书长

2016 年 1 月

社会科学文献出版社成立于1985年，是直属于中国社会科学院的人文社会科学专业学术出版机构。

成立以来，特别是1998年实施第二次创业以来，依托于中国社会科学院丰厚的学术出版和专家学者两大资源，坚持“创社科经典，出传世文献”的出版理念和“权威、前沿、原创”的产品定位，社科文献立足内涵式发展道路，从战略层面推动学术出版五大能力建设，逐步走上了智库产品与专业学术成果系列化、规模化、数字化、国际化、市场化发展的经营道路。

先后策划出版了著名的图书品牌和学术品牌“皮书”系列、“列国志”、“社科文献精品译库”、“全球化译丛”、“全面深化改革研究书系”、“近世中国”、“甲骨文”、“中国史话”等一大批既有学术影响又有市场价值的系列图书，形成了较强的学术出版能力和资源整合能力。2015年社科文献出版社发稿5.5亿字，出版图书约2000种，承印发行中国社科院院属期刊74种，在多项指标上都实现了较大幅度的增长。

凭借着雄厚的出版资源整合能力，社科文献出版社长期以来一直致力于从内容资源和数字平台两个方面实现传统出版的再造，并先后推出了皮书数据库、列国志数据库、“一带一路”数据库、中国田野调查数据库、台湾大陆同乡会数据库等一系列数字产品。数字出版已经初步形成了产品设计、内容开发、编辑标引、产品运营、技术支持、营销推广等全流程体系。

在国内原创著作、国外名家经典著作大量出版，数字出版突飞猛进的同时，社科文献出版社从构建国际话语体系的角度推动学术出版国际化。先后与斯普林格、博睿、牛津、剑桥等十余家国际出版机构合作面向海外推出了“皮书系列”“改革开放30年研究书系”“中国梦与中国发展道路研究丛书”“全面深化改革研究书系”等一系列在世界范围内引起强烈反响的作品；并持续致力于中国学术出版走出去，组织学者和编辑参加国际书展，筹办国际性学术研讨会，向世界展示中国学者的学术水平和研究成果。

此外，社科文献出版社充分利用网络媒体平台，积极与中央和地方各类媒体合作，并联合大型书店、学术书店、机场书店、网络书店、图书馆，逐步构建起了强大的学术图书内容传播平台。学术图书的媒体曝光率居全国之首，图书馆藏率居于全国出版机构前十位。

上述诸多成绩的取得，有赖于一支以年轻的博士、硕士为主体，一批从中国社科院刚退出科研一线的各学科专家为支撑的300多位高素质的编辑、出版和营销队伍，为我们实现学术立社，以学术品位、学术价值来实现经济效益和社会效益这样一个目标的共同努力。

作为已经开启第三次创业梦想的人文社会科学学术出版机构，我们将以改革发展为动力，以学术资源建设为中心，以构建智慧型出版社为主线，以“整合、专业、分类、协同、持续”为各项工作指导原则，全力推进出版社数字化转型，坚定不移地走专业化、数字化、国际化发展道路，全面提升出版社核心竞争力，为实现“社科文献梦”奠定坚实基础。

经 济 类

经济类皮书涵盖宏观经济、城市经济、大区域经济，
提供权威、前沿的分析与预测

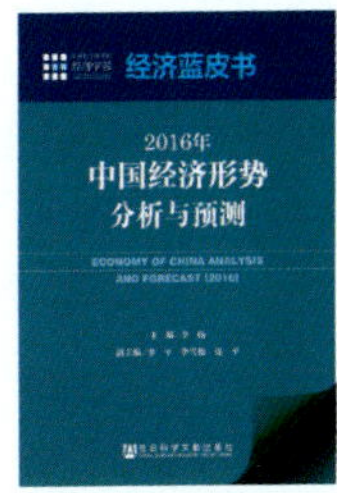

经济蓝皮书

2016 年中国经济形势分析与预测

李　扬 / 主编　　2015 年 12 月出版　　定价 :79.00 元

◆　本书为总理基金项目，由著名经济学家李扬领衔，联合中国社会科学院等数十家科研机构、国家部委和高等院校的专家共同撰写，系统分析了 2015 年的中国经济形势并预测 2016 年我国经济运行情况。

世界经济黄皮书

2016 年世界经济形势分析与预测

王洛林　张宇燕 / 主编　　2015 年 12 月出版　　定价 :79.00 元

◆　本书由中国社会科学院世界经济与政治研究所的研究团队撰写，2015 年世界经济增长继续放缓，增长格局也继续分化，发达经济体与新兴经济体之间的增长差距进一步收窄。2016 年世界经济增长形势不容乐观。

产业蓝皮书

中国产业竞争力报告（2016）NO.6

张其仔 / 主编　　2016 年 12 月出版　　定价 :98.00 元

◆　本书由中国社会科学院工业经济研究所研究团队在深入实际、调查研究的基础上完成。通过运用丰富的数据资料和最新的测评指标，从学术性、系统性、预测性上分析了 2015 年中国产业竞争力，并对未来发展趋势进行了预测。

G20国家创新竞争力黄皮书

二十国集团（G20）国家创新竞争力发展报告（2016）

李建平　李闽榕　赵新力 / 主编　　2016年11月出版　估价:138.00元

◆　本报告在充分借鉴国内外研究者的相关研究成果的基础上，紧密跟踪技术经济学、竞争力经济学、计量经济学等学科的最新研究动态，深入分析G20国家创新竞争力的发展水平、变化特征、内在动因及未来趋势，同时构建了G20国家创新竞争力指标体系及数学模型。

国际城市蓝皮书

国际城市发展报告（2016）

屠启宇 / 主编　　2016年2月出版　　定价:79.00元

◆　本书作者以上海社会科学院从事国际城市研究的学者团队为核心，汇集同济大学、华东师范大学、复旦大学、上海交通大学、南京大学、浙江大学相关城市研究专业学者。立足动态跟踪介绍国际城市发展实践中，最新出现的重大战略、重大理念、重大项目、重大报告和最佳案例。

金融蓝皮书

中国金融发展报告（2016）

李　扬　王国刚 / 主编　2015年12月出版　定价:79.00元

◆　本书由中国社会科学院金融研究所组织编写，概括和分析了2015年中国金融发展和运行中的各方面情况，研讨和评论了2015年发生的主要金融事件。本书由业内专家和青年精英联合编著，有利于读者了解掌握2015年中国的金融状况，把握2016年中国金融的走势。

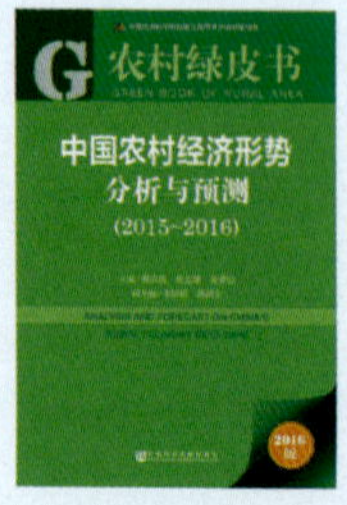

农村绿皮书

中国农村经济形势分析与预测（2015～2016）

魏后凯　杜志雄　黄秉信 / 主编　　2016年4月出版　定价:79.00元

◆　本书描述了2015年中国农业农村经济发展的一些主要指标和变化，以及对2016年中国农业农村经济形势的一些展望和预测。

西部蓝皮书

中国西部发展报告（2016）

姚慧琴　徐璋勇 / 主编　　2016 年 8 月出版　　估价 :89.00 元

◆　本书由西北大学中国西部经济发展研究中心主编，汇集了源自西部本土以及国内研究西部问题的权威专家的第一手资料，对国家实施西部大开发战略进行年度动态跟踪，并对 2016 年西部经济、社会发展态势进行预测和展望。

民营经济蓝皮书

中国民营经济发展报告 NO.12（2015 ~ 2016）

王钦敏 / 主编　2016 年 8 月出版　估价 :75.00 元

◆　本书是中国工商联课题组的研究成果，对 2015 年度中国民营经济的发展现状、趋势进行了详细的论述，并提出了合理的建议。是广大民营企业进行政策咨询、科学决策和理论创新的重要参考资料，也是理论工作者进行理论研究的重要参考资料。

经济蓝皮书夏季号

中国经济增长报告（2015 ~ 2016）

李　扬 / 主编　2016 年 8 月出版　估价 :69.00 元

◆　中国经济增长报告主要探讨 2015~2016 年中国经济增长问题，以专业视角解读中国经济增长，力求将其打造成一个研究中国经济增长、服务宏微观各级决策的周期性、权威性读物。

中三角蓝皮书

长江中游城市群发展报告（2016）

秦尊文 / 主编　2016 年 10 月出版　估价 :69.00 元

◆　本书是湘鄂赣皖四省专家学者共同研究的成果，从不同角度、不同方位记录和研究长江中游城市群一体化，提出对策措施，以期为将“中三角”打造成为继珠三角、长三角、京津冀之后中国经济增长第四极奉献学术界的聪明才智。

社会政法类

社会政法类皮书聚焦社会发展领域的热点、难点问题，
提供权威、原创的资讯与视点

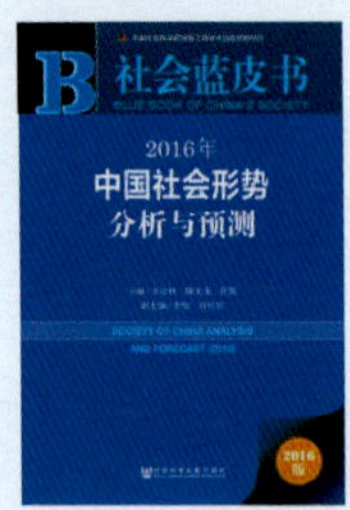

社会蓝皮书

2016年中国社会形势分析与预测

李培林 陈光金 张 翼 / 主编 2015年12月出版 定价 :79.00元

◆ 本书由中国社会科学院社会学研究所组织研究机构专家、高校学者和政府研究人员撰写，聚焦当下社会热点，对2015年中国社会发展的各个方面内容进行了权威解读，同时对2016年社会形势发展趋势进行了预测。

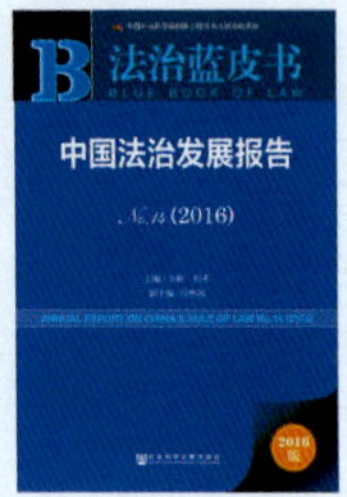

法治蓝皮书

中国法治发展报告 NO.14（2016）

李 林 田 禾 / 主编 2016年3月出版 定价 :118.00元

◆ 本年度法治蓝皮书回顾总结了2015年度中国法治发展取得的成就和存在的不足，并对2016年中国法治发展形势进行了预测和展望。

反腐倡廉蓝皮书

中国反腐倡廉建设报告 NO.6

李秋芳 张英伟 / 主编 2017年1月出版 估价 :79.00元

◆ 本书抓住了若干社会热点和焦点问题，全面反映了新时期新阶段中国反腐倡廉面对的严峻局面，以及中国共产党反腐倡廉建设的新实践新成果。根据实地调研、问卷调查和舆情分析，梳理了当下社会普遍关注的与反腐败密切相关的热点问题。

生态城市绿皮书

中国生态城市建设发展报告（2016）

刘举科　孙伟平　胡文臻 / 主编　2016 年 9 月出版　估价 :148.00 元

◆　报告以绿色发展、循环经济、低碳生活、民生宜居为理念，以更新民众观念、提供决策咨询、指导工程实践、引领绿色发展为宗旨，试图探索一条具有中国特色的城市生态文明建设新路。

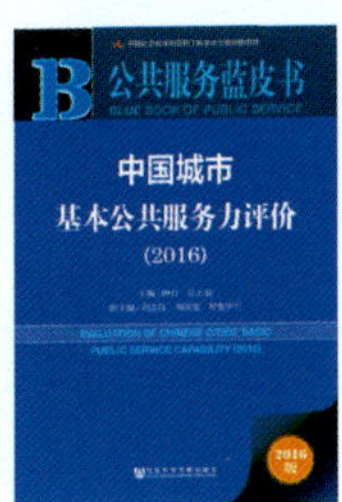

公共服务蓝皮书

中国城市基本公共服务力评价（2016）

钟　君　吴正杲 / 主编　2016 年 12 月出版　估价 :79.00 元

◆　中国社会科学院经济与社会建设研究室与华图政信调查组成联合课题组，从 2010 年开始对基本公共服务力进行研究，研创了基本公共服务力评价指标体系，为政府考核公共服务与社会管理工作提供了理论工具。

教育蓝皮书

中国教育发展报告（2016）

杨东平 / 主编　2016 年 4 月出版　定价 :79.00 元

◆　本书由国内的中青年教育专家合作研究撰写。深度剖析 2015 年中国教育的热点话题，并对当下中国教育中出现的问题提出对策建议。

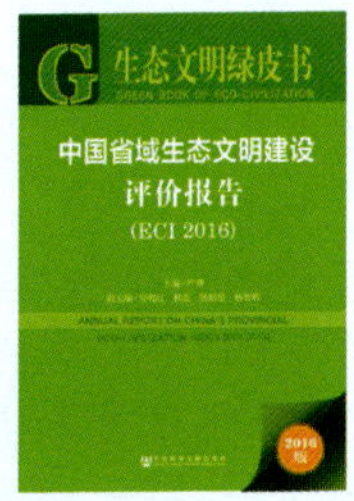

生态文明绿皮书

中国省域生态文明建设评价报告（ECI 2016）

严耕 / 主编　2016 年 12 月出版　估价 :85.00 元

◆　本书基于国家最新发布的权威数据，对我国的生态文明建设状况进行科学评价，并开展相应的深度分析，结合中央的政策方针和各省的具体情况，为生态文明建设推进，提出针对性的政策建议。

行 业 报 告 类

行业报告类皮书立足重点行业、新兴行业领域，
提供及时、前瞻的数据与信息

房地产蓝皮书

中国房地产发展报告 NO.13（2016）

李春华　王业强 / 主编　　2016 年 5 月出版　　定价 :89.00 元

◆　蓝皮书秉承客观公正、科学中立的宗旨和原则，追踪 2015 年我国房地产市场最新资讯，深度分析，剖析因果，谋划对策，并对 2016 年房地产发展趋势进行了展望。

旅游绿皮书

2015 ~ 2016 年中国旅游发展分析与预测

宋　瑞 / 主编　　2016 年 4 出版　　定价 :89.00 元

◆　本书是中国社会科学院旅游研究中心组织相关专家编写的年度研究报告，对 2015 年旅游行业的热点问题进行了全面的综述并提出专业性建议，并对 2016 年中国旅游的发展趋势进行展望。

互联网金融蓝皮书

中国互联网金融发展报告（2016）

李东荣 / 主编　　2016 年 8 月出版　　估价 :79.00 元

◆　近年来，许多基于互联网的金融服务模式应运而生并对传统金融业产生了深刻的影响和巨大的冲击，“互联网金融”成为社会各界关注的焦点。本书探析了 2015 年互联网金融的特点和 2016 年互联网金融的发展方向和亮点。

资产管理蓝皮书

中国资产管理行业发展报告（2016）

智信资产管理研究院 / 编著　　2016 年 6 月出版　　定价 :89.00 元

◆　中国资产管理行业刚刚兴起，未来将成为中国金融市场最有看点的行业，也会成为快速发展壮大的行业。本书主要分析了 2015 年度资产管理行业的发展情况，同时对资产管理行业的未来发展做出科学的预测。

老龄蓝皮书

中国老龄产业发展报告（2016）

吴玉韶　党俊武 / 编著

2016 年 9 月出版　估价 :79.00 元

◆　本书着眼于对中国老龄产业的发展给予系统介绍，深入解析，并对未来发展趋势进行预测和展望，力求从不同视角、不同层面全面剖析中国老龄产业发展的现状、取得的成绩、存在的问题以及重点、难点等。

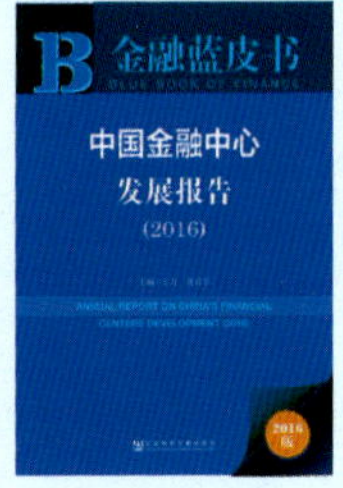

金融蓝皮书

中国金融中心发展报告（2016）

王　力　黄育华 / 编著　　2017 年 11 月出版　　估价 :75.00 元

◆　本报告将提升中国金融中心城市的金融竞争力作为研究主线，全面、系统、连续地反映和研究中国金融中心城市发展和改革的最新进展，展示金融中心理论研究的最新成果。

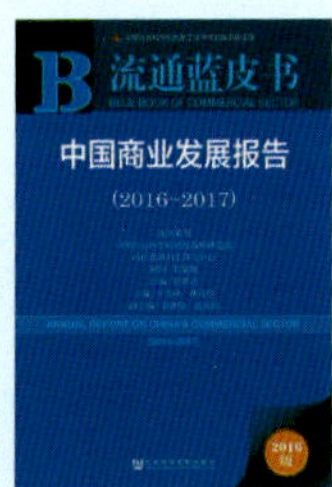

流通蓝皮书

中国商业发展报告（2016~2017）

王雪峰　林诗慧 / 主编　2016 年 7 月出版　　定价 :89.00 元

◆　本书是中国社会科学院财经院与利丰研究中心合作的成果，从关注中国宏观经济出发，突出了中国流通业的宏观背景，详细分析了批发业、零售业、物流业、餐饮产业与电子商务等产业发展状况。

国别与地区类

国别与地区类皮书关注全球重点国家与地区，
提供全面、独特的解读与研究

美国蓝皮书

美国研究报告（2016）

郑秉文　黄　平 / 主编　2016 年 5 月出版　定价 :89.00 元

◆　本书是由中国社会科学院美国所主持完成的研究成果，它回顾了美国 2015 年的经济、政治形势与外交战略，对 2016 年以来美国内政外交发生的重大事件以及重要政策进行了较为全面的回顾和梳理。

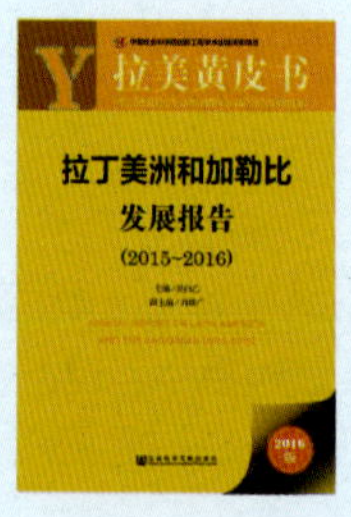

拉美黄皮书

拉丁美洲和加勒比发展报告（2015~2016）

吴白乙 / 主编　2016 年 6 月出版　定价 :89.00 元

◆　本书对 2015 年拉丁美洲和加勒比地区诸国的政治、经济、社会、外交等方面的发展情况做了系统介绍，对该地区相关国家的热点及焦点问题进行了总结和分析，并在此基础上对该地区各国 2016 年的发展前景做出预测。

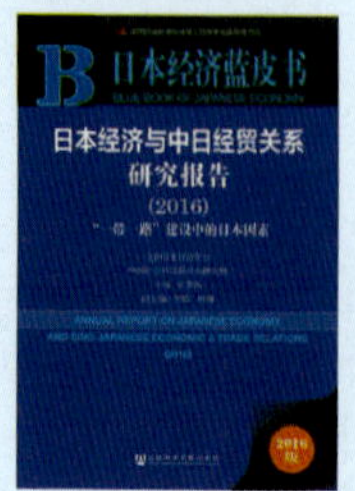

日本经济蓝皮书

日本经济与中日经贸关系研究报告（2016）

张季风 / 主编　2016 年 5 月出版　定价 :89.00 元

◆　本书系统、详细地介绍了 2015 年日本经济以及中日经贸关系发展情况，在进行了大量数据分析的基础上，对 2016 年日本经济以及中日经贸关系的大致发展趋势进行了分析与预测。

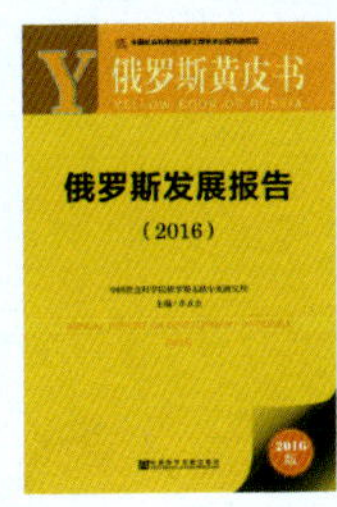

俄罗斯黄皮书

俄罗斯发展报告（2016）

李永全 / 编著　2016 年 7 月出版　定价 :89.00 元

◆　本书系统介绍了 2015 年俄罗斯经济政治情况，并对 2015 年该地区发生的焦点、热点问题进行了分析与回顾；在此基础上，对该地区 2016 年的发展前景进行了预测。

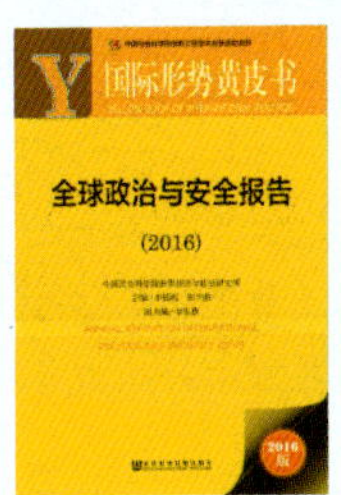

国际形势黄皮书

全球政治与安全报告（2016）

李慎明　张宇燕 / 主编　2015 年 12 月出版　定价 :69.00 元

◆　本书旨在对本年度全球政治及安全形势的总体情况、热点问题及变化趋势进行回顾与分析，并提出一定的预测及对策建议。作者通过事实梳理、数据分析、政策分析等途径，阐释了本年度国际关系及全球安全形势的基本特点，并在此基础上提出了具有启示意义的前瞻性结论。

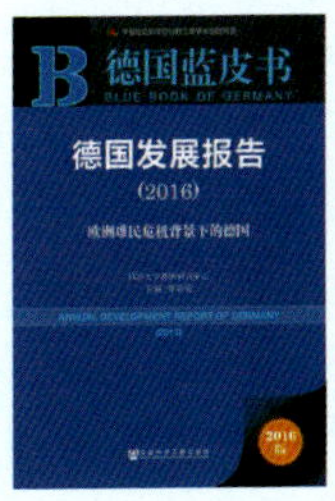

德国蓝皮书

德国发展报告（2016）

郑春荣 / 主编　2016 年 6 月出版　定价 :79.00 元

◆　本报告由同济大学德国研究所组织编撰，由该领域的专家学者对德国的政治、经济、社会文化、外交等方面的形势发展情况，进行全面的阐述与分析。

中东黄皮书

中东发展报告 NO.18（2015 ～ 2016）

杨光 / 主编　2016 年 10 月出版　估价 :89.00 元

◆　报告回顾和分析了一年来多以来中东地区政治经济局势的新发展，为跟踪中东地区的市场变化和中东研究学科的研究前沿，提供了全面扎实的信息。

地方发展类

地方发展类皮书关注中国各省份、经济区域，
提供科学、多元的预判与资政信息

北京蓝皮书

北京公共服务发展报告（2015~2016）

施昌奎 / 主编　　2016 年 2 月出版　定价 :79.00 元

◆　本书是由北京市政府职能部门的领导、首都著名高校的教授、知名研究机构的专家共同完成的关于北京市公共服务发展与创新的研究成果。

河南蓝皮书

河南经济发展报告（2016）

河南省社会科学院 / 编著　　2016 年 3 月出版　定价 :79.00 元

◆　本书以国内外经济发展环境和走向为背景，主要分析当前河南经济形势，预测未来发展趋势，全面反映河南经济发展的最新动态、热点和问题，为地方经济发展和领导决策提供参考。

京津冀蓝皮书

京津冀发展报告（2016）

文　魁　祝尔娟 / 等著　　2016 年 4 月出版　定价 :89.00 元

◆　京津冀协同发展作为重大的国家战略，已进入顶层设计、制度创新和全面推进的新阶段。本书以问题为导向，围绕京津冀发展中的重要领域和重大问题，研究如何推进京津冀协同发展。

文化传媒类

文化传媒类皮书透视文化领域、文化产业，
探索文化大繁荣、大发展的路径

新媒体蓝皮书

中国新媒体发展报告 NO.7（2016）

唐绪军 / 主编　　2016 年 6 月出版　　定价 :79.00 元

◆　本书是由中国社会科学院新闻与传播研究所组织编写的关于新媒体发展的最新年度报告，旨在全面分析中国新媒体的发展现状，解读新媒体的发展趋势，探析新媒体的深刻影响。

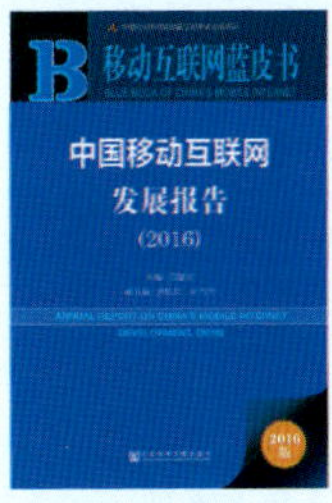

移动互联网蓝皮书

中国移动互联网发展报告（2016）

官建文 / 编著　　2016 年 6 月出版　　定价 :79.00 元

◆　本书着眼于对中国移动互联网 2015 年度的发展情况做深入解析，对未来发展趋势进行预测，力求从不同视角、不同层面全面剖析中国移动互联网发展的现状、年度突破以及热点趋势等。

文化蓝皮书

中国文化产业发展报告（2015~2016）

张晓明　王家新　章建刚 / 主编　　2016 年 2 月出版　　定价 :79.00 元

◆　本书由中国社会科学院文化研究中心编写。从 2012 年开始，中国社会科学院文化研究中心设立了国内首个文化产业的研究类专项资金——“文化产业重大课题研究计划”，开始在全国范围内组织多学科专家学者对我国文化产业发展重大战略问题进行联合攻关研究。本书集中反映了该计划的研究成果。

经济类

G20国家创新竞争力黄皮书
二十国集团（G20）国家创新竞争力发展报告（2016）
著(编)者:李建平 李闽榕 赵新力
2016年11月出版 / 估价:138.00元

产业蓝皮书
中国产业竞争力报告（2016）NO.6
著(编)者:张其仔 2016年12月出版 / 估价:98.00元

城市创新蓝皮书
中国城市创新报告（2016）
著(编)者:周天勇 旷建伟 2016年8月出版 / 估价:69.00元

城市竞争力蓝皮书
中国城市竞争力报告（1973~2015）
著(编)者:李小林 2016年1月出版 / 定价:128.00元

城市蓝皮书
中国城市发展报告 NO.9
著(编)者:潘家华 魏后凯 2016年9月出版 / 估价:69.00元

城市群蓝皮书
中国城市群发展指数报告（2016）
著(编)者:刘士林 刘新静 2016年10月出版 / 估价:69.00元

城乡一体化蓝皮书
中国城乡一体化发展报告（2015～2016）
著(编)者:汝信 付崇兰 2016年8月出版 / 估价:85.00元

城镇化蓝皮书
中国新型城镇化健康发展报告（2016）
著(编)者:张占斌 2016年8月出版 / 估价:79.00元

创新蓝皮书
创新型国家建设报告（2015～2016）
著(编)者:詹正茂 2016年11月出版 / 估价:69.00元

低碳发展蓝皮书
中国低碳发展报告（2015~2016）
著(编)者:齐晔 2016年3月出版 / 定价:98.00元

低碳经济蓝皮书
中国低碳经济发展报告（2016）
著(编)者:薛进军 赵忠秀 2016年8月出版 / 估价:85.00元

东北蓝皮书
中国东北地区发展报告（2016）
著(编)者:马克 黄文艺 2016年8月出版 / 估价:79.00元

发展与改革蓝皮书
中国经济发展和体制改革报告NO.7
著(编)者:邹东涛 王再文
2016年1月出版 / 定价:98.00元

工业化蓝皮书
中国工业化进程报告（2016）
著(编)者:黄群慧 吕铁 李晓华 等
2016年11月出版 / 估价:89.00元

管理蓝皮书
中国管理发展报告（2016）
著(编)者:张晓东 2016年9月出版 / 估价:98.00元

国际城市蓝皮书
国际城市发展报告（2016）
著(编)者:屠启宇 2016年2月出版 / 定价:79.00元

国家创新蓝皮书
中国创新发展报告（2016）
著(编)者:陈劲 2016年9月出版 / 估价:69.00元

金融蓝皮书
中国金融发展报告（2016）
著(编)者:李扬 王国刚 2015年12月出版 / 定价:79.00元

京津冀产业蓝皮书
京津冀产业协同发展报告（2016）
著(编)者:中智科博（北京）产业经济发展研究院
2016年8月出版 / 估价:69.00元

京津冀蓝皮书
京津冀发展报告（2016）
著(编)者:文魁 祝尔娟 2016年4月出版 / 定价:89.00元

经济蓝皮书
2016年中国经济形势分析与预测
著(编)者:李扬 2015年12月出版 / 定价:79.00元

经济蓝皮书·春季号
2016年中国经济前景分析
著(编)者:李扬 2016年6月出版 / 定价:79.00元

经济蓝皮书·夏季号
中国经济增长报告（2015～2016）
著(编)者:李扬 2016年8月出版 / 估价:99.00元

经济信息绿皮书
中国与世界经济发展报告（2016）
著(编)者:杜平 2015年12月出版 / 定价:89.00元

就业蓝皮书
2016年中国本科生就业报告
著(编)者:麦可思研究院 2016年6月出版 / 定价:98.00元

就业蓝皮书
2016年中国高职高专生就业报告
著(编)者:麦可思研究院 2016年6月出版 / 定价:98.00元

临空经济蓝皮书
中国临空经济发展报告（2016）
著(编)者:连玉明 2016年11月出版 / 估价:79.00元

民营经济蓝皮书
中国民营经济发展报告 NO.12（2015～2016）
著(编)者:王钦敏 2016年8月出版 / 估价:75.00元

农村绿皮书
中国农村经济形势分析与预测（2015～2016）
著(编)者:魏后凯 杜志雄 黄秉信
2016年4月出版 / 定价:69.00元

农业应对气候变化蓝皮书
气候变化对中国农业影响评估报告 NO.2
著(编)者:矫梅燕 2016年8月出版 / 估价:98.00元

企业公民蓝皮书
中国企业公民报告 NO.4
著(编)者:邹东涛　2016年 8 月出版 / 估价:79.00元

气候变化绿皮书
应对气候变化报告（2016）
著(编)者:王伟光 郑国光　2016年11月出版 / 估价:98.00元

区域蓝皮书
中国区域经济发展报告（2015～2016）
著(编)者:赵弘　2016年6月出版 / 定价:79.00元

全球环境竞争力绿皮书
全球环境竞争力报告（2016）
著(编)者:李建平 李闽榕 王金南
2016年12月出版 / 估价:198.00元

人口与劳动绿皮书
中国人口与劳动问题报告 NO.17
著(编)者:蔡昉 张车伟　2016年11月出版 / 估价:69.00元

商务中心区蓝皮书
中国商务中心区发展报告 NO.2（2015）
著(编)者:魏后凯 单菁菁　2016年1月出版 / 定价:79.00元

世界经济黄皮书
2016年世界经济形势分析与预测
著(编)者:王洛林 张宇燕　2015年12月出版 / 定价:79.00元

世界旅游城市绿皮书
世界旅游城市发展报告（2015）
著(编)者:宋宇　2016年1月出版 / 定价:128.00元

西北蓝皮书
中国西北发展报告（2016）
著(编)者:孙发平 苏海红 鲁顺元
2016年3月出版 / 定价:79.00元

西部蓝皮书
中国西部发展报告（2016）
著(编)者:姚慧琴 徐璋勇　2016年 8 月出版 / 估价:89.00元

县域发展蓝皮书
中国县域经济增长能力评估报告（2016）
著(编)者:王力　2016年10月出版 / 估价:69.00元

新型城镇化蓝皮书
新型城镇化发展报告（2016）
著(编)者:李伟 宋敏 沈体雁　2016年11月出版 / 估价:98.00元

新兴经济体蓝皮书
金砖国家发展报告（2016）
著(编)者:林跃勤 周文　2016年 8 月出版 / 估价:79.00元

长三角蓝皮书
2016年全面深化改革中的长三角
著(编)者:张伟斌　2016年10月出版 / 估价:69.00元

中部竞争力蓝皮书
中国中部经济社会竞争力报告（2016）
著(编)者:教育部人文社会科学重点研究基地
南昌大学中国中部经济社会发展研究中心
2016年10月出版 / 估价:79.00元

中部蓝皮书
中国中部地区发展报告（2016）
著(编)者:宋亚平　2016年12月出版 / 估价:78.00元

中国省域竞争力蓝皮书
中国省域经济综合竞争力发展报告（2014～2015）
著(编)者:李建平 李闽榕 高燕京
2016年2月出版 / 定价:198.00元

中三角蓝皮书
长江中游城市群发展报告（2016）
著(编)者:秦尊文　2016年10月出版 / 估价:69.00元

中小城市绿皮书
中国中小城市发展报告（2016）
著(编)者:中国城市经济学会中小城市经济发展委员会
中国城镇化促进会中小城市发展委员会
《中国中小城市发展报告》编纂委员会
中小城市发展战略研究院
2016年10月出版 / 估价:98.00元

中原蓝皮书
中原经济区发展报告（2016）
著(编)者:李英杰　2016年8月出版 / 估价:88.00元

自贸区蓝皮书
中国自贸区发展报告（2016）
著(编)者:王力 王吉培　2016年10月出版 / 估价:69.00元

社会政法类

北京蓝皮书
中国社区发展报告（2016）
著(编)者:于燕燕　2017年2月出版 / 估价:79.00元

殡葬绿皮书
中国殡葬事业发展报告（2016）
著(编)者:李伯森　2016年 8 月出版 / 估价:158.00元

城市管理蓝皮书
中国城市管理报告（2015~2016）
著(编)者:刘林　刘承水　2016年5月出版 / 定价:158.00元

城市生活质量蓝皮书
中国城市生活质量报告（2016）
著(编)者:张连城 张平 杨春学 郎丽华
2016年8月出版 / 估价:89.00元

城市政府能力蓝皮书
中国城市政府公共服务能力评估报告（2016）
著(编)者:何艳玲　2016年4月出版 / 定价:68.00元

创新蓝皮书
中国创业环境发展报告（2016）
著(编)者:姚凯 曹祎遐　2016年8月出版 / 估价:69.00元

慈善蓝皮书
中国慈善发展报告（2016）
著(编)者:杨团　2016年6月出版 / 定价:79.00元

地方法治蓝皮书
中国地方法治发展报告 NO.2（2016）
著(编)者:李林　田禾　2016年3出版 / 定价:108.00元

党建蓝皮书
党的建设研究报告 NO.1（2016）
著(编)者:崔建民　陈东平　2016年1月出版 / 定价:89.00元

法治蓝皮书
中国法治发展报告 NO.14（2016）
著(编)者:李林 田禾　2016年3月出版 / 定价:118.00元

反腐倡廉蓝皮书
中国反腐倡廉建设报告 NO.6
著(编)者:李秋芳　张英伟　2017年1月出版 / 估价:79.00元

非传统安全蓝皮书
中国非传统安全研究报告（2015～2016）
著(编)者:余潇枫 魏志江　2016年6月出版 / 定价:89.00元

妇女发展蓝皮书
中国妇女发展报告 NO.6
著(编)者:王金玲　2016年9月出版 / 估价:148.00元

妇女教育蓝皮书
中国妇女教育发展报告 NO.3
著(编)者:张李玺　2016年10月出版 / 估价:78.00元

妇女绿皮书
中国性别平等与妇女发展报告（2016）
著(编)者:谭琳　2016年12月出版 / 估价:99.00元

公共服务蓝皮书
中国城市基本公共服务力评价（2016）
著(编)者:钟君 吴正杲　2016年12月出版 / 估价:79.00元

公共管理蓝皮书
中国公共管理发展报告（2016）
著(编)者:贡森 李国强 杨维富
2016年8月出版 / 估价:69.00元

公共外交蓝皮书
中国公共外交发展报告（2016）
著(编)者:赵启正 雷蔚真　2016年8月出版 / 估价:89.00元

公民科学素质蓝皮书
中国公民科学素质报告（2015~2016）
著(编)者:李群 陈雄 马宗文　2016年1月出版 / 定价:89.00元

公益蓝皮书
中国公益慈善发展报告（2016）
著(编)者:朱健刚　2016年4月出版 / 定价:118.00元

国际人才蓝皮书
海外华侨华人专业人士报告（2016）
著(编)者:王辉耀 苗绿　2016年8月出版 / 估价:69.00元

国际人才蓝皮书
中国国际移民报告（2016）
著(编)者:王辉耀　2016年8月出版 / 估价:79.00元

国际人才蓝皮书
中国海归发展报告（2016）NO.3
著(编)者:王辉耀 苗绿　2016年10月出版 / 估价:69.00元

国际人才蓝皮书
中国留学发展报告（2016）NO.5
著(编)者:王辉耀 苗绿　2016年10月出版 / 估价:79.00元

国家公园蓝皮书
中国国家公园体制建设报告（2016）
著(编)者:苏杨 张玉钧 石金莲 刘锋 等
2016年10月出版 / 估价:69.00元

海洋社会蓝皮书
中国海洋社会发展报告（2016）
著(编)者:崔凤 宋宁而　2016年8月出版 / 估价:89.00元

行政改革蓝皮书
中国行政体制改革报告（2016）NO.5
著(编)者:魏礼群　2016年5月出版 / 定价:98.00元

华侨华人蓝皮书
华侨华人研究报告（2016）
著(编)者:贾益民　2016年12月出版 / 估价:98.00元

环境竞争力绿皮书
中国省域环境竞争力发展报告（2016）
著(编)者:李建平 李闽榕 王金南
2016年11月出版 / 估价:198.00元

环境绿皮书
中国环境发展报告（2016）
著(编)者:刘鉴强　2016年8月出版 / 估价:79.00元

基金会蓝皮书
中国基金会发展报告（2015~2016）
著(编)者:中国基金会发展报告课题组　2016年4月出版 / 定价:75.00元

基金会绿皮书
中国基金会发展独立研究报告（2016）
著(编)者:基金会中心网 中央民族大学基金会研究中心
2016年8月出版 / 估价:88.00元

基金会透明度蓝皮书
中国基金会透明度发展研究报告（2016）
著(编)者:基金会中心网 清华大学廉政与治理研究中心
2016年9月出版 / 估价:85.00元

教师蓝皮书
中国中小学教师发展报告（2016）
著(编)者:曾晓东 鱼霞　2016年8月出版 / 估价:69.00元

教育蓝皮书
中国教育发展报告（2016）
著(编)者:杨东平　2016年4月出版 / 定价:79.00元

科普蓝皮书
中国科普基础设施发展报告（2015）
著(编)者:任福君　2016年8月出版 / 估价:69.00元

科普蓝皮书
中国科普人才发展报告（2015）
著(编)者:郑念 任嵘嵘 2016年4月出版 / 定价:98.00元

科学教育蓝皮书
中国科学教育发展报告（2016）
著(编)者:罗晖 王康友 2016年10月出版 / 估价:79.00元

劳动保障蓝皮书
中国劳动保障发展报告（2016）
著(编)者:刘燕斌 2016年8月出版 / 估价:158.00元

老龄蓝皮书
中国老年宜居环境发展报告（2015）
著(编)者:党俊武 周燕珉 2016年1月出版 / 定价:79.00元

连片特困区蓝皮书
中国连片特困区发展报告（2016）
著(编)者:游俊 冷志明 丁建军
2016年8月出版 / 估价:98.00元

民间组织蓝皮书
中国民间组织报告（2016）
著(编)者:黄晓勇 2016年12月出版 / 估价:79.00元

民调蓝皮书
中国民生调查报告（2016）
著(编)者:谢耘耕 2016年8月出版 / 估价:128.00元

民族发展蓝皮书
中国民族发展报告（2016）
著(编)者:郝时远 王延中 王希恩
2016年8月出版 / 估价:98.00元

女性生活蓝皮书
中国女性生活状况报告 NO.10（2016）
著(编)者:韩湘景 2016年8月出版 / 估价:79.00元

汽车社会蓝皮书
中国汽车社会发展报告（2016）
著(编)者:王俊秀 2016年8月出版 / 估价:69.00元

青年蓝皮书
中国青年发展报告（2016）NO.4
著(编)者:廉思 等 2016年8月出版 / 估价:69.00元

青少年蓝皮书
中国未成年人互联网运用报告（2016）
著(编)者:李文革 沈杰 季为民
2016年11月出版 / 估价:89.00元

青少年体育蓝皮书
中国青少年体育发展报告（2016）
著(编)者:郭建军 杨桦 2016年9月出版 / 估价:69.00元

区域人才蓝皮书
中国区域人才竞争力报告 NO.2
著(编)者:桂昭明 王辉耀
2016年8月出版 / 估价:69.00元

群众体育蓝皮书
中国群众体育发展报告（2016）
著(编)者:刘国永 杨桦 2016年10月出版 / 估价:69.00元

群众体育蓝皮书
中国社会体育指导员发展报告（1994~2014）
著(编)者:刘国永 王欢 2016年4月出版 / 定价:78.00元

人才蓝皮书
中国人才发展报告（2016）
著(编)者:潘晨光 2016年9月出版 / 估价:85.00元

人权蓝皮书
中国人权事业发展报告 NO.6（2016）
著(编)者:李君如 2016年9月出版 / 估价:128.00元

社会保障绿皮书
中国社会保障发展报告（2016）NO.8
著(编)者:王延中 2016年8月出版 / 估价:99.00元

社会工作蓝皮书
中国社会工作发展报告（2016）
著(编)者:民政部社会工作研究中心
2016年8月出版 / 估价:79.00元

社会管理蓝皮书
中国社会管理创新报告 NO.4
著(编)者:连玉明 2016年11月出版 / 估价:89.00元

社会蓝皮书
2016年中国社会形势分析与预测
著(编)者:李培林 陈光金 张翼
2015年12月出版 / 定价:79.00元

社会体制蓝皮书
中国社会体制改革报告（2016）NO.4
著(编)者:龚维斌 2016年4月出版 / 定价:79.00元

社会心态蓝皮书
中国社会心态研究报告（2016）
著(编)者:王俊秀 杨宜音 2016年10月出版 / 估价:69.00元

社会责任管理蓝皮书
中国企业公众透明度报告（2015~2016）NO.2
著(编)者:黄速建 熊梦 肖红军 2016年1月出版 / 定价:98.00元

社会组织蓝皮书
中国社会组织评估发展报告（2016）
著(编)者:徐家良 廖鸿 2016年12月出版 / 估价:69.00元

生态城市绿皮书
中国生态城市建设发展报告（2016）
著(编)者:刘举科 孙伟平 胡文臻
2016年9月出版 / 估价:148.00元

生态文明绿皮书
中国省域生态文明建设评价报告（ECI 2016）
著(编)者:严耕 2016年12月出版 / 估价:85.00元

世界社会主义黄皮书
世界社会主义跟踪研究报告（2015～2016）
著(编)者:李慎明 2016年3月出版 / 定价:248.00元

水与发展蓝皮书
中国水风险评估报告（2016）
著(编)者:王浩 2016年9月出版 / 估价:69.00元

体育蓝皮书
长三角地区体育产业发展报告（2016）
著(编)者:张林　2016年8月出版 / 估价:79.00元

体育蓝皮书
中国公共体育服务发展报告（2016）
著(编)者:戴健　2016年12月出版 / 估价:79.00元

土地整治蓝皮书
中国土地整治发展研究报告 NO.3
著(编)者:国土资源部土地整治中心
2016年7月出版 / 定价:89.00元

土地政策蓝皮书
中国土地政策发展报告（2016）
著(编)者:高延利 李宪文
2015年12月出版 / 定价:89.00元

危机管理蓝皮书
中国危机管理报告（2016）
著(编)者:文学国 范正青
2016年8月出版 / 估价:89.00元

形象危机应对蓝皮书
形象危机应对研究报告（2016）
著(编)者:唐钧　2016年8月出版 / 估价:149.00元

医改蓝皮书
中国医药卫生体制改革报告（2016）
著(编)者:文学国　房志武　2016年11月出版 / 估价:98.00元

医疗卫生绿皮书
中国医疗卫生发展报告 NO.7（2016）
著(编)者:申宝忠 韩玉珍　2016年8月出版 / 估价:75.00元

政治参与蓝皮书
中国政治参与报告（2016）
著(编)者:房宁　2016年8月出版 / 估价:108.00元

政治发展蓝皮书
中国政治发展报告（2016）
著(编)者:房宁 杨海蛟　2016年8月出版 / 估价:88.00元

智慧社区蓝皮书
中国智慧社区发展报告（2016）
著(编)者:罗昌智 张辉德　2016年8月出版 / 估价:69.00元

中国农村妇女发展蓝皮书
农村流动女性城市生活发展报告（2016）
著(编)者:谢丽华　2016年12月出版 / 估价:79.00元

宗教蓝皮书
中国宗教报告（2015）
著(编)者:邱永辉　2016年4月出版 / 定价:79.00元

行业报告类

保健蓝皮书
中国保健服务产业发展报告 NO.2
著(编)者:中国保健协会 中共中央党校
2016年8月出版 / 估价:198.00元

保健蓝皮书
中国保健食品产业发展报告 NO.2
著(编)者:中国保健协会
中国社会科学院食品药品产业发展与监管研究中心
2016年8月出版 / 估价:198.00元

保健蓝皮书
中国保健用品产业发展报告 NO.2
著(编)者:中国保健协会
国务院国有资产监督管理委员会研究中心
2016年8月出版 / 估价:198.00元

保险蓝皮书
中国保险业创新发展报告（2016）
著(编)者:项俊波　2016年12月出版 / 估价:69.00元

保险蓝皮书
中国保险业竞争力报告（2016）
著(编)者:项俊波　2016年12月出版 / 估价:99.00元

采供血蓝皮书
中国采供血管理报告（2016）
著(编)者:朱永明 耿鸿武　2016年8月出版 / 估价:69.00元

彩票蓝皮书
中国彩票发展报告（2016）
著(编)者:益彩基金　2016年8月出版 / 估价:98.00元

餐饮产业蓝皮书
中国餐饮产业发展报告（2016）
著(编)者:邢颖　2016年6月出版 / 定价:98.00元

测绘地理信息蓝皮书
测绘地理信息转型升级研究报告（2016）
著(编)者:库热西・买合苏提　2016年12月出版 / 估价:98.00元

茶业蓝皮书
中国茶产业发展报告（2016）
著(编)者:杨江帆 李闽榕　2016年10月出版 / 估价:78.00元

产权市场蓝皮书
中国产权市场发展报告（2015～2016）
著(编)者:曹和平　2016年8月出版 / 估价:89.00元

产业安全蓝皮书
中国出版传媒产业安全报告（2015~2016）
著(编)者:北京印刷学院文化产业安全研究院
2016年3月出版 / 定价:79.00元

产业安全蓝皮书
中国文化产业安全报告（2016）
著(编)者:北京印刷学院文化产业安全研究院
2016年8月出版 / 估价:89.00元

产业安全蓝皮书
中国新媒体产业安全报告（2016）
著(编)者:北京印刷学院文化产业安全研究院
2016年8月出版 / 估价:69.00元

大数据蓝皮书
网络空间和大数据发展报告（2016）
著(编)者:杜平　2016年8月出版 / 估价:69.00元

电子商务蓝皮书
中国电子商务服务业发展报告 NO.3
著(编)者:荆林波 梁春晓　2016年8月出版 / 估价:69.00元

电子政务蓝皮书
中国电子政务发展报告（2016）
著(编)者:洪毅 杜平　2016年11月出版 / 估价:79.00元

杜仲产业绿皮书
中国杜仲橡胶资源与产业发展报告（2016）
著(编)者:杜红岩 胡文臻 俞锐
2016年8月出版 / 估价:85.00元

房地产蓝皮书
中国房地产发展报告 NO.13（2016）
著(编)者:李春华 王业强　2016年5月出版 / 定价:89.00元

服务外包蓝皮书
中国服务外包产业发展报告（2016）
著(编)者:王晓红 刘德军
2016年8月出版 / 估价:89.00元

服务外包蓝皮书
中国服务外包竞争力报告（2016）
著(编)者:王力 刘春生 黄育华
2016年11月出版 / 估价:85.00元

工业和信息化蓝皮书
世界网络安全发展报告（2015~2016）
著(编)者:洪京一　2016年4月出版 / 定价:79.00元

工业和信息化蓝皮书
世界信息化发展报告（2015~2016）
著(编)者:洪京一　2016年4月出版 / 定价:79.00元

工业和信息化蓝皮书
世界信息技术产业发展报告（2015~2016）
著(编)者:洪京一　2016年4月出版 / 定价:79.00元

工业和信息化蓝皮书
世界制造业发展报告（2016）
著(编)者:洪京一　2016年8月出版 / 估价:69.00元

工业和信息化蓝皮书
移动互联网产业发展报告（2015~2016）
著(编)者:洪京一　2016年4月出版 / 定价:79.00元

工业和信息化蓝皮书
战略性新兴产业发展报告（2015~2016）
著(编)者:洪京一　2016年4月出版 / 定价:79.00元

工业设计蓝皮书
中国工业设计发展报告（2016）
著(编)者:王晓红 于炜 张立群
2016年9月出版 / 估价:138.00元

黄金市场蓝皮书
中国商业银行黄金业务发展报告（2015~2016）
著(编)者:平安银行　2016年3月出版 / 定价:98.00元

互联网金融蓝皮书
中国互联网金融发展报告（2016）
著(编)者: 李东荣　2016年8月出版 / 估价:79.00元

会展蓝皮书
中外会展业动态评估年度报告（2016）
著(编)者:张敏　2016年8月出版 / 估价:78.00元

节能汽车蓝皮书
中国节能汽车产业发展报告（2016）
著(编)者:中国汽车工程研究院股份有限公司
2016年12月出版 / 估价:69.00元

金融监管蓝皮书
中国金融监管报告（2016）
著(编)者:胡滨　2016年6月出版 / 定价:89.00元

金融蓝皮书
中国金融中心发展报告（2016）
著(编)者:王力 黄育华　2017年11月出版 / 估价:75.00元

金融蓝皮书
中国商业银行竞争力报告（2016）
著(编)者:王松奇　2016年8月出版 / 估价:69.00元

经济林产业绿皮书
中国经济林产业发展报告（2016）
著(编)者:李芳东 胡文臻 乌云塔娜 杜红岩
2016年12月出版 / 估价:69.00元

客车蓝皮书
中国客车产业发展报告（2016）
著(编)者:姚蔚　2016年8月出版 / 估价:85.00元

老龄蓝皮书
中国老龄产业发展报告（2016）
著(编)者:吴玉韶 党俊武　2016年9月出版 / 估价:79.00元

流通蓝皮书
中国商业发展报告（2016~2017）
著(编)者:王雪峰 林诗慧　2016年7月出版 / 定价:89.00元

旅游安全蓝皮书
中国旅游安全报告（2016）
著(编)者:郑向敏 谢朝武　2016年5月出版 / 定价:128.00元

旅游绿皮书
2015～2016年中国旅游发展分析与预测
著(编)者:宋瑞　2016年4月出版 / 定价:89.00元

煤炭蓝皮书
中国煤炭工业发展报告（2016）
著(编)者:岳福斌　2016年12月出版 / 估价:79.00元

民营企业社会责任蓝皮书
中国民营企业社会责任年度报告（2016）
著(编)者:中华全国工商业联合会
2016年8月出版 / 估价:69.00元

民营医院蓝皮书
中国民营医院发展报告（2016）
著(编)者:庄一强　2016年10月出版 / 估价:75.00元

能源蓝皮书
中国能源发展报告（2016）
著(编)者:崔民选 王军生 陈义和
2016年8月出版 / 估价:79.00元

农产品流通蓝皮书
中国农产品流通产业发展报告（2016）
著(编)者:贾敬敦 张东科 张玉玺 张鹏毅 周伟
2016年8月出版 / 估价:89.00元

期货蓝皮书
中国期货市场发展报告(2016)
著(编)者:李群 王在荣　2016年11月出版 / 估价:69.00元

企业公益蓝皮书
中国企业公益研究报告（2016）
著(编)者:钟宏武 汪杰 顾一 黄晓娟 等
2016年12月出版 / 估价:69.00元

企业公众透明度蓝皮书
中国企业公众透明度报告(2016) NO.2
著(编)者:黄速建 王晓光 肖红军
2016年8月出版 / 估价:98.00元

企业国际化蓝皮书
中国企业国际化报告（2016）
著(编)者:王辉耀　2016年11月出版 / 估价:98.00元

企业蓝皮书
中国企业绿色发展报告 NO.2（2016）
著(编)者:李红玉 朱光辉　2016年8月出版 / 估价:79.00元

企业社会责任蓝皮书
中国企业社会责任研究报告（2016）
著(编)者:黄群慧 钟宏武 张蒽 等
2016年11月出版 / 估价:79.00元

企业社会责任能力蓝皮书
中国上市公司社会责任能力成熟度报告（2016）
著(编)者:肖红军 王晓光 李伟阳
2016年11月出版 / 估价:69.00元

汽车安全蓝皮书
中国汽车安全发展报告（2016）
著(编)者:中国汽车技术研究中心
2016年8月出版 / 估价:89.00元

汽车电子商务蓝皮书
中国汽车电子商务发展报告（2016）
著(编)者:中华全国工商业联合会汽车经销商商会
北京易观智库网络科技有限公司
2016年8月出版 / 估价:128.00元

汽车工业蓝皮书
中国汽车工业发展年度报告（2016）
著(编)者:中国汽车工业协会 中国汽车技术研究中心
丰田汽车（中国）投资有限公司
2016年4月出版 / 定价:128.00元

汽车蓝皮书
中国汽车产业发展报告（2016）
著(编)者:国务院发展研究中心产业经济研究部
中国汽车工程学会 大众汽车集团（中国）
2016年8月出版 / 估价:158.00元

清洁能源蓝皮书
国际清洁能源发展报告（2016）
著(编)者:苏树辉 袁国林 李玉崙
2016年11月出版 / 估价:99.00元

人力资源蓝皮书
中国人力资源发展报告（2016）
著(编)者:余兴安　2016年12月出版 / 估价:79.00元

融资租赁蓝皮书
中国融资租赁业发展报告（2015～2016）
著(编)者:李光荣 王力　2016年8月出版 / 估价:89.00元

软件和信息服务业蓝皮书
中国软件和信息服务业发展报告（2016）
著(编)者:洪京一　2016年12月出版 / 估价:198.00元

商会蓝皮书
中国商会发展报告NO.5（2016）
著(编)者:王钦敏　2016年8月出版 / 估价:89.00元

上市公司蓝皮书
中国上市公司社会责任信息披露报告（2016）
著(编)者:张旺 张杨　2016年11月出版 / 估价:69.00元

上市公司蓝皮书
中国上市公司质量评价报告（2015～2016）
著(编)者:张跃文 王力　2016年11月出版 / 估价:118.00元

设计产业蓝皮书
中国设计产业发展报告（2016）
著(编)者:陈冬亮 梁昊光　2016年8月出版 / 估价:89.00元

食品药品蓝皮书
食品药品安全与监管政策研究报告（2016）
著(编)者:唐民皓　2016年8月出版 / 估价:69.00元

世界能源蓝皮书
世界能源发展报告（2016）
著(编)者:黄晓勇　2016年6月出版 / 定价:99.00元

水利风景区蓝皮书
中国水利风景区发展报告（2016）
著(编)者:谢婵才 兰思仁　2016年5月出版 / 定价:89.00元

私募市场蓝皮书
中国私募股权市场发展报告（2016）
著(编)者:曹和平　2016年12月出版 / 估价:79.00元

碳市场蓝皮书
中国碳市场报告（2016）
著(编)者:宁金彪　2016年11月出版 / 估价:69.00元

体育蓝皮书
中国体育产业发展报告（2016）
著(编)者:阮伟 钟秉枢　2016年8月出版 / 估价:69.00元

土地市场蓝皮书
中国农村土地市场发展报告（2015~2016）
著(编)者:李光荣　2016年3月出版 / 定价:79.00元

网络空间安全蓝皮书
中国网络空间安全发展报告（2016）
著(编)者:惠志斌 唐涛　2016年8月出版 / 估价:79.00元

物联网蓝皮书
中国物联网发展报告（2016）
著(编)者:黄桂田 龚六堂 张全升
2016年8月出版 / 估价:69.00元

西部工业蓝皮书
中国西部工业发展报告（2016）
著(编)者:方行明 甘犁 刘方健 姜凌 等
2016年9月出版 / 估价:79.00元

西部金融蓝皮书
中国西部金融发展报告（2016）
著(编)者:李忠民　2016年8月出版 / 估价:75.00元

协会商会蓝皮书
中国行业协会商会发展报告（2016）
著(编)者:景朝阳 李勇　2016年8月出版 / 估价:99.00元

新能源汽车蓝皮书
中国新能源汽车产业发展报告（2016）
著(编)者:中国汽车技术研究中心
日产（中国）投资有限公司 东风汽车有限公司
2016年8月出版 / 估价:89.00元

新三板蓝皮书
中国新三板市场发展报告（2016）
著(编)者:王力　2016年6月出版 / 定价:79.00元

信托市场蓝皮书
中国信托业市场报告（2015～2016）
著(编)者:用益信托工作室
2016年1月出版 / 定价:198.00元

信息安全蓝皮书
中国信息安全发展报告（2016）
著(编)者:张晓东　2016年8月出版 / 估价:69.00元

信息化蓝皮书
中国信息化形势分析与预测（2016）
著(编)者:周宏仁　2016年8月出版 / 估价:98.00元

信用蓝皮书
中国信用发展报告（2016）
著(编)者:章政 田侃　2016年8月出版 / 估价:99.00元

休闲绿皮书
2016年中国休闲发展报告
著(编)者:宋瑞
2016年10月出版 / 估价:79.00元

药品流通蓝皮书
中国药品流通行业发展报告（2016）
著(编)者:佘鲁林 温再兴
2016年8月出版 / 估价:158.00元

医院蓝皮书
中国医院竞争力报告（2016）
著(编)者:庄一强　曾益新　2016年3月出版 / 定价:128.00元

医药蓝皮书
中国中医药产业园战略发展报告（2016）
著(编)者:裴长洪 房书亭 吴滌心
2016年8月出版 / 估价:89.00元

邮轮绿皮书
中国邮轮产业发展报告（2016）
著(编)者:汪泓　2016年10月出版 / 估价:79.00元

智能养老蓝皮书
中国智能养老产业发展报告（2016）
著(编)者:朱勇　2016年10月出版 / 估价:89.00元

中国SUV蓝皮书
中国SUV产业发展报告 （2016）
著(编)者:靳军　2016年12月出版 / 估价:69.00元

中国金融行业蓝皮书
中国债券市场发展报告（2016）
著(编)者:谢多　2016年8月出版 / 估价:69.00元

中国上市公司蓝皮书
中国上市公司发展报告（2016）
著(编)者:中国社会科学院上市公司研究中心
2016年9月出版 / 估价:98.00元

中国游戏蓝皮书
中国游戏产业发展报告（2016）
著(编)者:孙立军 刘跃军 牛兴侦
2016年8月出版 / 估价:69.00元

中国总部经济蓝皮书
中国总部经济发展报告（2015～2016）
著(编)者:赵弘　2016年9月出版 / 估价:79.00元

资本市场蓝皮书
中国场外交易市场发展报告（2014~2015）
著(编)者:高峦　2016年3月出版 / 定价:79.00元

资产管理蓝皮书
中国资产管理行业发展报告（2016）
著(编)者:智信资产管理研究院
2016年6月出版 / 定价:89.00元

文化传媒类

传媒竞争力蓝皮书
中国传媒国际竞争力研究报告（2016）
著(编)者:李本乾 刘强
2016年11月出版 / 估价:148.00元

传媒蓝皮书
中国传媒产业发展报告（2016）
著(编)者:崔保国　2016年5月出版 / 定价:98.00元

传媒投资蓝皮书
中国传媒投资发展报告（2016）
著(编)者:张向东 谭云明
2016年8月出版 / 估价:128.00元

动漫蓝皮书
中国动漫产业发展报告（2016）
著(编)者:卢斌 郑玉明 牛兴侦
2016年8月出版 / 估价:79.00元

非物质文化遗产蓝皮书
中国非物质文化遗产发展报告（2016）
著(编)者:陈平　2016年8月出版 / 估价:98.00元

广电蓝皮书
中国广播电影电视发展报告（2016）
著(编)者:国家新闻出版广电总局发展研究中心
2016年8月出版 / 估价:98.00元

广告主蓝皮书
中国广告主营销传播趋势报告 NO.9
著(编)者:黄升民 杜国清 邵华冬 等
2016年10月出版 / 估价:148.00元

国际传播蓝皮书
中国国际传播发展报告（2016）
著(编)者:胡正荣 李继东 姬德强
2016年11月出版 / 估价:89.00元

纪录片蓝皮书
中国纪录片发展报告（2016）
著(编)者:何苏六　2016年10月出版 / 估价:79.00元

科学传播蓝皮书
中国科学传播报告（2016）
著(编)者:詹正茂　2016年8月出版 / 估价:69.00元

两岸创意经济蓝皮书
两岸创意经济研究报告（2016）
著(编)者:罗昌智 董泽平　2016年12月出版 / 估价:98.00元

两岸文化蓝皮书
两岸文化产业合作发展报告（2016）
著(编)者:胡惠林 李保宗　2016年8月出版 / 估价:79.00元

媒介与女性蓝皮书
中国媒介与女性发展报告(2015~2016)
著(编)者:刘利群　2016年8月出版 / 估价:118.00元

媒体融合蓝皮书
中国媒体融合发展报告（2016）
著(编)者:梅宁华 宋建武　2016年8月出版 / 估价:79.00元

全球传媒蓝皮书
全球传媒发展报告（2016）
著(编)者:胡正荣 李继东 唐晓芬
2016年12月出版 / 估价:79.00元

少数民族非遗蓝皮书
中国少数民族非物质文化遗产发展报告（2016）
著(编)者:肖远平（彝） 柴立（满）
2016年8月出版 / 估价:128.00元

视听新媒体蓝皮书
中国视听新媒体发展报告（2016）
著(编)者:国家新闻出版广电总局发展研究中心
2016年8月出版 / 估价:98.00元

文化创新蓝皮书
中国文化创新报告（2016）NO.7
著(编)者:于平 傅才武　2016年8月出版 / 估价:98.00元

文化建设蓝皮书
中国文化发展报告（2015~2016）
著(编)者:江畅 孙伟平 戴茂堂
2016年6月出版 / 定价:116.00元

文化科技蓝皮书
文化科技创新发展报告（2016）
著(编)者:于平 李凤亮　2016年10月出版 / 估价:89.00元

文化蓝皮书
中国公共文化服务发展报告（2016）
著(编)者:刘新成 张永新 张旭　2016年10月出版 / 估价:98.00元

文化蓝皮书
中国公共文化投入增长测评报告（2016）
著(编)者:王亚南　2016年4月出版 / 定价:79.00元

文化蓝皮书
中国少数民族文化发展报告（2016）
著(编)者:武翠英 张晓明 任乌晶
2016年9月出版 / 估价:69.00元

文化蓝皮书
中国文化产业发展报告（2015~2016）
著(编)者:张晓明 王家新 章建刚
2016年2月出版 / 定价:79.00元

文化蓝皮书
中国文化产业供需协调检测报告（2016）
著(编)者:王亚南　2016年8月出版 / 估价:79.00元

文化蓝皮书
中国文化消费需求景气评价报告（2016）
著(编)者:王亚南　2016年4月出版 / 定价:79.00元

文化品牌蓝皮书
中国文化品牌发展报告（2016）
著(编)者:欧阳友权 2016年5月出版 / 估价:98.00元

文化遗产蓝皮书
中国文化遗产事业发展报告（2016）
著(编)者:刘世锦 2016年8月出版 / 估价:89.00元

文学蓝皮书
中国文情报告（2015～2016）
著(编)者:白烨 2016年5月出版 / 定价:49.00元

新媒体蓝皮书
中国新媒体发展报告NO.7（2016）
著(编)者:唐绪军 2016年7月出版 / 定价:79.00元

新媒体社会责任蓝皮书
中国新媒体社会责任研究报告（2016）
著(编)者:钟瑛 2016年10月出版 / 估价:79.00元

移动互联网蓝皮书
中国移动互联网发展报告（2016）
著(编)者:官建文 2016年6月出版 / 定价:79.00元

舆情蓝皮书
中国社会舆情与危机管理报告（2016）
著(编)者:谢耘耕 2016年8月出版 / 估价:98.00元

影视风控蓝皮书
中国影视舆情与风控报告 （2016）
著(编)者:司若 2016年4月出版 / 定价:138.00元

地方发展类

安徽经济蓝皮书
芜湖创新型城市发展报告（2016）
著(编)者:张志宏 2016年8月出版 / 估价:69.00元

安徽蓝皮书
安徽社会发展报告（2016）
著(编)者:程桦 2016年4月出版 / 定价:89.00元

安徽社会建设蓝皮书
安徽社会建设分析报告（2015～2016）
著(编)者:黄家海 王开玉 蔡宪
2016年8月出版 / 估价:89.00元

澳门蓝皮书
澳门经济社会发展报告（2015～2016）
著(编)者:吴志良 郝雨凡 2016年6月出版 / 定价:98.00元

北京蓝皮书
北京公共服务发展报告（2015～2016）
著(编)者:施昌奎 2016年2月出版 / 定价:79.00元

北京蓝皮书
北京经济发展报告（2015～2016）
著(编)者:杨松 2016年6月出版 / 定价:79.00元

北京蓝皮书
北京社会发展报告（2015～2016）
著(编)者:李伟东 2016年6月出版 / 定价:79.00元

北京蓝皮书
北京社会治理发展报告（2015～2016）
著(编)者:殷星辰 2016年5月出版 / 定价:79.00元

北京蓝皮书
北京文化发展报告（2015～2016）
著(编)者:李建盛 2016年4月出版 / 定价:79.00元

北京旅游绿皮书
北京旅游发展报告（2016）
著(编)者:北京旅游学会 2016年8月出版 / 估价:88.00元

北京人才蓝皮书
北京人才发展报告（2016）
著(编)者:于淼 2016年12月出版 / 估价:128.00元

北京社会心态蓝皮书
北京社会心态分析报告（2015～2016）
著(编)者:北京社会心理研究所
2016年8月出版 / 估价:79.00元

北京社会组织管理蓝皮书
北京社会组织发展与管理（2015～2016）
著(编)者:黄江松 2016年8月出版 / 估价:78.00元

北京体育蓝皮书
北京体育产业发展报告（2016）
著(编)者:钟秉枢 陈杰 杨铁黎
2016年10月出版 / 估价:79.00元

北京养老产业蓝皮书
北京养老产业发展报告（2016）
著(编)者:周明明 冯喜良 2016年8月出版 / 估价:69.00元

滨海金融蓝皮书
滨海新区金融发展报告（2016）
著(编)者:王爱俭 张锐钢 2016年9月出版 / 估价:79.00元

城乡一体化蓝皮书
中国城乡一体化发展报告•北京卷（2015～2016)
著(编)者:张宝秀 黄序 2016年5月出版 / 定价:79.00元

创意城市蓝皮书
北京文化创意产业发展报告（2016）
著(编)者:张京成 王国华 2016年12月出版 / 估价:69.00元

创意城市蓝皮书
青岛文化创意产业发展报告（2016）
著(编)者:马达 张丹妮 2016年8月出版 / 估价:79.00元

创意城市蓝皮书
青岛文化创意产业发展报告（2016）
著(编)者:马达 张丹妮 2016年8月出版 / 估价:79.00元

创意城市蓝皮书
天津文化创意产业发展报告（2015~2016）
著(编)者:谢思全 2016年6月出版 / 定价:79.00元

创意城市蓝皮书
台北文化创意产业发展报告（2016）
著(编)者:陈耀竹 邱琪瑄 2016年11月出版 / 估价:89.00元

创意城市蓝皮书
无锡文化创意产业发展报告（2016）
著(编)者:谭军 张鸣年 2016年10月出版 / 估价:79.00元

创意城市蓝皮书
武汉文化创意产业发展报告（2016）
著(编)者:黄永林 陈汉桥 2016年12月出版 / 估价:89.00元

创意城市蓝皮书
重庆创意产业发展报告（2016）
著(编)者:程宇宁 2016年8月出版 / 估价:89.00元

地方法治蓝皮书
南宁法治发展报告（2016）
著(编)者:杨维超 2016年12月出版 / 估价:69.00元

福建妇女发展蓝皮书
福建省妇女发展报告（2016）
著(编)者:刘群英 2016年11月出版 / 估价:88.00元

福建自贸区蓝皮书
中国（福建）自由贸易实验区发展报告（2015~2016）
著(编)者:黄茂兴 2016年4月出版 / 定价:108.00元

甘肃蓝皮书
甘肃经济发展分析与预测（2016）
著(编)者:朱智文 罗哲 2016年1月出版 / 定价:79.00元

甘肃蓝皮书
甘肃社会发展分析与预测（2016）
著(编)者:安文华 包晓霞 谢增虎 2016年1月出版 / 定价:79.00元

甘肃蓝皮书
甘肃文化发展分析与预测（2016）
著(编)者:安文华 周小华 2016年1月出版 / 定价:79.00元

甘肃蓝皮书
甘肃县域和农村发展报告（2016）
著(编)者:刘进军 柳 民 王建兵
2016年1月出版 / 定价:79.00元

甘肃蓝皮书
甘肃舆情分析与预测（2016）
著(编)者:陈双梅 张谦元 2016年1月出版 / 定价:79.00元

甘肃蓝皮书
甘肃商贸流通发展报告（2016）
著(编)者:杨志武 王福生 王晓芳
2016年1月出版 / 定价:79.00元

广东蓝皮书
广东全面深化改革发展报告（2016）
著(编)者:周林生 涂成林 2016年11月出版 / 估价:69.00元

广东蓝皮书
广东社会工作发展报告（2016）
著(编)者:罗观翠 2016年8月出版 / 估价:89.00元

广东蓝皮书
广东省电子商务发展报告（2016）
著(编)者:程晓 邓顺国 2016年8月出版 / 估价:79.00元

广东社会建设蓝皮书
广东省社会建设发展报告（2016）
著(编)者:广东省社会工作委员会
2016年12月出版 / 估价:99.00元

广东外经贸蓝皮书
广东对外经济贸易发展研究报告（2015~2016）
著(编)者:陈万灵 2016年8月出版 / 估价:89.00元

广西北部湾经济区蓝皮书
广西北部湾经济区开放开发报告（2016）
著(编)者:广西北部湾经济区规划建设管理委员会办公室
广西社会科学院广西北部湾发展研究院
2016年10月出版 / 估价:79.00元

巩义蓝皮书
巩义经济社会发展报告（2016）
著(编)者:丁同民 朱军 2016年4月出版 / 定价:58.00元

广州蓝皮书
2016年中国广州经济形势分析与预测
著(编)者:庾建设 陈浩钿 谢博能 2016年7月出版 / 定价:85.00元

广州蓝皮书
2016年中国广州社会形势分析与预测
著(编)者:张强 陈怡霓 杨秦 2016年6月出版 / 定价:85.00元

广州蓝皮书
广州城市国际化发展报告（2016）
著(编)者:朱名宏 2016年11月出版 / 估价:69.00元

广州蓝皮书
广州创新型城市发展报告（2016）
著(编)者:尹涛 2016年10月出版 / 估价:69.00元

广州蓝皮书
广州经济发展报告（2016）
著(编)者:朱名宏 2016年8月出版 / 估价:69.00元

广州蓝皮书
广州农村发展报告（2016）
著(编)者:朱名宏 2016年8月出版 / 估价:69.00元

广州蓝皮书
广州汽车产业发展报告（2016）
著(编)者:杨再高 冯兴亚 2016年9月出版 / 估价:69.00元

广州蓝皮书
广州青年发展报告（2015～2016）
著(编)者:魏国华 张强 2016年8月出版 / 估价:69.00元

广州蓝皮书
广州商贸业发展报告（2016）
著(编)者:李江涛 肖振宇 荀振英
2016年8月出版 / 估价:69.00元

广州蓝皮书
广州社会保障发展报告（2016）
著(编)者:蔡国萱　2016年10月出版 / 估价:65.00元

广州蓝皮书
广州文化创意产业发展报告（2016）
著(编)者:甘新　2016年8月出版 / 估价:79.00元

广州蓝皮书
中国广州城市建设与管理发展报告（2016）
著(编)者:董皞 陈小钢 李江涛　2016年8月出版 / 估价:69.00元

广州蓝皮书
中国广州科技和信息化发展报告（2016）
著(编)者:邹采荣 马正勇 冯 元　2016年8月出版 / 估价:79.00元

广州蓝皮书
中国广州文化发展报告（2016）
著(编)者:徐俊忠 陆志强 顾涧清　2016年8月出版 / 估价:69.00元

贵阳蓝皮书
贵阳城市创新发展报告•白云篇（2016）
著(编)者:连玉明　2016年10月出版 / 估价:89.00元

贵阳蓝皮书
贵阳城市创新发展报告•观山湖篇（2016）
著(编)者:连玉明　2016年10月出版 / 估价:89.00元

贵阳蓝皮书
贵阳城市创新发展报告•花溪篇（2016）
著(编)者:连玉明　2016年10月出版 / 估价:89.00元

贵阳蓝皮书
贵阳城市创新发展报告•开阳篇（2016）
著(编)者:连玉明　2016年10月出版 / 估价:89.00元

贵阳蓝皮书
贵阳城市创新发展报告•南明篇（2016）
著(编)者:连玉明　2016年10月出版 / 估价:89.00元

贵阳蓝皮书
贵阳城市创新发展报告•清镇篇（2016）
著(编)者:连玉明　2016年10月出版 / 估价:89.00元

贵阳蓝皮书
贵阳城市创新发展报告•乌当篇（2016）
著(编)者:连玉明　2016年10月出版 / 估价:89.00元

贵阳蓝皮书
贵阳城市创新发展报告•息烽篇（2016）
著(编)者:连玉明　2016年10月出版 / 估价:89.00元

贵阳蓝皮书
贵阳城市创新发展报告•修文篇（2016）
著(编)者:连玉明　2016年10月出版 / 估价:89.00元

贵阳蓝皮书
贵阳城市创新发展报告•云岩篇（2016）
著(编)者:连玉明　2016年10月出版 / 估价:89.00元

贵州房地产蓝皮书
贵州房地产发展报告NO.3（2016）
著(编)者:武廷方　2016年8月出版 / 估价:89.00元

贵州蓝皮书
贵州册亨经济社会发展报告 (2016)
著(编)者:黄德林　2016年3月出版 / 定价:79.00元

贵州蓝皮书
贵安新区发展报告（2015~2016）
著(编)者:马长青 吴大华　2016年6月出版 / 定价:79.00元

贵州蓝皮书
贵州法治发展报告（2016）
著(编)者:吴大华　2016年5月出版 / 定价:79.00元

贵州蓝皮书
贵州民航业发展报告（2016）
著(编)者:申振东 吴大华　2016年10月出版 / 估价:69.00元

贵州蓝皮书
贵州民营经济发展报告（2015）
著(编)者:杨静 吴大华　2016年3月出版 / 定价:79.00元

贵州蓝皮书
贵州人才发展报告（2016）
著(编)者:于杰 吴大华　2016年9月出版 / 估价:69.00元

贵州蓝皮书
贵州社会发展报告（2016）
著(编)者:王兴骥　2016年6月出版 / 定价:79.00元

海淀蓝皮书
海淀区文化和科技融合发展报告（2016）
著(编)者:陈名杰 孟景伟　2016年8月出版 / 估价:75.00元

海峡西岸蓝皮书
海峡西岸经济区发展报告（2016）
著(编)者:福建省人民政府发展研究中心
福建省人民政府发展研究中心咨询服务中心
2016年9月出版 / 估价:65.00元

杭州都市圈蓝皮书
杭州都市圈发展报告（2016）
著(编)者:沈翔 戚建国　2016年5月出版 / 定价:128.00元

杭州蓝皮书
杭州妇女发展报告（2016）
著(编)者:魏颖　2016年6月出版 / 定价:79.00元

河北经济蓝皮书
河北省经济发展报告（2016）
著(编)者:马树强 金浩 刘兵 张贵
2016年4月出版 / 定价:89.00元

河北蓝皮书
河北经济社会发展报告（2016）
著(编)者:郭金平　2016年1月出版 / 定价:79.00元

河北食品药品安全蓝皮书
河北食品药品安全研究报告（2016）
著(编)者:丁锦霞　2016年6月出版 / 定价:79.00元

河南经济蓝皮书
2016年河南经济形势分析与预测
著(编)者:胡五岳　2016年2月出版 / 定价:79.00元

河南蓝皮书
2016年河南社会形势分析与预测
著(编)者:刘道兴 牛苏林 2016年4月出版 / 定价79.00元

河南蓝皮书
河南城市发展报告（2016）
著(编)者:张占仓 王建国 2016年5月出版 / 定价:69.00元

河南蓝皮书
河南法治发展报告（2016）
著(编)者:丁同民 张林海 2016年5月出版 / 定价:79.00元

河南蓝皮书
河南工业发展报告（2016）
著(编)者:张占仓 丁同民 2016年5月出版 / 定价:69.00元

河南蓝皮书
河南金融发展报告（2016）
著(编)者:河南省社会科学院 2016年8月出版 / 估价:69.00元

河南蓝皮书
河南经济发展报告（2016）
著(编)者:张占仓 2016年3月出版 / 定价:79.00元

河南蓝皮书
河南农业农村发展报告（2016）
著(编)者:吴海峰 2016年8月出版 / 估价:69.00元

河南蓝皮书
河南文化发展报告（2016）
著(编)者:卫绍生 2016年3月出版 / 定价:78.00元

河南商务蓝皮书
河南商务发展报告（2016）
著(编)者:焦锦淼 穆荣国 2016年6月出版 / 定价:88.00元

黑龙江产业蓝皮书
黑龙江产业发展报告（2016）
著(编)者:于渤 2016年10月出版 / 估价:79.00元

黑龙江蓝皮书
黑龙江经济发展报告（2016）
著(编)者:朱宇 2016年1月出版 / 定价:79.00元

黑龙江蓝皮书
黑龙江社会发展报告（2016）
著(编)者:谢宝禄 2016年1月出版 / 定价:79.00元

湖南城市蓝皮书
区域城市群整合（主题待定）
著(编)者:童中贤 韩未名 2016年12月出版 / 估价:79.00元

湖南蓝皮书
2016年湖南产业发展报告
著(编)者:梁志峰 2016年5月出版 / 定价:128.00元

湖南蓝皮书
2016年湖南电子政务发展报告
著(编)者:梁志峰 2016年5月出版 / 定价:128.00元

湖南蓝皮书
2016年湖南经济展望
著(编)者:梁志峰 2016年5月出版 / 定价:128.00元

湖南蓝皮书
2016年湖南两型社会与生态文明发展报告
著(编)者:梁志峰 2016年5月出版 / 定价:128.00元

湖南蓝皮书
2016年湖南社会发展报告
著(编)者:梁志峰 2016年5月出版 / 定价:128.00元

湖南蓝皮书
2016年湖南县域经济社会发展报告
著(编)者:梁志峰 2016年5月出版 / 定价:98.00元

湖南蓝皮书
湖南城乡一体化发展报告（2016）
著(编)者:陈文胜 王文强 陆福兴 邝奕轩
2016年6月出版 / 定价:89.00元

湖南县域绿皮书
湖南县域发展报告 NO.3
著(编)者:袁准 周小毛 2016年9月出版 / 估价:69.00元

沪港蓝皮书
沪港发展报告（2015～2016）
著(编)者:尤安山 2016年8月出版 / 估价:89.00元

京津冀金融蓝皮书
京津冀金融发展报告（2015）
著(编)者:王爱俭 李向前 2016年3月出版 / 定价:89.00元

吉林蓝皮书
2016年吉林经济社会形势分析与预测
著(编)者:马克 2015年12月出版 / 定价:79.00元

吉林省城市竞争力蓝皮书
吉林省城市竞争力报告（2015）
著(编)者:崔岳春 张磊 2016年3月出版 / 定价:69.00元

济源蓝皮书
济源经济社会发展报告（2016）
著(编)者:喻新安 2016年8月出版 / 估价:69.00元

健康城市蓝皮书
北京健康城市建设研究报告（2016）
著(编)者:王鸿春 2016年8月出版 / 估价:79.00元

江苏法治蓝皮书
江苏法治发展报告 NO.5（2016）
著(编)者:李力 龚廷泰 2016年9月出版 / 估价:98.00元

江西蓝皮书
江西经济社会发展报告（2016）
著(编)者:张勇 姜玮 梁勇 2016年10月出版 / 估价:79.00元

江西文化产业蓝皮书
江西文化产业发展报告（2016）
著(编)者:张圣才 汪春翔 2016年10月出版 / 估价:128.00元

经济特区蓝皮书
中国经济特区发展报告（2016）
著(编)者:陶一桃　2016年12月出版 / 估价:89.00元

辽宁蓝皮书
2016年辽宁经济社会形势分析与预测
著(编)者:曹晓峰　梁启东
2016年1月出版 / 定价:79.00元

拉萨蓝皮书
拉萨法治发展报告（2016）
著(编)者:车明怀　2016年8月出版 / 估价:79.00元

洛阳蓝皮书
洛阳文化发展报告（2016）
著(编)者:刘福兴 陈启明　2016年8月出版 / 估价:79.00元

南京蓝皮书
南京文化发展报告（2016）
著(编)者:徐宁　2016年12月出版 / 估价:79.00元

内蒙古蓝皮书
内蒙古反腐倡廉建设报告 NO.2
著(编)者:张志华 无极　2016年12月出版 / 估价:69.00元

浦东新区蓝皮书
上海浦东经济发展报告（2016）
著(编)者:沈开艳 周奇　2016年1月出版 / 定价:69.00元

青海蓝皮书
2016年青海经济社会形势分析与预测
著(编)者:陈玮　2015年12月出版 / 定价:79.00元

人口与健康蓝皮书
深圳人口与健康发展报告（2016）
著(编)者:陆杰华 罗乐宣 苏杨
2016年11月出版 / 估价:89.00元

山东蓝皮书
山东经济形势分析与预测（2016）
著(编)者:李广杰　2016年11月出版 / 估价:89.00元

山东蓝皮书
山东社会形势分析与预测（2016）
著(编)者:涂可国　2016年8月出版 / 估价:89.00元

山东蓝皮书
山东文化发展报告（2016）
著(编)者:张华 唐洲雁　2016年8月出版 / 估价:98.00元

山西蓝皮书
山西资源型经济转型发展报告（2016）
著(编)者:李志强　2016年8月出版 / 估价:89.00元

陕西蓝皮书
陕西经济发展报告（2016）
著(编)者:任宗哲 白宽犁 裴成荣
2015年12月出版 / 定价:69.00元

陕西蓝皮书
陕西社会发展报告（2016）
著(编)者:任宗哲 白宽犁 牛昉
2015年12月出版 / 定价:69.00元

陕西蓝皮书
陕西文化发展报告（2016）
著(编)者:任宗哲 白宽犁 王长寿
2015年12月出版 / 定价:69.00元

陕西蓝皮书
丝绸之路经济带发展报告（2015~2016）
著(编)者:任宗哲 白宽犁 谷孟宾
2015年12月出版 / 定价:75.00元

上海蓝皮书
上海传媒发展报告（2016）
著(编)者:强荧 焦雨虹　2016年1月出版 / 定价:79.00元

上海蓝皮书
上海法治发展报告（2016）
著(编)者:叶青　2016年6月出版 / 定价:79.00元

上海蓝皮书
上海经济发展报告（2016）
著(编)者:沈开艳　2016年1月出版 / 定价:79.00元

上海蓝皮书
上海社会发展报告（2016）
著(编)者:杨雄　周海旺　2016年1月出版 / 定价:79.00元

上海蓝皮书
上海文化发展报告（2016）
著(编)者:荣跃明　2016年1月出版 / 定价:79.00元

上海蓝皮书
上海文学发展报告（2016）
著(编)者:陈圣来　2016年6月出版 / 定价:79.00元

上海蓝皮书
上海资源环境发展报告（2016）
著(编)者:周冯琦 汤庆合 任文伟
2016年1月出版 / 定价:79.00元

上饶蓝皮书
上饶发展报告（2015～2016）
著(编)者:朱寅健　2016年8月出版 / 估价:128.00元

社会建设蓝皮书
2016年北京社会建设分析报告
著(编)者:宋贵伦 冯虹　2016年8月出版 / 估价:79.00元

深圳蓝皮书
深圳法治发展报告（2016）
著(编)者:张骁儒　2016年6月出版 / 定价:69.00元

深圳蓝皮书
深圳经济发展报告（2016）
著(编)者:张骁儒　2016年8月出版 / 估价:89.00元

深圳蓝皮书
深圳劳动关系发展报告（2016）
著(编)者:汤庭芬 2016年6月出版 / 定价:69.00元

深圳蓝皮书
深圳社会建设与发展报告（2016）
著(编)者:张骁儒 陈东平 2016年7月出版 / 定价:79.00元

深圳蓝皮书
深圳文化发展报告(2016)
著(编)者:张骁儒 2016年8月出版 / 估价:69.00元

四川法治蓝皮书
四川依法治省年度报告 NO.2（2016）
著(编)者:李林 杨天宗 田禾
2016年3月出版 / 定价:108.00元

四川蓝皮书
2016年四川经济形势分析与预测
著(编)者:杨钢 2016年1月出版 / 定价:98.00元

四川蓝皮书
四川城镇化发展报告（2016）
著(编)者:侯水平 陈炜 2016年4月出版 / 定价:75.00元

四川蓝皮书
四川法治发展报告（2016）
著(编)者:郑泰安 2016年8月出版 / 估价:69.00元

四川蓝皮书
四川企业社会责任研究报告（2015～2016）
著(编)者:侯水平 盛毅 翟刚 2016年4月出版 / 定价:79.00元

四川蓝皮书
四川社会发展报告（2016）
著(编)者:李羚 2016年5月出版 / 定价:79.00元

四川蓝皮书
四川生态建设报告（2016）
著(编)者:李晟之 2016年4月出版 / 定价:75.00元

四川蓝皮书
四川文化产业发展报告（2016）
著(编)者:向宝云 张立伟 2016年4月出版 / 定价:79.00元

西咸新区蓝皮书
西咸新区发展报告（2011~2015）
著(编)者:李扬 王军 2016年6月出版 / 定价:89.00元

体育蓝皮书
上海体育产业发展报告（2015～2016）
著(编)者:张林 黄海燕 2016年10月出版 / 估价:79.00元

体育蓝皮书
长三角地区体育产业发展报告（2015～2016）
著(编)者:张林 2016年8月出版 / 估价:79.00元

天津金融蓝皮书
天津金融发展报告（2016）
著(编)者:王爱俭 孔德昌 2016年9月出版 / 估价:89.00元

图们江区域合作蓝皮书
图们江区域合作发展报告（2016）
著(编)者:李铁 2016年6月出版 / 定价:98.00元

温州蓝皮书
2016年温州经济社会形势分析与预测
著(编)者:潘忠强 王春光 金浩 2016年4月出版 / 定价:69.00元

扬州蓝皮书
扬州经济社会发展报告（2016）
著(编)者:丁纯 2016年12月出版 / 估价:89.00元

长株潭城市群蓝皮书
长株潭城市群发展报告（2016）
著(编)者:张萍 2016年10月出版 / 估价:69.00元

郑州蓝皮书
2016年郑州文化发展报告
著(编)者:王哲 2016年9月出版 / 估价:65.00元

中医文化蓝皮书
北京中医药文化传播发展报告（2016）
著(编)者:毛嘉陵 2016年8月出版 / 估价:79.00元

珠三角流通蓝皮书
珠三角商圈发展研究报告（2016）
著(编)者:王先庆 林至颖 2016年8月出版 / 估价:98.00元

遵义蓝皮书
遵义发展报告（2016）
著(编)者:曾征 龚永育 2016年12月出版 / 估价:69.00元

国别与地区类

阿拉伯黄皮书
阿拉伯发展报告（2015～2016）
著(编)者:罗林 2016年11月出版 / 估价:79.00元

北部湾蓝皮书
泛北部湾合作发展报告（2016）
著(编)者:吕余生 2016年10月出版 / 估价:69.00元

大湄公河次区域蓝皮书
大湄公河次区域合作发展报告（2016）
著(编)者:刘稚 2016年9月出版 / 估价:79.00元

大洋洲蓝皮书
大洋洲发展报告（2015～2016）
著(编)者:喻常森 2016年10月出版 / 估价:89.00元

德国蓝皮书
德国发展报告（2016）
著(编)者:郑春荣　2016年6月出版 / 定价:79.00元

东北亚黄皮书
东北亚地区政治与安全（2016）
著(编)者:黄凤志 刘清才 张慧智 等
2016年8月出版 / 估价:69.00元

东盟黄皮书
东盟发展报告（2016）
著(编)者:杨晓强 庄国土　2016年8月出版 / 定价:89.00元

东南亚蓝皮书
东南亚地区发展报告（2015～2016）
著(编)者:厦门大学东南亚研究中心　王勤
2016年8月出版 / 估价:79.00元

俄罗斯黄皮书
俄罗斯发展报告（2016）
著(编)者:李永全　2016年7月出版 / 定价:89.00元

非洲黄皮书
非洲发展报告 NO.18（2015～2016）
著(编)者:张宏明　2016年9月出版 / 估价:79.00元

国际安全蓝皮书
中国国际安全研究报告(2016)
著(编)者:刘 慧　2016年7月出版 / 定价:98.00元

国际形势黄皮书
全球政治与安全报告（2016）
著(编)者:李慎明　张宇燕
2015年12月出版 / 定价:69.00元

韩国蓝皮书
韩国发展报告（2016）
著(编)者:牛林杰 刘宝全
2016年12月出版 / 估价:89.00元

加拿大蓝皮书
加拿大发展报告（2016）
著(编)者:仲伟合　2016年8月出版 / 估价:89.00元

拉美黄皮书
拉丁美洲和加勒比发展报告（2015～2016）
著(编)者:吴白乙　2016年6月出版 / 定价:89.00元

美国蓝皮书
美国研究报告（2016）
著(编)者:郑秉文 黄平　2016年5月出版 / 定价:89.00元

缅甸蓝皮书
缅甸国情报告（2016）
著(编)者:李晨阳　2016年8月出版 / 估价:79.00元

欧洲蓝皮书
欧洲发展报告（2015～2016）
著(编)者:黄平 周弘 江时学
2016年6月出版 / 定价:89.00元

日本经济蓝皮书
日本经济与中日经贸关系研究报告（2016）
著(编)者:张季风　2016年5月出版 / 定价:89.00元

日本蓝皮书
日本研究报告（2016）
著(编)者:杨柏江　2016年5月出版 / 定价:89.00元

上海合作组织黄皮书
上海合作组织发展报告（2016）
著(编)者:李进峰 吴宏伟 李少捷
2016年6月出版 / 定价:89.00元

世界创新竞争力黄皮书
世界创新竞争力发展报告（2016）
著(编)者:李闽榕 李建平 赵新力
2016年8月出版 / 估价:148.00元

土耳其蓝皮书
土耳其发展报告（2016）
著(编)者:郭长刚 刘义　2016年8月出版 / 估价:69.00元

亚太蓝皮书
亚太地区发展报告（2016）
著(编)者:李向阳　2016年5月出版 / 估价:79.00元

印度蓝皮书
印度国情报告（2016）
著(编)者:吕昭义　2016年8月出版 / 估价:89.00元

印度洋地区蓝皮书
印度洋地区发展报告（2016）
著(编)者:汪戎　2016年8月出版 / 估价:89.00元

英国蓝皮书
英国发展报告（2015～2016）
著(编)者:王展鹏　2016年10月出版 / 估价:89.00元

越南蓝皮书
越南国情报告（2016）
著(编)者:广西社会科学院 罗梅 李碧华
2016年8月出版 / 估价:69.00元

越南蓝皮书
越南经济发展报告（2016）
著(编)者:黄志勇　2016年10月出版 / 估价:69.00元

以色列蓝皮书
以色列发展报告（2016）
著(编)者:张倩红　2016年9月出版 / 估价:89.00元

中东黄皮书
中东发展报告 NO.18（2015～2016）
著(编)者:杨光　2016年10月出版 / 估价:89.00元

中亚黄皮书
中亚国家发展报告（2016）
著(编)者:孙力 吴宏伟　2016年7月出版 / 定价:98.00元

❖ 皮书起源 ❖

“皮书”起源于十七、十八世纪的英国，主要指官方或社会组织正式发表的重要文件或报告,多以“白皮书”命名。在中国,“皮书”这一概念被社会广泛接受,并被成功运作、发展成为一种全新的出版形态，则源于中国社会科学院社会科学文献出版社。

❖ 皮书定义 ❖

皮书是对中国与世界发展状况和热点问题进行年度监测，以专业的角度、专家的视野和实证研究方法，针对某一领域或区域现状与发展态势展开分析和预测，具备原创性、实证性、专业性、连续性、前沿性、时效性等特点的公开出版物，由一系列权威研究报告组成。

❖ 皮书作者 ❖

皮书系列的作者以中国社会科学院、著名高校、地方社会科学院的研究人员为主，多为国内一流研究机构的权威专家学者，他们的看法和观点代表了学界对中国与世界的现实和未来最高水平的解读与分析。

❖ 皮书荣誉 ❖

皮书系列已成为社会科学文献出版社的著名图书品牌和中国社会科学院的知名学术品牌。2011 年，皮书系列正式列入“十二五”国家重点出版规划项目；2012~2015 年，重点皮书列入中国社会科学院承担的国家哲学社会科学创新工程项目；2016 年，46 种院外皮书使用“中国社会科学院创新工程学术出版项目”标识。

中国皮书网

www.pishu.cn

发布皮书研创资讯，传播皮书精彩内容
引领皮书出版潮流，打造皮书服务平台

栏目设置：

- □ 资讯：皮书动态、皮书观点、皮书数据、皮书报道、皮书发布、电子期刊
- □ 标准：皮书评价、皮书研究、皮书规范
- □ 服务：最新皮书、皮书书目、重点推荐、在线购书
- □ 链接：皮书数据库、皮书博客、皮书微博、在线书城
- □ 搜索：资讯、图书、研究动态、皮书专家、研创团队

中国皮书网依托皮书系列“权威、前沿、原创”的优质内容资源，通过文字、图片、音频、视频等多种元素，在皮书研创者、使用者之间搭建了一个成果展示、资源共享的互动平台。

自 2005 年 12 月正式上线以来，中国皮书网的 IP 访问量、PV 浏览量与日俱增，受到海内外研究者、公务人员、商务人士以及专业读者的广泛关注。

2008 年、2011 年，中国皮书网均在全国新闻出版业网站荣誉评选中获得“最具商业价值网站”称号；2012 年，获得“出版业网站百强”称号。

2014 年，中国皮书网与皮书数据库实现资源共享，端口合一，将提供更丰富的内容，更全面的服务。

皮书大事记
（2015）

☆ 2015年11月9日，社会科学文献出版社2015年皮书编辑出版工作会议召开，会议就皮书装帧设计、生产营销、皮书评价以及质检工作中的常见问题等进行交流和讨论，为2016年出版社的融合发展指明了方向。

☆ 2015年11月，中国社会科学院2015年度纳入创新工程后期资助名单正式公布，《社会蓝皮书：2015年中国社会形势分析与预测》等41种皮书纳入2015年度"中国社会科学院创新工程学术出版资助项目"。

☆ 2015年8月7~8日，由中国社会科学院主办，社会科学文献出版社和湖北大学共同承办的"第十六次全国皮书年会（2015）：皮书研创与中国话语体系建设"在湖北省恩施市召开。中国社会科学院副院长李培林，国家新闻出版广电总局原副总局长、中国出版协会常务副理事长邬书林，湖北省委宣传部副部长喻立平，中国社会科学院科研局局长马援，国家新闻出版广电总局出版管理司副司长许正明，中共恩施州委书记王海涛，社会科学文献出版社社长谢寿光，湖北大学党委书记刘建凡等相关领导出席开幕式。来自中国社会科学院、地方社会科学院及高校、政府研究机构的领导及近200个皮书课题组的380多人出席了会议，会议规模又创新高。会议宣布了2016年授权使用"中国社会科学院创新工程学术出版项目"标识的院外皮书名单，并颁发了第六届优秀皮书奖。

☆ 2015年4月28日，"第三届皮书学术评审委员会第二次会议暨第六届优秀皮书奖评审会"在京召开。中国社会科学院副院长李培林、蔡昉出席会议并讲话，国家新闻出版广电总局原副局长、中国出版协会常务副理事长邬书林也出席本次会议。会议分别由中国社会科学院科研局局长马援和社会科学文献出版社社长谢寿光主持。经分学科评审和大会汇评，最终匿名投票评选出第六届"优秀皮书奖"和"优秀皮书报告奖"书目。此外，该委员会还根据《中国社会科学院皮书管理办法》，审议并投票评选出2015年纳入中国社会科学院创新工程项目的皮书和2016年使用"中国社会科学院创新工程学术出版项目"标识的院外皮书。

☆ 2015年1月30~31日，由社会科学文献出版社皮书研究院组织的2014年版皮书评价复评会议在京召开。皮书学术评审委员会部分委员、相关学科专家、学术期刊编辑、资深媒体人等近50位评委参加本次会议。中国社会科学院科研局局长马援、社会科学文献出版社社长谢寿光出席开幕式并发表讲话，中国社会科学院科研成果处处长薛增朝出席闭幕式并做发言。

更多信息请登录

皮书数据库
http://www.pishu.com.cn

中国皮书网
http://www.pishu.cn

皮书微博
http://weibo.com/pishu

皮书博客
http://blog.sina.com.cn/pishu

皮书微信“皮书说”

请到各地书店皮书专架 / 专柜购买，也可办理邮购

咨询 / 邮购电话：010-59367028　59367070
邮　　箱：duzhe@ssap.cn
邮购地址：北京市西城区北三环中路甲29号院3号
楼华龙大厦13层读者服务中心
邮　　编：100029
银行户名：社会科学文献出版社
开户银行：中国工商银行北京北太平庄支行
账　　号：0200010019200365434

权威报告·热点资讯·特色资源

皮书数据库

ANNUAL REPORT(YEARBOOK)
DATABASE

当代中国与世界发展高端智库平台

WWW.PISHU.COM.CN

皮书俱乐部会员服务指南

1. 谁能成为皮书俱乐部成员？

- 皮书作者自动成为俱乐部会员
- 购买了皮书产品（纸质书/电子书）的个人用户

2. 会员可以享受的增值服务

- 免费获赠皮书数据库100元充值卡
- 加入皮书俱乐部，免费获赠该纸质图书的电子书
- 免费定期获赠皮书电子期刊
- 优先参与各类皮书学术活动
- 优先享受皮书产品的最新优惠

3. 如何享受增值服务？

（1）免费获赠100元皮书数据库体验卡

第1步 刮开附赠充值的涂层（右下）；

第2步 登录皮书数据库网站（www.pishu.com.cn），注册账号；

第3步 登录并进入“会员中心”—“在线充值”—“充值卡充值”，充值成功后即可使用。

（2）加入皮书俱乐部，凭数据库体验卡获赠该书的电子书

第1步 登录社会科学文献出版社官网（www.ssap.com.cn），注册账号；

第2步 登录并进入“会员中心”—“皮书俱乐部”，提交加入皮书俱乐部申请；

第3步 审核通过后，再次进入皮书俱乐部，填写页面所需图书、体验卡信息即可自动兑换相应电子书。

4. 声明

解释权归社会科学文献出版社所有

皮书俱乐部会员可享受社会科学文献出版社其他相关免费增值服务，有任何疑问，均可与我们联系。

图书销售热线：010-59367070/7028
图书服务QQ：800045692
图书服务邮箱：duzhe@ssap.cn

数据库服务热线：400-008-6695
数据库服务QQ：2475522410
数据库服务邮箱：database@ssap.cn

欢迎登录社会科学文献出版社官网（www.ssap.com.cn）和中国皮书网（www.pishu.cn）了解更多信息

社会科学文献出版社 SOCIAL SCIENCES ACADEMIC PRESS (CHINA) 皮书系列

卡号：0239194034302280

密码：

S 子库介绍
Sub-Database Introduction

中国经济发展数据库

涵盖宏观经济、农业经济、工业经济、产业经济、财政金融、交通旅游、商业贸易、劳动经济、企业经济、房地产经济、城市经济、区域经济等领域，为用户实时了解经济运行态势、把握经济发展规律、洞察经济形势、做出经济决策提供参考和依据。

中国社会发展数据库

全面整合国内外有关中国社会发展的统计数据、深度分析报告、专家解读和热点资讯构建而成的专业学术数据库。涉及宗教、社会、人口、政治、外交、法律、文化、教育、体育、文学艺术、医药卫生、资源环境等多个领域。

中国行业发展数据库

以中国国民经济行业分类为依据，跟踪分析国民经济各行业市场运行状况和政策导向，提供行业发展最前沿的资讯，为用户投资、从业及各种经济决策提供理论基础和实践指导。内容涵盖农业，能源与矿产业，交通运输业，制造业，金融业，房地产业，租赁和商务服务业，科学研究，环境和公共设施管理，居民服务业，教育，卫生和社会保障，文化、体育和娱乐业等 100 余个行业。

中国区域发展数据库

以特定区域内的经济、社会、文化、法治、资源环境等领域的现状与发展情况进行分析和预测。涵盖中部、西部、东北、西北等地区，长三角、珠三角、黄三角、京津冀、环渤海、合肥经济圈、长株潭城市群、关中—天水经济区、海峡经济区等区域经济体和城市圈，北京、上海、浙江、河南、陕西等 34 个省份及中国台湾地区。

中国文化传媒数据库

包括文化事业、文化产业、宗教、群众文化、图书馆事业、博物馆事业、档案事业、语言文字、文学、历史地理、新闻传播、广播电视、出版事业、艺术、电影、娱乐等多个子库。

世界经济与国际政治数据库

以皮书系列中涉及世界经济与国际政治的研究成果为基础，全面整合国内外有关世界经济与国际政治的统计数据、深度分析报告、专家解读和热点资讯构建而成的专业学术数据库。包括世界经济、世界政治、世界文化、国际社会、国际关系、国际组织、区域发展、国别发展等多个子库。